남의 인식론

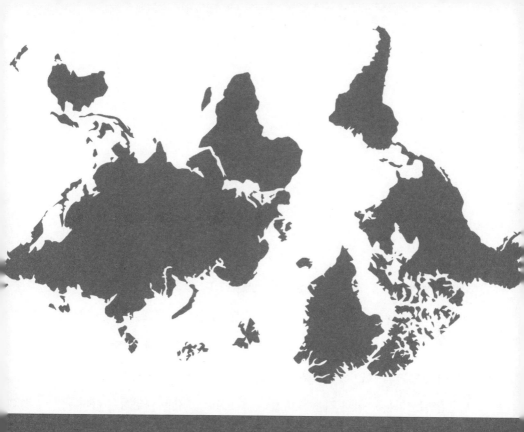

Epistemologies of the South
Justice against Epistemicide

남의 인식론

인식론 살해에 맞서는 정의

보아벤투라 드 소우자 산투스 지음

안태환 · 박경은 · 양은미 옮김

알렙

서문

이 책에는 세 가지 기본적 생각이 전제돼 있다. 첫째, 세계에 대한 이해는 서구가 세계를 이해하는 수준을 훨씬 넘어선다. 둘째, 전 지구적 인지적 정의 없이는 전 지구적 사회적 정의도 있을 수 없다. 셋째, 세계에서 일어나고 있는 해방적 변화들은 서구중심적 비판이론이 발전시킨 문법과는 다른 문법과 각본을 따를 수 있으며, 그 같은 다양성은 가치 있게 여겨져야 한다.

비판이론은 더 나은 세계를 예견하는 것보다 세계를 더 잘 이해할 방법은 없다는 생각을 전제로 한다. 그러한 예견은 사회적 부정의를 지탱하고 정당화하는 제도화된 해로운 거짓말들을 폭로하기 위한 지적 도구와 거기에 대항하여 투쟁하도록 하는 정치적 추동력 모두를 제공한다. 따라서 비판이론은, 설령 결국에 궁극적인 진리 또는 확정적인 치유책이 없다 하더라도, 진리와 치유를 찾는 과정이 없이는 아무런 의미가 없다. 역사는 가장 공고히 자리 잡은 사회적 거짓들조차도 그 범위와 지속 기간에 있어 늘 제한적이었음을 보여준다. 비록 그것들이 영향력을 행사하고 지배적인 동안은 마치 그것들이야말로 진리와 치유의 원천인 것처럼 보인다 할지라도 말이다.

남의 인식론

소외되고 차별받는 사람들의 관점에서 볼 때, 글로벌 자본주의와 식민주의, 가부장제의 역사적 기록은 제도화된 해로운 거짓들로 가득 차 있다. 그것은 사회적 해방이라는 이름으로 행해진 사회적 규제, 자유라는 이름으로 행해진 전용, 평화라는 이름으로 행해진 폭력, 생명의 신성함이라는 이름으로 행해진 생명의 파괴, 인권이라는 이름으로 행해진 인권 침해, 정치적 민주주의라는 이름으로 행해진 사회적 파시즘, 법치라는 이름으로 행해진 불법적 약탈, 다양성이라는 이름으로 행해진 동화(assimilation), 개인의 자율성이라는 이름으로 초래된 개인적 취약성, 인류애라는 이름으로 만들어진 하위인간성(subhumanities)[1]의 제도화, 값을 매길 수 없는 가치라는 이름으로 행해진 신념에 가격표 달기, 구원이라는 이름으로 행해진 상품화, 선택이라는 이름으로 행해진 표준화, 자유라는 이름으로 행해진 대량화, 관용이라는 이름으로 행해진 인종주의, 헌법적 권리라는 이름으로 행해진 헌법적 불의, 임마누엘 칸트의 『계몽이란 무엇인가?(Was ist die Aufklärung)』라는 이름으로 행해진 열등성의 존재론, 법 앞의 평등이라는 이름으로 행해진 법 이후의 불평등, 행복이라는 이름으로 행해진 강박적 소비, 그리고 가장 흉측한 방식으로 올바른 삶(recta vita)을 부정하면서 이를 은폐하기 위해 원칙(성 토마스의 원칙의 습성(habitus principiorum))을 선언하는 위선의 기록이다.

---

1 (옮긴이) 영미권에서 발달한 문화 연구는 인간성을 위계적으로 나눈다. 이런 위계적 서열을 나누는 인종주의, 식민주의를 비판하기 위해 가야트리 스피박은 '서발턴'이란 개념을 만들었다.

우리 현대 세계를 관통하는, 제도화된 해로운 거짓들이 만연해 있는 독특한 방식과 강도를 고려할 때, 부정의에 대한 적절한 인식과 억압의 극복 가능성은 오직 인식론적 단절을 통해서만 성취될 수 있다. 바로 이러한 인식론적 단절에 대한 초점이 이 책에서 상세히 다루고 있는 이론을 서구중심 비판 전통과 가장 잘 구분 짓는 지점이다. 서구중심 비판은——그중 가장 뛰어난 예시는 프랑크푸르트학파인데——우리 시대의 해방적 투쟁들을 설명해 내는 데 실패했다. 이는, 적어도 부분적으로는, 그들이 자신들이 비판하는 부르주아적 사고와 사회적 부정의의 인지적 차원을 억누르는 동일한 인식론적 토대를 공유하고, 그럼으로써 세계에 대한 서구적 이해와 변혁 전망을 보편적인 것으로 만들어버리기 때문이다. 더군다나 서구중심적 비판 전통은 스스로를 대상을 함께 알아가고 이해하고 촉진하고 공유하고 나란히 걷는 것보다는, 대상에 대해 알고 설명하고 인도하는 데 있어 탁월한 전위 이론으로 여긴다.

이 책은 이러한 유럽중심적 비판 전통에서 벗어나는 것을 목표로 한다. 이 책은 *빈곤의 이론*(teoria povera), 즉 부당하게 강요된 주변화와 열등성에 대항하여 투쟁하는 광범위한 소수자들과 다수자들의 경험에 바탕을 둔 후위 이론을 제안하며, 이는 그들의 저항력을 강화하기 위한 것이다. 이 책에서 개진되는 비판적 이론 세우기 작업은 비유럽중심적이기를 추구한다. 왜냐하면 이러한 작업이 해방 또는 자유에 대한 비유럽중심적 개념들을 가치 있게 여기는 동시에 인권, 법치, 민주주의, 사회주의와 같은 유럽중심적 개념들에 대한 대항헤게모니적 이해와 사용을 제안하기 위한 토대를 마련해 주기 때문이다. 이 책은 그 자체로 독립적이지만, 나의 다른 책 『인지적 제국의 종말: 남의 인식론

시대의 도래(*The end of the cognitive empire: the coming of age of epistemologies of the South*)』(2018)[2]와 연계해서 읽으면 더욱 유익할 것이다. 이 후자의 책이 걸고 있는 내기는 이 책에서 제안된 인식론적 작업이 일단 완수되면 '해방과 자유'의 방대한 정치적 지형들이 출현하리라는 것이다.

이 책은 대위법(counterpoint) 방식으로 제시된 서문으로 시작된다. 여기서 대위란 좋은 삶/부엔 비비르(buen vivir)를 향한 상상된 매니페스토(manifesto)와, 모더니즘적 선언문들에 깔려 있는 장대한 목적에 도전하고자 명명된 미니페스토(minifesto) 사이의 대위를 말한다. 매니페스토는 내가 수년간 함께 활동해 온 다양한 사회 운동[3]의 상상된 목소리를 담고 있다. 그리고 미니페스토는 나 자신의 응답을 제시하는데, 이 책이 보여주려는 바와 같이 급진주의가 불가능한 시대에 글을 쓴다는 것의 한계를 강조한다. 대위법적 구조를 가장 잘 시각화하기 위해 매니페스토는 짝수 페이지에, 미니페스토는 홀수 페이지에 인쇄되어 있다.

서론에서 나는 서구중심적 정치적 상상력과 비판이론에 대해 거리를

....

2 (옮긴이) 산투스는 2018년 듀크대학교에서 출간된 이 책의 제목을 당초 *Epistemologies of the South: Reinventing Social Emancipation*으로 예정하고, 2014년 출간된 본서의 원서 *Epistemologies of the South: Justice Against Epistemicide*에서 관련 내용을 여러 차례 언급했다. 그러나 실제 출간된 책은 현재의 제목으로 변경되었다.

3 (옮긴이) 산투스가 연구해 온 대표적인 사회 운동으로 우선 볼리비아의 물 전쟁(2000)의 경우를 들 수 있다. 볼리비아의 코차밤바에서 정부가 상수도 사업을 다국적 기업인 벡텔 사에 민영화한 것을 원주민 농민 등 대중의 반신자유주의 사회 운동으로 무산시킨 것을 가리킨다. 이후 볼리비아에서 대중의 시위가 계속되어, 2006년 1월 에보 모랄레스가 대통령이 된 후 2006년 7월 제헌의회 선거가 열렸고 2009년 2월에 좋은 삶(부엔 비비르) 철학과 복수국민국가에 기초한 새로운 헌법이 발효되었다.

둘 필요성을 주장한다. 나는 서구중심적 비판 전통이 (마르크스주의를 포함하여) 지난 이십여 년 동안 발전해 온 투쟁의 형태들, 사회적 행위자들, 그리고 자유의 문법들을 설명하는 데 실패하는 이유들을[4] 보여준다. 지난 십여 년간, 세계사회포럼은 이러한 실패를[5] 극적으로 보여주었다.

이 책은 두 부분으로 나뉜다. 1부에서 나는 서구 근대성에 대한 비판이 견고하고 설득력이 있으려면 이러한 사회적, 정치적, 문화적 패러다임의 복잡성과 내부적 다양성을 고려해야만 한다는 것을 보여준다. 보통 서구 근대성이라고 불리는 것은 지배적 관점과 서발턴적 관점[6]이

....

4 (옮긴이) 『남의 인식론』의 첫 판본이 2014년에 출판되었으므로 지난 30년은 1990년
대 초반부터의 기간을 가리킨다면, 우선 1991년의 소련 붕괴와 신자유주의 세계화를
들지 않을 수 없다. 논쟁적인 테마이지만, 산투스는 서구(북)에서 생산된 비판이론이
글로벌 사우스에서 실천된 반신자유주의 사회 운동을 제대로 설명하지 못한다고
주장한다. 예를 들어 1990년의 에콰도르 원주민 투쟁, 2000년의 볼리비아 물 전쟁
을 들 수 있다. "최근 30년 동안 새로운 사회적 행위자, 새로운 투쟁 방식, 새로운 행
동양식들이 나타났지만 비판이론에 의해 충분히 이론화되지 못했다. 예를 들어, 원주
민 운동, 여성 운동, 동성애 운동 등이 그렇다. 결국 이 같은 불일치는 이론과 실천 사
이에 거의 덫과 같은 관계를 만들었다"(보아벤투라 드 소우자 산투스 2022, 23).

5 (옮긴이) 산투스는 2001년에 시작된 세계사회포럼이 좌파의 재발명을 통해 다양성을
존중하지만 여기서 더 나아가 차이의 부상이 더욱 두드러지게 됨에 따라 최근 내부
적으로 불화가 커졌다고 했다. 결국 근대성(효용성의 문제, 혁명이냐? 개혁이냐?)의 틀
안에서 쉽게 벗어나지 못하는 것이다. 하지만 산투스는 이 포럼이 설사 실패하더라도
실패가 아니라는 낙관적 관점을 가지고 있다(Santos 2006, 160-187).

6 (옮긴이) 여기서 산투스가 언급하는 '서발턴적 관점'은 가야트리 스피박의 식민주의
비판 담론을 가리키는 것으로 보인다. 즉 스피박은 지배적 관점이 포스트식민주의 담
론을 내세워 식민주의가 마치 종식된 것처럼 인식하는 것을 서발턴적 관점에서 비판
한다. 그러나 산투스가 보기에 두 관점은 서로 라이벌 관계에 있지만 둘 모두 합쳐 서

남의 인식론

공존하면서 서로 경쟁 관계를 이루는 근대성들을 구성하는 매우 복잡한 현상들의 집합이다. 주류를 이루는 서구 근대성에 대한 비판들은 이 사실을 간과하는 경향이 있다. 그러한 만큼 그 같은 비판들은 환원주의에 빠질 위험, 자기들이 비판하는 바로 그 근대성의 개념들이 되어버릴, 즉 단순한 희화화로 전락할 위험이 있다. 1장에서는 19세기 쿠바의 지식인-행동가인 호세 마르티의 유명한 에세이에 기대어 아메리카와 서구 근대성에 대한 몇 가지 칼리반적(calibanesque)[7] 관점을 규명한다. 2장에서는 근대적 정체성들(또는 그보다는, 근대적 동일시 과정들)의 근저에 있는 기본적 은유 중의 하나, 즉 뿌리와 선택이라는 이중 은유를 현재 뒤흔들고 있는 격동을 분석하기 위해 발터 벤야민의 "앙겔루스 노부스(*Angelus Novus*)"에 의지한다. 3장에서 나는 비옥시덴탈리즘적 서구가 가능한지를 묻는다. 이를 위해 두 명의 근대 초기 철학자 니콜라우스 쿠자누스(Nicholas of Cusa)와 블레즈 파스칼(Blaise Pascal)의 관점을 활용하며, 서구 근대성에 대한 대안적 이해들이 자본주의적·식민주의적 기획에 부합하지 않는다는 이유로 어떻게 제쳐져 왔는지를 보여준다.

2부에서는 다양한 접근을 통해 지배적인 인식론들(북반구의 인식론

구 근대성을 구성한다고 지적하고 있다. 즉, 서발턴적 관점의 불충분성을 가리킨다고 이해할 수 있다. 자세한 것은 가야트리 스피박의 『포스트식민 이성 비판』(2006)과 가야트리 스피박 외의 『서발턴은 말할 수 있는가?』(2013)를 참조하라.

7 (옮긴이) 칼리반은 셰익스피어 희극 「템페스트」에 나오는 주인공인 밀라노의 영주이자 마법사인 프로스페로와 대칭되는 인물로 상상적 자연, 또는 야만적인 하위인간을 가리킨다. 따라서 여기서 칼리반은 서구 근대성의 타자로서 노예, 원주민을 상징하며, 이들은 탈식민 담론에서 식민 지배의 희생자로 인식된다.

들(Northern epistemologies))에 대한 나의 비판을 자세히 설명하고, 나 자신의 인식론적 제안을 제시한다. 이는 내가 줄곧 남의 인식론들(epistemologies of the South)이라고 불러온 것으로, 투쟁 속에서 태어난 지식, 즉 자본주의와 식민주의, 가부장제가 초래한 체계적 부정의와 억압에 대한 저항의 일환으로 여러 사회 집단이 발전시켜 온 다양한 앎의 방식의 구성과 그 타당성 검증에 대한 일련의 탐구이다. 4장은 나의 포스트식민적 또는 탈식민적 접근에 있어 핵심적인 장으로, 여기서 나는 우리 시대의 지배적인 심연적 사고(abyssal thinking)가 그어 놓은 심연적 선들(abyssal lines)을 분석한다. 이 (경계)선들을 통해 그 선의 반대편에 존재하는 인간과 비인간의 현실들은 비가시화되거나 심지어는 적극적으로 비존재로 생산된다. 이는 가장 급진적 형태의 사회적 배제를 초래한다. 5장에서는 내가 맹목(盲目)의 인식론(epistemologies of blindness)이라고 부르는 또 다른 각도에서 비가시성(invisibility)에 접근한다. 나는 근대 경제학의 인식론적 토대를 극단적 사례로 들며, 엄청나게 많은 양의 보이지 않는 것들이 생성되는 다양한 메커니즘을 보여준다. 6장에서는 내가 부재의 사회학(sociology of absences)과 출현의 사회학(sociology of emergences)이라고 부르는 또 다른 관점에서, 지배적인 근대적 이성 형태들의 나태함이 해방적 가능성(emancipatory possibilities)을 식별하는 데 유용할 수 있는 막대한 사회적 경험을 어떻게 소외시켜 왔는지를 보여준다. 7장에서 나는 지식들의 생태학에 집중한다. 부재의 사회학과 출현의 사회학이 어떻게 지식의 생태학과 상호문화적 번역 둘 다를 위한 가능성을 열어 주는지를 보여줌으로써 남의 인식론의 윤곽을 제시한다. 마지막으로 8장에서는 상호문화적 번역을 다루는데, 이는 서구중심적 일반이론들의 토대를 이루는 추상적 보편주의와 문화들 간의 통약불가능성이라는 관념 모두에 대한 대안으로서 내가 구상하는 것이다.

이 책은 급진적 비관주의도 급진적 희망도 아닌, 비극적 낙관주의에 흠뻑 적셔져 있다. 어떤 것도 비억압적 대안에 대한 감각을 완전히 제거할 만큼 억압적이지는 않다. 그러나 다른 한편으로, 그중 어떤 대안도 어떻게든 그 자신이 억압과 혼동되거나 뒤섞일 위험을 피하기에 충분할 만큼 강력하거나 설득력 있지는 못하다. 만약 인간의 조건이 곧 노예 상태라면 굳이 노예라는 제도가 필요하지 않을 것이다. 반대로, 만약 인간의 조건이 곧 자유라면 헌법과 인권이 필요하지 않을 것이다. 인간의 조건은 역사의 무거운 짐을 어깨 위에 짊어지고 그 짐을 더 지기 쉽게 만들 방법을 반쯤 맹목적으로 선택하는 인간들의 조건이다.

나는 이 책을 위해 여러 해 동안 작업해 왔다. 그 과정에서 많은 동료들과 협력자들로부터 귀중한 도움을 받았다. 어쩌면 그들 모두를 일일이 언급하지 못할까 염려된다. 이 책은 마리아 이레니 하말류에게 많은 빚을 지고 있다. 우리가 나눴던 생각을 자극하는 수많은 대화와 여러 학문 분야를 넘나드는 도전이 되는 교류, 그리고 내가 문학 이론으로 나아가는 데 그녀가 준 영감에 빚지고 있다. 그녀는 또한 때때로 나의 몇 가지 아이디어를 영어로 옮기는 데도 도움을 주었다. 여러 해 동안 헌신해 준 나의 연구조교 마르가리다 고므스는 이번에도 역량과 전문성을 발휘하여 내 연구를 지원하고 원고를 출판할 수 있게 준비해 주었다. 수년간 나의 영어 저작들은 탁월한 편집자인 마크 스트리터의 값진 도움을 받았다. 그리고 나의 헌신적인 비서 라살레트 시몽이스의 보이지 않는 손길은 지난 20년 동안 내가 써 온 모든 것 속에 직간접적으로 녹아들어 있다. 나의 동료인 주어웅 아히스카두 누네스와 마리아 파울라 메네지스는 내 연구의 결정적 순간마다 소중한 협력자였다. 수년간, 코잉브라대학교, 위스콘신대학교, 워릭대학교, 런던대학교의 나의 박사과정생들과 박사후연구원들은 내가 새로운 주제와 관점으로 나아가게 하는 끊임없는 영감의 원천이었다. 내 연구의 각기 다른 순간에, 나는 항상 다음과 같은 협력자, 동료, 친구들의 변함없는 지원을 받을 수 있었다. 아우구스틴 그리할바, 앨리슨 핍스, 앨런 헌터, 아나 크리스티나 산투스, 안토니우 카지미루 페헤이라, 안토니우 소우자 히베이루, 아르만두 무이레마, 빌 휘트포드, 카를루스 레마, 세자르 발디, 세자르 로드리게스-가라비투, 클레어 커틀러, 콘세이서웅 고메스, 크리스티아노 지아노야, 다비드 라라스, 데이비드 슈나이더맨, 디아네 솔레스, 에푸아 프라, 엘리다 라우리스, 에밀리오스 크리스토도울리디스, 에릭 O. 라이트, 개빈 앤더슨, 하인츠 클러그, 이매뉴얼 월러스틴, 이반 누네스, 제임스 털리, 하비에르 코우소, 제레미 웨버, 주어웅 페드로주, 호아킨 에레라 플로레스, 존 해링턴, 호세 루이스 엑세니, 주제 마누엘 멘스, 조셉 톰, 후안 카를로스 모네데로, 후안 호세 타마요, 렌 케플런, 릴리아나 오브레곤, 루이스 카를로스 아레나스, 마크 갤런터, 마르가리다 칼라파트 히베이루, 마리아 호세 까넬로, 마리오 멜로, 메리 라윤, 마이클 부라보이, 마이클 월, 닐 코메사, 라울 야삭, 라자 사이드, 레베카 존슨, 사라 아라우주, 시우비아 페헤이라, 티아구 히베이루, 우펜드라 박시. 이들 모두에게 나의 진심 어린 감사를 보낸다. 나는 오직 이 책의

남의 인식론

결과물이 그들을 실망시키지 않기를 바랄 뿐이다. 마지막으로, 하지만 결코 덜 중요하지 않은 감사의 말을 패러다임 출판사의 딘 비르켄캠프에게 전한다. 그는 이 책을 신속히 완성하고 제때에 잘 출판할 수 있도록 나에게 각별한 격려를 보내 주었다.[8]

8 이 책은 내가 포르투갈 코잉브라대학교의 사회연구소(CES)에서 총괄한 연구 프로젝트 "ALICE——이상한 거울들, 뜻밖의 교훈들(Strange Mirrors, Unsuspected Lessons) (alice.ces.uc.pt)"의 틀 안에서 완성되었다. 이 프로젝트는 유럽연합의 제7차 프레임워크 프로그램(FP/2007-2013)/ERC 연구지원 협약 제269807호에 따라 유럽연구위원회(European Research Council)로부터 연구비를 지원받았다.

목차

좋은 삶/부엔 비비르'를 위한 매니페스토

이제 대화를 바꿀 때가 되었다. 과거는 더 넓게 열어두되 거기에 덜 얽매이게 하는 것이 좋겠다. 미래는 더 가까이 다가오는 것이 좋을 것이다. 현재를, 그리고 세계의 공간을 확장해 나가자. 앞으로 나아가자. 투박한 지도를 들고 여행을 떠나자. 이론과 행동 사이에는 상응 관계가 있을 수 있으나 연속성이 있는 것은 아니다. 우리는 반드시 같은 장소에 도달하지는 않을 것이며, 우리 중 많은 이들은 알아볼 만한 어떤 장소에도 도달하지 못할 것이다. 그러나 우리는 같은 출발점을 공유하며, 그것으로 충분하다. 우리가 모두 같은 주소로 향하고 있지는 않지만, 우리는 아주 오랫동안 함께 걸을 수 있다고 믿는다. 우리 중 소수는 식민지 언어를 말하고, 대다수는 다른 언어들을 말한다. 우리 중 오직 소수만이 목소리를 가지고 있기에, 우리는 복화술사들에게 의지한다. 우리는 그들을 후위 지식인이라고 부르는데, 이는 그들이 자신들이 늘 잘해 왔던 것, 즉 뒤돌아보는 일을 계속하기 때문이다. 그러나 이제 그들은 우리로부터 새로운 임무를 부여받았다. 우

---

1 좋은 삶/부엔 비비르(*buen vivir*)라는 개념은 케추아어 *수막 카우사이*(*sumak kawsay*)에서 유래했으며, 이 책에서 그 인식론적 토대가 제시되는 사회적 해방의 개념의 핵심을 이룬다. 이 개념의 정치적 함의에 대해서는 『인지적 제국의 종말: 남의 인식론 시대의 도래』(Santos 2018)에서 상세히 분석하고 있다.

지식인-행동가들을 위한 미니페스토[11]

이 책은 좋은 삶/부엔 *비비르*를 위해 집결하는 모든 이들의 성공에 기여할 수 있는 자신의 능력이 제한적임을 인정하는 것으로 시작한다. 다른 무엇보다도, 이 책이 선의 이쪽에서 쓰였기 때문이다. 물론 이 책의 사유는 선의 저쪽에 있지만 책으로서의 삶은 이쪽에 있을 수밖에 없다. 이 책은 이 책을 가장 덜 필요로 하는 사람들에 의해 읽힐 것이다. 내 판단으로는, 이 책으로부터 혜택을 받을 수도 있는 사람들은 아마 이 책을 읽을 수 없을 것이다. 만일 그들이 읽을 수 있다고 해도 아마 읽는 것에 아무런 관심이 없을 것이고, 설사 관심을 갖는다 하더라도 십중팔구 이해하지 못할 것이다. 그러므로 이 책은 잘해야 마지못한 동맹자일 뿐이다. 비록 이 책이 표현하는 연대는 결코 마지못한 것이 아니지만 말이다. 어떤 경우든, 동맹자는 기껏해야 상대적인 존재일 뿐이다.

....

11 (옮긴이) 저자는 〈좋은 삶/부엔비비르를 위한 매니페스토〉와 〈지식인-행동가들을 위한 미니페스토〉를 대위법적 구조를 시각화하기 위해 각각 짝수 페이지와 홀수 페이지에 나누어 배치했다. 짝수 페이지의 주석 번호는 1부터, 홀수 페이지의 주석 번호는 11부터 시작된다.

리 중 뒤처진 이들을 돌보아 다시 투쟁으로 이끌고 누가 뒤에서 우리를 계속해서 배신하는지 밝혀내 우리가 그 이유를 알아내도록 돕는 것이다.

마르크스는 우리를 잘 모를 수 있지만 우리는 마르크스를 안다. 거대이론은 굶주린 이들을 위한 요리책이다. 우리는 보편적이지도, 영원하지도 않다. 우리는 우리의 있는 그대로의 모습을 가치 있게 여기지 않는 모든 철학을 폐기한다. 우리는 간디(Mahatma Gandhi)를 알고 간디는 우리를 안다. 우리는 파농을 알고 파농은 우리를 안다. 우리는 투생 루베르튀르(Toussaint L'Ouverture)를 알고 투생 루베르튀르는 우리를 안다. 우리는 파트리스 루뭄바(Patrice Lumumba)를 알고 파트리스 루뭄바는 우리를 안다. 우리는 바르톨리나 시사(Bartolina Sisa)를 알고 바르톨리나 시사는 우리를 안다. 우리는 카타리나 에우페미아(Catarina Eufémia)를 알고 카타리나 에우페미아는 우리를 안다. 우리는 로자 파크스(Rosa Parks)를 로자 파크스는 우리를 안다. 그러나 우리를 아는 이들 중 대부분은 잘 알려지지 않았다. 우리는 서류 없는 혁명가들이다.

우리는 우리와 관련된 것으로 여겨지는 사상들을 인증하는 데 전문화된 공인된 지식인들이 많다는 말을 들어 왔다. 그들은 자신들에게는 선의 이쪽 편에 있는 것, 다시 말해 그들이 대학이라 부르는 접근 불가능한 동네들과 요새화된 기관들 안에 거주한다. 그들은 박식한 방종가들이며 면책특권을 소중히 여긴다.

우리는 누구인가? 우리는 글로벌 사우스, 즉 자본주의, 식민주의, 가부장제, 그리고 그것들에 딸린 모든 위성적 억압들(satellite-oppressions)의 무한한 탐욕에 희생되어 온 창조물들과 피조물들의 거대한 집합이다. 우리는 모든 방위에 존재한다. 우리의 지리는 곧 부정의와 억압의 지리이기 때문이다. 우리는 모두를 대표하지 않는다. 우리는 희생에 순응하지 않으며 따라서 저항하는 자들이다. 우리는 존엄성을 가지고 있다. 우리는 모두 원주민들이다. 우리에게 주인,

이 책의 기여가 미미할 것이라고 하는 두 번째 이유는, 다른 시대들, 예를 들어 유럽의 탁월했던 17-18세기와는 달리, 우리 시대의 글로벌 노스[12]에서는 급진적 사상들이 곧 급진적 실천으로 번역되지 않으며, 그 반대도 마찬가지이기 때문이다. 즉, 급진적 실천은 현존하는 급진적 사상들 속에서 자신의 모습을 인식하지 못한다. 이러한 이중적 불투명성은 이 책에서 분석될 몇 가지 이유 때문이다. 가장 중요한 이유 중 하나는 의심할 여지 없이 오늘날 기성 권력이 현 상태의 유전적 코드와

---

12 (옮긴이) 이 책에서 사용하는 Global South와 Global North는 단순한 지리적 개념이 아니라 정치적 · 사회적 · 경제적 관계 속에서 형성된 개념이다. Global South는 전통적인 제3세계 국가들이나 개발도상국을 의미하는 것이 아니라, 자본주의, 식민주의, 가부장제 등의 억압적 질서 속에서 체계적으로 착취당하고 배제된 사람들, 지역, 그리고 그들의 역사적 · 사회적 경험을 지칭하는 은유적 개념이다. 즉, Global South는 단순히 남반구의 국가들을 지칭하는 것이 아니라, 세계적 불평등 구조 속에서 주변화된 모든 집단과 그들의 투쟁을 포괄하는 개념이다. 특히, Global South와 Global North는 서구중심적 사고방식과 지식 권력이 만들어낸 심연적 선(abyssal line)에 의해 구분된다. 이 심연적 선은 서구와 비서구, 문명과 야만, 근대성과 전근대성이라는 이분법을 통해 Global North를 지배적 위치에 놓고, Global South를 열등하거나 미개한 것으로 규정하는 근대적 질서를 구축해 왔다. 이러한 이분법은 단순히 경제적 착취와 정치적 억압에 그치는 것이 아니라, 특정한 방식의 지식만을 정당화하고 제도화하는 인식론적 배제로 이어진다. 즉, Global South에 속하는 다양한 지식과 실천들은 서구중심적 근대성의 기준에 따라 무가치한 것으로 간주되거나, 침묵을 강요당해 왔다. 이러한 맥락에서, 이 책에서는 Global South와 Global North의 의미를 충실히 살리고자 이를 각각 '글로벌 사우스'와 '글로벌 노스'로 표기하기로 한다. 단, 책의 제목에서와 같이 South가 '인식론'과 결합할 경우나 South와 North가 단독으로 쓰일 경우에는 각각 '남'과 '북'으로 번역하고, 문맥에 따라 South와 North가 지리적 함의를 더욱 비중 있게 내포하고 있을 때는 북반구와 남반구로 각각 번역한다. 이처럼 번역 용어의 기계적 통일을 지양한 것은, 개념적 정밀성을 유지하고 원문이 주는 뉘앙스를 충실히 반영하려는 판단에서 비롯된 결정이다.

지배자, 또는 관리자가 있기 전부터 우리가 원래부터 항상 있었던 자리에 있기 때문에, 혹은 우리의 의지에 반해 옮겨진 곳에, 그리고 우리에게 주인과 지배자, 또는 관리자가 군림하게 된 곳에 있기 때문이다. 그들은 우리에게 관리자를 두는 것에 대한 두려움과 관리자를 두지 않는 것에 대한 두려움을 강요하고 싶어 한다. 우리가 두려움 없는 우리를 상상하지 못하도록 하기 위해서다. 우리는 저항한다. 우리는, 세계를 이해하는 방식들은 서구의 세계 이해보다 훨씬 더 크다는 생각으로 하나가 된 매우 다양한 인간들이다. 우리는 세계의 변혁이 글로벌 노스(global North)가 예견하지 못한 방식으로도 일어날 수 있다고 믿는다. 우리는 동물과 식물이고, 생물 다양성과 물이며, 대지와 파차마마이고, 조상과 미래 세대이다. 우리의 고통은 인간의 고통보다 뉴스에 덜 등장하지만, 그 고통은 인간의 고통과 긴밀하게 연결되어 있다. 비록 인간이 그것을 자각하지 못할지라도 말이다.

우리 중 가장 운 좋은 이들은 오늘 살아 있지만 내일 죽임을 당할까 두려워한다. 오늘은 먹을 음식이 있지만 내일은 아무것도 없을까 두려워한다. 그들은 오늘 조상으로부터 물려받은 땅을 경작하지만 내일 몰수당하지 않을까 두려워한다. 오늘은 거리에서 친구들과 이야기를 나누지만 내일은 오직 폐허만 남을까 두려워한다. 오늘은 가족을 돌보지만 내일 강간당할까 두려워한다. 오늘은 일자리가 있지만 내일 해고당할까 두려워한다. 오늘은 인간이지만 내일은 동물처럼 취급당할까 두려워한다. 오늘은 깨끗한 물을 마시고 원시림을 즐기지만 내일은 물도 없고 숲도 없을까 두려워한다. 우리 중 가장 불행한 사람은 이러한 두려움들이 이미 오래전에 현실이 되어 버린 사람들이다.

우리 중 일부는 2000년대의 첫 10년 동안 열린 세계사회포럼 모임에 참여할 수 있었다. 우리는 참여자들과 연대한다. 비록 참여자들이 우리에 대해 모든

좋은 삶/부엔 비비르를 위한 매니페스토

부합하는 수준을 넘어서는 사상과 실천의 만남을 저지할 효율적인 수단을 가지고 있다는 사실이다. 이제 급진주의는 반(反)자연, 존재의 일탈(*aberratio entis*)[13]이 되었다. 1677년, 유럽 열강들이 스피노자가 임종 직전에 자신의 '범신론적 무신론'을 포기하고 기독교로 개종했는지 알아내려고 애썼던 (예컨대 첩자들을 고용하는 방법을 통해) 그때로부터 오랜 시간이 흘렀다. 인간이 본성적으로 신을 믿는 존재라는 '증거' 앞에서의 스피노자의 항복이 몰고 올 파장을 그들은 간절히 기다렸다.

우리 시대에, 진정한 급진주의는 글로벌 노스에서 더 이상 가능하지 않은 듯하다. 자신을 급진적 사상가라고 공언하는 이들은 자신을 속이고 있거나 다른 누군가를 속이고 있는 것이다. 그들의 실천은 그들의 이론과 모순될 수밖에 없기 때문이다. 그들 대부분은 현실을 다루기 위해 보호모와 장갑을 필요로 하는 대학과 같은 기관에서 일한다. 서구 근대성이 지식인들에게 부리는 속임수 중 하나는 그들이 오직 반동적 제도들 안에서만 혁명적 사상을 생산하도록 허용하는 것이다. 다른 한편, 급진적으로 행동하는 이들은 침묵하는 것처럼 보인다. 그들은 남들이 이해할 수 있게 말할 만한 것이 없거나, 말한다 해도 그들의 행동반경 밖에서는 아무도 그들이 하는 말을 이해하지 못할 수 있고, 아니면 심지어 감옥에 갇히거나 죽임을 당할 수도 있다.

그렇다면 이러한 상황을 고려할 때, 사회적 해방에 대해 어떻게 글을

---

13 (옮긴이) 존재의 자연스러운 상태에서 벗어난 것이라는 뜻으로, 여기서는 급진주의가 본래의 자연스러운 상태, 질서에서 벗어나 비정상적이고 왜곡된 것으로 여겨진다는 의미로 이해된다. 이어지는 스피노자 관련 내용과 연결된다.

것을, 더구나 가장 중요한 것들조차 말하지 않았을지라도 말이다. 어쨌든 그들은 우리가 우리의 적들이 생각하는 것보다 훨씬 많다는 것을, 우리가 그들의 세계와 우리의 세계에 대해 그들보다 더 잘 생각한다는 것을, 그리고 우리가 어떤 상황에서는 항공모함 같은 생각(aircraft-carrier-ideas)에 연과 같은 생각(kite-ideas)으로 맞서 싸우는 것이 가능하다는 확신을 가지고 행동할 만큼 대담하다는 것도 보여주었다. 비록 항공모함은 항공모함이고 연은 연일지라도 말이다. 이것이 정확히 우리 중 일부가 2000년대 두 번째 10년의 시작에 카이로와 튀니스, 마드리드와 아테네, 뉴욕과 요하네스버그의 거리에서, 한마디로 부유한 나라들이 단지 부유한 사람들의 나라라는 것(반면 99%의 가난한 사람들과 그 가족들은 1%의 초부유층 가문들에게 속하는 신봉건적 요새의 바깥에서 산다는 것)이 밝혀진 세계의 거리에서, 분노를 표출하며 입증해 온 것이다. 비존엄에 분노하는 많은 이들이 우리처럼 선 저편에 있지는 않지만, 우리는 그들과 연대를 형성해 갈 수 있기를 희망한다.

우리는 어디로 가고 있는가? 우리 중 일부는 사회적 해방을 향하고 있고, 또 다른 이들은 21세기 사회주의, 부엔 비비르 사회주의를, 또 다른 이들은 공산주의를, 다른 이들은 *수막 카우사이*(sumak kawsay) 또는 *수막 카마냐*(sumak qamaña)를, 다른 이들은 *파차마마*(pachamama) 또는 *움마*(umma)를, 또 다른 이들은 *우분투*(ubuntu)[2]를, 또 다른 이들은 인권을, 또 다른 이들은 실질적이고 참된 민주주의를, 또 다른 이들은 존엄과 존중을, 다른 이들은 복수국민성[3]을,

······································

2　(옮긴이) 남아공에서 시작된 아프리카의 전통 철학을 의미한다. 사람들 사이의 관계의 성실성을 강조한다.

3　(옮긴이) 2008년 에콰도르, 2009년 볼리비아의 새 헌법 제정에서 서구 근대적 헌법 정

　　　　　　　좋은 삶/부엔 비비르를 위한 매니페스토

써야 할 것인가? 누군가를 오도하거나 역으로 오도당하는 것을 피하려면, 급진적으로 되는 것이 불가능하다는 것을 인정하고 그러한 인정에서 출발하여 글을 쓰는 것이 더 나을 것이다. 서구 근대성의 급진주의로부터 남은 것이라고는 바로 그러한 불가능성에 대한 급진적 인정이 전부다. 그러나 남겨진 것은 결코 무시할 만한 것이 아니며, 따라서 이를 향수 어린 시선으로 바라봐서는 안 된다. 오히려 반대로, 그것은 새로운 것을 상상하는 유일한 길이다. 우리 앞에는 잘 정의된 계획보다는 폐허가 더 많다. 그러나 폐허 또한 창조적일 수 있다. 새롭게 시작한다는 것은 재생산과 반복을 조장하는 적대적 조건들 속에서도 창조성과 단절을 가능하게 만드는 것을 의미한다. 핵심은 새로운 이론들, 새로운 실천들, 그리고 그것들 사이의 새로운 관계들을 상상하는 것이 아니다. 핵심은 주로, 이론화하고 변혁적 집단행동을 생성하는 새로운 방식들을 상상하는 것이다. 급진주의가 지닌 구성된 불가능성(constituted impossibilities)[14]이 얼마나 강력한지를 인정함으로써, 우리는 새로운 구성적 가능성들(constituent possibilities)을 상상할 준비를 더 잘하게 될 것이다.

급진주의의 불가능성이라는 관점에서 글을 쓴다는 것은 두 가지 불가능성을 인정하는 데서 출발하여 그 둘 사이에서 글을 계속 써 내려간다는 것을 의미한다. 두 가지 불가능성이란 말할 수 없는 것을 소통하는 것의 불가능성(impossibility of communicating the unsayable)과 집단적 저자

---

14 (옮긴이) 급진주의가 본질적으로 불가능한 것이 아니라 현재의 지배적 질서와 구조가 그것을 불가능하게 만들었다는 의미다. 바로 뒤의 '구성적 가능성'과 대비를 이룬다.

또 다른 이들은 상호문화성[4]을, 또 다른 이들은 사회적 정의를, 또 다른 이들은 스와데시(*swadeshi*)[5]를, 또 다른 이들은 데모카라시(*demokaraasi*)[6]를, 또 다른 이들은 민쭈(*minzhu*)[7]를, 또 다른 이들은 식량 주권을, 또 다른 이들은 연대경제를, 또 다른 이들은 생태사회주의, 그리고 대형 댐과 메가프로젝트에 맞선 반대 투쟁을 향해 가고 있다. 우리는 모든 개념은 개념적 괴물이 되는 경향이 있다는 경고를 받아 왔다. 우리는 두렵지 않다.

우리 모두가 공유하는 것은, 존엄하게 살기 위해서는, 즉 잘 살기 위해서는, 우리 모두 수많은 장애물과 싸워야 한다는 사실이다. 많은 장애물이 있지만 그 것들은 모두 서로 가족적 유사성을 가지고 있다. 인간들 사이에, 그리고 인간과 자연 사이에 존재하는 자본주의, 식민주의, 가부장제, 상품물신주의, 지식의 단일문화, 진보의 선형적 시간관, 자연화된 불평등, 지배적인 척도, 경제 성장과 자본주의적 발전의 생산주의가 그것이다. 존엄한 삶을 가로막는 장애물들

신과 병행하여 원주민의 가치관 존중을 강조한 라틴아메리카의 변혁적 정치의 상징이 되었다.

4 (옮긴이) 근대성과 원주민 철학 사이의 위계 서열을 거부한다. 따라서 다문화주의 담론과 다르다.

5 (옮긴이) 스와데시는 간디의 총체적 철학을 함축하는 단어이다. 간디의 자급자족 경제의 개념으로서 '사랑'과 '비폭력'을 상징한다. 그러므로 특히 빠른 속도의 테크놀로지 발전을 흡수하는 서구중심적 경제학과 그 맥락이 다르다.

6 (옮긴이) 프레데릭 샤퍼가 진행한 세네갈 민중의 민주주의에 대한 의식의 연구에서 나온 것이다. 엘리트와 달리 이들 민중의 민주주의 의식은 제도 정치보다 진성한 평등을 희구한다.

7 (옮긴이) 민쭈는 현대 중국어이다. 민주주의라는 서구적 개념이 잘못 번역되어 일부의 개념만 소개되었음을 학자들이 비판하고 있다. 민주주의보다 공화정이 더 중요함을 지적하고 있으며 민쭈는 혁명가들에 의해 정치적 이상으로 사용되고 있다.

좋은 삶/부엔 비비르를 위한 매니페스토

성의 불가능성(*impossibility of collective authorship*)을 가리킨다.

말할 수 없는 것을 소통하는 것의 불가능성. 지난 200년 동안 앎과 행함 사이의 관계는 그것이 지닌 일반적 성격을 상실하고 단지 근대 과학에 의해 타당성이 입증된 지식과 합리적인 사회공학 사이의 관계로 축소되어 왔다(Santos 2007b). 그 결과, 이러한 고도로 지성화되고 합리화된 영역의 바깥에 있는 것으로 자의적으로 간주한 모든 것은 무시되거나 낙인찍혔다. 바깥에는 열정, 직관, 느낌, 정서, 감정, 신념, 믿음, 가치, 신화들로 이루어진 어두운 세계, 키르케고르가 말하듯이 간접적인 방식 외에는 소통될 수 없는 것들의 세계가 있었다. 여러 종류의 실증주의는 배제된 것들이 존재하지 않거나(그저 환상이거나), 혹은 중요하지 않거나 위험하다는 것을 입증하는 데 성공했다. 그러한 환원주의는 이론과 실천 사이의 기하학적 상응을 가능하게 했다. 하지만 이론과 실천 모두가 자신들의 말할 수 없는 '반쪽'으로부터 분리되면서, 둘 사이의 관계가 지닌 복잡성과 우연성을 설명하는 것이 불가능해졌다. 이론과 실천 모두 거울에 비치는 것처럼 상상되면서 이 둘은 서로를 보지 못하게 되었다. 이제 눈먼 사람이 눈먼 사람의 인도를 받는다고 해서 두 배로 눈이 먼 것은 아니지만, 그렇다고 더 잘 볼 수 있는 것도 아니다.

일반적으로 이론가들과 지식인들은 기쁨이나 슬픔에 대해서도, 좋은 삶/부엔 비비르를 위해 집결한 이들이 말하는 애도나 축하를 위해서도 준비되어 있지 않다. 전자는 이러한 감정들의 이름을 지을 줄은 알지만, 이를테면 스피노자가 이를 정동이라 부른 것처럼, 그것들을 실제로 살지는 않는다. 더군다나 그들은 이러한 감정들의 부재를 사유나 이성의 문제로 만들 능력도 없다. 그들은 사유가 분리해 놓은 것, 즉 삶은 매우 다양하지만, 그것들은 모두 공통점을 갖고 있다. 바로, 극소수의 이익을 부당하게 대변하며 이루어지는 불평등한 차이들의 무한한 축적이다. 우리는 지상의 빼앗긴 자들이다. 왜냐하면 우리는 무지하고 열등하고 지역적이고 특수하며 후진적이고 비생산적이거나 게으르다고 여겨지기 때문이다. 이로 인해 우리가 겪는 측량할 수 없는 고통과 그것이 초래하는 세계 경험의 소외는 부당하지만, 그것들은 역사적 숙명이 아니다. 우리는 그것들이 제거될 수 있다는 확신을 가지고 그에 맞서 투쟁한다. 그러나 우리의 투쟁은 우리의 목표 그 자체보다는 그것들을 이루기 위해 애쓰는 우리의 행동과 감정의 질에 더 많이 달려 있다.

우리는 무엇을 원하는가? 세계는 우리 자신과 어머니 대지, 이 모두와 관하여 잘 살 수 있는 기회들로 가득하다. 우리는 그 기회들을 활용할 기회를 갖기를 원한다. 우리는 우리가 원하는 것보다 원하지 않는 것을 더 잘 안다. 그들 스스로가 '선의 이쪽'이라고 부르는 곳에 사는 자들은 우리에 대해 많이 생각한다. 우리 중 가장 운이 좋은 이들을 위해, 그들은 우리의 마을에서 수많은 바자회와 상담 부스가 있는 박람회를 조직한다. 그들은 유전자 변형 식품, 성경책, 지식재산권, 공인 컨설턴트, 역량 강화 처방전, 구조조정, 인권, 사유재산, 잘 포장된 민주주의, 병에 든 생수, 그리고 환경과 관련한 우려를 전시대에 올려놓는다. 우리는 한때 소크라테스가 광장을 거닐면서 많은 호화로운 상품들을 보고 "세상에는 내가 원하지 않는 것들이 이렇게나 많구나!"라고 말했다는 것을 읽은 적이 있다. 오늘날이라면 소크라테스는 좋은 삶/부엔 비비르를 위해 집결한 이들 중 하나였을 것이다. 우리는 타인들을 통해 언급되기를 원하지 않는다. 우리는 우리 스스로 말하기를 원한다. 우리는 선의 저쪽에 있는 자들로 여겨지기를 원하지 않는다. 우리는 그 선을 없애기를 원한다.

우리는 어디에 사는가? 우리는 치아파스에, 안데스에, 아마존에, 대도시의

좋은 삶/부엔 비비르를 위한 매니페스토

그 자체를 통합할 준비가 되어 있지 않다. 만일 삶이 구별을 할 수 있다면 많은 구별을 하겠지만, 확실히 감정과 이성 사이의 이런 구별만큼은 하지 않을 것이다. 그렇게 되면 삶은 삶으로서의 자기를 부정하게 될 테니 말이다. 이는 특히 변혁적 행동의 삶에서 더욱 그러한데, 거기서 현실이란 아직 존재하지 않는 것에 생명을 불어넣는 것으로 이루어지며, 그것은 오직 이성적 감정들과 감정적 이성들에 의해서만 일어날 수 있다. 지식인들의 관심사는 사유의 삶이며, 그것은 삶의 삶과는 거의 관계가 없다. *살아진 삶*(*lived life*)은 스피노자의 *산출된 자연*(*natura naturata*)처럼 사유보다 덜한 것으로 여겨지지만, *살아 내는 삶*(*living life*)과 *산출하는 자연*(natura naturans)은 분명 사유를 초월한다.

나는 나 자신을 지식인-행동가라고 부름으로써 말할 수 없는 것을 소통하는 불가능성을 생산적으로 살아 내는, 그리하여 새로운 가능성들을 창출해 내는 하나의 가능한 방식을 제시하고자 한다. 이 책은 간접적 소통에 자주 의존한다. 이 책 자체가 많은 간접적 소통을 바탕으로 사유되었다.

집단적 저자성의 불가능성. 저자성에 관한 한, 이 책은 경계가 흐릿하다. 최근 몇 년간 나는 세계사회포럼에서 행동가로 참여하며 라틴아메리카 원주민들의 투쟁에 깊이 관여해 왔다. 나는 나의 사유가 어느 정도까지 이름도 없고 분명한 윤곽도 없는 집단적 사유의 일부인지 판단할 수 없다. 이 책에서 나 자신의 것은 단지 개인적으로, 그리고 이중의 부재를 완전히 자각하면서 표현된 것뿐이다. 첫 번째 부재는 합리적 형식화가 가능하다 하더라도 오직 집단적으로만 형식화될 수 있는 것의 부재이고, 두 번째 부재는 개인적으로든 집단적으로든 합리적으

무허가 정착지에, 아프리카와 아시아의 새로운 그리고 옛 식민자들이 탐내는 땅에, 글로벌 도시들의 게토에, 그들이 댐을 건설하고 싶어 하는 강둑과, 그들이 광석과 광물을 캐내고 생명을 파괴하려는 언덕에, 미국과 브라질, 방글라데시의 노예노동을 이용하는 새로운 플랜테이션에, 우리가 땀과 슬픔으로 주인들의 소비 지상주의적 쾌락을 생산하는 세계의 마킬라도라들에 살고 있다. 우리는 관광객이 절대 가지 않는 곳에, 또는 가더라도 절대 살지는 않을 곳에서 실제로 살고 있다. 세계는 두 종류의 경계에 의해 나뉜다. 하나는 우리가 조건부로 받아들이는 경계들이고, 다른 하나는 우리가 무조건 거부하는 경계들이다. 전자는 우리가 태어나고 자란 국가의 경계선이다. 우리는 우리의 힘을 아끼기 위해, 그리고 그것이 다른 경계들에 비해 덜한 장애물이라고 생각하기 때문에 그것을 받아들인다. 후자는 벽, 참호, 수로, 철조망 울타리, 경찰차의 저지선, 검문소이다. 무엇보다도 그것들은 사람들의 마음과 법과 정치 속에 심연적 선들을 그어 옴으로써 우리를 선의 저쪽으로 추방해 버린 지도들이다. 최악의 경계는 선의 이쪽 편, 즉 수도가 엑스크레멘티아(Excrementia)인 카카니아(Kakania)[8]에서는 보이지도, 읽히지도, 들리지도 않는, 또는 느껴지지도 않는

....

8 (옮긴이) Kakania는 오스트리아-헝가리 제국을 풍자적으로 지칭하는 별칭으로, 로베르트 무질(Robert Musil)의 4부로 구성된 장편소설『특성 없는 남자(Der Mann ohne Eigenschaften)』의 제8장의 제목 Kakanien의 영어식 표기이다. 이는 kaiserlich und königlich (황제 폐하와 왕 폐하)의 약칭 K. u. K.에서 파생된 것으로, 관료주의적 형식주의와 무기력한 체제를 조롱하는 의미를 내포하고 있다. 무질은 이 소설에서 Kakania를 세계 평화를 명분으로 내세우지만 실질적 목표 없이 논의만 거듭하는 국가로 표현했으며, 이는 지배적 권력 구조가 스스로를 정당화하는 방식을 신랄하게 풍자한 것으로 이해할 수 있다. 여기서 Kakania는 배제된 존재들을 보지 못하고, 듣지 못하고, 읽지 못하는 세계를 의미하는 메타포로 사용되며, 산투스는 여기서 이를 Excrementia(배설물의 도시)라는 명칭과 결합시켜 Kakania의 부패한 특성과 그 지배

로 형식화될 수 없는 것의 부재이다. 따라서 이 책의 절반은 영원히 쓰이지 않은 채로 남을 것이다. 나는 이것을 염두에 두고 내가 쓸 수 있는 것을 쓴다. 나는 글을 쓰기 위해 내가 어떻게 나 자신을 집단으로부터 분리하는지를 자각함으로써 집단의 일부가 된다.

급진주의의 불가능성이라는 관점에서 글을 쓰는 것은 오늘날 세 가지 요인으로 인해 이전보다 더 희망적이다. 첫 번째 요인은 *도그마 게임의 종말*, 두 번째는 좋은 삶을 위해 집결한 이들이 지식인들에게 맡긴 *후위 이론의 임무*, 세 번째는 *세계의 고갈되지 않는 다양성과 그것이 보여주는 것*, 또는 말로 표현될 가능성과 무관하게 그것이 스스로 드러나도록 허락하는 것이다.

도그마 게임의 종말. 지난 200년 동안 낡은 도그마에 대항한 사회적 투쟁들은 거의 항상 새로운 도그마들을 옹호하는 방향으로 이루어졌다. 그 결과 사회적 해방은 새로운 사회적 규제가 되었고, 낡은 정통성은 새로운 정통성으로 대체되었다. 수단이었던 것이 목적이 되었고, 반란이었던 것은 순응이 되었다. 이제 좋은 삶/*부엔 비비르*를 위해 집결하는 사회 운동들은 새로운 도그마의 이름을 내세우지 않고서도 낡은 도그마에 맞서 싸우는 것이 가능하다는 것을 보여준다.

그러한 운동들에 따르면, 사회적 해방은 사회적 규제를 전제한다. 즉 규제되지 않은 해방된 사회는 상상할 수 없다. 그러나 해방을 규제하는 것과 규제를 해방하는 것 사이에는 차이가 있다. 해방을 규제하는 것은 이제는 극복된 옛 조건들을 주도했던 같은 규제의 논리를 (반드시 같은 종류의 규제는 아닐지라도) 새로운 조건에 적용하는 것이다. 반면, 규제를 해방한다는 것은 규제하고자 하는 대상의 조건 그 자체를 새로운 형태

경계들이다. 우리는 누군가가 우리에 대해 생각하면서도 더 이상 우리에 대해 생각하지 않으려는 목적으로 그은 신의 저쪽에 살고 있다. 우리는 이전의 혁명들의 성공이 우리를 포함하지 않기로 결정했기 때문에 눈에 보이지 않고 들리지 않으며 읽히지 않는다. 만일 우리의 여기가 눈에 보이지 않는다면 우리의 지금은 더욱 그렇다. 그 혁명들에 의하면 우리에게는 기껏해야 과거만 있을 뿐 미래는 없다. 우리에게는 단 한 번도 역사책을 쓰도록 허락된 적이 없다.

우리는 어떻게 살고 있는가? 항상 질병이 아닌 다른 원인으로 죽을 위험 속에서, 친목 경기가 아닌 상황에서 부상을 당하거나 죽임을 당할 위험 속에서, 집, 땅, 물, 성스러운 영토, 아이들과 조부모를 잃기 일보 직전의 상황 속에서, 항상 전쟁을 피해 먼 곳으로 이주당하거나 우리의 동네(바리오, barrio) 또는 수용소에 갇힐 위험 속에서 산다. 우리의 민중적, 연대적, 협동적 저축이 GDP에 포함되지 않는다는 이유로 아무런 가치가 없는 것이 되어 버릴지도 모르는 위험 속에서, 그들이 발전이라고 부르는 것의 이름으로 우리의 강이 오염되고 우리의 숲이 벌목당하는 것을 볼 위험 속에서, 우리가 열등한 젠더, 인종, 계급 또는 카스트에 속한다는 이유로 대응할 힘도 없이 모욕을 당할 위험 속에서, 우리에게 치명적일 수도 있는, 부유한 아이들의 장난의 표적이 될 위험 속에서, 빈곤해질 위험 속에서, 우리를 도와주는 사람들이 양심의 가책을 느끼게 하지 않으면서 가난한 자로서 도움을 받게 될 위험 속에서, 또한 어머니 대지를 지키길 원한다는 이유로 테러리스트로 간주될 위험 속에서 살고 있다. 우리는 실로, 너무 많은 위험을 마주하고 있어 결국에는 순응하고 말 수도 있는 위험 속에서 살고 있다.

적 세계관이 억압받는 자들을 배제하는 방식을 신랄하게 조롱하고자 하는 그의 의도를 더욱 극명히 드러내고자 한 것으로 보인다.

좋은 삶/부엔 비비르를 위한 매니페스토

의 규제로 확립하는 것이다. 사회적 해방의 목적이 끝-없는-민주주의 (democracy-without-end)를 구축하는 것이라면, 규제를 해방한다는 것은 변혁적 실천의 결과로 생겨나는 필요에 맞춰 민주적 해결 방안들을 심화하고 다양화하는 것을 포함한다. 오직 이것만이 수단이 목적이 되는 것을, 새로운 우상들이 옛 우상들을 대체하고 시민들에게 이전과 같은 종류의 복종을 요구하는 것을, 새로운 규칙들이 옛 규칙들이 그랬듯 삶의 필수적인 요소로 자연화되는 것을, 대안의 제거에 맞선 투쟁이 대안 없는 사회로 이어지는 것을, 기술적 해결책에 맞서 정치를 회복하기 위해 채택된 정치적 행동들이 오히려 정치 기술의 해결책이 되어버리는 것을, 행동의 자유와 창의성에 대한 제한이 정확히 이전의 제한과 같은 것이 되어버리는 것을, 변화를 가능하게 했던 비순응이 변화를 방해하는 순응으로 변질되는 것을, 그리고 사회 변혁에 투입되었던 감정과 환상과 열망이 이후에는 정작 그 자체로 단죄되는 것을, 옛 기능들과 단절했던 새로운 기능들이 오히려 새로운 기능들을 가로막는 구조가 되는 것을, 비역사적인 것으로 간주하던 것의 역사화가 다시 새로운 비역사적 진리가 되어버리는 것을, 그리고 위험을 수반하는 변화에 참여한 모든 자들이 지닌 필연적으로 상대적인 무의식이 도리어 그 변화로부터 이익을 얻는 자들의 최대로 가능한 의식이 되어버리는 것을 막을 것이다. 요컨대 목표는, 한때 억압받던 사람들의 무기가 새로운 억압자들의 무기로 변하는 것을 막는 것이다. 나는 좋은 삶을 위해 집결하는 이들이 말하듯이, 이것이야말로 내다보이는 목적지를 향한 여정을 끝없는 여정으로 바꾸는 유일한 방법이라고 믿는다.

이러한 새로운 입장은 지식인-행동가들에게 거대한 도전을 제기한 어떤 종류의 열정이 우리를 추동하는가? 가장 강렬하고 다양하게 경험된 진실에 뿌리를 두고 있기에 가장 주관적이고 다양한 열정이다. 그 진실은 바로 우리는 존엄한 삶을, 폭력과 수탈로부터 자유롭다는 점에서 자유로운 삶을, 우리가 마땅히 누려야 할 삶을 살 자격이 있으며, 그것을 위해 싸우는 것이 가능하고 우리가 성공할 수도 있다는 것이다. 우리는 열정적 진실과 진실된 열정의 자녀들이다. 우리는 현실이 현존하는 것으로 축소되지 않으며 현존하지 않는 것의 대부분이 실제로 존재할 수 있었고 또 마땅히 존재할 자격이 있다는 것을 열정적으로 알고 있다. 시간은 우리의 열정을 가라앉히지 못한다. 우리의 형제 에보 모랄레스는 교황 바오로 3세가 1537년 교황 칙령에서 인디오들에게도 영혼이 있다고 선언한 이후 대통령이 되기까지 무려 5세기를 기다려야 했다. 우리가 지금 있는 이 자리에 도달하게 된 것은 바로 그 교활한 칙령으로부터였다.

우리는 누구에 대항하여 싸우는가? 선의 이쪽에서는 모든 것이 매혹적이고, 선의 저쪽에서는 모든 것이 무섭다. 우리는 경험을 통해 선에는 양편이 있다는 것을 알고 있는 유일한 존재들이며, 자신이 살고 있지 않은 삶을 상상할 줄 아는 유일한 존재들이다. 우리의 맥락은 다른 모든 것이 가능해지기 위한 조건으로서의 존엄한 삶이 지닌 긴급성이다. 우리는 오직 문명적 변화만이 이를 보장할 수 있음을 알지만, 우리의 긴급성이 그러한 변화를 가져올 수 있다는 것 또한 알고 있다. 우리는 오래 살기 위해 오늘을 살아 내야만 하고, 역으로, 오늘을 살기 위해서는 오래 살아야만 한다. 우리의 지속(*durée*)[9]과 시간들은 오로지 우리의 투쟁에

....

9 (옮긴이) *durée*는 시간을 주요한 사유의 축으로 삼은 앙리 베르그송(Henri Bergson)의 철학에서 핵심 개념이다. 베르그송은 시간을 단순히 앞으로 흘러가는 선형적 개념으로 보지 않고, 인간의 경험과 삶이라는 창조적 과정에서 핵심적인 요소로 여겼다. 그에게 있어 '시간은 지속(*durée*)'으로, 이는 시간이 연속적이고 질적인 흐름이라는 의미

좋은 삶/부엔 비비르를 위한 매니페스토

다. 특히 그동안 글로벌 노스에서 지식인들의 주도성은 주로 도그마와 정통성의 게임 덕분이었다. 도그마는 공식화(정확한 말)에 있어서나 방향(행동과 태도에 대한 정확하고도 구속력 있는 지침)에 있어서나 마찬가지로 강렬하다. 도그마는 너무나 강렬하게 지시적이라서 방향의 실재를 실재의 방향과 혼동한다. 도그마는 자율적인 삶의 형태들을 형성한다. 그러한 게임 속에서, 그리고 그것으로 살아가는 지식인들은 다른 어떤 삶도 필요로 하지 않는다. 그들은 그런 종류의 삶을 위해 훈련받았고, 그들의 임무는 그것을 재생산하는 것이다. 이러한 조건들하에서 집결한 이들이 지식인들에게 제기하는 도전은 거의 딜레마적이다. 그들은 자신이 받은 훈련을 해제하고(untrain) 자신을 재발명해야 하거나, 아니면 이미 그러하듯 앞으로도 계속해서 무의미한 존재로 남을 것이다. 지식인들은 훈련 해제를 선택하기에 앞서 이 딜레마에 대해 의아해한다. 더 강력한 다른 도그마에 의존하지 않고서 도그마에 맞서 싸우는 것이 어떻게 가능한가? 모든 것을 열어 두는 것은 결국 적을 풀어주는 것과 같지 않을까? 삶과 사유를 통합하려는 시도가 둘 모두를 해체하는 결과를 낳을 수 있지 않을까? 결국 반(反)도그마도 다른 종류의 도그마가 아닌가?

새천년의 시작에 희망적인 것은 좋은 삶/부엔 비비르를 위해 집결한 이들이 전에는 예견되지 않았거나 또는 이론적으로 허용 가능하다고 여겨지지 않았던 가능성들을 만들어냈다는 점이다. 이 새로운 가능성들은 비이성만이 현재 이성적이라고 여겨지는 것의 유일한 대안이 아니며, 혼돈만이 질서의 유일한 대안이 아니라는 것을 보여준다. 그리고 진리보다 덜한 것(불확실한 결과를 위한 투쟁의 바탕을 이루는 뒤죽박죽된 이

쓸모 있는 것만을 강조한다. 우리의 시간은 평면적이거나 동심원적이지 않다. 그 것들은 '더 이상 아님(No Longer)'과 '아직 아님(Not Yet)' 사이의 통로들이다.

어느 정도까지는 선의 우리 쪽의 시대가 선의 그들 쪽의 시대와 일치하지만, 이 두 시대를 혼동해서는 안 된다. 우리와 그들은 서로 다른 방식으로 동시대 적이다. 우리의 시대는 이전의 모든 시대보다 잠재적으로 더 혁명적이다. 인간 과 비인간 존재들에게 이토록 많은 부당한 고통이 가해진 적이 없었고, 권력과 억압의 원천이 이토록 다양하고 강력했던 적도 없었다. 이 행성의 인간 존재들 이 지금 무슨 일이 일어나고 있는지에 대해, 비록 모호하고 뒤틀려 있을지언 정, 어떤 생각이라도 가지는 것이 오늘날처럼 가능했던 적도 없었다.

지금은 인간과 어머니 대지를 포함하는 전 지구적 차원의 판가름의 시대이 다. 아직까지는 어떤 규칙도 없는 판가름의 시대이다. 한편에는 자본주의, 식 민주의, 가부장제, 그리고 그에 딸린 모든 위성적 억압들이 있다. 이것이 바로 우리가 글로벌 노스라고 부르는 것으로, 이는 지리적 위치가 아닌 정치적 위치 이며 고통의 초국가화(transnationalization)에 점점 더 특화되어 가고 있는 곳이 다. 공장이 이전되면서 일자리를 잃는 노동자들, 메가프로젝트와 기업농, 광산업 으로 인해 수탈당한 인도, 아프리카, 라틴아메리카의 농민들, 인종 학살에서 겨 우 살아남은 아메리카와 호주의 원주민들, 시우다드 후아레스(Ciudad Juárez)[10]

....
를 내포한다. 베르그송은 수량화되고 공간화된 시계적 시간과 달리, *durée*를 의식 속에 서 서로 침투하고 융합하는 순수한 질적 다양성으로 이해했다. 이는 과거가 현재 속 에 지속적으로 축적되며 미래를 향해 열려 있는 창조적 시간성을 의미한다. 이러한 관점은 기계적이고 수학적인 시간 개념에 대한 근본적인 비판을 제기하며, 인간 경험 의 실재적 시간성에 대한 새로운 이해를 제시했다.

10 (옮긴이) 멕시코 북부의 국경 도시로 1990년대에 많은 수의 여성이 강간당하고 살해

좋은 삶/부엔 비비르를 위한 매니페스토

성과 감정들)에 대한 우려는 진리보다 더한 것(예전의 실패들을 설명하면서 진실성을 주장했던 반증된 거대 이론들의 *아비투스*)에 대한 우려와 균형을 이루어야 한다는 것을 보여준다. 이 새로운 가능성들은 새로운 담론과 개념을 가진 새로운 행위자들이 실천하는 새로운 행동들로부터 출현한다. 그것들은 사실 새로운 것이 아니다. 그중 일부는 정말 매우 오래된 것으로 조상들부터 전해 내려온 것이다. 그것들이 더욱 가시화된 것은 지적으로 인증되었던 사회적 해방의 레퍼토리가 이미 붕괴했기 때문이며, 실상은 새로운 형태에 담긴 낡은 것에 불과한 새로운 것들의 패션쇼가 완전히 실패했기 때문이다.

도그마의 부재는 사실 묘사하기가 쉽지 않다. 그러나 그 부재는 맥박에서 느껴지며 보기는 쉽다. 그것은 행동, 에너지, 열망, 또는 지식을 낭비하지 않으려는 열망에서 볼 수 있다. 그리고 대화의 변화와, 공동 행동을 용이하게 하기 위해 합의된 '침묵'에서 볼 수 있다.

집결한 이들의 참신함을 인정하는 것은 그다지 큰 의미가 없다. 그것은 단지 집결한 이들이 침묵당하지 않도록 보호하는 연대의 한 방식일 뿐이다. 분명히, 집결한 이들은 서구 근대성이 저항적 행동들을 침묵시키는 기술들에 얼마나 특화되어 있는지를 자신들의 경험을 통해 잘 알고 있다. 지배적 상식에 의하면, 그러한 저항적 행동들은 무지하고 열등하며 후진적이고 퇴행적이며 로컬적이고 비생산적인 사람들, 요컨대 진보와 발전의 장애물로 여겨지는 사람들에 의해 수행되는 것이기에, 침묵당해 마땅하다. 어떻게 이 강력한 침묵시키는 기계에 맞서되, 대안적이지만 다시금 침묵시키는 기계를 만들어내지 않을 것인가. 이것이 지식인-행동가들이 직면한 더 큰 도전이다. 바로 여기가 그들의 훈련에서 살해당한 여성들, 우간다와 말라위의 게이와 레즈비언들, 너무나 가난하지만 또한 너무나 부유한 다르푸르의 사람들, 살해당하고 콜롬비아 태평양 연안의 끝으로 쫓겨난 아프리카계 후손들, 생명의 순환에 타격을 입은 어머니 대지, 테러리스트로 몰려 세계 곳곳의 비밀감옥에서 고문당하는 사람들, 강제 송환의 위기에 처한 서류 미비 이민자들, 계속되는 폭격 속에서 살아가고 일하고 삶의 순간들을 기념하는 팔레스타인인들, 이라크인들, 아프간인들, 파키스탄인들, 자본주의와 식민주의가 세계의 다른 모든 민족들을 대했던 것과 정확히 같은 경멸과 독단으로 자신들을 대한다는 사실에 충격을 받은 빈곤한 북미인들, 금융 해적들이 휘두르는 약탈 법칙의 먹잇감이 된 은퇴자들, 실업자들, 그리고 고용 불가능한 사람들.

다른 한편, 우리의 시대는 모욕당하고 천대받은 자들의 귀환의 시대다. 이것이 우리가 글로벌 사우스라 부르는 것이다. 우리는 희생자가 아니다. 우리는 희생당하는 자들이지만 저항으로 맞선다. 우리는 다수이며 우리의 새로운 배움을 매우 다양한 방식으로 사용한다. 우리의 의견이 늘 일치하는 것은 아니며, 오히려 우리 안에 배신자들이 있다고 의심하기도 한다. 우리는 그들을 폭로하는 데 전문가다.

다른 모든 것에도 불구하고, 우리는 우리의 적들과 공통된 문제를 가지고 있으며, 우리의 운명은 어딘가 통하는 바가 있다. 그들이 우리에게 가하는, 그리고 최근에 더욱 증가시킨 고통은 종국에는 그들 자신에게 되돌아갈 것이다. 그들 중 가장 분별 있는 자들은 이미 그러한 사실을 알아차렸다. 현자 볼테르가 말하곤 했듯이, 모든 전쟁의 원인은 도둑질이다. 집 밖에서 훔치는 법을 배운 자

되었지만 제대로 수사가 되지 못해 유럽의회와 시민 단체 등에서 분석, 비판하고 있다.

해제와 자기 재발명이 필요한 지점이다.

　후위 이론. 내가 급진주의의 불가능성이라는 관점에서 글을 쓰는 것
이 희망적이라고 생각하는 두 번째 이유는 좋은 삶/*부엔 비비르*를 위해
집결한 이들이 지식인-행동가들에게 부여한 임무와 관련이 있다. 그것
은 바로 후위의 이론들을 발전시키는 데 기여하는 것이다(이에 대해서는
이 책 전반에 걸쳐 더욱 자세히 다룰 것이다). 이 임무는 거의 불가능에 가깝
다. 그러나 그것이 달성될 수 있다면, 이는 새천년의 시작에 가장 위대
한 참신함이자, 특히 자본주의, 식민주의, 가부장제, 그리고 모든 위성
적 억압들이 극복될 수 있다고 진정으로 믿는 이들에게 가장 반가운 소
식이 될 것이다.

　좋은 삶/*부엔 비비르*를 위해 집결한 이들이 목격한 이러한 정치적 경
험들은 놀라움을 불러일으킨다. 이는 그 경험들이 마르크스주의와 자
유주의를 포함한 서구 근대성의 정치 이론들에 의해 예견은커녕 상상
조차 되지 않았기 때문이다. 여러 다른 사례들 중에서도 특히 의미 있
는 것은 라틴아메리카의 원주민 운동들과 그것들이 몇몇 국가에서 최
근 중요한 정치적 변화에 기여한 사례다. 이러한 놀라움은 마르크스주
의와 자유주의 모두가 원주민들을 사회적·정치적 행위자로서 무시해
왔다는 사실에 기인한다. 위대한 페루의 마르크스주의자인 호세 마리
아테기는 라틴아메리카 사회의 건설에서 원주민들에게 역할을 부여했
다는 이유로 '낭만적'이고 '포퓰리스트'라는 낙인이 찍혔다. 이러한 놀
라움은 이론가들과 지식인들 전반에게 새로운 질문을 제기한다. 즉, 그
들이 놀라움과 경이로움을 경험할 준비가 되어 있는가 하는 것이다. 이
질문에 쉬운 대답은 없다. 비판이론가들은 특히 이러한 어려움에 갇혀

지식인-행동가들을 위한 미니페스토

들이 이제 집 안의 사람들로부터 훔치고 있다. 만일 고통, 살인, 모욕, 파괴가 계속해서 증가한다면 지구의 생존은 위태로워질 수 있다. 우리의 적들은 이미 폐쇄형 주거 단지가 필요 없는 다른 행성을 식민지화할 생각을 하고 있는 것일까?

우리는 우리의 투쟁 중 첫 번째가 우리 자신을 상대로 하는 것임을 알고 있다. 현자 마르크스는 철학자들이 세계를 해석하는 일을 다 하고 난 뒤에는 세계가 변화되어야 할 것이라고 말했다. 그러나 자기 변화 없이는 어떤 변화도 없다. 존엄한 삶 또는 잘 사는 것을 가로막는 장애물은 우리 안에 있기 때문이다. 우리가 비존엄성에 순응하고, 우리에게 강요된 것과 우리가 염원하는 것 간의 차이가 우리가 생각하는 것보다 훨씬 작다는 것을 부인하는 한 말이다.

우리는 어떤 확실성을 가지고 있는가? 모든 인간과 비인간 동물처럼, 우리는 가능성들, '더 이상 아님'과 '아직 아님' 사이의 통로들에 특화되어 있다. 우리가 가지고 있는 유일한 확실성은 가능성과 내기(wager)에 관한 것이다. 그 외의 다른 모든 확실성은 우리를 마비시킬 뿐이다. 우리는 우리를 나아갈 수 있게 하는 조건들에 대해 부분적 지식만을 가지고 있으며, 그러한 조건들 자체도 부분적이라고 믿는다. 우리는 현자 파농을 따른다. 그에 의하면, 각 세대는 상대적인 불투명함 속에서 자신의 사명을 찾아내고 그런 다음 그 사명을 완수하거나 배반해야 한다. 우리의 가능성은 무한한 것과는 거리가 멀며, 오직 우리가 어떻게 움직이느냐에 따라서만 확정적인 것이 된다. 우리는 달리면서 성찰한다. 우리의 길은 반쯤 보이지 않고 반쯤 눈이 멀어 있다. 우리가 벗어나기를 소망하는 족쇄들과 관련한 바로 그 확실성조차도 기만적이다. 시간이 가면서 족쇄들이 편안하게 느껴지고 장식으로 변할지도 모르기 때문이다. 그렇게 되면 그것들은 우리로 하여금 우리를 포함하여 우리 가까이 있는 사람들에게도 족쇄를 채우게 할지도 모른다.

있는데, 이는 그들이 전위적(아방가르드) 이론화를 훈련받아 왔기 때문이다. 전위 이론은 그 본성상 스스로가 놀라움에 사로잡히거나 경이로움을 느끼도록 내버려두지 않는다. 전위 이론가들의 예측들이나 명제들에 부합하지 않는 것은 무엇이든 존재하지 않거나 무의미하거나 둘 중 하나이다.

자신이 놀라는 것을 허용하는 도전에 긍정적으로 응하는 것은 훈련 해제와 재발명의 과정이 진행 중이며 성공적으로 나아가고 있다는 것을 전제로 한다. 자신이 놀라움에 사로잡히도록 기꺼이 허용하는 지식인들은 전위 이론의 상상된 참신함이 아무리 기발하고 매혹적일지라도 더 이상 이에 놀라지 않으며, 이미 전위 이론의 시대(선형적 시간관, 단순성, 통일성, 총체성, 결정성의 시대)가 끝났다는 결론에 이르게 된 이들이다. 일단 지식인들이 훈련 해제 과정에 들어서면, 전위 이론들이 지닌 학문 중심적이고 과도하게 지성화되었으며 정체된 성격이 점차 더 분명해진다.

나는 후위 이론들이 좋은 삶/부엔 비비르를 위해 집결한 이들의 투쟁을 성공으로 이끄는 데 기여함으로써 출현할 수 있는 정서적-지적 지평의 창출을 염두에 두고 이 책을 썼다. 후위 이론은 오직 그것이 일구어 낸 실천적 결과들을 통해서만, 그리고 그 이론의 모든 주역들이 이루어낸 변화들에 대한 평가를 통해서만 자신의 정당성을 인정받을 수 있다. 그 주역들 중 지식인-행동가는 언제나 부차적인 인물일 뿐이다. 다시 말해, 후위 이론들은, 쇼펜하우어의 말을 빌리자면 소품(*parerga*)과 부록(*paralipomena*),[15] 즉 비이론적 삶의 형태들의 작은 부분들이다. 그것들은

---

15 (옮긴이) 쇼펜하우어의 책 『소품과 부록(*Parega und paralipomena*)』에서 소개하는 개념으

어떤 종류의 지식이 우리에게 가능한가? 우리의 지식은 직관적이다. 그것은 곧장 긴급하고 필수적인 것을 향해 간다. 그것은 말과 행동이 담긴 침묵(words and silences-with-actions), 감정이 담긴 이성(reasons-with-emotions)으로 이루어져 있다. 우리의 삶은 우리가 삶과 사유를 구별하도록 허용하지 않는다. 우리의 모든 일상성(everydayness)은 매일 세세하게 사유된다. 우리는 우리의 내일을 마치 오늘인 것처럼 생각한다. 우리에게는 중요한 질문들이 없다. 오직 생산적인 질문들만이 있을 뿐이다.

우리의 지식은 몸에 붙어 있기에 저공비행을 한다. 우리는 느끼며-생각하고 (feelthink) 느끼며-행동(feelact)한다. 열정 없이 생각하는 것은 생각을 위한 관을 짜는 것이고, 열정 없이 행동하는 것은 그 관을 가득 채우는 것이다. 우리는 우리가 관심 있어 하는 다양한 지식을 얻는 데 갈급하다. 자신을 열렬히 알기를 바라는 사람들을 찾고 있는 많은 지식들이 있다. 우리는 잘 살기 위한 우리의 투쟁에서 우리에게 도움이 될 수 있는 어떤 지식도 낭비하지 않는다. 우리는 지식들을 섞고 그것들에 국한되지 않는 논리들에 따라 그 지식들을 결합한다. 우리는 저자의 저작권을 원치 않는다. 우리는 그것들의 저자가 되기를 원한다.

우리 방식의 지식은 실존적이고 경험적이다. 따라서 그것은 회복력이 있고 유연하며, 우리에게 일어나는 모든 일에 의해 영향을 받는다. 카카니아에서 일어나는 것과는 달리, 여기 우리 사이에서는 생각이 곧 사람이다. 그것은 무게를 지니며, 초과 중량의 경우에는 벌금을 낸다. 그것은 옷을 입으며 점잖지 못한 노출로 감옥에 갇힐 수도 있다. 그것은 그 일로 항소를 제기할 수도 있고 그로 인해 죽임을 당할 수도 있다.

우리는 어떻게 교육받는가? 우리는 이 세상에서 자격증을 가장 적게 가진 교육자들이다. 우리의 몸과 우리의 삶은 이 세상의 낭비된 지식이며, 우리 자

삶의 형태들 속에 엮인 이론적 개입의 행위들이다. 그것들은 본디오 빌라도처럼 손을 씻지도 않고, 그리스 비극의 코러스도 아니다. 그것들은 뼈대, 밑그림, 기록, 봉투, 우편 주소를 전문으로 다룬다. 중요하지만 그다지 중요하지는 않은 것들을.

세계의 무궁무진한 경험과 간접적 소통. 내가 지금 이 순간이 급진주의의 불가능성이라는 관점에서 글을 쓰기에 희망적이라고 생각하는 세 번째 이유는 세상의 문화적, 인지적, 사회적, 민족적-인종적, 생산적, 정치적, 종교적 다양성이 방대하다는 인식이 오늘날 더욱 높아졌기 때문이다. 이러한 다양성은 단순히 묘사되고 재현될 수 있는 능력을 넘어서서, 이제 눈에 보이고 드러나며 느껴지고 시적으로 표현될 수 있게 되었다. 많은 요인들이 이를 설명해 주고 있고 그중 일부는 이 책에서 분석될 것이지만, 가장 중요한 요인은 좋은 삶/부엔 비비르를 위해 집결한 이들이 최근 얻게 된 가시성과 그들이 드러내고 축하하는 내부적 다양성이다. 이것이야말로 채널 *내셔널 지오그래픽*(National Geographic) 방식 또는 생태-민족 문화 관광의 단일문화적 다양성을 전면적으로 전복시키는 종류의 다양성이다. 이는 다양성에 대한 자신만의 기준을 가진 다양성으로, 단일문화적 다양성과 달리 무기력한 동시성을 복잡한 동시대성으로 변모시킨다. 또한 비동시대적 사람들 사이에서 동시성의 행위를 만들어내는 관광객의 시선이나 오락적 시선과는 달리, 좋은 삶/부엔 비비르를 위해 집결한 이들의 다양성은 서로 다른 동시대성들 간의, 다시 말해, 동시대적으로 되는 서로 다른 형식들 간의 만남을 만들

로, 한국에서는 『쇼펜하우어의 행복론과 인생론』이라는 제목으로 출판되었다.

신에게는 객관적이고 우리의 적들에게는 주관적인 지식이다. 그들에 대해 우리가 아는 모든 것은 그들의 것이자 우리의 것이고, 그들이 우리에 대해 아는 모든 것은 그저 그들의 것일 뿐이다. 대학들은 학과, 책, 경력, 컴퓨터, 종이 뭉치들, 유니폼, 특권, 박식한 담론, 총장, 관리자 등 모든 목록을 완비하고 있다. 그러나 정작 교육은 전혀 하지 않는다. 그들의 임무는 우리를 무지한 자로 만들어, 양심의 가책 없이 우리를 무지한 자로 대우할 수 있도록 하는 것이다. 기껏해야, 그들은 우리에게 두 가지 악 중에서 선택하는 법을 가르친다. 우리는 그 어느 것도 선택하지 않는 법을 배움으로써 우리 자신을 교육한다. 언젠가 우리가 대학에 들어가게 될 때, 다시 말해 우리가 대학을 점거하고 탈식민화하게 될 때, 우리는 단순히 강의실 문을 열고 벽을 새롭게 장식하는 데 그치지 않을 것이다. 우리 모두가 들어갈 수 있도록 문과 벽 모두를 파괴할 것이다.

우리의 무기는 무엇인가? 생명의 모든 무기들이며, 죽음의 무기는 하나도 없다. 사실, 오직 우리 언어로 된 고유한 이름을 가진 무기들만이 우리에게 속한다. 그 외의 다른 무기는 모두 우리의 적들로부터 전리품, 또는 의도치 않은 유산으로서 가져온 것들이다. 민주주의, 인권, 과학, 철학, 신학, 법, 대학, 국가, 시민사회, 입헌주의 등이 그것이다. 우리가 이러한 무기들을 자율적으로 사용할 때 그것들이 적을 두렵게 한다는 것을 우리는 배운다. 하지만 빌린 무기들은 오직 우리 자신의 무기들과 함께 사용될 때만 효과가 있다. 우리는 유능한 반란자들이다. 우리는 현자 마르코스 반란군 부사령관을 따른다. 그에 따르면, 최고위급 정치인들은 아무것도 이해하지 못한다. 무엇보다도 그들은 본질적인 것을 이해하지 못한다. 그들의 시간이 끝났다는 것을.

기쁨과 환희는 피해자들이 더 이상 피해자이기를 멈출 때, 그들의 고통이 저항과 투쟁으로 바뀔 때 느끼는 것이다. 우리는 삶 속에 육화된 예술가들이며,

좋은 삶/부엔 비비르를 위한 매니페스토

어낸다. 그것은 세계의 다색성(polychrony)과 다성성(polyphony)을 드러내되 그것들을 불연속적이고 통약불가능한 급진적 이질성으로 만들지는 않는다.

통일성은 어떤 본질에도 있지 않다. 그것은 좋은 삶/부엔 비비르를 건설해 나가는 과제 속에 있다. 여기에 참신함과 정치적 당위가 자리한다. 즉 동시대성을 확장한다는 것은 평등의 원칙과 차이의 인정이라는 원칙 사이의 상호성의 영역을 확대한다는 의미다. 따라서 사회적 정의를 위한 투쟁은 예상치 못한 방식으로 확장된다. 사회적 정의의 통상적 개념에 근거한 부의 분배와 관련된 부정의에, 다양한 시간적 지속을 가지며 따라서 각기 다른 모델의 동시대성을 지니는 다른 많은 차원의 부정의들이 더해진다. 식민주의와 노예제라는 역사적 부정의, 가부장제, 여성 혐오, 동성애 혐오라는 성적 부정의, 젊은이들에 대한 증오와 지속 가능한 발전 모델들에 대한 증오라는 세대 간 부정의, 인종주의와 외국인 혐오라는 민족적-인종적 부정의, 그리고 과학의 독점과 과학이 승인한 기술들을 명분으로 세계의 지혜에 대해 저질러진 인지적 부정의가 그것이다.

구조적(기능적이 아닌) 다양성은 매혹적인 만큼이나 위협적이다. 구조적 다양성은 그 안에서 도그마의 종말과 다른 삶의 가능성을 상상하고 창조할 기회를 보는 이들에게 매혹적이다. 만약 세계의 다양성이 무궁무진하다면, 유토피아는 가능하다. 모든 가능성은 유한하지만, 그 수는 무한하다. 구성된 경험은 구성하는 경험의 잠정적이고 지역적인 구체화일 뿐이다. 현존하는 현실이 이상들과 그토록 멀리 떨어져 있다는 사실은 이상의 불가능성을 증명하는 것이 아니다. 오히려, 현재의 현실이 우리의 예술은 솟구쳐 오른다. 유일하게 추하고 슬픈 진실은 우리에게 강요된 것들이다. 우리가 저항하며 드러내는 진실들은 아름답고 기쁘다.

우리는 어떤 종류의 동맹자들을 믿고 의지할 수 있는가? 우리가 광범한 다수라고 할지라도 사실 우리는 매우 적다. 다른 이들이 우리와 함께하려 하기 전에 우리끼리 먼저 뭉쳐야 한다. 우리는 도움을 요청하지만, 오직 그 도움으로부터 독립하기 위해서만 그것을 사용한다. 우리가 스스로를 도움으로부터 자유롭게 할 때, 우리는 도움 그 자체를 자유롭게 한다. 우리는 민주주의를 자유롭게 하기 위해 민주주의에 도움을 요청한다. 민주주의는 우리에 대한 두려움에서 발명되었고, 우리는 도리어 항상 민주주의를 두려워해 왔다. 오늘날 우리는 두렵지 않지만 그렇다고 환상도 없다. 우리가 민주주의를 장악하게 될 때 우리의 적들은 그들의 오래된 발명품들, 즉 독재, 폭력, 갈취, 그리고 합법성과 불법성의 자의적 조작으로 돌아갈 것임을 우리는 알고 있다. 우리는 민주주의가 적들에 의해 기만으로 변질된 현실에서 스스로를 해방할 때까지 민주주의의 민주화를 위해 싸울 것이다. 우리는 인권이 더 이상 필요 없어지도록 인권의 도움을 요청할 것이다. 적들은 우리를 인권 담론의 전 지구적 객체 집단으로 만들어버렸다. 우리 모두가 인권의 주체가 될 때, 누가 인권이라는 개념을 기억하겠는가? 인간이 비인간을 담아낼 수 있을까? 우리는 신학으로부터 우리를 해방시키기 위해 해방신학의 도움을 요청한다.

우리의 동맹자들은 우리와 연대하고 있으면서도 선의 우리 쪽에 있지 않기에 목소리를 가진 모든 이들이다. 우리는 '연대'가 함정이 되는 말이라는 것을 알고 있다. 누구와 어떻게 연대할지를 일방적으로 결정하는 것은 결국 자기 자신과만 연대하는 것이다. 지금까지와는 달리, 우리는 연대에 조건을 붙인다. 우리와의 동맹은 까다롭다. 우리의 동맹자들은 세 종류의 적과 싸워야 하기 때

이상을 결여하고 있다는 것을 증명할 뿐이다. 그러나 이러한 다양성은 위협적이기도 하다. 특히 글로벌 노스에서 그러한데, 이는 그것이 서구의 고립을 드러내기 때문이다. 세계의 다양성을 긍정하는 것은 서구 예외주의의 전환점을 나타낸다. 한때 본원적(원형, *archetypus*)이고 상승하는 것으로 여겨졌으며 '나머지'에게 앞으로 나아갈 길을 보여주던 것이, 이제는 파생적(모사, *ectypus*)이고 하강하는 것이 되어, 지속 불가능한 것으로 입증되고 있는 세계 인식이자 사회와 자연을 경험하는 양식이 되었다.

아마도 이 자율적이고 가능성을 부여하는 다양성을 인정하는 것이야말로, 이 책에서 부분적으로 다루어진 바와 같이, 훈련 해제 과정의 핵심적 특징일 것이다. 내가 남의 인식론을 제안하는 것은 바로 이런 관점에서다. 이러한 인정은 과학적 지식만이 유일하게 타당한 종류의 지식이고 그 너머에는 오직 무지만이 있다는 확신을 잃을 때 빠지게 되는 심연들에 대한 안전망으로 작동한다. 그것은 단일언어(monolanguage)와 단일문화(monoculture)에 완전히 사로잡힌 비트겐슈타인식 침묵시키기에 대한 가장 효과적인 해독제이다. 한 언어 또는 문화에서는 말할 수 없거나 명확히 말할 수 없는 것이 다른 언어나 문화에서는 말해질 수 있고, 그것도 명확히 말해질 수 있다. 다른 종류의 대화를 위한 다른 종류의 지식과 다른 대화 상대들을 인정하는 것은 헤아릴 수 없는 코드화와 수평성을 지닌 무한한 담론적·비담론적 교환의 장을 여는 것이다.

위에서 언급한 급진주의의 불가능성의 관점에서 글을 쓰는 것이 유리한 세 가지 이유는, 좋은 삶/*부엔 비비르*를 위해 집결한 이들이 부르문이다. 그것은 바로 우리의 적들, 그들의 적들, 그리고 이 두 종류의 적들 사이에는 아무런 연관이 없다는 상식적인 견해이다. 구체적인 적들은 다음과 같다. 같은 무관심-생산 공장에서 인증받은 편안함과 불편함, 나태함과 그보다 손위 자매 격인 행동을 명령하는 자의 나태함, 일시적인 무감각과 그에 못지않은 일시적 열정, 단지 위험을 감수하지 않기 위해서 위험을 감수하는 역설, 행동과 무행동 모두를 정당화하기 위한 논거의 부족과 논거의 과잉, 육체 또는 열정 없는 추상적 사고, 실제로 살기보다는 읽기 위한 원칙들의 목록, 통계적 동질성을 겨냥하여 설계된 이해와 재현, 아이러니와 풍자 또는 희극이 없는 비판, 전체로 여겨지면서도 오직 개인으로만 행동하는 것이 정상이라는 믿음, 다른 모든 이들을 경멸하면서 우리를 경멸하는 이들에게 잘 보이고 싶어 하는 욕망, 정물에 대한 선호와 살아 있는 자연에 대한 공포, 고객이 되고자 하는 또는 고객을 가지고자 하는 이중의 강박, 부를 잃을까 또는 가난을 잃을까 하는 이중의 두려움, 최악은 이미 지나간 것인지 아니면 이제 곧 닥칠 것인지에 대한 이중의 불확실성, 강박에 대한 강박, 불확실성에 대한 불확실성, 두려움에 대한 두려움. 우리의 적들, 우리가 함께 맞서 반란을 일으켜야 할 자들은 오직 그 다음에야 온다.

부분적으로는, 우리의 동맹자들이 맞서 싸워야 할 적은 그들 자신이다. 즉, 그들이 어떻게 지금의 자신이 되었는지, 그들이 우리의 정직한 동맹자가 되고 싶다면 어떻게 지금의 자신이기를 멈춰야 하는지가 바로 그것이다. 우리의 동지 아밀카르 카브랄(Amílcar Cabral)이 한때 말했듯이, 그들은 계급으로서 자살을 감행해야 할 것이다. 그것은 결코 쉬울 리 없다.

우리는 어떻게 우리의 동맹을 구축하는가? 세계는 인간과 자연에게 지나치게 크다. 억압적인 세계는 피억압자에게 지나치게 크다. 억압받는 자들이 아무리 많다고 하더라도 그들은 항상 소수일 것이며, 그들이 단결하지 않는다면 더

　　　　　　　　좋은 삶/부엔 비비르를 위한 매니페스토

는 대로 지식인-행동가 또는 후위 지식인들의 출현을 간접적으로 촉진할 수도 있을 것이다. 다른 한편, 집결한 이들 중 일부는 어쩌다 이 책을 읽을 수도 있고 심지어 그 읽기에 흥미를 느끼게 될 수도 있다. 하지만 나로서는, 이 책에 쓰인 채로 남은 것은 하나의 사유-행동 실험이며, 나 자신이 후위 지식인, 따라서 유능한 반란자가 되기 위해 준비하는 일종의 사유의 체육관이다. 어쩌면 집결한 이들이 나로부터 배울 수도 있는 것은 내가 계속해서 그들로부터 배우고 있는 것의 충실한 거울에 지나지 않는다.

나는 이 책이 (좋은 삶을 위해) 집결한 이들 외에 다른 사람들에 의해서도 읽히기를 희망한다. 집결한 이들은 아마도 이 책을 살 수 없거나, 어쨌든 이 책에 충분한 관심이 없을 수도 있다. 이 책은 비록 선의 이쪽에서 쓰였지만, 그 내용은 선의 저쪽에서 생성되었다. 이 책은 오직 내가 이어지는 장들에서 쓰게 될 심연적 선의 종말을 상상할 수 있는 이들에게만 이해 가능하고 희망적일 것이다.

후위 이론들의 출현에 기여하고자 하는 시도는 진행 중인 훈련 해제와 재발명에 대한 반복적인 자기성찰의 연습을 요구한다. 이 맥락은 성 아우구스티누스가 그의 『고백록(*Confessions*)』을 쓰면서 했던 웅변적 발언 "나는 나 자신에게 문제가 되었다(*Quaestio mihi factus sum*)"와 비슷하다. 차이는, 그 문제가 더 이상 과거의 오류를 고백하는 것이 아니라, 거의 오류가 다시 반복되지 않으리라는 확신 없이 개인적이고 집단적인 미래의 건설에 참여하는 것이라는 점이다.

독자들은 내가 급진주의의 불가능성이라는 관점에서 글을 쓰는 것이 여전히, 비록 희망이 없거나 희망 없을 정도로 정직할지라도, 기성 권욱 소수가 될 것이다. 단결은 힘을 만들어내지만, 가장 훌륭한 힘은 단결을 만들어내는 힘이다. 우리에게는 지도자도 없고 추종자도 없다. 우리는 스스로를 조직하고, 스스로를 동원하며, 성찰하고, 행동한다. 우리는 다중이 아니다. 그러나 우리는 다양한 조직과 운동들의 다중이 되기를 열망한다. 우리는 현자 스피노자를 따른다. 그러나 오직 그가 현자 간디와 로자 룩셈부르크의 말과 모순되지 않는 한에서만 그렇다. 자발성(spontaneity)은 그 자신이 새로운 현 상태가 되지 않기 위해 스스로를 조직하는 한에서만 현 상태를 해체한다.

우리는 목적과 행동으로부터 출발한다. 우리의 문제들은 실천적이고 우리의 질문들은 생산적이다. 우리는 두 개의 전제를 공유한다. 그것은 우리의 고통은 '고통'이라는 단어로 환원되지 않으며, 우리는 부당한 고통을 받아들이지 않고 대신 우리가 마땅히 누릴 자격이 있는 더 나은 무언가를 위해 싸운다는 것이다. 모호함은 우리를 마비시키지 않는다. 우리가 꼭 일치할 필요는 없다. 다만 우리는 수렴해야 한다. 우리가 꼭 통일될 필요는 없다. 다만 우리는 일반화해야 한다. 우리는 서로를 상호적으로 번역하며, 어떤 이들이 다른 이들보다 더 많이 번역에 관여하지 않도록 매우 조심한다. 세계를 변화시킨다는 것이 무엇을 의미하는지에 대해 동의하는 것은 중요하지 않다. 세상을 변화시키는 데 기여하는 행동들에 대해 합의하는 것으로 충분하다. 그러한 합의에는 많은 감정들과 감각들이 기여한다. 그것들은 아무 말 없이 주장하고 비판한다. 번역은 우리가 집단행동의 한계와 가능성을 정의하도록 도와준다. 우리는 미소와 정서들을 통해, 손과 팔의 온기를 통해, 그리고 춤을 통해 직접적으로 그리고 간접적으로 소통하며, 그러다 마침내 공동 행동의 문턱에 도달한다. 결정은 언제나 자율적이다. 각기 다른 이유들이 수렴된 결정들로 이어질 수도 있다. 우리가 감수하는 위험들을 제외하고는, 되돌릴 수 없는 것은 아무것도 없다.

좋은 삶/부엔 비비르를 위한 매니페스토

력이 방심하거나 경계를 느슨히 한 틈을 타 허를 찌르는 방식으로 급진주의를 되찾으려는 하나의 시도라는 것을 틀림없이 인지하고 있을 것이다. 바로 덧붙이자면, 나는 내가 성공했는지 알 방법이 없다. 따라서 나는 내가 유능한 반란자인지 알지 못한다. 나는 내가 쓰는 것을 쓰고자 하는 절박한 충동을 느끼지 못하는데, 이는 문제가 되지 않는다. 문제가 되는 것은 침묵되어야 할 것을 침묵시키고자 하는 필요를 전혀 느끼지 못하는 것이다. 스피노자의 『윤리학』 마지막 문장은 전율스럽다. "모든 고귀한 것은 어려운 만큼이나 드물다(*Sed omnia praeclara tam difficilia quam rara*)."

이것이 바로 이 책이 상당 부분 미완성으로 남을 이유이다.

서구중심의 비판이론 및 정치적 상상력과 거리두기

글로벌 노스는 경제적 측면뿐만 아니라 정치적, 문화적 측면에서도 점차 축소되고 있다. 여전히 보편적 관념과 일반이론 없이는 세계 전체를 이해하기 어렵다고 여기지만, 외부의 시선에서 볼 때 이러한 *아비투스*(*habitus*)는 점점 더 설득력을 잃어가고 있으며 서구 예외주의의 다소 시대착오적 표현으로 비칠 수 있다. 물론 이러한 관념이 제국주의적 정치로 전환될 때는 여전히 파괴적이다. 이러한 관점에서 보면 글로벌 노스는 이제 더 이상 세계에 가르칠 것이 많지 않은 듯하다. 이것이 과연 그렇게 중요한 문제일까?[1] 글로벌 노스가 바로 이 지점에서 글로벌

---

1 최근 나는 유럽연구위원회(European Research Council, http://alice.ces.uc.pt/en)가 지원하는 연구 프로젝트 "ALICE—Strange Mirrors, Unsuspected Lessons: Leading Europe to a New Way of Sharing World Experiences"를 주도하고 있다. 이 프로젝트는 두 가지 주요 개념에 기반하여 현대 유럽을 위한 새로운 이론적 패러다임을 발

사우스의 경험으로부터 배울 수 있는 역사적 기회를 가지는 것이 아닐까? 실제로 500년 동안 세계를 '가르쳐 온' 글로벌 노스는 이제 세계의 경험에서 배울 수 있는 능력을 상실한 듯하다. 다시 말해, 식민주의는 글로벌 노스가 비식민적 방식, 즉 서구의 보편적 역사 외에 다른 역사의 존재를 인정하며 배우는 능력을 불가능하게 만든 것처럼 보인다.

현재 글로벌 노스에서 생산되는 모든 지적 작업에서 이러한 상황이 드러나며, 특히 서구 유럽중심적 비판이론에서 두드러진다.[2] 서구 유럽 중심적 비판 전통은 모두 소진된 듯한 감각에 사로잡혀 있다. 이는 무의미함, 부적절함, 무력감, 침체, 마비와 같은 형태로 나타나며 다양한 방식으로 막연한 불안을 퍼뜨리고 있다. 이러한 불안은 상황을 더욱 동요시키는데, 이는 우리가 비판할 대상이 수없이 많은 세상에 살고 있고, 점점 더 많은 사람들이 위기와 비판이 교차하는 위태로운 상황에 내몰리고 있기 때문이다. 비판할 대상이 이렇게 많음에도 불구하고, 왜 설득력 있고 널리 공감받으며 변혁을 이끌 수 있는 강력한 비판이론을 세우는 것이 이토록 어려운 일이 되었을까?

지난 40년 동안 서구의 비판적 사고는 여러 가지 증가하는 난관에 직면해 왔다. 이는 이해하기 힘든 정치적 양상, 예기치 못한 동원과 해결 방식, 대안 부재로 인한 교착 상태, 그리고 다소 복잡한 체념의 방식으

전시키는 것을 목표로 한다. 첫째, 세계에 대한 이해는 유럽의 세계 이해 방식을 훨씬 초월한다. 둘째, 유럽에서 지금 절실히 요구되는 사회적, 정치적, 제도적 개혁은 유럽 식민주의가 단지 문명화의 수혜자로 여겼던 지역과 국가에서 일어나는 혁신으로부터 도움을 받을 수 있을지 모른다.

2 새로운 비판이론을 구성하는 것의 난관에 대해서는 Santos(1995, 1998)를 참조하라.

남의 인식론

로 나타나는 당혹감 등으로 드러나곤 했다. 이러한 난관은 마르크스주의와 자유주의 흐름 모두에서 서구의 비판적 사고를 괴롭혀 왔다. 이러한 난관 중 세 가지는 비판이론과 궁극적으로 해방 정치를 지탱하는 바로 그 정치적 상상력의 차원에서 발생했다는 점에서 다소 딜레마적이다. 또 다른 세 가지는 앞서 언급한 당혹감과 정치적 교착 상태가 이론 형성에 미치는 영향과 관련된다. 이 모든 난관을 종합적으로 고려하면, 기존 서구 비판 전통과 일정한 거리를 둘 필요가 있음을 알수 있다.

서론에서는 이러한 난관을 분석하고, 그로 인해 발생하는 불안의 근본 원인을 밝히고자 한다. 첫 번째 유형의 난관들은 해방적인 정치 상상력의 위축과 관련이 있으며, 요약하자면 강한 질문에 약한 대답, 끝없는 자본주의의 종말, 끝없는 식민주의의 종말이라는 세 가지로 설명될 수 있다.

강한 질문과 약한 대답

유럽중심적 비판 전통으로부터 거리를 두어야 할 이유 중 하나는, 오늘날 우리가 직면한 강한 질문에 대해 이 전통이 제공하는 답이 약하기 때문이다. 강한 질문들은 개인과 집단의 삶에서 우리가 선택할 수 있는 구체적 가능성뿐 아니라 현재 가능성의 지평을 형성해 온 사회적·인식론적 패러다임을 다룬다. 우리는 이 지평 안에서 선택을 하며, 그 속에서 어떤 선택은 가능하지만 어떤 선택은 배제되거나 심지어 상상조차 할 수 없는 것으로 간주한다. 이러한 질문들은 특정한 선택의 포용과 배제 기준과 맞닿아 있으므로 근본적으로 패러다임적이라 할 수 있다. 그렇기에 강한 질문들은 어떤 특정한 당혹감을 불러일으킨다.

반대로 약한 대답들은 가능성의 지평에 전혀 도전하지 않는다. 이는 기존 패러다임이 모든 관련 질문에 답할 수 있다고 가정하기 때문이다. 이러한 약한 대답은 강한 질문이 불러일으킨 당혹감을 완화하지 못하고 오히려 증폭시킨다. 사실 약한 대답은, 이 당혹감을 역사적으로 검증된 지도를 따라가는 것을 거부하는 비이성적 반응으로 치부하며 낙인찍는다. 그러나 당혹감은 본래 그 지도 자체를 의심하는 데서 시작되므로, 약한 대답은 결국 무기력으로 이끄는 초대일 뿐이다.

*첫 번째 강한 질문*은 이렇게 제기될 수 있다. 만일 인류가 하나라면, 왜 인간의 존엄성과 사회 정의에 관한 수많은 다양한 원칙들이 존재하며 이 모든 원칙이 각각 고유하면서도 종종 서로 모순되는가? 이 질문에 내재된 당혹감의 뿌리에는, 현대 서구의 세계 이해에서 많은 부분이 배제되었다는 인식이 자리 잡고 있다. 이에 대한 서구중심적 비판 이론의 대답은, 보편적 인권 개념에 모순되지 않는 범위 내에서만 다양한 원칙과 세계 이해의 방식을 인정한다는 것이다.[3] 하지만 이것은 약한 대답이다. 왜냐하면 인권 개념의 근간인 인간의 존엄성을 추상적 보편성의 가능성 위에 두면서도, 그 보편성의 가능성 자체를 의문시하는

---

3 우리는 인권이 실제 적용에 있어 보편적이지 않다는 것을 알고 있다. 우리 시대에 세계에는 네 개의 국제적 인권 체제가 존재하는 것으로 인정되고 있다: 유럽, 미주, 아프리카, 아시아 체제. 네 체제에 대한 보다 자세한 분석은 Santos(1995: 330-337; 2002b: 280-311)와 인용된 참고문헌을 참조하라.

질문 자체에 내재된 당혹감을 애써 무시하기 때문이다.[4] 인권 개념이 서구에 기반을 두고 있다는 사실은, 인권 담론의 역사성이 그 존재론적 지위에 영향을 미치지 않는다고 간주하기 때문에 중요하지 않은 것으로 여겨졌다.[5]

전통적인 정치적 사유와 비판이론, 특히 글로벌 노스에서 전폭적으로 수용된 이 대답은 약하다. 이는 세계에 대한 이해를 서구적 관점으로 축소한다. 예를 들어 글로벌 사우스 국가들이 형성해 온 중요한 문화적 · 정치적 경험이나 비서구적 세계 이해 방식을 반영하는 주요한 시도들을 무시하는 결과를 초래하기 때문이다. 억압, 소외, 배제에 맞서 글로벌 사우스에서 등장한 저항의 문법이나 운동은 대체로 20세기 내내 지배적이었던 서구의 문화적 · 정치적 맥락과 거의 관련이 없는 이데올로기적 기반을 지니고 있다. 이들이 인권의 언어를 통해 투쟁을 표출할 때조차도, 그 운동은 인권에 대한 지배적 이해와 완전히 대립하는 방식으로 전개되어 왔다. 지난 40년 동안, 특히 라틴아메리카에서 정치적으로 매우 활발하게 활동한 원주민과 아프리카계 후손들의 운

---

4 인권에 대한 관습적 이해는 다음과 같은 특징 중 일부 또는 전부를 포함한다. 인권은 그것이 작동하는 사회적, 정치적, 문화적 맥락이나 세계 각 지역의 다양한 인권 체제와 상관없이 보편적으로 유효하다. 인권은 인간 본성을 개인적이고 자율적이며, 비인간 자연과 질적으로 다른 존재로 전제한다. 인권 침해로 간주되는 행위는 보편적 선언과 다자간 제도, 즉 재판소와 위원회 같은 기관, 그리고 대부분 북반구에 본부를 둔 글로벌 비정부 기구들에 의해 정의된다. 인권 준수를 평가할 때 이중 잣대가 반복적으로 나타나더라도, 이는 인권의 보편적 타당성을 손상시키지 않는 것으로 간주된다. 인권 존중은 글로벌 노스보다 글로벌 사우스에서 훨씬 더 문제가 되고 있다.

5 자세한 내용은 Santos(2007b: 3 – 40)를 참조하라.

동이 가장 두드러진 사례로 꼽힌다. 또한 아프리카, 아시아, 이슬람 세계에서 서구적이지 않은 윤리적, 문화적, 정치적 상상력을 부활시키려는 운동과 저항의 문법도 그 예라 할 수 있다. 이 움직임들은 서구 지배에 대한 저항의 일환으로 구성되었지만, 비서구적 문화와 정치적 맥락에서 출현한 것이다. 전통적 인권 사유는 이러한 운동에 대해 스스로를 어떻게 위치시킬지에 대한 이론적, 분석적 도구가 부족하며, 더 나아가 이를 이해하려는 시도의 중요성조차 이해하지 못한다. 기존의 인권 담론은 추상적이고 보편적인 접근 방식을 모든 곳에 동일하게 적용하려하며, 대안적 이념이나 상징적 세계들이 인권의 보편적 정전에 영향을 미치지 않으면서 단순히 지역적 특수성으로 축소되기를 기대한다.

우리 시대가 직면한 두 *번째* *강한* *질문*은, 원칙이 무엇이든 그 원칙과 이를 명분으로 이루어지는 실천 사이에 어느 정도의 일관성이 요구되는가라는 것이다. 이 질문은 특히 원칙과 실천 간의 불일치가 가장 두드러지는 글로벌 노스와 글로벌 사우스, 또는 지구적 동부와 서부의 접경 지역에서 긴급한 과제로 부상하고 있다. 우리는 인권의 이름으로 벌어지는 심각한 인권 침해, 민주주의의 이름으로 행해지는 민주주의 파괴, 민간인 보호를 명목으로 벌어지는 무고한 민간인의 살해, 개발이라는 명목으로 벌어지는 생태계의 파괴, 자유와 안전을 보장한다는 명목 아래 이루어지는 대규모 감시 기술의 배치와 기본적 자유의 억압을 점점 더 자주 목격하고 있기 때문이다. 이러한 모순을 감추기 위해 투입되는 이데올로기적 자원은 그 실천의 잔혹함만큼이나 막대하다.

이 경우에도 유럽중심적 비판이론이 내놓는 대답은 약하다. 원칙과 실천 사이의 불일치를 비난하면서도 인권, 민주주의, 개발, 인도주의적

남의 인식론

개입 등의 원칙들의 신뢰성을 여전히 무비판적으로 받아들이는 경향이 있기 때문이다. 이러한 원칙들이 국가와 비국가 행위자들에 의해 점점 더 체계적이고 노골적으로 위반되고 있음에도 불구하고 말이다. 유럽 중심적 비판 사유는 여전히 인권 산업의 박람회를 호기심 어린 눈으로 방문하며, 그곳에서는 글로벌 콤팩트, 밀레니엄 목표, 빈곤과의 전쟁, 테러와의 전쟁 등 새로운 상품들이 끊임없이 등장하고 있다. 하지만 그 박람회에 이르는 길에는 점점 더 파악하기 어려운, 배반당한 약속의 무덤을 지나야만 한다.

*세 번째 강한 질문*은 정치적 투쟁에서 종교와 영성의 존재감이 커지면서, 이들이 서구 비판 전통에 맞서는 방식에서 생겨난다. 서구 근대성의 가장 큰 업적 중 하나로 여겨지는 세속화 과정은 되돌릴 수 없는가? 종교가 사회적 해방에 기여할 수 있는 부분이 있다면, 그 기여는 무엇일까? 다시금 유럽중심적 비판 전통은 계몽주의적 전제와 그로부터 파생된 전통적 인권 개념을 바탕으로 답을 내린다. 이러한 시각에서 인권은, 그 토대 자체가 세속적이며 세속성을 당연한 것으로 간주한다. 종교는 사적 영역, 즉 자발적 동의의 영역에 속하기 때문에, 인권의 관점에서 종교는 단지 다른 여러 인권 중 하나로 여겨지며, 종교적 자유라는 권리에 해당한다.[6] 그러나 이것은 약한 대답이다. 왜냐하면, 종교적 자유가 오직 종교로부터 자유로운 세계에서만 가능하다는 바로 그 가정을 당연한 것으로 여기기 때문이다. 그렇지 않은 경우에는 어떻게 될 것인가?

---

6 이에 대한 자세한 분석은 Santos(2009)를 참조하라.

네 번째 강한 질문은 서구적 사고에 깊이 뿌리내린 자연을 사회와 분리된 것으로 보는 관념이 장기적으로 지속 가능할 수 있느냐는 것이다. 새 천년의 특징 중 하나는 자본주의가 궁극적으로 생태적 한계에 도달하고 있으며, 자연에 대한 끝없는 착취를 멈추지 않으면 지구상에서 인간의 삶이 지속 가능하지 않을 것이라는 인식이 점차 널리 받아들여지고 있다는 점이다. 이것은 아마도 가장 큰 당혹감을 야기하는 강한 질문일 것이다. 왜냐하면, 비판적이든 아니든 모든 서구적 사고는 자연을 *연장된 실체*(*res extensa*)로, 인간이 무조건적으로 이용할 수 있는 무한한 자원으로 간주하는 데카르트적 관념에 기반하기 때문이다.

이 질문에 대한 서구 사유의 대답은 약하다. 왜냐하면 오직 데카르트식 인식론과 존재론 모델 내에서 논의될 수 있는 문제들만을 인정하기 때문이다. 이에 대한 증거는 지속 가능한, 통합적, 또는 인간 개발 같은 개념들, 그리고 이로부터 파생된 환경 정책에서 확인할 수 있다. 발전이라는 개념에 어떠한 수식어를 붙인다 해도 발전은 무한 성장과 멈출 수 없는 생산력 개발이라는 개념을 유지한다. 사실상, 글로벌 자본주의는 오늘날만큼 천연자원에 집착한 적이 없었고, 이를 새로운 채굴주의적 제국주의라 부르는 것도 무리가 아닐 것이다. 땅, 물, 광물에 대한 탐욕은 그 어느 때보다 강렬하며, 이를 둘러싼 투쟁은 전례 없는 재앙적 사회·환경적 결과를 초래하고 있다.

이런 의미에서 데카르트식 패러다임은 네 번째 강한 질문의 근본적 문제를 다룰 수 없다. 더 중요한 것은, 지난 수십 년 동안 데카르트식 패러다임이 자연과 사회의 관계에 대한 비유럽중심적 관점으로 투쟁을 이끈 사회 운동의 논리나 힘을 이해하는 데 실패했다는 점이다. 비유럽

남의 인식론

중심적 관점에서 자연은, 우리가 속한 살아 있는 유기체이자 고유한 권리를 지닌 어머니 지구로 인식된다. 데카르트식 관점에서 볼 때, 에콰도르의 새 헌법이 하나의 독립된 장 전체를 자연의 권리를 다루는 조항에 할애하는 것은 법률적으로나 존재론적으로 터무니없으며, 일종의 *존재의 일탈*(*aberratio entis*)이라 할 수 있다(아래에서 더 자세히 논의한다).

*다섯 번째 강한 질문*은 다음과 같이 제기될 수 있다. 우리 세계에 유토피아를 위한 공간이 있을까? 비자본주의적 사회를 건설하려는 수많은 시도가 역사적으로 실패하고 비극적인 결과만 남긴 지금, 과연 자본주의에 대한 진정한 대안이 존재하는가? 자본주의가 초래한 문제를 더 많은 자본주의로 '해결'하려는 노력을 우리는 얼마나 더 계속해야 하는가? 왜 호혜와 협력의 경제가 탐욕과 경쟁의 경제에 대한 믿을 만한 대안이 되지 못하는가? 이러한 질문으로 인한 당혹감은 더욱 강한 질문에 근거한다. 가장 부유한 500명의 개인이 가장 빈곤한 40개국의 4억 1,600만 명과 맞먹는 소득을 가져가는 이 세계에 대안이 없다는 것을 받아들이는 것은, 인간 지성을 차치하더라도 인간의 존엄성에 어긋나는 일이 아닌가? 한 사람의 멕시코 시민인 카를로스 슬림(Carlos Slim)의 부가 국가 GDP의 4-6퍼센트를 차지하고, 수백만 명의 멕시코인의 재산을 합친 것과 같다는 사실은, 이 나라에서 인간의 존엄성이 존중받지 못하는 현실을 드러내는 것 아닌가?

대안 사회의 개념과 그것을 위한 투쟁은 20세기 내내 비판이론과 좌파 정치의 근간을 이루었다. 마르크스주의의 역사적 힘은 현재의 삶의 방식에 반대하면서도 대안적인 미래를 구체화하는 독특한 능력에 있었다. 그러나 최근 수십 년간, 특히 글로벌 노스에서 비판적 사유와 좌파 정치의 상당 부분은 설득력 있는 포스트자본주의 미래를 구상하는 능력을 상실한 것으로 보인다. 문제는 대안 사회에 대한 개념이 없다면, 현재 상황이 아무리 폭력적이고 도덕적으로 혐오스럽더라도 강력하고 급진적인 반대와 반란을 일으킬 동력이 생기지 않는다는 점이다. 이 사실은 1980년대 이후 권력 행사의 근거를 (여러 대안 중 선호도에 기반한) 정치적 합의가 아니라 (대안의 부재에 기초한) 정치적 체념에 둔 정치적 우파 역시 피할 수 없는 현실이다.

끝없는 자본주의의 종말

서구의 정치적 상상력을 괴롭히는 두 번째 난관은 앞 절에서 언급한 다섯 번째 강한 질문의 구체화이다. 자본주의의 종말을 상상하는 것은 자본주의가 끝이 없다는 것을 상상하는 것만큼이나 어렵다. 만약 베를린 장벽의 붕괴가 포스트자본주의 미래에 대한 구상에 치명적인 영향을 주었다는 것이 사실이라면, 자본주의 역시 모든 역사적 현상이 겪는 숙명, 즉 시작과 끝을 가지는 운명에서 벗어날 수 있다고 믿기 힘든 것도 사실이다. 따라서 이중의 난관이 존재한다. 이 난관은 글로벌 노스와 사우스 모두에서 유럽중심의 비판 사유를 두 갈래로 분열시켰으며 좌파의 상이한 두 가지 정치적 선택지를 지속적으로 지탱해 왔다.

비판 사유의 갈래 중 첫 번째는, 자본주의의 종말을 상상해야 하는 첫 번째 난관에 부딪혀 막혀 있다. 그 결과 자본주의의 종말에 대한 염려를 멈추고, 대신 자본주의적 축적과 소유적 개인주의, 경쟁, 교환가

남의 인식론

치의 무한한 확장이 초래하는 사회적 비용을 최소화할 수 있는 자본주의적 행동 양식(modus vivendi)을 개발하는 데 창의성을 집중하게 되었다. 사회민주주의, 케인스주의, 복지국가, 그리고 1960년대 소위 제3세계로 불리던 개발주의 국가 등이 바로 그런 행동 양식의 주요한 정치적 형태들이다. 그러나 이 갈래의 실패는 오늘날 미국과 유럽의 경제, 금융 위기에서 결정적으로 드러나고 있다. 오히려 이 갈래는 라틴아메리카 특히 브라질에서 제2의 생명을 이어갔다. 먼저 루이스 룰라 다 시우바(Luiz Lula da Silva) 그리고, 지우마 호우세피(Dilma Roussef) 대통령 정권에서 전개되었다. 이것은 공공/민간 파트너십과 부의 재분배에 기초한 경제 발전에 있어 새로운 유형의 강력한 국가 개입을 의미한다. 유럽 사회민주주의의 보편적 권리에 기반한 재분배와는 달리 취약한 사회 집단을 대상으로 주요한 자산 조사를 거친 금전적 지원을 특징으로 한다. 이것은 새로운 국가 형태인 신개발주의(Neodevelopmentalist) 국가로 이끌었다. 이 국가 형태는 강력한 경제적 공공 부문과 브라질 다국적 기업의 이익을 위한 적극적인 경제 외교에 기초한 완화된 경제 민족주의와, 글로벌 자본주의 제도에 대한 수동적 동조 혹은 적극적 공모를 결합한 모델이다. 유럽의 선례와 달리, 이 모델은 빈부 격차의 해결을 목표로 삼지 않으며, 오히려 그 차이를 심화시킬 가능성이 있다. 이 모델은 낙수 효과에 대한 불신만큼이나 신자유주의적 경제 성장을 신봉한다.

다른 갈래, 즉 유럽중심 비판 전통의 소수 갈래는 첫 번째 난관에 발목 잡히지 않는다. 오히려 자본주의가 언젠가 종말을 맞을 것이며, 빠를수록 좋다고 강하게 확신한다. 그러나 이 갈래는 자본주의의 종말이

어떻게 일어날지, 그리고 그 이후 무엇이 뒤따를지 상상하는 두 번째 난관을 강렬히게 미주히고 있다. 리틴아메리카는 이 난관의 가장 생생한 정치적 표현을 보여주며, 이는 두 가지 상반된 방식으로 나타난다. 하나는 '21세기 사회주의' 논쟁에서 드러나듯 '실제 사회주의'의 붕괴 이후 포스트자본주의의 대안을 상상하는 것이고,[7] 다른 하나는 정복과 식민주의 이전의 선자본주의적 대안을 재발견하여 포스트자본주의의 대안을 상상하는 것이다.[8]

자본주의 이후의 포스트자본주의를 상상하는 과제는 지난 20년 동안 베네수엘라, 볼리비아, 에콰도르 정부의 사례에서 보듯 다양한 형태로 유럽중심적 좌파를 끊임없이 따라다녔다. 반면, 자본주의 이전의 방식으로 자본주의 이후를 상상하는 일은 라틴아메리카 전역의 원주민 운동에 큰 영향을 미쳤다. 에콰도르와 볼리비아에서의 복수국민(plurinational) 국가를 둘러싼 논쟁과 정치적 투쟁, 에콰도르와 볼리비아에서의 *수막 카우사이*(sumak kawsay), *수막 카마냐*(sumak qamaña), 그리고 자연의 권리 등이 그 대표적인 사례라 할 수 있다. 앞의 두 상상을 결합하려는 시도로, 에콰도르의 '*수막 카우사이*의 사회주의', 볼리비아의 '공동체적 사회주의'와 같은 혼합적 개념도 등장하고 있다. 하지만 이러한 시도들은 실패하고 있는 듯하다. 왜냐하면 현재의 자본주의 국가

....

7 21세기 사회주의에 대해서는 Boaventura de Sousa Santos, "Socialism, 21st Century", CES, www.ces.uc.pt/opiniao/bss/182en.php.를 참조하라.

8 이 주제는 『인지적 제국의 종말: 남의 인식론 시대의 도래』(Santos 2018)에서 다루어질 것이다.

체제(정부에 의해 특권화된)에 기초하여 포스트자본주의를 상상하는 것과 실제 혹은 재구성된 선자본주의적 삶의 방식(원주민 운동이 중시하는)에 기반하여 포스트자본주의를 상상하는 것은 모두 상호문화적 번역의 노력이 없이는 서로 이해되기 어려운 까닭이다. 아직까지 이러한 노력은 시도된 바 없다(자세한 내용은 아래에서 다룬다). 그러나 양쪽 모두 자본주의와 식민주의가 지배의 형태로서 결코 분리될 수 없는 관계라는 점을 공유한다.

해방적 정치 상상력이 직면한 난관에 대한 두 가지 대응은, 한편으로는 브라질의 사례, 다른 한편으로는 베네수엘라, 볼리비아, 에콰도르의 사례로 예시된다. 서로 매우 다르지만 한 가지 공통점은 매우 강력한 대중 운동에 기반한 정치적 과정을 통해 이루어졌다는 점이다. 대중 계층의 기대를 극적으로 높임으로써 민주적 통치에 대한 새로운 요구를 창출하고 있으므로, 실패할 경우 심각한 사회적 좌절과 폭력적인 억압으로 이어질 가능성도 있다. 이 두 가지 대응은 글로벌 자본주의가 만들어낸 특정한 여지를 활용하며, 이는 주로 자원, 토지, 광물의 교환가치 상승에 기반한 채굴주의적 제국주의의 전형에서 비롯된다. 베네수엘라, 볼리비아, 에콰도르의 경우, 공식적 담론은 반자본주의와 반제국주의를 표방하지만, 실제로는 자본주의에 근본적인 도전을 가하지 않는다. 이러한 대응들은 각기 다른 방식으로 지난 수십 년 동안 세계사회포럼 과정을 통해 드러난 대항헤게모니적 세계화의 한계를 반영하고 있다.

끝없는 식민주의의 종말

유럽중심적 해방적 정치 상상력이 대면한 세 번째 난관은 식민주의
와 관련이 있다. 식민주의의 종말을 상상하는 것은 영원히 지속되는 식
민주의를 상상하는 것만큼이나 어려운 일이다. 지난 40년간의 포스트
식민 또는 탈식민 연구와 투쟁은 역사적 식민주의가 끝난 지 수십 년이
지난 후에도, 식민주의가 공적 또는 사적인 삶 영역 모두에 얼마나 깊
이 뿌리박혀 있는지를 보여준다. 다른 한편, 끝없는 자본주의의 종말의
경우와 같이, 식민주의가 다른 사회 현상들과 마찬가지로 운명에서 벗
어나 영원하리라고 믿기 어렵다. 이 경우에도 유럽중심의 해방적 상상
력과 정치는 두 갈래의 주요 반응으로 나뉘었다. 첫 번째 갈래는 첫 번
째 난관에 막혔다. 즉, 식민주의의 종말을 상상할 능력이 없으며 식민
주의의 존재 자체를 부인한다. 이 갈래에 의하면, 식민지의 정치적 독
립이 곧 식민주의의 종결을 의미했고, 그 이후로는 오직 반자본주의만
이 해방적 정치의 유일하게 정당한 정치적 목표로 간주되었다. 이러한
유럽중심적 비판 사조는 계급투쟁에 초점을 맞추면서, 민족적·문화
적·인종적 투쟁의 타당성을 인정하지 않는다. 반대로, 이들은 *메스티
사헤(mestizaje)*[9] 특히 스페인 식민주의의 핵심 특성으로 간주하며, 이를

---

9 (옮긴이) 스페인어에서 '메스티사헤(mestizaje)'는 원래 메스티소(mestizo, 남성형)와
메스티사(mestiza, 여성형) 같은 '혼혈(혼합된)'을 뜻하는 형용사(또는 명사)에 접미사
'-aje'가 붙어 '혼합의 상태나 과정'을 가리키는 명사형으로 정착된 단어다. 본래 인종
적 혼혈을 의미했으나, 식민지 시대 이후 라틴아메리카에서 유럽·원주민·아프리
카 등 다양한 문화·인종이 뒤섞인 복합성을 설명하는 개념으로 확장되었다. 본서에

남의 인식론

통해 식민주의가 이미 극복되었음을 입증하는 추가적 증거로 높이 평
가한다. 그러므로, 인종적 민주주의[10]는 정당한 열망으로 옹호되기보다
는 이미 완전히 달성된 것으로 본다.

반면, 비판 전통의 두 번째 갈래는 독립으로 이끈 역사적 과정을 해
석하여 내부 식민주의가 독립 이후에도 오늘날까지 지속되어 왔음을
보여준다. 식민주의의 대안을 상상하는 것은 매우 어렵다. 이는 내부
식민주의가 단순히 국가 정책만이 아니라 사회적 관계, 공적·사적 공
간, 문화, 사고방식, 주체성에 깊게 스며들어 있는 매우 광범위한 사회
적 문법이기 때문이다. 결국 식민주의는 하나의 삶의 방식, 즉 그로부
터 이익을 보는 사람들과 고통을 당하는 사람 모두가 공유하는 불평등

서 다루는 쿠바의 사상가 호세 마르티(José Martí)는 「누에스트라 아메리카(Nuestra
América)」에서 메스티사헤를 라틴아메리카를 결속하는 통합적 정체성의 토대이자 제
국주의와 식민성에 맞서는 자생적·통합적 주체 형성의 열쇠로 보았다. 이후 멕시코
의 호세 바스콘셀로스(José Vasconcelos)는 『우주적 인종(La raza cósmica)』(1925)에서
메스티사헤를 멕시코 국민 정체성의 핵심으로 제시했다. 네스토르 가르시아 칸클리
니(Néstor García Canclini)의 문화 혼종 이론과 글로리아 안살두아(Gloria Anzaldúa)
의 메스티사 의식(mestiza consciousness) 연구 등을 거치면서, 이 개념은 단순히 '피의
섞임'을 넘어 사회·문화·인식론 차원의 폭넓은 '혼종성(hybridity)'을 가리키는 범
주로 자리 잡았다. 특히 저자인 산투스는 메스티사헤를 탈식민적·대안적 지식 생산
의 기반으로 주목하며, 서구중심 담론을 넘어서는 다원적 상상력과 실천의 가능성을
강조한다(이와 관련한 논의는 1장에서 중점적으로 다룬다). 이런 맥락에서, 본서에서는
'메스티사헤'라는 표기를 사용하여 원어의 음과 의미를 살렸으며, 'mestizo/mestiza'
와 같은 형용사형은 한국어에 남성형·여성형 구분이 없는 점을 고려해 '메스티소'라
는 용어를 주로 사용했다.

10 브라질의 경우, 인종적 민주주의는 인류학자인 지우베르투 프레이리(Gilberto Freyre
1946)에 의해 처음 체계화되었다.

한 공생(conviviality)의 한 형태이다. 이러한 비판적 전통에 의하면, 반자본주의 투쟁은 반식민주의 투쟁과 어깨를 나란히 해야 한다. 계급 지배와 민족적·문화적·인종적 지배는 서로 되먹임하고 있기 때문이다. 즉, 평등을 위한 투쟁과 차이의 인정을 위한 투쟁은 서로 분리될 수 없다는 의미이다. 또한, 포스트식민적 도전은 과거 유럽식민주의에 속했던 세계 모든 지역에 새겨져 있으며, 그 흔적은 정복과 침략, 점령의 시기부터 우리 시대까지 지속되어 왔다. 이 개념은 프란츠 파농(Frantz Fanon)(1967a)과 그에 앞서 호세 마리아테기(José Mariátegui)가 가장 설득력 있게 공식화했다. 마리아테기는 페루 사회와 관련하여(그의 논지는 다른 라틴아메리카 사회에도 적용될 수 있지만) 정복으로 인해 페루 사회에 새겨진 원죄는 "원주민을 배제하고 원주민에 대항하여 출현하고 형성된 죄"라고 언급했다(1974a[1925], 208).

역설적으로 지난 40년간의 포스트식민주의적, 탈식민주의적 투쟁과 운동은 첫 번째 갈래를 약화하는 데 큰 영향을 미쳤지만 동시에 두 번째 갈래에도 부정적인 영향을 미쳤다. 특히 원주민 및 아프리카계 후손 운동의 경우, 민족-문화적 투쟁을 계급 기반 투쟁과 연결하여 사회적·정치적 고립을 방지할 수 있는 광범위한 정치적 연대를 구축하는 데 실패했기 때문이다.

진보적 정치 상상력을 가로막는 이러한 난관들은 해방적 사회 변혁을 설명하기 위해 발전된 이론에 더욱 직접적 영향을 미치는 다른 네 가지 난관에도 반영되어 있다. 간단히 말해, 긴급성 대 문명적 변화, 매우 오래된 것 대 매우 새로운 것, 비판적 명사의 상실, 이론과 실천 사이의 유령적 관계로 정의할 수 있다.

남의 인식론

긴급성 대 문명적 변화의 역설

우리는 지금 집단행동의 시간적 프레임을 두고 충돌하는 극단적이고 모순된 두 개의 시간성으로 분열된 시대에 살고 있다. 한편으로, 우리는 긴급성을 느끼며, 많은 현상들이 즉각적이거나 단기적 행동에 절대적 우선순위를 두어야 한다고 요구하는 듯하다. 이러한 현상을 통제 없이 방치한다면 장기적인 미래는 아예 존재하지 않을 수도 있기 때문이다. 여기서 떠오르는 몇 가지 현상들은, 지구 온난화와 임박한 생태 재앙, 규제되지 않는 금융자본이 사람들의 삶과 기대에 미치는 파괴적 영향, 방대한 인구의 생계 지속가능성(예를 들어, 물 문제), 영속적 전쟁의 통제 없는 질주와 전쟁이 야기하는 폭력과 부당한 인간 생명 파괴, 증가하는 천연자원 고갈의 규모, 그리고 마지막으로 사회적 불평등의 급격한 증가로 인해 나타나는 새로운 형태의 사회적 파시즘 등이 있다. 새로운 사회적 파시즘이란 극단적인 권력 차이 또는 새로운 형태, 즉 일종의 신봉건적 위계질서에 의해 규제되는 사회 체제를 의미한다. 물론 긴급성을 조성하는 특정 현상과 결합 방식은 글로벌 노스와 글로벌 사우스에 따라 다르게 나타나지만, 대부분의 현상은 형태와 강도의 차이는 있을지라도 어디나 존재하는 것으로 보인다.

다른 한편, 우리 시대는 깊이 있고 장기적인 문명적 변화의 필요성에 대한 인식을 요구하고 있다. 앞서 언급된 현상들은 뿌리 깊은 구조와 작용의 증상들로, 단기적 개입주의로는 맞설 수 없고, 단기적 개입주의 자체도 맞서 싸우는 대상과 마찬가지로 문명적 패러다임의 일부이다. 20세기는 권력을 쟁취하는 것으로 충분하지 않고, 차라리 권력을 잡는 것보다 권력을 변혁시키는 것이 필요하다는 사실을 엄청난 잔혹함으로 보여주었다.[11] 이 이중적이고 역설적인 불확실성은 새로운 인식론적·이론적·정치적 도전을 만들어내고 있다. 이것은 대안적 사회를 위한 열린 형식들을 요구하며, 그 힘은 구체적인 대안의 정확성보다는 현존하는 질서를 얼마나 강렬하게 거부하는가에 더 크게 의존한다. 그러한 열린 형식은 더 나은 미래와 가능한 다른 세계, 그 세계가 실현될지 어떤 모습일지는 확실히 알지 못하지만 그 세계의 가능성을 긍정하는 것으로 이루어진다. 따라서 이것은 유럽중심적 비판 전통의 토대가 되는 근대적 유토피아와는 매우 다른 유토피아라 할 수 있다.

이러한 양극단의 시간성의 공존은 유럽중심적 비판이론과 정치의 핵심을 이루었던——전술과 전략 사이, 장기와 단기 사이, 개혁과 혁명 사이에 존재하는——기존의 구분과 분열에 커다란 혼란을 초래하고 있다. 긴급성에 대한 인식이 단기적 전략과 개혁을 요구하는 반면, 문명적 패러다임 변화는 장기적 전략과 혁명을 요구한다. 그러나 두 가지 인식에 대한 감각이 공존하고 동시에 압박하면서 이 같은 구분과 분열은 흐려지고 점차 무의미해지고 있다. 기껏해야 모순적으로 전용되기 쉬운 느슨한 기표가 될 뿐이다. 혁명적으로 보이는 개혁 과정(베네수엘라의 우고 차베스)이 있는가 하면, 개혁적으로 보이는 혁명 과정(멕시코의 네오사파티스타주의)도 있다. 또한, 개혁이 상당히 의심스러운 개혁 과정(예를 들

---

11 권력 쟁취를 거부한다는 개념은 네오사파티스타(Neozapatista)의 리더인 마르코스 부사령관의 생각에 대한 잘못된 해석에 기초해서 대중화되었다. Halloway(2002)를 참조하라.

남의 인식론

어, 브라질, 인도, 남아공 등)도 존재한다.

베를린 장벽의 붕괴는 혁명 개념에 심각한 타격을 가했을 뿐만 아니라 그에 못지않게 조용하지만 치명적으로 개혁 개념에도 영향을 미쳤다. 그때부터 우리는 민주적 책임성이 현저히 부족하며, 시민들의 수동성이 다소 당연하게 여겨지는 가운데 개혁주의가 반개혁주의로 변질하는 시대를 살고 있다. 이 시대는 혁명 이후라기에는 너무 늦었고, 혁명 이전이라기에는 너무 이르다. 그 결과, 정치적 양극화는 상대적으로 규제되지 않고, 그 명칭과 거의 무관한 의미를 드러내고 있다. 이런 상황에서 유럽중심적 전통에서의 이론적 재구성은 점점 더 어렵고 혼란스러운 가운데 설득력을 잃고 있으며, 아무도 이에 대해 크게 걱정하지 않는 듯하다.

세계사회포럼은 상충하는 시간성의 긴장과 이론적 주장들 사이에서 해결되지 않은 갈등에 실용적으로 대응함으로써 기존의 이론 전통과 방식의 파산을 경고했다고 생각한다. 시간이 지나면서 그 한계가 더욱 분명해졌지만(Santos 2006b, 2008), 세계사회포럼은 즉각적인 행동을 목표로 하거나, 반대로 장기적인 변혁을 지향하는 캠페인, 담론 연합, 실천을 촉진해 왔다. 즉각적인 부채 탕감 요구는 HIV/AIDS와 연관된 대중 교육의 장기 캠페인과 결합되었고, 원주민의 사회적 항의를 범죄화하는 법정 행위에 대한 고발과 이들의 문화적 정체성과 선조의 영토 인정을 위한 투쟁이 함께 진행되었다. 나이로비에서 열린 2007년 세계사회포럼에서 채택된 "아프리카 식수 네트워크" 헌장[12]에서 드러난 바와

....

12 Transnational Institute 웹사이트(www.tni.org)에서 온라인으로 이용 가능하다.

같이, 수자원 민영화 이후 소웨토(남아프리카) 주민들이 충분한 식수에 즉각적으로 접근하기 위한 투쟁은 아프리카 대륙 전역에서 지속 가능한 식수 접근을 보장하기 위한 장기적 전략의 일환이 되었다.

이렇게 다른 시간 프레임의 투쟁들이 세계사회포럼에서 평화롭게 공존할 수 있었던 데에는 세 가지 주요 이유가 있다. 첫째, 그들은 제도적 및 탈제도적/직접적 집단행동이 혼합된 투쟁 방식으로 스스로를 전환했기 때문이다. 이것은 20세기 내내 지배적인 유럽중심적 좌파 이론으로부터의 의미 있는 이탈이었다. 유럽중심적 좌파 이론에서는 단기적 목표를 위한 투쟁이 항상 점진적 합법주의, 비급진적 제도적 활동의 프레임 안에 있었다. 둘째, 이러한 다양한 시간성에 대한 운동과 조직 간의 상호 이해는 이들 간의 차이가 이론에서는 훨씬 더 크지만, 실천에서는 그렇지 않다는 인식을 불러일으켰다. 즉각적인 행동을 촉구하는 급진적 요구는 문명적 변화의 필요성을 신뢰성 있게 전달하는 최선의 방법이 될 수 있다. 이는 결국 급진적 행동과 요구로써 극복하기 어려운 장애물과 부딪힐 수밖에 없기 때문일 것이다. 또한 세계사회포럼의 전반적인 활동에서 즉각적인 시간 프레임과 문명적 시간 프레임을 결합한 주요 운동들이 제시하는, 이론화되지 않은 가능성에도 주목했다. 그 대표적인 사례가 브라질의 무토지 농민 운동(MST)으로, 굶주린 농민들을 위한 불법적인 토지 점유와 더불어 브라질 국가와 사회의 광범위한 변화를 목표로 한 대규모 대중 정치 교육이라는 활동을 병행하고 있다.[13] 라틴아메리카와 인도의 원주민 운동 역시 이에 해당한다. 이들

....

13 Santos and Carlet(2010)를 참조하라.

은 비유럽중심적 세계관과 국가 개념의 유효성을 주장하는 동시에 이미 진행 중인 거대 프로젝트들이 그들의 생계를 파괴하는 것을 막기 위해 싸우고 있다.

상반되는 시간성의 실용적 공존이 가능했던 마지막 이유는 세계사회포럼이 이들 간의 우선순위를 두지 않았다는 점에 있다. 포럼은 단지 다양한 운동과 조직 간의 토론과 연대를 위한 공간을 열어 두었으며, 그 결과는 매우 다양하게 나타날 수 있었다. 비록 다소 모호하게 정의되었지만, '또 다른 가능한 세계'를 구축하겠다는 공동 목적에 대한 우선적 인식은 운동들 사이의 이론적 대립을 완화하고, 유사성이 두드러지는 영역에서 더욱 긴밀한 연대를 구축하는 데 집중하게 했다. 연대를 형성할 때의 선택적 접근은 불필요한 양극화를 피하는 하나의 방안이 되었다.

매우 오래된 또는 매우 새로운?: 야수니 프로젝트

유럽중심적 비판이론이 마주하는 두 번째 난관 또한 상반된 시간성과 관련이 있다. 이번에는 단기 대 장기가 아니라 현재 출현하는 정치적 혁신의 시간적 궤도에 대한 문제이다. 즉, 혁신이 전례 없던 새로운 것인가, 아니면 오랜 과거의 재창조인가에 대한 것이다. 서구 비평 전통에서 '소외되거나' 무시되어 온 새로운/오래된 대안들의 장을 적절히 평가하는 데 있어서의 난관을 설명하기 위해, 최근 라틴아메리카에서 제안된 변혁적 시도 중 하나인 에콰도르의 야수니(Yasuní) ITT 프로젝트를 간략히 언급하고자 한다. 큰 논란을 불러일으킨 바 있는 야수니 프로젝트는 2007년 당시 에너지부 장관이었던 알베르토 아코스타(Alberto Acosta)[14]에 의해 처음으로 발표되었다. 이 프로젝트는 오늘날 라틴아메리카와 아프리카, 더 나아가 대부분의 글로벌 사우스에 널리 퍼져 있는 개발주의-채굴주의적 자본주의 모델에 대한 대안으로 제안되었다. 이 프로젝트는 새로운 종류의 국제적 공동 책임 및 선진국과 저개발국 간의 관계를 요구하며, 탈석유를 기반으로 한 새로운 개발 모델을 목표로 한다. 에콰도르는 석유가 풍부함에도 (혹은 이 때문에) 가난한 나라라고 할 수 있다. 에콰도르의 경제는 석유 수출에 크게 의존하고 있다. 석유 수출로 인한 수입이 GNP의 22퍼센트, 수출의 63퍼센트를 차지한다. 이 경제 모델이 야기하는 아마존 지역의 인적·환경적 파괴는 매우 심각하다. 1960년에서 1990년 사이에 텍사코, 이후 셰브론에 의한 석유 개발의 직접적 피해로 인해 두 개의 아마존 종족, 테테테(Tetete) 족과 산사하우리(Sansahauri) 족이 사라졌다.

에콰도르의 야수니 프로젝트는 이러한 과거를 벗어나기 위해 다음과 같은 제안을 한다. 에콰도르 정부는 지구상에서 생물 다양성이 가장 풍부한 지역 중 하나인 야수니 국립 아마존 공원 내 세 구역에 묻혀 있는 약 8억 5천만 배럴의 석유 매장량을 채굴하지 않을 것을 보증하되, 선진국들이 이 결정을 통해 에콰도르가 포기하게 될 수입의 절반을 보상할 것을 요구한다. 정부 추산에 따르면, 석유를 개발할 경우, 13년 동안 40-50억 유로의 수입을 창출하는 동시에 410톤의 이산화탄소를 대기 중

---

14 아코스타는 이후 2008년 새 헌법을 공포한 제헌의회 의장이 되었다.

남의 인식론

으로 배출할 것으로 예상한다고 한다. 이 자금은 재생 에너지, 재조림 등 환경적으로 적합한 투자에 사용될 예정이며, 에콰도르가 석유 채굴에 나설 경우 '공여국'이 이자를 포함해 회수할 수 있는 형태의 보증 증서 또는 크레딧으로 수령하게 된다.

교토 의정서와 달리, 이 제안은 탄소 시장을 만드는 것이 아니라 탄소 배출을 방지하는 것을 목표로 한다. 그리고 에너지원의 다양화를 호소하는 데 목표를 두지 않고, 오히려 에너지 수요를 줄일 필요를 제안한다. 또한 이 프로젝트는 서구중심적 환경 문제에 대한 관심과 원주민의 파차마마(어머니 대지) 개념을 결합한다. 자연이 생명체로서 보호받아야 할 권리를 옹호하며 생명 주기의 안정성과 재생이 위협받을 때, 이를 지켜야 한다고 주장한다. 서구적 발전 개념이 무한한 성장에 의존하기 때문에 지속 가능하지 않다고 보고, 이에 대한 대안으로 *수막 카우사이* 즉, 좋은 삶의 개념을 제시한다. 이는 전 세계에 기여하는 원주민의 공헌으로 평가받아야 하며, 환경 파괴와 대체 불가능한 천연자원의 부당한 약탈이 인류의 집단적 자멸로 이어지고 있다는 인식이 확산하면서 점점 더 많은 시민과 운동가들의 지지를 얻고 있다.

이 제안으로 촉발된 국내 정치적 혼란은 그 의미의 중요성을 분명히 보여준다.[15] 여기에는 개발주의-채굴주의적 경제 모델과의 최초의 크고

....

15 2010년 8월, 에콰도르는 이 프로젝트를 진행하기 위해 유엔개발계획(UNDP)과 협약을 체결하고 다자간 신탁기금을 관리하기로 했다. 지금까지 칠레, 스페인, 벨기에, 이탈리아, 프랑스로부터 기부금을 받았다. 독일은 기여를 하지 않았으며 참여 여부에 대해 여전히 논의 중이다. 예상대로 세계에서 가장 오염을 많이 일으키는 국가들이 이 프로젝트에서 빠져 있다. 이러한 상황에서 에콰도르 정부는 국제 사회의 지원을 계속

구체적인 단절이 걸려 있다. 다른 나라에서도 이와 비슷한 기획의 선례가 될 가능성은 글로벌 자본주의, 특히 강력한 석유 이해관계에 큰 위협이 된다. 반면, 이 제안은 장기적으로 지속 가능하고 두 가지의 정당한 이해관계를 아우를 수 있는 새로운 형태의 국제 협력 형태를 요구한다. 하나는 개발 계획의 국제화로 인해 발생하는 위험을 고려해 에콰도르가 국가 주권을 보존하려는 이해관계이고, 다른 하나는 국제 납세자들이 그들의 기여금이 미리 합의되지 않은 목적으로 사용되지 않기를 바라는 이해관계이다. 그리고 이것은 제국주의, 이중 기준, 구조조정, 불평등 교환, 강제적 동조 등에 의해 지배해 온 근대 세계체제의 중심부-주변부 관계와는 매우 다른 종류의 협력이 될 것이다.

이 제안은 몇 가지 이론적, 정치적 과제를 제기한다. 첫째는 아마도 어떻게 이 제안의 시간적 정체성을 다룰 것인가 하는 문제이다. 이것은 포스트자본주의의 미래를 겨냥하고 근대적 발전 논리 내에서 전례 없는 참신함을 구성하기 때문에 새로운 것인가? 아니면 원주민의 비서구적 자연관에 기초한 고대의 선자본주의적 과거로의 전례 없는 복귀 또는 재발명을 요구하기 때문에 참신한 것인가? 전자의 새로움은 유토피아에 가깝고, 후자는 아나크로니즘(anachronism)에 가깝다. 여기서 몇 가지 분석적 딜레마를 제시하고자 한다.

새로운 또는 혁신적인 사회, 정치, 문화적 과정을 분석하는 것은 쉽

....
기다리거나, 국제 사회의 지원이 실패할 경우(그리고 필요한 비율에 도달하지 못할 것 같으면) ITT에서 석유를 탐사해야 하는 딜레마에 직면해 있다. 그러나 에콰도르의 많은 사회 부문은 자연의 권리에 대한 일관된 입장을 요구하며 ITT 석유 개발 중단 또는 일반적인 채굴 금지를 요구하고 있다.

남의 인식론

지 않다. 이러한 과정들을 그 참신함을 포착하지 못하는 기존의 개념적·분석적 틀에 맞추어 해석하려다 보면, 이들의 가치를 떨어뜨리거나 무시하고 악마화할 위험이 현실적으로 존재한다. 여기에는 즉각적으로 드러나지 않는 난관이 있다. 즉, 새로운 분석적·개념적 틀은 그틀의 필요성을 불러일으키는 과정에 기반해서만 창출될 수 있다는 것이다. 그렇다면 이 필요성은 어떻게 식별할 수 있으며, 어떻게 느낄 수 있는가? 이 필요는 메타이론적이고 메타분석적이다. 다시 말해, 이러한 과정을 오래된 과정의 연장선으로 볼 것이 아니라 새로운 것으로 간주하는 정치적 선택을 포함한다. 완전한 구조적 단절이라는 드문 경우를 제외하고, 동일한 과정이 동등하게 타당한 이유로 서로 다른 두 가지 정치적 선택을 요구할 수 있다면, 이 선택을 어떻게 이론화할 수 있을까? 그 선택의 배후에는 사변적 이성이 아닌 의지와 상상의 행위로서의 일종의 내기(Wager), 일종의 도전이 자리하고 있다.[16] 새로움을 선택한다는 것은 새로움을 원한다는 의지를 드러낸 것이다. 이 의지의 바탕에는 우리는 더 나은 것을 누릴 자격이 있다는 확신에서 비롯된 현재에 대한 불안과 부적응이 자리 잡고 있다. 물론 이 선택이 신뢰를 얻기 위해서는 합리적인 근거를 제시해야 한다. 그러나 이러한 근거는 불확실성과 무지라는 배경, 즉 내기의 본질적 요소들에 대응하여 제시된다. 일단 새로움이 과거, 심지어 아주 먼 과거를 가리키면서 미래를 겨냥하는 경우, 문제가 점점 더 복잡해진다. 직선적 시간 개념에 익숙한 근대적 사고방식으로는, 과거로 돌아가는 것은 새로운 것이 아니라 오래된

---

16 내기(Wager)에 대해서는 3장을 참조하라.

것이기에 이는 터무니없는 일이다. 최소한의 일관성을 유지하려면 과거에 대한 발명을 포함해야 하고, 이 경우 발명의 이유와 방식이 문제로 떠오른다. 이는 다시 새로움의 문제로 돌아오게 한다.

새로움에 대한 성공적인 내기가 반드시 그 새로움의 지속가능성을 보장하지 않기 때문에, 난관은 어쩌면 더 클지도 모른다. 즉, 전적으로 새롭고 독창적인 과정은 그 자체의 새로움 때문에 실패할 위험이 있다. 새로운 것은 오래된 이론과 개념뿐 아니라 새로움에 직면했을 때 특히 효과적으로 대응하는 사회적·정치적 세력들과도 맞서야 한다. 보수주의의 최후의 보루는 새로운 것에 대한 저항에 있으며, 이는 구시대의 방식으로 도달할 수 있는 것에 대한 위협으로 여겨진다. 이러한 보수성은 우파뿐 아니라 좌파에서도 나타날 수 있다. 여기에 바로 새로움의 이중적 성격이 다시 드러난다. 보수주의는 이에 두 가지 상반된 방식으로 맞설 것이다. 하나는 새로운 것이 과거에 선례가 없기 때문이며, 다른 하나는 새로운 것이 보수적 역사관에서 받아들일 수 없을 정도로 너무 오래된 과거에 의존하기 때문이다. 특히 라틴아메리카의 경우, 식민 이전의 과거를 주장하는 것은 보수주의자들에게 혁명적인 발상인데, 이는 그들이 식민 지배자들의 후손이기 때문이다. 같은 이유로, 유럽중심적 진보주의자들에게는 식민 이전의 과거를 주장하는 것은 기껏해야 난처한 일이자, 최악의 경우 허위의식을 드러내는 것으로 간주한다.

아직 또 다른 난관이 있다. 새로운 것이든 참신한 것이든, 그것은 발생하는 순간에만 그 자체의 기준으로 분석될 수 있다. 일단 발생이 끝나면—종결의 순간과 성격은 대개 크게 논란이 되기 마련이다—더 이상 새롭지 않게 되며 과거가 그것을 장악한다. 종결에 저항하기 위해서는 새로움에 대한 내기 이후에 미완의 상태, 즉 '아직 아닌 것'에 대한 내기가 뒤따라야 한다. 두 번째 내기는 분석이 분석 대상처럼 항상 개방적이고 미완성의 상태를 유지할 것을 요구한다. 말하자면, 분석은 실시간으로 진행되는 과정을 따라가야 한다. 오늘 분석되고 있는 것이 내일이면 어쩌면 존재하지 않을지도 모른다. 심지어 분석의 정치적 의미조차도 빠르게 변화할 수 있는데, 이는 다양한 정치 세력이 상대의 의제를 파괴하거나 포섭하거나 전복하는 속도만큼이나 빠를 수 있다. 따라서 모든 이론적-분석적 구성에는 필연적으로 실용적 차원이 존재한다. 그러나 이러한 차원을, 평범한 현실에 의해 배신당할 위험에 놓인 사회적·정치적 과정의 선봉 즉, 전위로 이해해서는 안 된다. 오히려 후위의 구성으로서, 가장 고무적인 사회적·정치적 과정들이 어떻게 잊혀진 주제들, 잃어버린 연대, 인정되지 않은 실수, 이루어지지 않은 약속, 숨겨진 배신들을 축적해 가는지를 살펴보는 역할에 가깝다.

비판적 명사의 상실

유럽중심의 정치적 상상력에서 강력하고 설득력이 있는 비판이론을 형성하는 데 마주하는 세 번째 난관은 내가 *비판적 명사의 상실*이라고 부르는 것이다. 한때 유럽중심적 비판이론이 전통적이거나 부르주아적인 이론과 차별되는 방대한 명사 집합을 '소유'하던 때가 있었다. 여기에는 사회주의, 공산주의, 혁명, 계급투쟁, 종속, 소외, 상품물신주의 등이 포함된다. 지난 40년 동안 유럽중심적 비판 전통은 '자신의' 명사들을 잃어버린 듯 보이며, 이제는 전통적 또는 부르주아적 이론에서 차용한 고유명사의 의미를 전복시키는 형용사들로 자신을 구별한다. 예를 들어, 전통적 이론이 발전에 대해 말하는 경우, 비판이론은 대안적, 통합적, 포용적, 민주적 또는 지속가능한 발전을 제안한다. 전통적 이론이 민주주의에 대해 말하는 경우, 비판이론은 급진적, 참여적 또는 숙의적 민주주의를 제시한다. 이는 세계시민주의(cosmopolitanism)도 마찬가지이며 서발턴적, 반대적, 반란적, 혹은 뿌리 깊은 세계시민주의로 불리며, 인권은 급진적, 집단적, 혹은 상호문화적 인권 개념으로 변화했다.

이런 변화는 신중하게 분석되어야 한다. 헤게모니적 개념(명사)은 실용적 차원에서, 전통적이거나 부르주아적 사고의 고유 재산이 아니다. 다른 글에서 이미 제안한 바(Santos 2002b) 있고 이후 장에서 더 자세히 설명하겠지만, 현재 세계 여러 곳의 풀뿌리 집단행동의 두드러진 특징 중 하나는 법치, 민주주의, 인권과 같은 헤게모니적 도구나 개념을 대항헤게모니적인 방식과 목적으로 활용하는 사회 운동의 능력이다. 볼테르가 "형용사들은 명사들의 적이다"라고 말했듯이, 형용사는 명사의 의미를 전복할 수 있다. 반면에 명사는 말할 수 있고, 신뢰할 수 있으며, 정당하고, 현실적인 것의 지적·정치적 지평을 설정하며, 암묵적으로는 말할 수 없고, 신뢰할 수 없으며, 부당하고, 비현실적인 것의 지평 또한 설정한다는 사실을 유념해야 한다. 다시 말해, 비판이론이 형용사에 의존하는 것은, 내가 개념적 프랜차이즈(conceptual franchising)라고 부르는 창의적 활용을 신뢰하는 동시에, 본래 자신의 것이 아닌 가능성의 지평 안에서 논의와 제안을 구성해야 할 필요성을 받아들이는 것이다.

남의 인식론

이로 인해 비판이론은 논의에 참여할 수 있지만, 논의의 조건을 설정하거나 특정한 논의를 선택하는 이유에 대해 논할 수 없는 파생적 성격을 가지게 된다. 실제로 헤게모니적 개념이나 도구를 대항헤게모니적으로 활용하는 효과는 이러한 한계를 인식하는 데 달려 있다.

다음 부분에서 논의하겠지만, 세계 각지에서 사회적 투쟁들이 일어나면서 기존의 비판이론에서는 전례 없던 새로운 개념들, 즉 비판이론을 형성한 식민적 언어로는 그 어디에서도 적절한 표현을 찾을 수 없는 새로운 개념들을 도입하면서 이러한 한계가 더욱 강도 높게 가시화되고 있다.

이론과 실천 사이의 유령적 관계

유럽중심적 비판이론과 정치적 상상력이 직면한 마지막 난관은, 이론에서 언급 또는 예시된 것과, 세계에서 일어나는 가장 혁신적이고 변혁적인 실천 사이에 존재하는 거대한 괴리에 있다. 지난 40년 동안 가장 진보적인 투쟁은 여성, 원주민, 농민, 아프리카계 후손, *피케테로스*(*piqueteros*), 실업자, 게이와 레즈비언, *분노한 사람들*(Indignados), 점거운동(Occupy movement) 등 유럽중심적 비판이론(유럽중심적 이론에 기초한 정치적 좌파)이 정치적 존재를 인정하지 않는 사회 집단을 주인공으로 삼았다. 이러한 사회 집단들은 유럽중심적 비판이론이 중시하는 방식(노동자 정당과 노조, 제도적 행동, 무장 투쟁, 파업)과는 전혀 다른 방식(사회 운동, 풀뿌리 공동체, 집회, 자치 활동, 토지와 건물 점거, 민중 경제 조직, 청원, 민중 회의, 국민 투표, 공공장소에서의 집단적 참여 등)으로 자신들을 조직하는 경우기 많다. 그들은 대부분 산업도시 중심부가 아닌 인도의 숲이나 강가, 안데스산맥과 아마존의 넓은 평원 등 외딴 지역에 거주하고 있다.

이론과 실천 사이의 불일치는 2000년대 초반 세계사회포럼에서 뚜렷이 드러난 바 있다. 2001년 브라질의 포르투 알레그리에서 처음 열린 세계사회포럼은 좌파의 고전적 이론과 실천 사이의 간극이 그 어느 때보다 깊어졌음을 보여주었다. 사실, 세계사회포럼만이 이러한 변화를 겪고 있는 것은 아니며, 세계사회포럼이 시작된 지역인 라틴아메리카에서 약 30여 년간의 정치적 경험이 이를 잘 입증해 준다. 해방신학에 의해 발전된 풀뿌리 조직들, 치아파스의 사파티스타 민족해방군(EZLN), 1988년 브라질 헌법으로 시작되어 1990년대와 2000년대에 이어진 변혁적 헌법주의, 전통적 과두지배계급 정당의 붕괴와 새로운 유형의 정당 출현, 아르헨티나의 *피케테로스*와 브라질의 무토지 노동자 운동(MST), 볼리비아 · 에콰도르 · 콜롬비아 · 페루의 원주민 운동과 우루과이의 프렌테 암플리오(Frente Amplio, 확대 전선), 자유민주주의 선거에서 자칭 혁명적 과정들의 출현, 베네수엘라에서의 우고 차베스(Hugo Chávez)의 연이은 승리 및 혁명적 대중 권력 조직과 자유민주주의 제도와의 공존, 볼리비아의 에보 모랄레스(Evo Morales) 당선, 에콰도르의 라파엘 코레아(Rafael Correa), 파라과이의 페르난도 루고(Fernando Lugo), 우루과이의 호세 무히카(José Mujica) 당선, 미주자유무역지대(ALCA)에 맞선 남미 대륙의 투쟁, 그리고 지역 통합의 대안 프로젝트(아메리카를 위한 볼리바르 동맹, ALBA) 등이 그 예이다. 이들은 모두 진보적이라 인정

남의 인식론

하지 않을 수 없는 정치적 실천과 기획들이지만, 대부분 유럽중심적 좌파의 주요 이론 전통에 맞지 않으며 오히려 상반될 수 있다. 국제적 행사이자 다양한 저항의 실천과 대안 사회 프로젝트의 교차점인 세계사회포럼은 실천과 이론의 상호 맹점을 새로운 차원에서 부각하고, 이 문제에 대한 더 넓고 깊은 성찰의 조건을 마련했다.

이론의 맹점은 실천을 보이지 않거나 충분히 이론화되지 않은 상태로 만들고, 실천의 맹점은 이론을 무의미하게 만든다. 이론의 맹점은 전통적 좌파 정당들이 그들을 지지하는 지식인들과 함께 처음에는 세계사회포럼에 주목하지 않거나 그 중요성을 축소했던 사례와, 원주민 운동에 대해 유럽중심적 좌파가 종종 인종 차별적인 시각을 보이는 데서 찾아볼 수 있다. 동일한 맹점은 유럽 전역의 *분노한 사람들*[17] 운동이나 북미의 점거 운동에 대한 현재의 평가에서도 드러나는데, *분노한 사*

....

17 Real Democracy Now! 선언문에서 발췌: "우리는 평범한 사람들입니다. 우리는 당신과 같습니다. 매일 아침 일어나 공부하고, 일하고, 직업을 찾는 사람들, 가족과 친구가 있는 사람들, 우리 주변의 사람들에게 더 나은 미래를 제공하기 위해 매일 열심히 일하는 사람들입니다. 우리 중 일부는 스스로를 진보적이라 생각하고, 일부는 보수적이라 생각합니다. 일부는 사회주의를 믿고, 다른 일부는 자유방임주의를 믿습니다. 일부는 명확한 이념을 가지고 있고, 일부는 정치에 무관심합니다. 하지만 우리 모두는 우리 사회의 정치적, 경제적, 사회적 전망에 대해 걱정하고, 불안해하며, 분노하고 있습니다. 정치인들, 기업인들, 은행가들은 권력을 독점하여 우리를 무기력하고 목소리 없는 존재로 만들었습니다. 우리의 무력한 상황은 일상이 되었고, 매일 희망 없이 고통을 겪고 있습니다. 그러나 힘을 합친다면, 우리는 우리 공동체, 사회, 국가, 그리고 세상을 바꿀 수 있습니다. 지금이 바로 그때입니다. 우리는 함께 더 나은 세상을 만들어야 하며, 여기에서 시작해야 합니다. 우리는 미래를 위해 평화적으로 항의하고, 캠프를 세우고, 시위하고, 점거해야 합니다." Real Democracy Now! "Our Manifesto", www.realdemocracynow.webeden.co.uk/#/our-manifesto/4551801662.에서 참조.

람들이나 점거 운동이 무엇을 하고, 그들 스스로 그것을 어떻게 인식하는지를 크게 왜곡하지 않고는 그들과의 감정적 유대에 대해서 이론적으로 표현할 수 없음에서 드러난다.

반면, 실천의 맹점은 세계사회포럼의 활동가들 대다수를 비롯해 원주민 지도자들, 그리고 최근 *분노한 사람들*이, 유럽중심적 좌파의 풍부한 이론 전통과 자체 쇄신 필요성에 대한 이들의 완전한 무관심을 경멸하는 데서 분명히 드러난다. 이러한 상호적인 엇갈림은 실천적 측면에서는 혁명적 자발성과 무해한 자기 통제적 제한 사이에서의 극단적 요동을, 이론적 측면에서는 사후 재구성에 대한 열정과 재구성이 불가능한 것에 대한 오만한 무관심 사이에서의 극단적 요동을 불러온다.

이런 조건에서 이론과 실천 사이의 관계는 이상한 특성을 보이게 된다. 이론은 더 이상 그 안에 잠재된 미래의 집단적 행동을 위해 존재하지 않으며, 오히려 그와 무관하게 나타난 현재의 집단적 행동을 정당화(혹은 반대)하는 역할을 한다. 따라서 전위적 사고는 방향을 제시하기보다는 그저 기본적으로 얻어진 성공을 승인하거나 예고된 실패를 확인하는 데 그친다. 반면에 실천은, 이론적 관점에서 볼 때 기회주의적 합리화나 수사적 장치에 불과한 이질적인 개념과 언어로 구성된 당대의 필요에 부응하는 이론적 브리콜라주(bricolage)에 의존함으로써 그 자체를 정당화한다. 즉 이론적 측면에서, 이론적 브리콜라주는 결코 이론으로서 자격이 없다. 실천적 측면에서, 후발적인 전위 이론화는 전적으로 형용 모순(*contradictio in adjecto*)은 아니더라도 기생적 행위에 불과하다. 이처럼 이론과 실천 사이의 유령적 관계는 세 가지 정치적 결과를 초래했으며, 이는 오늘날 좌파의 상황을 이해하는 데 결정적 역할을 한 세

남의 인식론

계사회포럼 과정에서 명백히 드러났다.

누가 적인가?

첫 번째 정치적 결과는 단기적 확실성과 장기적 불확실성 사이의 격차가 그 어느 때보다도 넓어졌다는 점이다. 지난 40년 동안 신자유주의적 자본주의는 전례 없이 점점 더 많은 사회적 관계를 시장의 법칙에 종속시켜 왔다. 사회적 불평등의 극심한 증가와 중심부와 주변부 국가 간의 착취와 배제의 심화는 저항적 투쟁에 단기적 긴박감을 더하고, 단기적 목표(야만적 민영화, 사회·경제적 불의, 은행 구제금융, 규제 없는 금융시장, 사회 정책 예산 삭감, 광산 기업에 대한 막대한 세제 혜택, 국제통화기금의 획일적 처방, 토지 강탈, 신추출주의에 맞선 투쟁 등)에 대한 폭넓은 공감대를 형성한다. 불분명한 점은 이러한 투쟁이 자본주의에 맞서 사회주의나 다른 형태의 포스트자본주의적 미래를 지향하는 것인지, 아니면 오히려 이러한 형태의 자본주의(신자유주의)에 반대하여 보다 인간적인 자본주의를 목표로 하는 것인지에 있다.

이런 모호함은 사실 새로운 문제가 아니지만, 이제는 새로운 강도를 보이고 있다. 신자유주의적 자본주의의 추동력은 압도적이어서 실제로는 자본주의에 공모하는 것조차도 자본주의에 맞서는 투쟁으로 보일 수 있다. 같은 맥락에서, 이제 장기적 전망에 대한 불확실성은 새로운 차원을 맞이하게 되었는데, 즉 장기적 전망의 존재 자체가 의문시되고 있다. 다시 말해, 장기적 전망 자체가 지나치게 불확실해지면서 이에 대한 논쟁 자체가 중요성을 잃고 동력을 얻지 못하게 되었다. 그 결과 단기적 전망이 확장되고, 단기적 확실성에 기대어 정치적 양극화가 구체적으로 일어나고 있다. 장기적 전망을 불신함으로써 전술이 강조되고, 장기적 전망에 대한 양극화가 단기적 결집에 방해가 되는 것을 막아준다. 장기적 미래에 대한 완전한 개방의 이면에는 그 미래의 완전한 무의미함이 존재한다.

좌파 정치에서 장기적 전망의 불확실성과 개방성의 증가는, 생산력 발전을 통한 과학적 결과로서의 사회주의적 미래라는 마르크스적 확신에서, 로자 룩셈부르크가 제시한 '이분법적 사회주의 또는 야만주의', 그리고 세계사회포럼이 표방하는 '또 다른 세계는 가능하다'는 생각으로의 전환으로 표현되고 있다. 장기적 전망은 항상 비판이론과 좌파 정치의 강력한 지평이었다. 과거에는 이 지평이 당대 자본주의 현실과 멀어질수록 정치적 전략이 더욱 급진적으로 변화했고, 따라서 혁명과 개혁 사이에 균열이 발생했다. 오늘날 이러한 균열은 장기적 전망의 약화와 함께 점차 침식되고 있는 듯하다. 앞서 언급했듯이, 장기적 전망은 여전히 존재하지만 이제는 더 이상 일관성을 지니거나 중요한 결과를 낳지 않는다.

성공과 실패를 어떻게 측정할 것인가?

이론과 실천 사이의 유령적 관계가 초래하는 두 번째 결과는 변혁적 정치의 성과에 대한 합의가 불가능하다는 점이다. 이는 새로운 문제가 아니라 오래된 문제이지만, 이제는 더 딜레마적이다. 일부에게는 1970년대 이후 좌파의 위기가 계급투쟁의 쇠퇴와 그에 대한 대안으로 등장한 이른바 정체성 및 문화적 전환과 이들이 중시하는 투쟁으로 분명해졌다. 세계사회포럼은 이러한 변화의 징후이자 확인이기도 했다. 반면,

남의 인식론

다른 이들은 이 시기를 혁신과 창조가 넘치는 시기로 보며 좌파가 새로운 투쟁과 집단행동 방식, 새로운 정치적 목표를 통해 스스로를 쇄신했다고 평가한다. 후자의 입장에 따르면, 확실히 퇴보는 있었지만, 그것은 오히려 전통적인 정치 조직과 행동 방식에 관한 것이었으며 이러한 퇴보 덕분에 새로운 정치 조직과 행동 방식이 등장할 수 있었다. 이러한 현상을 전반적 퇴보라고 주장하는 사람들에게 결론은 아무래도 부정적이다. 새로운 시도들을 주요 목표(생산 부문에서의 계급투쟁)에서 부차적인 목표(정체성, 문화, 또는 한마디로, 사회 재생산 부문의 목표)로의 위험하고 굴욕적인 일탈로 바라본다. 이러한 견해에 따르면, 단절의 담론이 보여주는 급진성과 관계없이 적에게 항복한 것에 지나지 않았다. 반대로 혁신과 창의성이라는 개념을 지지하는 사람들에게 그 결과는 긍정적이었다. 왜냐하면 앞을 가로막는 도그마주의가 박살났고, 집단행동의 형식과 이를 지지하는 사회적 기반이 넓어졌으며, 특히 투쟁의 형식과 범위에 있어 적의 새로운 취약점을 드러내는 데 성공했기 때문이다. 투쟁의 주역들 중에서 후자의 입장이 우세하지만 전반적인 퇴보를 주장하는 전자의 입장도 여전히 세계사회포럼이나 *분노한 사람들* 운동에 참여하는 일부 조직(주로 노동조합)에서 상당히 눈에 띄는 편이다.

지난 40년을 평가할 때, 가설적 과거를 근거로 하는 오류에 의존하는 경우가 매우 빈번했다. 이는 계급투쟁에 대한 선택이 지속했더라면 결과가 더욱 긍정적이었을 것이라고 주장하거나, 반대로 새로운 투쟁이 없었더라면 결과가 훨씬 악화했을 것이라는 주장을 펼치는 방식으로 나타났다.

무의미한 극단주의?

이론과 실천 사이의 유령적 관계에서 나오는 세 번째 결과는 새로운 유형의 이론적 극단주의이다. 이는 앞서 언급한 장기적 지평의 논의와 비교적 분리된 상태에 있으며, 1970년대까지의 논쟁을 특징지었던 것보다 훨씬 더 넓어지고 더욱 의미 없어진 양극화를 문제 삼는다. 장기적인 관점에서의 불확실성과 개방성은 결과-있는-양극화(polarizations-with-consequences)를 막는 동시에 극단적인 결과-없는-양극화(polarizations-without-consequences)를 초래한다. 이러한 최근의 입장들과 비교할 때, 과거의 극단적 입장들은 상대적으로 서로 덜 멀어 보인다. 그러나 당시에는 둘 중에 하나의 입장을 선택하는 것이 조직과 활동가들, 그리고 사회에 훨씬 더 구체적인 결과를 가져왔다. 이와 반대로, 현재의 양극화는 구체적인 정치 조직에 직접 연결되지 않으며 의미 있는 결과를 가져오지도 않는다. 오늘날 이론적 극단주의의 주요 차원은 세 가지로 구분된다.

사회적 변혁의 주체들에 관련하여, 한편으로는 사회적 해방을 위한 투쟁이 잘 정의된 역사적 주체들, 즉 노동자 계급과 동맹을 통해 싸워야 한다고 믿는 사람들과, 다른 한편으로 그러한 투쟁은 모든 억압받는 사람들, "보통 사람들, 따라서 반란자들"(마르코스 부사령관), 운동의 운동(세계사회포럼) 또는 *다중*(안토니오 네그리와 마이클 하트) 등 다수의 불명확한 집단적 주체들의 복수성에 열려 있다고 믿는 사람들 사이에서 양극화가 나타난다. 이것은 과거와 비교하면 거대한 차이다. 1970년대까지 양극화된 입장은 '오직' 노동계급의 경계 설정(산업의 전위 대 후위

남의 인식론

부문), 동맹 세력의 구분(농민 또는 소부르주아 계층), 그리고 '즉자적 계급'에서 '대자적 계급'으로의 이행 등에만 초점을 맞추었다. 그러나 이 선택은 투사들의 삶에 결정적인(때로는 치명적인) 충격을 주었다. 앞서 언급한 호세 마리아테기를 예로 들자면, 원주민을 옹호하는 그의 '낭만적 일탈(romantic deviance)' 덕분에 그가 코민테른[18]으로부터 받았던 위협을 떠올리면 충분하다.[19] 그의 이른 죽음이 그런 위협으로부터 그를 구했다.

사회적 투쟁의 목표와 관련하여, 권력의 획득과 권력 개념 자체에 대한 전면적 거부 사이에 양극화가 존재한다. 즉, 좌파에서 어떤 형태로든 지배적이었던 국가주의와 가장 급진적인 반국가주의 사이의 대립으로, 이는 사파티스타 운동에 대한 존 할러웨이(2002)의 문제적 해석, 즉 권력을 장악하지 않고도 세상을 변화시킬 수 있다는 주장에서 볼 수 있

---

18 국제 공산주의 운동 Communist Internàtional의 약자이다. 또는 제3인터내셔널이라고도 불린다. 인터내셔널은 "무장투쟁을 포함하여 모든 수단을 다해, 국제적인 부르주아를 무너뜨리고 국가의 완전한 소멸을 위한 과도기로 '국제 소비에트 공화국'을 수립하고자 한다."

19 코민테른 남미 사무국의 지도자 빅토리오 코도비야(Victorio Codovilla)는 마리아테기에게 1929년 라틴아메리카 공산주의자 대회를 위해 남미에 원주민 공화국을 수립할 가능성을 분석하는 문서를 준비하라고 지시했다. 이 공화국은 미국 남부와 남아프리카에서 흑인 공화국을 건설하려 했던 코민테른의 유사한 제안에 기반을 두고 있었다. 마리아테기는 이 제안을 거부하면서, 남미 안데스 지역의 기존 민족 국가 형성이 상당히 진전되어 별도의 원주민 공화국을 건설하기에는 적합하지 않다고 주장했다. 마리아테기는 서발턴적 원주민들이 자율적인 국가에서 근대성의 혜택으로부터 더 멀어지기보다는 기존 국가 구조 내에서 평등을 위해 싸우는 것이 더 나을 것이라고 보았다(Becker 2006 참조). 또한 Löwy(2005b)를 참조하라.

다. 1970년대까지 양극화는 권력 장악 수단(직접 행동 또는 무장 투쟁 대 제도직 투쟁)과 장악한 권력 행사의 특성과 목표(인민 민주주의/프롤레타리아 독재 대 참여/대의 민주주의)를 둘러싸고 일어났다.

조직과 관련하여, 성공적인 투쟁을 위해서 정당이나 노동조합 같은 특정한 형태의 중앙집권적 조직이 필요하다고 보는 입장과, 집단행동 과정에서 참여자들 스스로의 주도로 자발적으로 형성된 조직 외에 모든 형태의 중앙집권적 조직을 거부하는 입장 사이에 양극화가 존재한다. 1970년대까지는 이러한 양극화된 입장 간의 거리가 훨씬 좁았지만, 어느 한 쪽을 선택하는 것은 구체적이고 때로는 비극적인 결과를 낳았다. 양극화는 공산주의와 사회주의 정당 사이에 그리고 단일 정당과 복수 정당 체제 사이에 발생했으며, 정당과 대중 또는 노동자 정당의 조직 형태(민주적 중앙 집중주의 대 분권화 및 내부 다원주의)를 둘러싸고 논의되었다.

따라서 우리는 이전과는 다른 유형의 양극화, 새롭고 보다 명확히 구분된 입장들 간의 대립을 마주하고 있다. 이는 이전의 양극화가 사라졌다는 의미가 아니라 단지 그 독점성과 중심성이 약화했음을 의미한다. 새로운 양극화는 정치적 행동에 영향을 미치지만, 이전의 양극화에 비해 그 영향은 분명히 더 분산되어 있다. 그 이유는 두 가지이다. 하나는 앞서 언급한 이론과 실천 사이의 유령적 관계가 정치적 활동을 이론적 양극화에 비교적 둔감하게 만들거나 이를 선택적·도구적으로 활용하도록 조장하기 때문이다. 다른 하나는, 극단적 입장에 있는 행위자들은 동일한 사회적 기반을 놓고 경쟁하지 않고 같은 조직이나 심지어 비조직에도 참여하지 않는다. 그 결과, 정치적 선택지들의 윤곽은 마치 좌

남의 인식론

파 내 서로 교차하지 않는 평행선들처럼 보인다.

이러한 단절의 상당 부분은 우리 시대의 변혁적인 정치적 움직임이 우리가 이미 알고 있는 유럽중심적 좌파의 문화적 범주에만 국한되지 않기 때문이다. 오히려 그 범주를 훨씬 넘어서 매우 다양한 문화적 · 상징적 · 언어적 세계에 속하고, 이로 인해 발생하는 단절은 상호문화적 번역 없이는 서로 이해될 수 없다.[20]

여기에 이론과 실천 사이의 유령적 관계의 가장 중요한 요인이 있다고 본다. 유럽중심적 비판이론과 좌파 정치가 역사적으로 주로 글로벌 노스에서, 특히 북반구의 오직 5-6개 국가(영국, 독일, 프랑스, 러시아, 이탈리아 그리고 어느 정도 미국)에서 발전된 반면에, 최근 수십 년 동안 가장 혁신적이고 효과적인 변혁을 가져온 좌파의 실천은 글로벌 사우스에서 이루어지고 있다. 서구 비판 전통은 전 세계의 억압받는 계층이 아닌, 유럽에 속한 억압받는 계층의 요구와 열망을 반영하여 발전해 왔다. 문화적 관점과 정치경제적 관점에서 볼 때, 이 전통이 구현하고 프랑크푸르트학파가 찬양한 '유럽적 보편주의'는 사실상 특정한 현실에 국한된 해석이라 할 수 있다. 한 예로, 유럽적 보편주의는 세계 인구의 대다수가 식민주의의 지배를 받았음에도 불구하고 식민주의를 억압 체제로서 포함하지 않는다.[21]

오늘날 유럽이나 북미 바깥의 옛 식민지 세계에서는 변혁적이고 진

---

20 상호문화적 번역(Intercultural translation)에 대해서는 8장을 참조하라.
21 1955년 반둥에서 결성된 반식민주의 투쟁과 비동맹 국가 운동도 북반구 좌파의 지배적 담론에 중요한 새로운 개념과 아이디어를 제공한 것이 분명하다.

보적인 다양한 실천들이 진행되고 있으며, 이는 종종 비서구의 문화
적·정치적 배경을 가지고 있는 낯선 사람들에 의해 낯선 장소에서
이루어지고 있다. 그들은 아이마라어(Aymara),[22] 케추아어(Quechua),[23]
과라니어(Guaraní),[24] 힌디어(Hindi),[25] 우르두어(Urdu),[26] 이시줄루어
(IsiZulu),[27] 키콩고어(Kikongo),[28] 키스와힐리어(Kiswahili)[29]와 같은 비식

....

22 아이마라어는 볼리비아, 페루(공용어로 지정된 국가), 칠레, 아르헨티나 등에서 약 220만
   명의 주민들이 쓰는 아이마라 족의 언어이다.

23 케추아어는 안데스 지역의 원주민 언어로, 현재 약 1,300만 명이 사용하고 있으며 볼
   리비아, 페루, 에콰도르, 북부 칠레, 아르헨티나, 남부 콜롬비아에서 주로 쓰인다. 타완
   틴수유, 즉 잉카 제국의 공용어였다.

24 과라니어는 투피-과라니어 계열의 언어로, 약 460만 명이 사용하며 파라과이에서는
   공용어 중 하나로 지정되어 있다. 또한 볼리비아, 브라질, 아르헨티나에도 과라니어를
   쓰는 소수 공동체가 있다.

25 인도에서는 1억 8천만 명 이상의 사람들이 힌디를 모국어로 사용하며, 3억 명이 제2언
   어로 사용하고 있다. 인도 외 지역에서는 미국에 10만 명, 모리셔스에 68만 5,170명, 남
   아프리카에 89만 292명, 예멘에 23만 2,760명, 우간다에 14만 7천 명, 싱가포르에 5천
   명, 네팔에 800만 명, 뉴질랜드에 2만 명, 독일에 3만 명의 힌디 사용자들이 있다.

26 우르두어는 약 1억 400만 명이 사용하는 인도-아리안어로, 제2언어 사용자도 포함된
   다. 파키스탄의 국어이다.

27 남아프리카공화국의 공식 언어 중 하나로, 주로 남아프리카의 줄루랜드와 북부 나탈
   지역에서 약 900만 명이 사용하며, 보츠와나, 레소토, 말라위, 모잠비크, 스와질랜드에
   서도 사용된다.

28 키콩고어를 모국어로 사용하는 사람은 700만 명이 넘으며, 이 중 상당수는 콩고(킨샤
   사) 서부에 거주하며, 이 지역에서는 키콩고어가 국어로 사용된다. 나머지 원어민은
   콩고(브라자빌)와 앙골라 북부에 거주하고 있으며, 추가로 700만 명의 아프리카인이
   키콩고어를 제2언어로 사용한다.

29 키스와힐리는 약 3,500만 명이 사용하는 반투어로, 주요 사용 지역은 부룬디, 콩고(킨
   샤사), 케냐, 마요트, 모잠비크, 오만, 르완다, 소말리아, 남아프리카공화국, 탄자니아,

민 언어나 스페인어와 포르투갈어와 같이 비교적 헤게모니적 영향력이 약한 식민 언어를 사용하는 경우가 많다. 게다가 이들의 담론을 식민 언어로 번역할 때, 서구 좌파 정치의 역사적 토대를 이루었던 혁명, 사회주의, 노동계급, 자본, 민주주의, 인권 등의 익숙한 개념은 종종 흔적조차 찾아볼 수 없다. 대신, 땅, 물, 영토, 자기 결정권, 존엄, 존중, 좋은 삶, 어머니 대지와 같은 개념들이 등장한다.

따라서 유럽중심적 비판이론과 좌파 정치가 글로벌 사우스에서 등장하는 대항헤게모니적 문법과 실천을 인식하지 못하거나 이해하지 못하는 것은 놀랍지 않다. 사실상 유럽중심적 전통은, 그들의 프레임에 맞지 않는 비판적 이해와 변혁적 실천이 세계적으로 등장하면서 점차 지방화되고 있다. 게다가 글로벌 사우스의 이러한 운동들은 자신들의 경험을 좌파와 우파라는 글로벌 노스의 비생산적 이분법에 종속시키기를 종종 거부한다. 유럽중심적 비판이론과의 거리를 유지하지 못할 경우, 전 세계적으로 일어나는 정치적 새로움과 그것이 해방적 정치에 미칠 잠재적 기여를 제대로 파악하거나 평가하지 못할 위험이 존재한다.

세계사회포럼 이후의 이론화

세계사회포럼은 유럽중심적 좌파의 모든 헤게모니적 전통에 도전하는 문화적 · 정치적 전제를 바탕으로 글로벌 사우스에서 시작되었다. 포르투 알레그리에서 뭄바이, 나이로비, 최근의 다카르로 이동하면서

....

우간다, 아랍에미리트, 미국 등이다. 키스와힐리는 케냐, 탄자니아, 우간다의 공식 언어이며 동아프리카 전역에서 링구아 프랑카로 사용된다.

그 새로움은 더욱 강화되었으며, 기존의 좌파 전통을 초대하되 유일하게 정당한 전통으로 자리하지 않도록 한 데에 그 독창성이 있었다. 그들은 비판적 지식, 변혁적 실천, 더 나은 사회에 대한 다양한 개념을 대변하는 여러 다른 전통들과 함께 초대되었다. 서로 다른 비판 전통을 가지고 있는 운동과 조직들이 며칠 동안 상호작용하며 협력을 위해 계획할 수 있었다. 그들이 공유하는 것은 오직 신자유주의 세계화에 반대하고 '또 다른 가능한 세계'를 위한 아주 폭넓은 정의의 목표뿐이었지만 말이다. 이는 이론과 실천의 관계에 지대한 영향을 미쳤다.

세계사회포럼의 경험이 앞으로 어떤 방향으로 발전(현재 형태의 세계사회포럼에 미래가 있다면)할지 알 수 없으나, 이론과 실천 간의 유령적 관계를 밝히는 데 중요한 기여를 했음은 분명하다. 또한, 책 속의 좌파와 현실의 좌파 사이의 불일치가 서구의 또 다른 문제라는 점을 분명히 드러냈다. 세계의 다른 지역, 심지어 서구 내 비서구적 원주민과 이주민 집단 사이에는 이러한 불일치가 전혀 문제가 되지 않는 집단행동에 대한 또 다른 이해가 존재한다. 더욱이 세계 전체는 서구 좌파에서 교육받지 않은 변혁적 경험과 행위자들로 가득 차 있다. 서구 비판 전통에서 절대적 우선권을 부여받아 온 과학적 지식은 새로운 대중 운동들에 의한 여러 지식 형태 중 하나일 뿐이다. 특정 운동과 의제에는 과학적 지식이 더 중요할 수 있지만, 많은 경우 다른 지식들——일반 지식, 대중적 지식, 도시와 농촌, 원주민, 여성, 종교적 지식 등——과 연계되어 배치된다.

이와 같이, 세계사회포럼은 새로운 인식론적 문제를 제기했다. 사회적 실천과 집단적 행위자들이 다양한 종류의 지식에 의존한다면, 사회

94   남의 인식론

해방을 위한 가치의 적절한 평가가 서구의 지배적 인식론과 다르게, 즉 과학적 지식(주로 북반구에서 생산된 것)에 선험적 우위를 부여하지 않는 새로운 인식론에 근거해야 한다는 것이다. 이는 서로 다른 지식들 간에 더 공정한 관계를 허용해야 한다는 의미다. 다시 말해, 전 지구적 인지적 정의 없이는 전 지구적 사회적 정의도 없다. 따라서, 비판적 담론과 실천의 거대한 다양성을 파악하고 변혁적 가능성을 평가하며 극대화하기 위해서는 인식론적 재구성이 필요하다. 즉, 우리에게 대안이 필요한 만큼 대안을 사고하는 새로운 방식이 필요하다는 것이다.

이러한 인식론적 재구성은 헤게모니적 좌파 사고와 비판적 전통이 북반구 중심일 뿐 아니라, 혹은 바로 그렇기 때문에 식민주의적, 제국주의적, 인종 차별적, 성차별적이라는 전제에서 출발해야 한다. 이러한 인식론적 조건을 극복하고 좌파 사상과 실천을 탈식민화하기 위해서는 남으로 향하며, 남으로부터 배우는 것이 필수적이다. 다만, 북반구의 논리를 보편적인 것으로 받아들여 남반구에서 이를 재생산하는 제국적 남반구가 아니라, 반제국적 남반구로부터 배워야 한다(Santos 1995: 479–520). 결코 북반구 중심적 비판적 사유와 좌파 정치를 폐기하고 역사의 휴지통에 버려야 한다고 주장하는 것이 아니다. 오히려 북반구의 과거는 여러 가지 면에서 명예로운 역사이며 글로벌 사우스의 해방에 크게 기여해 왔다. 중요한 것은 서로 다른 비판적 지식들과 실천들 사이에 상호문화적 대화와 번역을 시작하는 것이다. 남반구 중심과 북반구 중심, 대중적 지식과 과학적 지식, 종교적 지식과 세속적 지식, 여성과 남성의 시각, 도시와 농촌의 경험 등을 아우르는 대화를 시작하는 것이 필수적이다. 이러한 상호문화적 번역은 내가 *지식의 생태학*이라고 부르는 개념의 뿌리이다(자세한 내용은 후속 장에서 다룬다).

세계사회포럼이 이론과 실천의 난제를 해결하는 데 기여한 또 다른 방식은 효율성이나 정치적 일관성을 위해 개방성을 축소하는 것을 거부해 온 방식에 있다. 세계사회포럼 내부에서는 이 문제에 대한 치열한 논쟁이 벌어지고 있지만, 나는 세계사회포럼 안에서 다양한 반대 이념과 실천을 포괄하고 분류할 수 있는 단일한 사회 변혁 이론이 존재하지 않는다는 생각이야말로 가장 혁신적이고 생산적인 원칙 중 하나라고 확신한다. 이러한 무조건적인 포괄성은 차이를 희생하면서 공통점을 우선시하는 새로운 정치 문화를 창출하는 데 기여했으며, 목표가 구체적이고 명확하게 정의되어 합의로 채택되었기 때문에, 깊은 이념적 차이에도 불구하고 공동의 실천을 가능하게 했다. 이런 맥락에서, 세계사회포럼과 최근의 북아프리카, 남유럽의 *분노한 사람*들 운동, 미국의 점거 운동과 다른 나라들의 운동들 사이에서 강한 연속성을 확인할 수 있다.

개별 참여자들과 사회 운동들 간에는, 아래로부터의 연대와 결합이 가능해졌고 각 운동의 목표 달성에 기여하는 한 실질적이고 지속 가능한 방식으로 이어지는 경향을 보였다. 전통적인 좌파, 특히 북반구의 전통에서 이슈를 정치화하는 경향은 종종 그 이슈를 양극화하고 분파주의로 이끄는 반면, 지난 15년 동안 특히 글로벌 사우스에서 나타난 정치적 움직임에서는, 정치화가 탈양극화, 공통 기반 모색, 이데올로기적 순수성 또는 혼재성 논의의 한계에 대한 합의와 함께하는 색다른 정치 문화가 형성되고 있는 듯하다.

이 새로운 정치 문화는 이론과 실천 사이의 유령적 관계를 극복하기 위한 시도를 대표한다. 20세기 대부분을 통틀어 전통적 좌파를 지배해

남의 인식론

온 격렬한 이론적 극단주의의 결과로, 좌파 정치는 점차 구체적 정치 행동에 참여하는 활동가들의 실질적 열망과 선택과의 접점을 잃어갔다. 이로써 구체적 정치 행동과 이론적 극단주의 사이에 공백이 생겨난 것이다.

볼리비아의 부통령인 알바로 가르시아 리네라(Álvaro García Linera)는 라틴아메리카 대륙의 민중사, 특히 지난 200년간 볼리비아에서 지배적인 다양하고 전복적이며 해방적인 '세계관'을 개관하면서, '근대적이고 목적론적인 역사 서술'이 새로운 사회 운동에 대한 이론적 맹목과 인식론적 장애로 이어졌음을 통찰력 있게 보여주었다. 가르시아 리네라는 다음과 같이 말한다.

경제학과 철학 교재에서 주로 채택된 근대주의적이고 목적론적인 역사 서술은, 마르크스주의 이념을 넘어서는 새로운 해방적 프로젝트의 출발점이 될 '우리의 농민과 민족'이라는 두 가지 현실을 이해하는 데 인지적 장벽과 인식론적 한계를 초래할 것이다(2009: 482).

결론

서론에서 분석된 대립, 난제, 어려운 사례들은 새 천년이 시작되는 시점에서 우리 자신을 유럽중심적 비판 사유들과 거리를 둘 것을 요구한다. 그렇게 거리를 두는 것이야말로 우리 시대의 가장 중요한 이론적 과제 성취를 위한 선결 조건이다. 즉, 생각할 수 없는 것을 사고하고, 예상치 못한 것을 이론적 작업의 필수적인 부분으로 받아들이는 것이다. 전위(vanguard) 이론은 정의상 놀라움을 허용하지 않는 이론이기에, 현재의 사회적·정치적 변혁의 맥락에서 우리는 전위 이론이 아니라 후위(rearguard) 이론이 필요하다고 생각한다. 내가 염두에 두고 있는 후위 이론은 사회 운동의 실천을 긴밀히 따르고 공유하며, 질문을 제기하고, 공시적·통시적 비교를 설정하고, 다른 운동들과의 연계와 번역, 잠재적 연대를 통해 이러한 실천을 상징적으로 확장하는 이론적 작업이다. 또한 맥락을 제공하고, 규범적 명령을 명확히 하거나 해체하며, 더 느리게 걷는 이들과의 상호작용을 촉진하고, 행동을 서두르거나 반성 없이 진행될 때는 복잡성을, 반대로 반성에 의해 스스로 마비될 때는 단순성을 제시하는 것이다. 후위 이론의 토대가 되는 개념은 건축적이라기보다는 공예적 정교함, 통찰력이 뛰어난 리더십보다는 헌신적인 증언, 그리고 일부에게는 새로운 것이고 다른 이들에게는 매우 오래된 것에 대한 상호문화적 접근이다.

유럽중심적 전통과 거리를 두려는 목표는 '놀라운' 실재들을 위한 분석적 공간을 열기 위함이다. 이는 그 실재들이 새롭거나 무시되었거나, 혹은 유럽중심적 비판 전통에 의해 존재하지 않는 것으로 여겨져 보이지 않게 되었기 때문이다. 이러한 실재들은 오직 내가 *부재의 사회학*이라고 부르는 접근 방식을 통해서만 복구될 수 있다(자세한 내용은 이후 장에서 다룰 것이다).

이후 장들에서 설명하겠지만, 거리를 둔다는 것은 유럽중심의 풍부한 비판 전통을 버리고 역사에서 지워버리거나, 서구 근대성 속에서 등장한 사회 해방의 역사적 가능성을 무시하는 것을 의미하지 않는다. 오

남의 인식론

히려 훨씬 더 넓은 인식론적 · 정치적 가능성의 전망 안에 그것을 포함시키는 것을 의미한다. 이것은 '표면적 가치' 너머에 무엇이 숨겨져 있는지를 밝혀냄으로써, '근본적 진리'에 관한 의심의 해석학을 실험하는 것을 의미한다. 더불어 서구의 큰 전통 속에서 억압되거나 주변화된 작은 전통들에 특별한 관심을 기울이는 것을 뜻한다.

무엇보다도, 이는 우리 시대를 전례 없는 과도기로 이해하는 것을 의미한다. 우리는 근대적 해결책이 더 이상 없는 근대적 문제들을 직면하고 있다. 이러한 근대적 문제들, 즉 자유의 문제, 평등의 문제, 우애의 문제는 18세기 부르주아 혁명에 의해 조명받았다. 이러한 문제들에 대한 부르주아식 '해결책'은 이미 돌이킬 수 없을 정도로 신뢰를 잃었다. 우리는 현재 '새로운(neo)' 또는 '포스트(post)' 베스트팔렌의 세계에 살고 있다.[30] 여기서 국가들은 종종 더 강력한 비국가 행위자들과 국제 관계의 장을 공유하고 있다. 강대국과 비국가 행위자들이 결합하여 더 약한 국가들의 자원과 시민의 삶을 장악하려 하면서 주권이 약화되고 있다. 사회 계약주의는 점점 더 불평등한 당사자들 사이의 개인 계약주

....

30 (옮긴이) 여기서 말하는 '포스트-' 또는 '네오-' 베스트팔렌적 세계(post- or neo-Westphalian world)는 1648년 베스트팔렌 조약을 통해 확립된 전통적 주권국가 중심의 국제 질서가 약화된 상황을 가리킨다. 베스트팔렌 평화 조약은 흔히 근대 주권국가 체제의 시원을 연 전환점으로 평가되는데, 30년 전쟁을 종결하면서 유럽 각국의 영토 주권을 인정하는 원칙을 공식화하여 국가 단위를 중심으로 한 국제 질서를 확립했다. 그러나 현대에는 초국적 기업이나 국제기구처럼 국가보다 더 강력한 영향력을 행사하는 비국가 행위자들이 부상함으로써, 전통적인 베스트팔렌적 주권 개념이 다양한 방식으로 약화되고 있다. 이러한 맥락에서 저자인 산투스는 '포스트-' 혹은 '네오-' 베스트팔렌적 세계라는 표현을 통해, 근대 주권국가 모델이 더 이상 절대적 권위와 독점적 통제력을 유지하기 어려워진 현실을 지적하고 있다.

의로 대체되고, 경제 긴축과 국가 안보라는 이중 명분으로 인해 권리가 '합법적으로' 침해되며, 사회적·경제적 권리에 대한 전 세계적 공격이 조직적으로 이루어지고 있다. 오늘날 자본주의는 최근 역사에서 가장 파괴적인 순간을 경험하고 있다. 이는 토지 수탈에서 임금 착취와 은행 구제금융에 이르기까지 탈취에 의한 새로운 원시적 축적 형태로 나타나고 있다. 공공재와 자원의 가치는 자본주의 법칙에 의해 좌우되며, 그 결과 수백만의 빈곤한 농민과 원주민이 강제 이주를 당하고, 환경 파괴와 생태 재앙이 발생하고 있다. 또한, 식민주의의 끊임없는 갱신 속에서 동일한 학살의 충동, 인종 차별적 사회성, 착취적 탐욕, 무한하다고 여겨지는 자원과 열등하다고 간주하는 사람들에 대한 폭력이 익숙하거나 새로운 위장의 형태로 계속 드러나고 있다.

시민 국가라는 개념의 폐허 위에서, 민족-문화적 국가와 문화적 다양성에 대한 억압이 더욱 가시화되었고, 이에 따라 말로 다할 수 없는 인간의 고통과 사회적 파괴가 발생했다. 개인의 자율성은, 그 자율성을 효과적으로 행사하기 위한 조건들이 파괴됨에 따라 잔인한 슬로건으로 변하고 있다. 민주주의의 근간을 이루는 이념적 차이들은 무정형적 중앙집권주의와 제도화된 부패에 의해 대체되었다. 정치인들이 돈세탁업자로 변하고, 민주주의를 탈취하고 그 자리를 기업적 탐욕이 차지하는 것을 허용함에 따라 사람들은 민주적 제도 밖에서 민주주의를 점령하도록 강제되고 있다. 사회적 시위의 범죄화, 사병주의(paramilitarism) 그리고 초법적 처형이 이 현실을 더 극명하게 한다. 국가 내외의 사회적 갈등은 갈수록 점점 제도화되지 않으며, 인권이 인권의 이름으로 침해되고, 민간인의 생명이 민간인 보호라는 명목 아래 파괴되고 있다.

남의 인식론

물론 서구 근대성은 부르주아와 자유주의 정치가 제안한 문제와 해법을 처음부터 비판해 온 비판적 전통을 낳았으며, 마르크스주의가 그 대표적인 예이다. 문제는 마르크스주의가 부르주아적 서구 근대성과 지나치게 많은 부분을 공유했다는 점이다. 더 나아가 마르크스주의는 서구 부르주아적 근대성의 철학적·인식론적 토대뿐만 아니라 직선적 진보나 생산력의 무한한 발전을 통한 자원 남용, 비록 몇 가지 조건이 있지만 심지어는 식민주의가 진보적 서구 담론의 일부가 될 수 있다는 관념과 같은 몇 가지 해결책까지 공유한다. 이러한 까닭으로, 자유주의의 파산이 마르크스주의의 분석적 정당성을 입증함에도 불구하고, 예상과는 달리 마르크스주의를 더 설득력 있게 만들지 못했다. 오히려 자유주의적 '해법'이 원래부터 기만적이고 이제는 분명히 한계를 드러냈다는 점이 명백해지면서 우리 시대의 또 다른 과도기적 측면이 폭로되었다. 우리는 마르크스주의적 문제에 직면해 있지만, 이를 해결할 마르크스주의적 해법은 존재하지 않는다.

이런 점에서, 유럽중심적 전통과 거리를 두어야 할 필요성이 더욱 시급해 보인다. 하지만 이 필요성은 갑작스러운 지적 또는 정치적 각성으로 결정되지 않는다. 그 자체로 지난 200년간 서구 근대성이 부르주아적 형태이건, 마르크스주의적 형태이건 전 세계의 정치적 과정에 구현된 방식에서 비롯된 하나의 역사적 과정이다. 글로벌 자본주의와 그에 따른 위성 형태의 억압과 지배가 확장되면서, 인류의 대화 속에 점점 더 다양한 민족, 문화, 기억과 열망의 레퍼토리, 상징적 세계, 생계 방식과 생활 양식, 시간과 공간에 대한 관념 등이 점차적으로, 그리고 헤아릴 수 없는 고통과 배제를 통해 변증법적으로 포함되었다. 그들의 저항은 서발턴적이며 은밀하고 반란적인 세계시민주의적 네트워크를 통해 이루어졌고, 이는 물리적, 상징적, 인식론적, 심지어 존재론적 폭력으로 나타나는 자본주의와 식민주의의 억압에 맞서는 것이었다. 그 결과, 이러한 배제적 포함은 해석 공동체의 엄청난 확장을 가져왔고, 이 공동체들은 공개적이거나 은밀했고, 전 세계적이거나 지역적이었으며, 서구 기반이거나 비서구 기반일 경우도 있었다.

이것이 우리 시대의 핵심적 특징이며 아직 온전히 인식되고 이론화되거나 설명되지 않은 조건이다. 그렇기 때문에 사회 변혁의 방식, 형태, 수단, 목표의 레퍼토리는 서구 근대성, 그중에서도 마르크스주의적 버전들이 제시하고 인정한 것보다 훨씬 더 광범위할 가능성이 있다. 이는 궁극적으로, 유럽중심적 전통과 거리를 유지하는 것은 세계 경험의 다양성이 무한하며 단일한 일반이론으로 이를 설명할 수 없다는 사실을 깨닫는 것이다. 거리를 둔다는 것은 내가 *부재와 출현의 이중적 변혁의 사회학*이라고 부르는 것을 가능하게 한다. 이 변혁의 사회학은 남의 인식론을 북의 지배적 인식론에 대비시키는 일종의 인식론적 움직임을 의미한다.

1부

원심적 근대성과 서발턴적 서구:
분리의 정도

1장
누에스트라 아메리카:
포스트식민적 정체성과 메스티사헤

이 장에서 나는 적어도 두 개의 20세기가 존재한다고 주장한다. 하나
는 유럽적 아메리카의 20세기이고 다른 하나는 누에스트라 아메리카[1]
의 20세기이다. 물론 아프리카, 아시아를 비롯해 유럽 내부에도 다른
20세기가 존재함을 알고 있다. 하지만 나는 여기서 앞의 두 가지, 특히

---

1 (옮긴이) '누에스트라 아메리카(Nuestra América)'에서 사용된 누에스트라(nuestra)는
스페인어 1인칭 복수 소유사('우리의')의 여성형으로, 스페인어에서 여성 명사인 아
메리카(América)를 수식할 때 누에스트로(nuestro)가 아니라 누에스트라(nuestra)를
사용한다. 이 책에서는 이를 직역하여 '우리의 아메리카'라 옮기기보다, 호세 마르티
(José Martí)의 원제와 마찬가지로 '누에스트라 아메리카'를 그대로 표기했다. 이는 원
저자인 산투스 역시 영어본에서 'Our America' 대신 'Nuestra America'라는 표현을
유지한 것에 따른 것으로, 여기에는 북반구 중심 담론을 넘어 라틴아메리카(남반구,
즉 글로벌 사우스)의 정체성과 역사·문화적 맥락을 강조하려는 의도가 반영되어 있
다고 볼 수 있다. 요컨대, 단순히 번역된 '우리의 아메리카'로는 담아내기 어려운 '누
에스트라 아메리카'라는 언어·문화적 함의를 살리기 위해, 이 책에서는 원어 표기와
음을 살린 '누에스트라 아메리카'를 사용하기로 한다.

후자에 집중하고자 한다. 내가 주장하는 바는, 민주주의와 복지에 대한 수많은 약속을 지니고 있었고, 유럽 안팎에서 파괴적인 전쟁을 겪은 유럽적 아메리카의 20세기는, 결국 내가 사회적 파시즘이라고 명칭한 불길한 현상의 부상과 함께 막을 내렸다는 것이다. 사회적 파시즘은 종종 헤게모니적 세계화라는 이름으로 위장되었다. 이 세기의 가장자리에서 또 다른 세기가 발전되었는데, 그것이 바로 누에스트라 아메리카 세기이다. 나는 사회적 파시즘 확산에 대한 대안으로 지역과 국가, 그리고 초국가적 관계에서 새로운 패턴의 구축을 제안한다. 이러한 패턴은 새로운 형태의 사회성과 주체성을 기반으로 하는 초국적 정치 문화를 수반한다. 궁극적으로 이는 새로운 반란적 세계시민주의 정치와 법, 문화를 의미한다. 나는 누에스트라 아메리카 세기에서 새로운 해방적 에너지의 씨앗을 본다. 나는 이것을 대항헤게모니적 세계화라고 불러왔다 (Santos 1995, 252-268).

유럽적 아메리카의 세기와 사회적 파시즘의 부상

G. W. F. 헤겔에 따르면, 우리는 보편적 역사가 동쪽에서 서쪽으로 흐른다는 사실을 상기하게 된다. 아시아가 시작점이라면, 유럽은 보편적 역사의 궁극적 종착점이자 인류 문명의 궤적이 완성되는 장소이다. 성서와 중세의 관념인 제국의 계승(translatio imperii)은 헤겔에게 있어 '보편적 관념(Universal Idea)'의 승리로 이어지는 방법이다. 시대마다 하나의 민족이 보편적 관념을 수행하는 책임을 맡음으로써 역사적으

남의 인식론

로 보편적 민족이 된다. 이 특권은 아시아인에서 그리스인, 이후 로마인, 최종적으로 독일인에게로 차례로 이어져 갔다. 헤겔에게 아메리카, 더 정확히 말해 북아메리카는 유럽이라는 보편적 역사의 최대 성취와 충돌하지 않는다는 점에서 모호한 미래를 의미한다. 그에게 (북)아메리카의 미래는 여전히 유럽의 남은 인구로 구성된 유럽의 미래일 뿐이다.

　20세기가 아메리카의 세기, 즉 유럽적 아메리카의 세기라는 지배적 개념의 저변에는 이러한 헤겔의 사상이 깔려 있었다. 여기에는 유럽의 아메리카화를 포함한 전 세계의 아메리카화는 유럽적 보편 이성의 교묘한 계략의 결과라는 관념이 암시되어 있었다. 유럽적 보편 이성은 극서에 도달했지만 헤겔이 비난한 망명은 용납되지 않으므로 다시 뒤로 되돌아가야 했고, 다시 한번 동으로의 헤게모니적 길을 되짚어가야 했다. 헤게모니적 세계화의 한 형태인 아메리카화는 서구 우월주의의 천년 극 중 세 번째 막이라 할 수 있다. 첫 번째 막은 광범하게 실패로 끝난 십자군 전쟁이었고 기독교 시대의 두 번째 천년을 열었다. 두 번째 막은 천년의 중반에 시작된 '발견'과 그로 인한 유럽의 확장이 이루어지던 시기였다. 이런 천년의 개념에서 유럽적 아메리카의 세기는 특별한 점이 거의 없었다. 그저 천년의 마지막에 또 하나의 유럽적 세기일 뿐이었다. 결국 유럽은 항상 그 안에 많은 유럽을 내포하고 있었고, 그중 일부는 지배자였고 다른 일부는 피지배자였다. 미국은 최후의 지배적 유럽이었고, 이전의 지배적인 유럽과 같이 미국은 피지배인 유럽에 대해 막강한 권력을 행사했다. 11세기 유럽의 봉건 영주들이 십자군 전쟁을 위해 그들을 징집한 교황 우르바노 II세에 대해 자주성을 거의 갖지 못했듯이,[2] 오늘날 유럽연합 국가들도 발칸 반도, 아프가니스탄, 리비아와 같은 여러 나토(NATO) 임무에서 미국에 대해 자주성을 거의 갖지 못하고 있다.

이런 상황에서 현재의 국제 관계 체제에 대한 어떤 대안을 생각하는 것은 어렵다. 이 체제는 이미 내가 *헤게모니적 세계화*(Santos 1995)라고 부른 것의 핵심 요소가 되었기 때문이다. 하지만 대안은 필요할 뿐만 아니라 긴급한 실정이다. 왜냐하면 현재 체제가 응집성을 잃게 되면 더 폭력적이고 예측 불가능해질 것이고 하층 계급, 사회 집단, 지역, 국가들의 취약성을 더욱 심화시킬 것이기 때문이다. 국내외 관계에 있어 진정한 위험은 내가 사회적 파시즘이라고 부른 것의 출현이다. 죽기 몇 달 전, 독일에서 도망친 발터 벤야민은 당시 유럽 사회가 위험 단계에 들어섰다고 생각하며 1940년에 「역사철학에 대한 테제(These on the Philosophy of History)」를 썼다(1968년 출판). 오늘날 우리 역시 위험한 상황에 살고 있다고 생각한다. 벤야민의 시대에서 위험은 정치적 체제로서 파시즘의 부상이었다면, 우리 시대의 위험은 사회 체제로서 파시즘의 부상이다. 정치적 파시즘과 달리 사회적 파시즘은 다원적이며 민주 국가와 쉽게 공존할 수 있다. 그 특권적 시공간은 국가적이기보다는 지역적이면서 동시에 세계적이다.

사회적 파시즘은 대규모 인구 집단이 어떤 형태의 사회계약에서도 영구적으로 배제되거나 축출되는 일련의 사회적 과정을 의미한다. 그

---

2 십자군에 관한 교황과 봉건 영주들 사이의 관계에 대해서는 Gibbon(1928: 6, 31)을 참조하라.

남의 인식론

들은 거부당하고 배제되며 홉스가 말한 일종의 '자연 상태의 국가'에 내던져진다. 이는 그들이 이전에 어떠한 사회적 계약의 부분이었던 적이 없고 아마 앞으로도 될 가능성이 없는 경우(사회계약 이전의 하층민은 세계 어느 곳이나 있다. 가장 좋은 예는 아마 도시 게토의 젊은이들, 분노한 사람들(Indignados)과 점거 운동(Occupy movement)의 참여자들일 것이다), 또는 이전에 속해 있던 사회계약으로부터 배제되거나 쫓겨난 사람들(사회계약 이후의 하층민이란, 수백만 명의 포디즘 이후의 노동자들, 농지 개혁 또는 기타 개발 프로젝트의 실패 이후의 농민들을 의미한다)이기 때문이다.

사회적 체제로서 파시즘은 그 체제 아래에 살아가는 사람들이 가진 가장 사소한 기대마저 붕괴시키면서 자신의 모습을 드러낸다. 우리가 사회라고 부르는 것은 사실 지하철 시간표부터 월말 급여, 대학 졸업 후 취업에 이르기까지 안정된 기대들의 묶음이다. 기대는 일련의 공유된 척도와 등가성에 의해 안정된다. 즉 주어진 노동량에 대해 주어진 보수, 특정한 범죄에 따른 주어진 처벌, 일정한 위험에 대한 보험이 존재한다는 것이다. 사회적 파시즘 아래 사는 사람들은 공유된 척도와 등가성을 박탈당하고 따라서 안정된 기대 또한 가질 수 없다. 그들은 사소한 행동조차도 가장 극적인 결과를 초래할 수 있는 끊임없는 기대의 혼돈 속에서 살아간다. 그들은 수많은 위험에 노출되어 있지만 아무런 보험도 없다. 브라질 북동부의 파탁소(Pataxó) 원주민인 과우지누 제주스(Gualdino Jesus)의 사례는 이러한 위험의 본질을 상징한다. 여기서 수년 전 일어난 이 사건을 사회적 파시즘의 우화로 언급하고자 한다. 그는 토지 없는 사람들의 행진을 위해 수도인 브라질리아에 왔다. 그날 밤은 따뜻했기에 버스정류장의 벤치에서 잠을 자기로 결정했다. 이른 아침 시간에 그는 세 명의 중산층 청년들에 의해 살해당했다. 그들 중 한 명은 판사의 아들이었고, 다른 한 명은 군 장교의 아들이었다. 경찰에 진술한 바에 따르면, 그 청년들은 단지 재미로 그를 살해했다고 고백했다. 그들은 "그가 원주민인 줄 몰랐고, 단지 노숙자나 부랑자라고 생각했다." 나는 다른 글에서 사회적 파시즘을 다섯 가지 주요 형태,[3] 즉 사회적 아파르트헤이트의 파시즘, 계약상의 파시즘, 영토적 파시즘, 불안전의 파시즘, 금융적 파시즘으로 구분한 바 있다(더 자세한 내용은 4장에서 다룬다).

따라서 한 가지 가능한 미래는 사회적 파시즘의 확산이다. 이것이 실제로 가능한 시나리오임을 보여주는 여러 징후가 있다. 만일 시장의 논리가 경제 분야를 넘어 사회생활의 전 영역으로 퍼져 나가고, 성공적인 사회 및 정치적 상호작용의 유일한 기준이 된다면, 그 사회는 통제 불가능하고 윤리적으로 혐오스러운 상태에 이를 것이다. 이로써 달성되는 어떠한 질서도 파시즘적 성격을 띠게 될 것이며, 이는 수십 년 전 조지프 슘페터(1962〔1942〕)와 칼 폴라니(1957〔1944〕)가 예측했던 바이다.

누에스트라 아메리카의 세기

나는 유럽적 아메리카 세기의 말미에, 다른 세기, 즉 진정으로 새롭

---

3 사회계약 논리의 붕괴로 인한 사회적 파시즘의 출현에 대해서는 Santos(2002b: 447 – 458)에서 자세히 분석했다.

남의 인식론

고 아메리카적인 세기가 출현했다고 주장하고자 한다. 그것을 누에스트라 아메리카의 세기로 부를 것이다. 유럽적 아메리카가 헤게모니적 세계화를 수행한다면, 후자는 그 안에 대항헤게모니적 세계화의 가능성을 내포하고 있다. 다음 부분에서 누에스트라 아메리카의 주체성과 사회성의 문화적 원형으로서의 바로크 에토스를 분석할 것이다. 이 분석을 통해 유럽적 보편주의 사상이 아닌, 새로운 반란적 세계시민주의의 정치, 문화, 법의 해방적 가능성을 조명하고자 한다. 이러한 가능성은, 생존 전략을 혁신 · 창조성 · 일탈 · 전복의 원천으로 전환해야 할 필요성을 통해 일상의 활력을 얻는 사회 집단들의 사회적, 정치적 문화에서 생겨난다. 1장의 마지막 부분에서 나는 누에스트라 아메리카의 이러한 해방의 대항헤게모니적 가능성이 지금까지는 실현되지 못했지만 21세기에 어떤 방식으로 실현될 수 있는지를 보여주고자 한다. 끝으로, 헤게모니적 세계화와 대항헤게모니적 세계화 간의 투쟁의 주요 격전지가 될 다섯 가지 영역을 제시할 것이다. 이들은 모두 누에스트라 아메리카의 세속적 경험에 깊이 뿌리내리고 있으며, 새로운 초국가적 정치문화와 이를 정당화하는 반란적 세계시민주의의 법적 무대가 될 것이다. 이 격전지들 각각에서 투쟁의 해방적 가능성은 사회적 · 경제적 부의 재분배 정치가 차이를 인정하는 정치 없이는 성공적으로 수행될 수 없으며, 그 반대도 마찬가지라는 사유에 근거한다.

누에스트라 아메리카의 세기는 권리를 가질 권리라는 메타 권리와 이를 전제로 하는 인정과 재분배 사이의 역동적 균형에 기반한 사회 해방의 이념을 가장 잘 형성한 시기라고 생각한다. 또한, 그 토대 위에서 성공적인 해방적 실천을 구축하는 것의 어려움을 극적으로 보여준 시기이기도 하다.

누에스트라 아메리카의 토대 사상들

「누에스트라 아메리카」는 1891년 1월 30일 멕시코 신문《엘 파르티도
리베랄(*El partido Liberal*)》에 실린 호세 마르티의 단편 에세이의 제목이
다. 이 글은 당대 여러 라틴아메리카 신문에 실린 마르티의 사상을 훌
륭하게 요약하고 있으며, *누에스트라 아메리카*의 세기를 이끌어갈 관
념들을 표현하고 있다. 이후 이 관념들은 호세 마리아테기, 오스바우지
지 안드라지, 페르난도 오르티스, 다르시 히베이루 등 많은 이들에게
이어졌으며 20세기 전반에 걸쳐 다양한 풀뿌리 운동과 혁명적 변화에
영향을 미쳤다.

마르티가 제시한 주요 사상들은 다음과 같다. 첫째, *누에스트라 아메
리카*는 유럽적 아메리카의 대척점에 있다. 빈번하게 자행된 유럽인, 원
주민, 아프리카계 사이의 폭력적인 혼혈에서 나온 *메스티소* 아메리카
이다. 이 아메리카는 자신들의 뿌리 깊은 곳을 탐구할 수 있으며, 외부
에서 들여온 것이 아닌 자신만의 현실에 적합한 지식과 통치를 세울 수
있는 역량을 지닌 아메리카다. 그 가장 깊은 뿌리에는 원주민들이 외래
침략자들에 대항하여 싸운 투쟁이 있고, 거기서 우리는 라틴아메리카
독립운동가들(Retamar 1989: 20)의 진정한 선구자들을 만나게 된다. 마
르티는 "과거 원주민을 마비시킨 그 충격이 아메리카를 마비시킨 것이
분명하지 않은가?"라고 묻는다. 이 질문에 대해 "원주민이 스스로 걷도

록 만들지 않는 한, 아메리카 역시 온전히 잘 걷기 시작하지 못할 것이다"(1963-1966: 8, 336-337). 비록 「누에스트라 아메리카」에서, 마르티가 주로 반원주민 인종주의를 다루지만, 다른 곳에서는 흑인에 대해서도 언급한다. "인간은 백인 이상, 물라토 이상, 흑인 이상의 존재다. 쿠바인은 백인 이상, 물라토 이상, 흑인 이상이다. 백인 인종주의자와 흑인 인종주의자, 두 가지 인종주의자가 똑같이 죄인이다"(1963-1966: 2, 299).

누에스트라 아메리카에 대한 두 번째 사상은 그것의 혼혈된 뿌리에 무한한 복잡성이 있고 세상을 더 풍요롭게 만들 아래로부터 시작되는 보편주의의 새로운 형식이 있다는 것이다. 마르티가 말한다. "인종에 대한 증오는 없다. 왜냐하면 인종이 없기 때문이다"(1963-1966: 6, 22). 이 문장 안에 시몬 볼리바르로 하여금 "라틴아메리카는 작은 인류다", 즉 "미니어처 인류다"고 주장하도록 격려했던 것과 동일한 급진적 자유주의가 울려 퍼지고 있다. 이런 종류의 상황적이고 맥락화된 보편주의가 누에스트라 아메리카의 가장 오래가는 핵심 동력 중 하나가 되었다.

1928년 브라질 시인인 오스바우지 지 안드라지는 그의 「식인종 선언(Anthropophagous Manifesto)」을 발표했다. 안드라지가 말하는 '식인'이란 아메리카가 자신에게 이질적인 모든 것을 삼켜버리고, 이 모두를 통합하여 새롭고, 끊임없이 변화하는 복합적 정체성을 창조할 수 있는 능력을 의미했다.

내 것이 아닌 것만이 나의 관심을 끈다. 인간의 법. 식인의 법 (……) 통조림된 의식을 들여오는 모든 자들에 맞서. 명백한 삶의 존재, 레비-브륄이 연구할 전논리적 정신 (……) 나는 어떤 사람에게 무엇이 법인가를 물었다. 그는 가능성의 실현을 보장하는 것이라고 답했다. 이 사람의 이름은 갈리 마티아스였다. 나는 그를 꿀떡 삼켰다. 식인. 성스러운 적의 흡수. 그를 토템으로 만들기. 인간의 모험. 지상의 종말. 하지만, 오직 순수 엘리트, 즉 삶의 가장 높은 의미를 실행하고 프로이트가 언급한 교리 문답식 악을 회피하는 자들만이 간신히 육체적 식인을 성취할 수 있었다 (1990〔1928〕: 47-51).

이 식인 개념은 '카리브 본능'을 유럽적 재현과 연관해 볼 때 아이러니한 면이 있으며, 이후 페르난도 오르티스(Fernando Ortiz, 1973)가 쿠바에서 발전시킨 '통문화화(transculturation)' 개념과 상당히 가깝다(1940). 더 최근의 사례로, 나는 브라질 인류학자 다르시 히베이루의 기발한 유머를 인용하고자 한다.

호주인을 만드는 것은 아주 쉽다. 프랑스, 영국, 아일랜드, 이탈리아인 몇 명을 데려다가 무인도에 던져 놓아라. 그러면 그들은 원주민을 죽이고, 젠장 2류 영국인, 아니 빌어먹을 3류 계층으로 만들어버릴 것이다. 브라질은 그것이 엿 같은 짓인 줄을 깨달아야 한다. 캐나다도 엿 같은 거다. 왜냐하면 그대로 유럽을 반복하기 때문이다. 우리는 새로운 인류를 만드는 모험, 영혼과 육체의 혼종을 하고 있다는 것을 보여주어라. 메스티소야말로 좋은 것이다(1996: 104).

누에스트라 아메리카의 세 번째 근간 사상은 누에스트라 아메리카가 가장 참된 토대 위에 서기 위해서는 진정한 지식을 갖추어야 한다는 것이다. 마르

남의 인식론

티는 "사상의 참호들은 돌로 만든 참호보다 더 값지다"(1963-1966: 6, 16)고 말한다. 그러나, 이를 성취하기 위해서는 억압받는 사람들의 열망에 뿌리를 둔 사상이어야 한다. 바로, "진정한 메스티소가 이국에서 온 크리오요를 정복했듯이 (······) 수입된 책들은, 아메리카에서 자연인에 의해 정복당했다"(1963-1966: 6, 17). 이에 대해 마르티는 다음과 같이 호소한다.

> 유럽의 대학은 아메리카의 대학에 자리를 내주어야 한다. 그리스의 『아르고호의 모험』은 가르치지 않더라도, 잉카부터 현재까지의 아메리카 역사는 완벽하게 가르쳐야 한다. 우리의 그리스가 우리 것이 아닌 그리스보다 더 소중하다. 우리는 그것이 더 절실히 필요하다. 외국인이나 이국적인 정치인 대신, 우리 국민이 우리의 정치인이 되어야 한다. 세계를 우리 공화국에 접목하되 줄기는 반드시 우리 공화국이어야 한다. 그리고 정복당한 현학자는 침묵을 지키게 해야 한다. 우리의 불행한 아메리카 공화국보다 더 자랑스러운 조국은 없다(1963-1966: 6, 18).

이러한 상황적 지식은 정체성, 행동, 공적 생활에 대한 지속적인 관심을 요구하며, 문명 수준을 구분하는 제국주의적 척도가 아니라 진정으로 국가를 구별 짓는 요소이다. 마르티는 삶의 경험으로 지혜를 얻은 사람과 지식인을 구별하며, "문명과 야만 사이가 아닌, 거짓된 학식과 자연 사이에 싸움이 있을 뿐이다"(1963-1966, 6, 17)라고 말한다.

누에스트라 아메리카는 따라서 강한 인식론적 요소를 지닌다. 외국의 사상을 수입하는 대신, 라틴아메리카의 관점으로부터 대륙의 구체적인 현실을 발견해야 한다는 것이다. 이를 무시하거나 또는 경시하는 것이 독재자들이 권력을 잡도록 도왔고, 나머지 대륙에 대한 미국의 오만함을 강화했다. "그[누에스트라 아메리카]를 잘 모르는 강한 이웃의 멸시는 누에스트라 아메리카에 대한 가장 큰 위협이다. 경멸을 멈추기 위해서, 긴급하게 그를 알아야 한다. 무지하기 때문에, 아마도 그를 탐내는지도 모른다. 일단 알게 된다면, 존경이 우러나 그로부터 손을 뗄 것이다"(1963-1966: 6, 22).

따라서, 상황적 지식은 상황적 정부의 조건이다. 마르티는 다음과 같이 말한다.

미국에서 400년 동안 자유롭게 시행된 관행이나 1900년 동안 이어져온 프랑스의 군주제와 같은 제도에서 파생된 법과 같이, 하나의 단일하고 강압적인 방식으로 새로운 민족을 통치[할 수 없다.] 평원을 달리는 기수(騎手)의 가슴을 향한 일격을 하나의 해밀턴 법으로 막을 수 없었고, 원주민 종족의 응어리진 피를 시에스(Sieyes)의 판결 하나로 씻어낼 수는 없다(1963-1966: 6, 16-17).

그리고 마르티는 "원주민의 공화국에서, 통치자들은 원주민어를 배운다"(1963-1966: 6, 21)고 덧붙인다.

누에스트라 아메리카의 네 번째 토대 사상은, 누에스트라 아메리카는 칼리반(Caliban)의 아메리카이지 프로스페로(Prospero)⁴의 것이 아니

....
4 이 장에서는 식민지 시대에 '문명화된' 문화와 '야만적인' 문화 사이의 접촉지대가 어떻게 형성되었는지를 설명하기 위해 셰익스피어의 「템페스트」(1611)에 나오는 프로

라는 점이다. 프로스페로의 아메리카는 북쪽에 위치한다. 하지만 원주민과 흑인의 뿌리를 거부하고 유럽과 미국을 모방할 모델로 간주하며 자신들의 나라를 문명과 미개한 야만으로 구분하는 민족 중심적 관점으로 바라보는 지식인들과 정치 엘리트들이 있는 남쪽에도 존재한다. 마르티는 특히 프로스페로의 아메리카에 대한 남미의 초기 해석 중 하나인 1845년에 출판된 아르헨티나의 도밍고 사르미엔토의 저서 『문명과 야만(*Civilization and Barbarism*)』를 염두에 두고 있다. 안드라지가 그의 '카리브 본능'을 가지고 저돌적으로 맞서고자 하는 곳이 바로 이 프로스페로의 세계이다.

> 그러나 전사들이 아니라, 우리가 지금 먹어 치우고 있는 문명으로부터 도망친 자들이 왔다. 우리는 자부치[5]처럼 강하고, 강렬한 복수심이 있기 때문이다. (……) 우리는 추측을 하지 않았다. 그러나 우리는 예지가 있었다. 우리는 분배의 과학인 정치가 있었다. 그것은 사회-행성적 체계였다. (……) 포르투갈인들이 브라질을 발견하기 전에 이미 브라질은 행복을 발견했다(1990〔1928〕: 47-51).

누에스트라 아메리카의 다섯 번째 토대 사상은 누에스트라 아메리

....
스페로와 칼리반의 이름을 사용했다. (옮긴이) 프로스페로는 '문명'을, 칼리반은 '야만'을 상징한다.

5 브라질 원주민 민담에서 등장하는 중간 크기의 거북이로, 매우 강하고, 인내심이 있으며, 회복력이 뛰어난 것으로 알려져 있다.

카의 정치적 사유는 민족주의적이라기보다 오히려 국제적이라는 것이다. 이는 과거에는 유럽을, 지금은 미국을 겨냥하고 있는 반식민주의적이고 반제국주의적 입장을 통해 강화된다. 북미자유무역협정(NAFTA)[6]에서 미주자유무역지대(FTAA)와 세계무역기구(WTO)에 이르는 신자유주의적 세계화가 새로운 현상이라고 생각하는 사람들은 마르티가 1889-1890년 범미회의(Pan-American Congress)와 1891년 미국 국제통화위원회에 대해 작성한 보고서를 읽어봐야 한다. 마르티가 범미회의에 대해 남긴 발언은 다음과 같다.

> 독립 이래 아메리카에서, 미국이 보낸 초청보다 더 많은 지혜와 경계가 필요하며 더 명확하고 세심한 주의를 요구하는 문제는 없었다. 미국은 팔리지 않는 제품들을 가득 안고, 다른 아메리카 국가들에 대한 지배를 확장하고자 했다. 이를 위해, 유럽 친화적인 자유 무역으로 엮인 힘이 없는 아메리카 국가들에게 유럽에 대항하는 동맹 형성과, 다른 세계와의 단절을 제안한 것이다. 아메리카는 스페인의 폭정을 물리쳤다. 이제 그러한 초청의 선행 원인과 요인들을 신중히 살펴본 후, 스페인계 아메리카가 두 번째 독립을 선언해야 할 때가 되었음을, 이는 사실이므로, 분명히 말할 필요가 있다(1963-1966: 6, 46).

마르티는 라틴아메리카에 대한 미국의 지배적 관념들은 라틴아메리

----

6 미국, 캐나다, 멕시코 간의 북미자유무역협정(NAFTA)은 1994년 치아파스 민족해방군 봉기와 같은 시점인 1994년에 발효되었다.

카로 하여금 북쪽으로부터 오는 모든 제안을 불신하게 만드는 것이 틀림없다고 지적한다. 분개한 마르티는 이렇게 비난한다.

그들은 "우리가 필요하므로 이것은 우리의 것이 될 것이다"라는 야만적인 권리, 즉 유일한 권리의 필요성을 믿는다. 그들은 "라틴 인종과 반해 앵글로색슨 인종"의 비교할 수 없는 우월성을 믿는다. 그들은 과거에는 노예로 삼았고 오늘날에는 무시하는 흑인과 그들이 멸종시킨 원주민의 비천함을 믿는다. 그들은 스페인계 아메리카는 주로 원주민과 흑인으로 구성되어 있다고 믿는다(1963-1966: 6, 160).

누에스트라 아메리카와 유럽적 아메리카가 지리적으로 아주 가깝다는 사실과 양측 간의 권력의 불균형에서 오는 위험에 대한 인식은, 누에스트라 아메리카로 하여금 남반구의 사유와 실천의 형태로 자신의 자율을 주장하게 만들었다: "북쪽을 떠나야 한다"(Martí 1963-1966: 2, 368). 이러한 마르티의 통찰력은 뉴욕에서 수년간 망명 생활을 하면서 '괴물의 내장'을 깊이 이해하게 된 데서 비롯된 것이다.

북쪽에는 아무 지원도, 뿌리도 없다. 문제가 점점 더 늘어나고 이를 해결하기 위한 자비도 애국심도 없다. 이곳에서 사람들이 서로 사랑하는 법을 배우지 못하고, 우연히 태어난 땅을 사랑하지도 않는다. (······) 한쪽에는 부자들이, 다른 한쪽에는 절망한 사람들이 가득 차 있다. 북쪽은 침묵을 지키고 증오로 가득하다. 북쪽을 떠나야 한다(1963-1966: 2, 367-368).

유럽적 아메리카의 세기와 이에 대한 대안을 마련해야 할 필요성을 이보다 더 예리하게 내다본 예측을 찾기는 어려울 것이다.

마르티에 의하면, 그러한 대안은 하나로 결집한 *누에스트라 아메리카*와 미국에 맞선 자치권 주장에 있다. 1894년에 쓴 글에서 "우리의 사회학과 다음과 같은 적확한 법칙, 즉 미국으로부터 멀면 멀수록 아메리카의 사람들은 더 자유롭고 더 번영하게 될 것이다라는 법칙에 대해서는 알려진 것이 거의 없다"(1963-1966: 6, 26-27). 오스바우지 지 안드라지의 대안은 더 대담하고 유토피아적이다. "우리는 카리브해 혁명이 프랑스 혁명보다 더 위대하기를 원한다. 인류를 위해 모든 효과적인 반란의 통합을 원한다. 우리가 없었다면, 유럽은 그 빈약한 인권 선언조차 하지 못했을 것이다"(1990[1928]: 48).

요컨대 마르티에게 있어서 차이에 대한 주장이 불평등에 맞선 투쟁에 근거하듯이, 평등에 대한 요구는 불균형한 차이에 맞선 투쟁에 근거한다. 차이를 정당하게 '섭취'할 수 있는 유일한 주체는 서발턴적 주체(안드라지의 '식인주의')이다. 오직 이를 통해서만 칼리반은 자신에게 부과된 불균등한 차이에 대한 자신의 고유한 차이를 인식할 수 있기 때문이다. 다시 말해, 안드라지의 식인자는 자기 본성에 따라 차이를 소화해 낸다.

바로크 에토스: 반란적 세계시민주의의 정치와 문화의 서설

*누에스트라 아메리카*는 20세기 초 라틴아메리카 문화에 활력을 불어

남의 인식론

넣었던 살롱에서의 토론을 위한 단순한 지적 구성물이 아니다. 그것은 정치적 기획, 아니 다양한 정치적 기획들이며 그 안에 담긴 목표에 대한 헌신이다. 이것이 바로 마르티를 망명으로 이끌고, 쿠바 독립을 위해 싸우다 죽음에 이르게 한 헌신이었다. 이를 오스바우지지 안드라지는 "식물 엘리트들에 맞서. 대지와 접촉하며"(1990〔1928〕: 49)라고 간결하면서도 예리하게 표현했다. 그러나, 정치적 기획 이전에 누에스트라 아메리카는 주체성과 사회성의 형식이라 할 수 있다. 이것은 영구적으로 이동과 임시성 사이에서 살아가며, 경계를 넘나들고, 경계 공간을 창조하며, 위험——울리히 벡이 '위험 사회'(Beck 1992)를 언급하기 전부터——을 마주하며 존재하고 살아가는 방식으로, 집단적 가능성에 대한 본능적 낙관주의 속에서 안정에 대한 기대치가 극히 낮은 상태를 견디는 것에 익숙해진 삶이다. 이러한 낙관주의는 마르티로 하여금 세기말 빈 문화의 허무주의적 분위기 속에서도 "새로운 국가의 통치자는 곧 창조자다"(1963-1966: 6, 17)라고 주장하게 했고, 같은 종류의 낙관주의는 안드라지가 "즐거움은 반증이다" (1990〔1928〕: 51)라고 외치게 만들었다.

누에스트라 아메리카의 주체성과 사회성은 제도화된 법률적 사고와는 거리가 있고, 유토피아적 사고와 자연스럽게 어울린다. 여기서 유토피아란 새로운 인간 가능성과 의지 양식을 탐구하는 상상력을 뜻하며, 단지 존재한다는 이유만으로 현존하는 모든 것의 필요성과 상상력을 통해 대면하는 것을 뜻한다. 이는 투쟁할 가치가 있고, 인류가 충분히 누릴 자격이 있는, 근본적으로 더 나은 무언가를 위한 것이다. 이런 주체성과 사회성의 양식을 나는 볼리바르 에체베리아(Bolívar Echeverría

1994, 2011)를 따라 *바로크 에토스*[7]라고 부른다.

  예술적 양식이든 역사적 시기로서든 바로크는 본질적으로 라틴과 지중해 지역의 현상이며, 이를 일종의 기이한 근대성, 말하자면 북반구의 남반구화라고 할 수 있다. 바로크의 특수성은 상당 부분 권력의 중심이 약했던 국가들과 역사적 순간들에서 발생했다는 사실에서 비롯되며, 당시 권력은 순응적 사회성을 극적으로 연출함으로써 자신의 취약성을 감추려 했다. 중앙 권력의 상대적 부재는 바로크에 개방적이고 미완성된 성격을 부여하여 경계와 주변부의 자율성과 창의성을 허용했다. 이 독특함과 과장된 특성 때문에 중심은 마치 주변부인 것처럼 스스로를 재생산한다. 나는 여기서 유럽 권력의 내부 주변부에서부터 외부 주변부에 위치하는 라틴아메리카로 갈수록 강해지는 원심적 상상력을 말하고자 한다. 라틴아메리카 전체는 포르투갈과 스페인이라는 약한 중심에 의해 식민지화되었다. 포르투갈은 15세기와 16세기 동안 잠시 패권의 중심지 역할을 했고, 스페인은 그보다 한 세기 뒤에 쇠락하기 시작했다. 덕분에 17세기 이후로, 식민지들은 어느 정도 방치되었고, 그 결과 고유한 문화적·사회적 창의성이 발달할 수 있었다. 이 창의성은 때로는 고도로 체계화되고, 때로는 혼란스럽고, 때로는 학문적이며, 때로는 구어적이고, 공식적이며, 때로는 비합법적이기도 했다. 이러한 *메스티사헤*(Mestizaje)는 이들 국가의 사회적 관습에 깊이 뿌리내려 라틴아

---

7 내가 여기서 제시하는 바로크 에토스는 스콧 래쉬의 '바로크적 우울'(1999: 330)과는 매우 다르다. 우리의 차이는 부분적으로 분석의 기초가 되는 바로크의 발화 위치(loci)가 다르기 때문이다. 래쉬의 경우는 유럽이고, 내 경우는 라틴아메리카이다.

남의 인식론

메리카 특유의 문화적 에토스를 형성하는 토대로 여겨졌으며, 17세기부터 현재까지 이어져 오고 있다.[8] 이러한 형태의 바로크 양식은 극단적으로 약해진 중심의 표현이라는 점에서, 원심적이며 전복적이고 신성모독적인 상상력이 발달할 수 있는 특권적 장을 형성했다.

유럽 역사에서 바로크는 위기와 전환의 시기이다. 유럽 팽창의 첫 단계를 견인한 강대국들에서 특히 분명하게 드러나는 경제, 사회, 정치적 위기를 의미한다. 포르투갈의 경우, 이러한 위기는 심지어 자주권을 상실하는 결과로 이어졌다. 왕위 계승 문제로 인해, 포르투갈은 1580년에 스페인에 병합되었으며, 1640년에야 비로소 다시 독립할 수 있었다. 스페인 왕실은 특히 펠리페 4세(1621-1665) 때, 심각한 재정난에 직면했으며, 이는 정치적 · 문화적 위기이기도 했다. 호세 안토니오 마라발(José Antonio Maravall)이 지적했듯이, 불안감과 초조함의 인식에서 시작되어 "사회 구조가 심각하게 영향을 받으면서 점점 악화된다"(1990: 57). 예를 들어, 가치관과 행동이 의문시되고, 계층 구조에 일부 변화를 겪으며, 도적 행위와 일탈 행동이 증가하고 반란과 선동이 끊임없는 위협으로 부상한다. 이는 분명 위기의 시기이지만, 신흥 자본주의와 새로운 과학적 패러다임이 출현하면서 가능하게 된 새로운 형식의 사회성이 등장하는 전환기이다. 동시에, 강제력만이 아니라 문화적 · 이념적 통합을 기반으로 하는 새로운 정치적 지배 양식으로의 변화의 시기이기도 하다. 바로크 문화는 상당 부분 권력을 강화하고 정당화하기 위한 수단으로 작용한다. 그럼에도 나에게 바로크 문화가 영감

---

8 아래 메스티사헤에 관한 포스트식민적 비평 부분을 참고하라.

을 주는 점은 그 안에 담긴 전복적 요소와 독특함, 그리고 그 안에서 정당성을 찾는 중심부 권력의 약함, 이것이 열어주는 창의성과 상상력의 공간, 그로 인해 형성되는 격동적인 사회성이다. 내가 여기서 제안하는 바로크 주체성의 구성은 다양한 역사적 · 문화적 요소들이 콜라주된 형태이며, 엄밀히 말해 그중 일부는 바로크 시기에 속한다고 볼 수 없는 것들이기도 하다.

바로크 주체성은 질서와 규범의 일시적 중지를 편안하게 받아들인다. 전환의 주체성으로서, 규범의 소진과 그에 대한 열망 모두에 의존하며, 그것의 특권적 시간성은 영구적인 일시성이다. 여기에는, 바로크 양식에 르네상스 시대의 고전적 보편주의가 결여된 것과 마찬가지로, 보편적 법칙에 대한 명백한 확신이 결여되어 있다. 왜냐하면, 자신의 무한한 반복을 계획할 수 없기 때문에, 바로크 주체성은 로컬적이거나 특수한 것, 순간적인 것과 일시적인 것에 가치를 둔다. 그러나 로컬은 단순히 지역주의적 방식, 즉 오르소토피아(orthotopia)로 경험되는 것이 아니다. 로컬은 유토피아까지는 아니더라도 이질적인 공간, 즉 헤테로토피아(heterotopia)를 창조하기를 열망한다. 이는 지배적 규범의 소진에서 비롯된 깊은 공허감과 방향 상실감에서 기인하기 때문에, 로컬적 안정감은 안식의 안정감이 아닌 방향 감각이다. 여기서 다시 르네상스와의 대조를 발견하게 된다. 하인리히 뵐플린(Heinrich Wölfflin)이 가르쳐 준 바와 같이, "모든 것에서 영속성과 안식을 추구했던 르네상스와 달리 바로크는 처음부터 분명한 *방향 감각*을 가지고 있었다"(1979: 67, 강조 추가).

바로크적 주체성은 그것이 통합하고 있는 모든 요소들과 동시대적이기 때문에 근대적 진화론을 경멸한다. 이렇게 보면 바로크의 시간성은 중단의 시간성이라고 할 수 있다. 중단은 두 가지 측면에서 중요하다. 하나는 반성적 사고를 가능하게 하며, 다른 하나는 놀라움을 제공한다. 여기서 반성적 사고는 지도 부재에서 오는 자기성찰을 의미하는데, 길을 인도할 지도가 없는 상황에서는 한 걸음 한 걸음에 두 배의 주의가 필요하기 때문이다. 규범이 사라진 사막에서 자기성찰이 없다면 사막 자체가 규범이 된다. 한편 놀라움은 곧 서스펜스가 되고, 이는 중단이 만들어내는 정지 상태에서 비롯된다. 바로크 주체성은 순간적으로 멈춤으로써 의지를 강화하고 열정을 불러일으킨다. 마라발은 '바로크적 기법'이 "일시적이고 순간적인 멈춤을 통해, 억제되고 응집된 힘으로 더 효율적으로 밀어붙일 수 있도록 결의를 중단하는 것"(1990, 445)으로 구성된다고 주장한다.

중단은 경이로움과 고귀함을 불러일으키고 종결과 완성을 방해한다. 그러므로 바로크 사회성은 미완성과 개방성을 특징으로 한다. 경이로움과 놀라움, 새로움의 능력은 결코 완전히 채워질 수 없기 때문에, 더욱 강렬한 열망을 향한 투쟁을 추동하는 에너지원이 된다. 뷜플린이 말하듯, 바로크 양식의 목표는 "완벽한 상태를 표현하는 것이 아니라, 불완전한 과정과 완성을 향한 순간을 암시하는 것"(1979: 67)이다.

바로크 주체성은 형식과 매우 특별한 관계를 가지고 있다. 바로크 주체성의 기하학은 유클리드적이 아닌 프랙털적이다. 형식들의 중단은 그것들이 극단적으로 사용될 때 발생하며, 이는 마라발이 말하는 '극단성'(1990, 421)이다. 바로크적 주체성에 있어서 형식은 아주 탁월한 자유의 실천이라 할 수 있다. 자유의 실천이 지니는 주요한 의미는, 형식을 극도로 진지하게 다루어야 함을 정당화하는 데 있다. 하지만 그 극단성이 때로는 형식 자체의 파괴로 이어질 수도 있다. 미켈란젤로가 바로크의 조상들 중의 하나로 간주되는 이유도 뵐플린에 따르면, "그는 형식을 폭력적으로, 즉 무정형에서만 표현을 찾을 수 있는 지독한 진지함으로 다루었기 때문이다"(1979: 82). 이것이 당대 사람들이 그를 *테리빌리타*(terribilita)라고 부른 이유다. 형식의 극단적 사용은 장엄함과 경외심을 불러일으키고자 하는 강렬한 의지에 기반하며, 이는 베르니니(Gian Lorenzo Bernini)가 "아무도 나에게 작은 것에 대해서는 말하지 못하게 하라"(Tapié 1988: 188)고 단언한 것과 맥을 같이한다. 극단성은 여러 방식으로 발현될 수 있으며, 마라발이 지적했듯이 이는 단순함이나 심지어 금욕주의를 강조하는 형태로 나타날 수도 있고, 반대로 풍요로움과 사치를 강조하는 형태로 나타날 수도 있다. 바로크적 극단주의는 겉보기에는 연속성을 지닌 듯한 상태에서도 단절을 만들어내며, 일리야 프리고진(1997)의 표현을 빌리자면, 형식을 영구적으로 불안정한 분기 상태에 놓이게 한다. 가장 탁월한 사례 중 하나는 베르니니의 작품 「성녀 테레사의 신비로운 황홀경(The mystical Ecstasy of Santa Teresa)」이다. 이 조각에서 테레사의 표정은 극적으로 표현되어, 성녀의 가장 강렬한 종교적 표현이 한편으로는 깊은 황홀경을 즐기는 여성의 세속적 표상과 하나가 된다. 성스러운 것의 재현은 신성모독적 재현 속으로 은밀하게 미끄러져 들어간다. 해방이 헤게모니적 규율에 의해 무너지고 흡수된 세계에서, 오직 형식의 극단성만이 바로크적 주체성 속에서 해방적 대의를 위한 투쟁을 지속하는 데 필요한 격동과 흥분을 가능하게 한다. 극단주의에 대해 말하는 것은, 아무리 희미

남의 인식론

하더라도, 해방의 불씨를 되찾기 위해 규율의 마그마를 고고학적으로 발굴하는 행위와 같다.

형식을 만들어내는 바로 그 극단주의가 또한 형식을 집어삼키기도 한다. 이러한 탐욕은 스푸마토(Sfumato)와 메스티사혜(Mestizaje)라는 두 가지 형태로 나타난다. 스푸마토는 바로크 회화에서 구름과 산 또는 바다와 하늘과 같은, 대상들 사이의 색깔과 윤곽을 흐릿하게 하는 기법이다. 스푸마토를 통해 바로크적 주체성은 서로 다른 이해 체계 사이에서 친숙함과 익숙함을 형성하여 교차문화적 대화를 가능하게 하며 가치 있게 만든다. 예를 들어, 오직 스푸마토 기법을 통해서만 서구적 인권 개념과 다른 문화에 존재하는 인간 존엄성 개념을 결합하는 구성을 구체화할 수 있다(Santos 2007a: 3-40). 단일적 구조의 일관성이 해체되면서 부유하는 파편들은 새로운 일관성과 다문화적 형태의 창조에 열려 있게 된다. 스푸마토는 마치 자석처럼 이 파편적 형식들을 새로운 별자리와 방향으로 끌어들이며, 그들의 가장 취약하고 미완성된, 열려 있는 가장자리를 끌어당긴다. 요컨대, 스푸마토는 요새화에 반하는 일종의 전투적 태도이다.

메스티사혜는 스푸마토를 극한 또는 극단으로 밀어붙이는 방식이다. 스푸마토가 형식의 해체와 파편의 회복을 통해 작동하는 반면, 메스티사혜는 구성 요소가 된 파편들에 비추어 볼 때, 원래의 형태와는 완전히 다른 혹은 신성모독적으로까지 보일 수 있는 새로운 의미의 별자리를 창조하는 방식으로 작동한다. 메스티사혜는 각 조각들의 형성을 주도하는 논리를 파괴하고 새로운 논리를 구축하는 과정 속에 존재한다. 이러한 생산-파괴 과정은 원래 문화 형식 간의 권력 관계(즉, 그들을 지탱하는 사회 집단 간의 권력 관계)를 반영하는 경향이 있다. 바로크 주체성이 권력 관계가 공유된 권위(메스티사헤적 권위)로 대체되는 *메스티사헤*를 선호하는 이유가 여기에 있다. 특히 라틴아메리카는 *메스티사헤*에 매우 비옥한 토양을 제공했기 때문에, 이 지역은 바로크 주체성 구성에 있어 가장 중요한 발굴 장소 중 하나이다.[9] *메스티사헤*에 관한 포스트식민적 비평은 새롭고 해방적인 형태의 *메스티사헤*를 가능하게 했다 (자세한 내용은 아래 참조).

스푸마토와 *메스티사헤*는 내가 페르난도 오르티스를 따라 *통문화화* (*transculturation*)라고 부르는 현상의 두 가지 구성적 요소이다. 1940년에 처음 출간된 그의 유명한 저서 『쿠바의 대위법(*Contrapunteo cubano*)』에서 오르티스는 쿠바 사회를 항상 특징지어 온 탈문화화(deculturation)와 신문화화(neoculturation)의 매우 복잡한 문화적 과정의 종합을 정의하기 위해 통문화화라는 개념을 제안했다.[10] 오르티스에 따르면, 유럽에서의 상호문화적 발견과 충격은 4,000년 이상에 걸쳐 서서히 진행되

....

9 특히, Pastor et al.(1993)와 Alberro(1992)를 참조하라. 브라질 바로크와 관련하여 Coutinho(1990: 16)는 '복잡한 바로크적 메스티사젬(mestiçagem)'에 대해 언급한다. 또한, 흑인 문화 경험을 특징짓는 *메스티사헤*를 나타내는 '검은 대서양(Black Atlantic)'(Gilroy 1993) 개념을 참조하라. 이 경험은 특정하게 아프리카적이거나 미국적, 카리브적, 또는 영국적이지 않고, 이 모든 것들을 포괄한다. 포르투갈어를 사용하는 세계에서는 오스바우지 지 안드라지의 식인 선언이 *메스티사헤*의 가장 두드러진 예이다.

10 포스트식민적 관점에서 보면, 통문화화는 차이를 존중하는 주장을 인정하지 않기 때문에 문제가 있다. 예를 들어, 쿠바의 신흥 흑인 운동들은 이와 관련하여 많은 의문을 제기한다.

남의 인식론

었지만, 쿠바에서는 약 400년 남짓한 시간에 급격하게 일어났다고 설명한다(Ortiz 1973: 131). 콜럼버스 정복 이전의 구석기 원주민과 신석기 원주민 사이의 통문화화는 유럽의 허리케인 이후, 유럽 내부의 여러 문화 사이에서, 그리고 유럽 문화와 다양한 아프리카 및 아시아의 문화 간의 통문화화로 이어졌다. 오르티스(1973: 132)에 의하면, 16세기 이후 쿠바를 특징짓는 것은 모든 문화와 사람이 동일하게 침략자이자 외부인이라는 사실이다. 그들 모두가 원래의 요람에서 찢겨 나왔으며, 새로운 문화가 창조되는 과정에서 겪은 분리와 이식의 경험으로 고통받았다. 이 같은 지속적인 부적응과 일시성은 서로 다른 파편들의 합으로 환원될 수 없는 새로운 문화의 성좌를 가능하게 했다. 문화들 사이의 끊임없는 전환 과정의 긍정적인 특징을 오르티스는 *통문화화*로 지칭한다. 이러한 과정의 긍정적이고 새로운 특성을 강조하기 위해, 탈문화(deculturation) 대신 스푸마토를, 신문화(neoculturation) 대신 *메스티사헤*를 사용하는 것을 선호한다. 통문화화는 따라서 바로크적 사회성에 의해 문화 형식들이 탐욕적이고 극단적으로 재구성되는 과정을 지칭한다. 이와 동일한 탐욕과 극단주의는 오스바우지 지 안드라지의 식인 개념에서도 뚜렷하게 드러난다.

　바로크 주체성이 추구하는 형식의 극단주의는 실천, 담론, 그리고 이해 방식의 수사적 인공성을 강조한다. *기교(artificium)*는 바로크적 주체성이 그것이 이끄는 사회성들이 미시-정통성으로 변모할 때마다 스스로를 재창조할 수 있게 해준다. 바로크 축제가 잘 보여주듯이 바로크 주체성은 기교를 통해 유희적이며 동시에 전복성을 띠게 된다. 유럽과 라틴아메리카의 바로크 문화에서 축제의 중요성은 상세하게 기록되어 있다.[11] 축제는 바로크 문화를 현대적인 대중문화의 첫 사례로 만들었다. 정치와 교회 권력은 대중에 대한 그들의 통제를 강화하고 자신들의 위대함을 극화하기 위해 바로크 문화의 과시적이고 축제적인 특징을 이용했다. 그러나 불균형, 웃음, 전복이라는 세 가지 요소를 통해 바로크 축제는 해방의 가능성을 품게 된다.

바로크 축제는 과도한 불균형이다. 극도로 큰 투자가 요구되지만 극히 짧은 순간과 매우 제한된 공간에서 소비된다. 마라발이 언급하듯, "풍부하고 값비싼 자원이 사용되고, 상당한 노력이 투입되며, 광범한 준비가 이루어지고, 복잡한 장치들이 설치되지만, 이 모든 것은 쾌락이든 놀라움이든 아주 짧은 순간의 효과를 얻어내기 위한 것이다" (1990: 488). 그렇지만, 불균형은 특별하게 강렬한 감정을 불러일으킨다. 이는 다시 움직임에 대한 의지, 혼돈에 대한 관용, 소란에 대한 흥미를 만들어낸다. 이 요소들 없이는 패러다임 전환을 위한 투쟁도 일어날 수 없다.

불균형은 경이로움, 놀라움, 기교, 새로움을 가능하게 한다. 그러나 무엇보다도 유희적 거리 두기와 웃음을 가능하게 한다. 웃음은 쉽게 규범화될 수 없기 때문에, 자본주의적 근대성은 유쾌함에 대해 전쟁을 선포했고, 그 결과 웃음은 경박하고 부적절하며, 신성모독까지는 아니더라도 괴상한 것으로 여겨졌다. 웃음은 엔터테인먼트 산업의 매

---

11 멕시코(베라크루스)의 바로크 축제에 대해서는 León(1993), 브라질(미나스제라이스)의 경우 Ávila(1994)를 참조하라. 축제, 특히 바로크 축제와 유토피아적 사고 사이의 관계는 아직 탐구될 여지가 있다. 푸리에주의(fouriérisme)와 축제적 사회(la société festive) 간의 관계에 대해서는 Desroche(1975)를 참조하라.

남의 인식론

우 규범화된 맥락에서만 받아들여졌다. 이 현상은 또한 근대적 반자본주의 사회 운동(노동당, 노조, 심지어 새로운 사회 운동 등)에서도 관찰될 수 있는데, 이들은 저항의 진지함을 훼손할 우려가 있다는 이유로 웃음과 유희를 금했다. 특히 흥미로운 것은 노조의 사례로, 초기 활동에는 유희적이고 축제적(노동자 축제)인 요소가 강하게 드러났지만, 점차 억압되어 결국 지극히 엄숙하고 반(反)에로틱적이 되었다. 웃음과 놀이의 추방은 막스 베버가 말한 근대 세계의 *탈주술화*(Entzauberung)의 일부이다.

내가 제안하는 사회 해방의 재창조는 바로크적 사회성을 탐구함으로써 성취될 수 있으며, 이는 상식을 재주술화하는 것을 목표로 한다. 이러한 재주술화는 해방적 사회 실천의 카니발화 및 웃음과 유희의 에로티시즘을 전제한다. 해방적 사회 실천의 축제화는 중요한 자기 반영적 차원을 지니며, 이를 통해 그러한 실천의 탈정전화와 전복이 가능해진다. 스스로를 탈정전화할 줄 모르는 탈정전화적 실천은 쉽게 정통성으로 빠지기 쉬우며, 마찬가지로 스스로를 전복할 줄 모르는 전복적 활동은 쉽게 규범적 관례로 전락할 수 있다.

마지막으로, 바로크 축제의 세 번째 해방적 특징은 전복성이다. 사회적 실천을 카니발화함으로써, 바로크 축제는 권력의 중심에서 멀어질수록 증가하는 전복적 잠재력을 보여주며, 심지어 권력의 중심 자체가 축제의 주최자일 때에도 전복적 잠재력은 항상 존재한다. 그러므로 전복적 특징이 식민지에서 훨씬 더 두드러졌다는 것은 놀랄 일이 아니다. 위대한 페루의 지식인인 마리아테기는 1920년대에 카니발에 대해 쓰면서 비록 카니발이 부르주아에 의해 전유되었음에도 불구하고, 카니발이 부르주아를 단지 의상에 불과한 존재로 변모시킴으로써 권력과 과거를 가차 없이 풍자하는 혁명적 성격을 지니고 있다고 주장했다(1974b[1925-1927]: 127). 안토니오 가르시아 데 레온(Antonio García de León) 또한, 17세기 멕시코 베라크루스 항구에서 열린 바로크 축제와 종교 행렬의 전복적 양상을 묘사했다. 행렬의 앞에는 정치인, 성직자, 군인 등 부왕령의 최고 권위자들이 정장을 갖춰 입고 행진했으며, 행렬의 끝에는 '상류층'을 흉내 내며 몸짓과 복장을 재현하는 서민들이 뒤따르며 관중에게 웃음과 즐거움을 유발했다(León 1993). 이같이 행렬의 처음과 끝이 대칭적으로 뒤집히는 역전은 당대 베라크루스의 사회성에서 전형적이었던 *거꾸로 된 세계*(el mundo al revés)의 문화적 메타포라 할 수 있다. 여왕처럼 옷을 입은 물라토 여성들, 비단옷을 입은 노예들, 정숙한 여성인 척하는 매춘부들과 매춘부인 척하는 정숙한 여성들, 아프리카화된 포르투갈인들과 원주민화된 스페인인들이 그 예이다.[12] 오스바우지 지 안드라지는 『식인 선언』에서 이와 같은 *거꾸로 된 세계*를 칭송한다. "하지만 우리는 우리 가운데서 논리의 탄생을 인정했던 적이 없다. (……) 미스터리가 있는 곳에서만 결정론이 사라진다. 그러나 이것과 우리가 무슨 상관이 있는가? 한 번도 이에 대한 교리를 배운 적이 없다. 우리는 몽유병적인 법 속에서 살고 있다. 우리는 그리스도가 바이아(Bahia)에서 태어난 것으로 만들었다. 아니면 벨렝-파라(Belém-Pará)

....

12 아빌라(Ávila)는 종교적 요소와 이교적 요소의 혼합을 강조하며 설명한다: "백파이프, 드럼, 피리, 트럼펫을 연주하는 흑인 무리들 사이로, 가령 '클라리넷의 큰 소리로 공기의 고요를 찢어버리는' 훌륭한 독일인 흉내쟁이가 등장하는 한편, 신자들은 종교적 깃발이나 성상들을 경건하게 옮기고 있었다"(1994: 56).

에서"(1990〔1928〕: 48).

축제에서 전복은 규범화되어 있는데, 이는 질서의 위치를 알고 그것을 의심하지 않으면서도 질서를 넘어서는 데 있다. 그러나 축제와 일상적 사회성 사이의 스푸마토를 통해 그 규범 자체가 전복된다. 주변부에서는 질서의 전복이 거의 필수적이라고 할 수 있다. 질서가 존재한다는 것을 알면서도 어떻게 질서를 이룰지 모르기 때문에 전복적이다. 그렇기 때문에 바로크적 주체성은 해방적 에너지를 재구성하는 장으로서 경계와 주변부를 중시한다.

이 모든 특징은 바로크 주체성에 의해 생성되는 사회성을 하위 규범화시킨다. 이 사회성은 다소 혼란스러우며, 원심적 상상력에서 영감을 받고, 절망과 현기증 사이에 위치하며, 반란을 축하하고 축제를 혁명화한다. 따라서 이러한 사회성은 감정적이고 열정적일 수밖에 없으며, 이는 바로크적 주체성을 고도 근대(high modernity), 또는 스콧 래쉬(1999)의 개념인 '첫 번째 근대성(firtst modernity)'과 가장 뚜렷이 구별되게 하는 특징이다. 고도 근대적 합리성은, 특히 르네 데카르트 이후, 감정과 열정을 지식과 진리의 진보를 방해하는 장애물로 규탄한다. 스티븐 툴민(Stephen Toulmin)에 의하면, 데카르트식 합리성은 "지적으로 완벽하고 도덕적으로 엄격하고 인간적으로 냉혹하다"(1990, 198)고 말한다. 인간의 삶과 사회적 실천의 많은 부분이 이러한 합리성 개념에 들어맞지 않지만, 그럼에도 보편적 규칙의 안정성과 위계를 소중히 여기는 이들에게는 상당히 매력적이다. 앨버트 허시먼(Albert Hirschman)은 이러한 형태의 합리성과 신생 자본주의 사이의 선택적 친연성을 분명하게 보여주었다. 사람들과 집단의 관심이 경제적 이익에 집중되기 시작하면서 이전에 열정으로 여겨졌던 관심들이 그 반대가 되고, 심지어는 열정을 길들이는 역할까지 하게 되었다. 허시먼에 따르면 "그때부터 사람들은 이익을 추구함에 있어 확고하고, 단호하며, 체계적인 존재로 기대되거나 가정되었다. 이는 열정에 사로잡혀 맹목적인 사람들의 정형화된 행동과는 완전히 대조적이었다"(1977: 54). 그 목적은 '일차원적'인 인간성을 창조하는 것이었다. 그리고 허시먼은 "결국 자본주의는 머지않아 가장 큰 결점으로 비난받을 바로 그 특징을 이루도록 예정되어 있었던 셈이다"(1977: 132)라고 결론짓는다. 데카르트식 또는 자본주의적 방식은 사회적 해방을 위한 능력과 소망을 가진 인간성을 재구성하는 데 있어 거의 도움이 되지 않는다. 21세기 초의 해방적 투쟁의 의미는 논증적인 지식이나 이익 계산만으로는 추론될 수 없다. 따라서 이 영역에서 바로크 주체성이 깊이 파고들어야 할 부분은 억압되거나 이질적인 근대성의 전통에 대한 것이다. 다시 말해, 헤게모니적 재현의 통제가 약했던 물리적, 상징적 주변부——예를 들어, 베라크루스의 근대성——나 더 이른 시기, 데카르트적 종결 이전의 혼란스러운 근대성의 표상에 집중해야 한다. 예를 들어, 바로크 주체성은 몽테뉴(Michel de Montaigne)와 그의 삶이 지닌 구체적이고 에로틱한 이해 방식에서 영감을 얻는다. 에세이 「경험에 대하여(On Experience)」에서 몽테뉴는 질병보다 성가신 치료가 더 문제라고 비난하며, 다음과 같이 서술한다.

복통의 희생자가 되어 굴 먹는 즐거움을 포기해야 한다면, 이는 하나가 아니라 두 가지 재앙이다. 병은 우리를 이쪽에서 찌르고, 금식은 다른 한쪽에서 우리를 찌른다. 실수할 위험이 있다면, 차라리 쾌락을 추구하는 편에서 그 위험을 감수하자. 세상은 그 반대로 행동하고, 고통이 따르지 않는 것은 그 무엇도 유용하지 않다고 여긴다. 쉽고 편한 것은 의심을 불러일으킨다(1958: 370).

에른스트 카시러(Ernst Cassirer)(1960, 1963)와 툴민(1990)이 각각 르네상스와 계몽주의에 대해 밝힌 바와 같이, 각 시대는 새로운 지적, 사회적, 정치적, 문화적 도전에 부합하는 주체성을 창출한다. 바로크적 에토스는 세계화의 헤게모니적 형태에 맞서고 이를 극복할 수 있는 주체성과 사회성을 구성하는 요소이며, 이를 통해 대항헤게모니적 가능성을 위한 공간을 열어준다. 이러한 가능성들은 아직 충분히 발전하지 않았고, 그것만으로 새로운 시대를 약속할 수는 없다. 하지만, 패러다임 전환의 시대, 즉 과도기에 접어들고 있음을 뒷받침할 만큼 일관성이 있다. 이 시대는 *메스티사헤*, *스푸마토*, 혼종화(hibridization), 그리고 내가 바로크적 에토스와 *누에스트라 아메리카*에 부여한 모든 특징을 적극적으로 받아들이고자 한다. 바로크 에토스에 의해 자양분을 받은 주체성과 사회성의 형태들이 점진적인 신뢰를 얻어 가면서, 새로운 틈새 규범으로 자리 잡을 것이다. 마르티와 안드라지는 두 사람 모두 새로운 종류의 법과 권리를 구상했다. 그들에게 평등할 권리는 다를 권리를 포함하고, 이 같은 차이의 권리는 평등할 권리를 포함한다. 안드라지의 식인이라는 메타포는 이러한 복잡한 상호합법성을 위한 요청이다. 이는 유럽중심의 고도 근대성에 의해 인정된 유일한 '타자'로서, 서발턴적 차이의 관점으로부터 형성된 개념이다. 우리가 *누에스트라 아메리카*에서 수집한 틈새 규범의 파편들은 새로운 반란적 세계시민주의의 정치와 법의 씨앗이 될 것이다. 이는 일상 속에 생존과 창의적 일탈이 결합하는 거리에서 발현되는 아래로부터의 정치와 법을 통해 발견될 것이다.

누에스트라 아메리카의 한계

누에스트라 아메리카의 시대는 대항헤게모니적 가능성의 시기였으며, 그중 대다수가 1804년 아이티 독립 이후 19세기 다른 국가들이 보여준 해방적 흐름을 따랐다. 이러한 예로는 1910년의 멕시코 혁명, 1914년의 콜롬비아의 킨틴 라메(Quintin Lame)가 주도한 원주민 운동, 1920-1930년대 니카라과의 산디니스타 운동과 1980년대의 승리, 1944년의 과테말라의 급진적 민주화 운동, 1946년의 페론주의의 발흥, 1952년 볼리비아에서 일어난 원주민, 농민, 광부들의 혁명, 이는 최근 최초의 원주민 대통령인 에보 모랄레스의 선출로 이어졌다. 1959년 쿠바 혁명의 승리, 1970년 살바도르 아옌데의 집권, 1980년대부터 브라질에서 시작된 무토지 노동자 운동, 1990년 에콰도르에서 시작된 원주민 운동, 2008년 몬테크리스티(Montecristi) 헌법으로 이어진 긴 투쟁, 1994년 이래 사파티스타 운동, 2001년 브라질의 포르투 알레그리에서 시작된 세계사회포럼, 그리고 21세기 초반 10년 동안 브라질, 베네수엘라, 아르헨티나, 볼리비아, 에콰도르 등지에서 등장한 진보 정권들도 이에 포함된다.

그러나 내부 과두제와 제국주의적 권력에 의해 패배한 민중 운동의 목록은 훨씬 더 길며, 여기에는 민간 및 군사 독재, 외세 개입, 반공주

남의 인식론

의 전쟁, 대규모 인권 침해, 준군사 민병대에 의한 초법적 처형 등이 포함된다. 그 결과 20세기 내내 누에스트라 아메리카는 세계시민주의적, 해방적, 대항헤게모니적 경험들이 넘쳐나는 장이 되었으며, 이 경험들은 고통스러운 만큼 흥분되고, 밝은 전망으로 찬란한 동시에 그 실현에 있어서는 좌절감을 안겨주었다.

누에스트라 아메리카의 세기에서 무엇이 실패했고 그 이유는 무엇인가? 우리처럼 열린 미래 앞에서 실패의 목록을 따지는 것은 어리석은 일일 것이다. 그럼에도 불구하고 몇 가지 생각을 감히 말하고자 한다. 첫째로 '괴물의 내장' 안에 산다는 것은 쉬운 일이 아니다. 그것은 마르티가 잘 표현하듯이, 그 짐승에 대한 깊은 지식을 허락하지만 마르티의 충고인 "북쪽을 떠나야 한다"(1963-1966: 368)에 귀를 기울인다 해도, 거기서 살아서 나오기는 매우 어렵다. 나는 누에스트라 아메리카가 괴물의 내장 속에서 이중적으로 살아왔다고 생각한다. 이는 유럽적 아메리카와 대륙을 공유하고 있기 때문이다. 후자는 특히 이 대륙을 항상 자신의 핵심 공간이자 특권적 영향력의 영역으로 간주해 왔다. 게다가 마르티가 「누에스트라 아메리카」에서 말하듯이, "누에스트라 아메리카는 노동하는 아메리카"(1963-1966: 6, 23)이므로, 유럽적 아메리카와의 관계에서 노동자와 자본가 사이의 관계를 괴롭히는 동일한 긴장과 슬픔을 공유하기 때문이다. 이런 후자의 의미에서, 누에스트라 아메리카는 자본에 맞서 투쟁하는 전 세계 노동자들과 마찬가지로 실패했다.

둘째, 누에스트라 아메리카는 북쪽 이웃의 제국주의적 개입에만 맞서 싸워야 했던 것이 아니다. 북쪽 이웃은 남쪽으로 내려와 토착민과 어울리는 것을 넘어서서 현지 엘리트와 미국의 이득이 되는 초국적 연대의 형태로 남쪽에 자리를 잡았다. 남반구의 프로스페로는 도밍고 사르미엔토의 정치-문화적 프로젝트, 특히 제2차 세계대전 이후의 농업 및 산업 부르주아지의 이익, 1960-1970년대 군사 독재, 공산주의 위협에 맞선 투쟁, 급진적 신자유주의 구조조정 속에 존재했다. 이러한 의미에서 누에스트라 아메리카는 칼리반이 프로스페로에게 의존하듯 유럽 아메리카에 종속되어 살아가야 했다. 이 때문에 라틴아메리카의 폭력은 피그만 침공만큼이나 내전의 형태를 띠는 것이다.

세 번째 생각은, 메스티사혜의 새로운 사회적 가치를 두고 시기상조(avant la lettre)의 승리주의적 포스트모더니즘을 내세우면서도, 정작 메사티사혜가 형성된 사회적 과정을 충분히 검토하지 않았다는 점에 관한 것이다. 그 과정에서 헤아릴 수 없는 폭력과 생명의 파괴가 자비로운 메스티사혜라는 허울 아래에 가려졌다. 메스티사혜는 백인과 백인 메스티소들의 자기 합리화를 위한 서사가 되었다. 이러한 메스티사혜 개념은, 필연적으로 원주민과 아프리카계 후손들의 운동과 투쟁에서 공격 대상이 되었다. 식민적 메스티사혜는 탈식민적 혹은 비식민적 메스티사혜와, 백인 메스티소의 메스티사혜는 유색 메스티소의 메스티사혜와 엄격히 구분되어야 했다. 상기 운동과 투쟁은 이러한 구분을 드러내는 데 중요한 역할을 했으며, 프란츠 파농은 이에 대한 가장 설득력 있고 강력한 논거를 제공했다. 이러한 구분은 차이를 식별하는 데 핵심적이었고 이에 근거하여 동맹이 추구될 수 있었다. 사실, 누에스트라 아메리카의 한 가지 약점, 즉 마르티의 작업에서 분명히 드러나는 약점은 이해관계의 공동체성을 과대평가하고 이를 중심으로 통합할 수 있는 가능성을 과신한 것이었다. 충분히 검토되지 않은 차이들과 그로 인

남의 인식론

해 발생할 수 있는 갈등 때문에 누에스트라 아메리카는 통합되기보다는 정치적 분열의 과정을 겪게 되었다.

마지막으로, 누에스트라 아메리카라는 문화적 기획, 그 자체에 대한 나의 생각이다. 마르티의 희망과는 반대로 유럽과 북미 대학은 결코 아메리카 대학에 완전히 자리를 내주지 않았다.

> 작가와 학자들의 한심한 보바리즘 (……) 이것이 일부 라틴아메리카인들이 스스로를 망명한 유럽의 대도시인(metropolitans)처럼 상상하게 만든다. (……) 그들의 주변에서 만들어진 작품은 (……) 본국의 승인을 받을 때 비로소 관심 가질 가치가 있으며, 그 승인 덕분에 작품을 볼 수 있는 눈을 얻게 된다(Retamar 1989: 82).

오르티스의 주장과는 달리 통문화화는 결코 완전하지 않았으며, 실제로 그 과정에 얽힌 다양한 구성 요소들 간의 권력 차이로 인해 훼손되었다. 오랜 시간 동안 (아마도 오늘날, 혼종화를 가장한 현기증 나는 탈영토적 통문화화의 시대에는 더욱 그렇겠지만), 권력의 불평등에 대한 질문은 답을 얻지 못한 채 남아 있었다. 누가 누구를 그리고 무엇을 혼종화하는가? 그 결과는 무엇인가? 그리고 그 혜택은 누구에게 돌아가는가? 통문화화의 과정에서 무엇이 탈문화화 또는 스푸마토의 경계를 넘어서지 못했으며, 그 이유는 무엇인가? 식민적 메스티사헤와 탈식민적 메스티사헤 사이의 핵심적 차이는 결코 충분히 고찰되지 않았다. 대부분의 문화가 침입자라고 할지라도, 일부는 주인으로, 일부는 노예로 전락했다는 사실 또한 분명하다. 약 90년이 지난 지금, "그러나 십자군은 오지 않았다. 우리가 먹어 치우고 있는 문명으로부터 도망친 자들만이 왔다. 왜냐하면 우리는 자부치처럼 강하고 복수심이 강하기 때문이다"(1990[1928]: 50)라고 말하는, 오스바우지 지 안드라지의 식인적 낙관주의가 과장되었다고 생각해도 무리가 아닐 것이다.

21세기의 대항헤게모니적 가능성들

앞서 논의한 내용을 바탕으로, 누에스트라 아메리카가 과연 해방을 향한 유토피아적 의지와, 평등과 차이의 상호연관성에 기반한 대항헤게모니적 세계화를 지속적으로 상징할 수 있는 필수 조건을 지니고 있는지 질문해 보아야 한다. 나의 대답은 긍정적이지만, 다음과 같은 조건에 달려 있다. 누에스트라 아메리카는 탈영토화되어야 하고, 어디에 있든, 남반구나 북반구, 동쪽이든 서쪽이든 헤게모니적 세계화의 피해자들의 투쟁을 상징하는 메타포로 변화해야 한다. 누에스트라 아메리카의 토대 사상들을 다시 살펴보면, 지난 수십 년간의 변화를 통해 이러한 관념이 오늘날 세계의 다른 지역에서도 나타나고 번성할 수 있는 조건이 마련되었음을 알 수 있다. 몇 가지 사례를 검토해 보자.

첫째, 이주민, 학생, 난민뿐만 아니라 경영인과 관광객 등 국경을 넘는 상호작용의 기하급수적 증가는 전 세계적으로 새로운 형태의 *메스티사혜*, 식인, 그리고 통문화화를 일으키고 있다. 세계는 점점 더 본래의 기원과 단절된 침입자들의 세계가 되어 가고 있으며, 혹여 그러한 기원이 있었다 해도, 그곳에서 침입당하는 근원적 경험을 가진 이들이

남의 인식론

되는 것이다. 누에스트라 아메리카의 첫 세기보다 메스티사헤 과정에 참여하는 다양한 구성원들의 권력 구도에 더 많은 주의를 기울여야 한다. 이러한 권력의 불평등은 차이의 정치(인정이 오인으로 변질됨)와 평등의 정치(재분배가 세계은행과 국제통화기금이 권장하는 새로운 빈곤 구제 형태로 전락함) 모두를 왜곡시켰다. 둘째, 최근 전 세계적으로, 특히 글로벌 노스와 심지어 글로벌 사우스에서 추악하게 부활한 인종 차별은, 볼리바르가 언급한 작고 다양한 인류의 끊임없는 탄생에 대한 공격적 방어 기제를 의미한다. 볼리바르는 억압과 차별의 주변부에서 서로 다른 인종이 교차하고 스며들며 새로운 소규모 인류 집단들이 탄생한다고 설명한다. 마르티의 목소리로, 쿠바인들이 흑인, 물라토, 또는 백인 그 이상의 존재라고 선언할 수 있었듯이, 오늘날 남아프리카인, 모잠비크인, 뉴요커, 파리지앵, 그리고 런던 시민 또한 자신을 오늘날 흑인, 백인, 물라토, 원주민, 쿠르드인, 아랍인 등을 넘어선 존재라고 선언할 수 있다.[13] 셋째, 헤게모니적 세계화에 의해 이용되는 근대 과학에 의해 생산되는 무지와 침묵 효과에 반대하여, 오늘날의 맥락과 상황에 맞는 지식을 생산하거나 유지하려는 요청이 전 지구적으로 이루어지고 있다. 이 인식론적 문제는 최근 생명공학과 유전자 공학의 발전과, 생물 다양성을 생물 자원 수탈(biopiracy) 행위로부터 보호하려는 투쟁과 함께 엄청난 중요성을 얻게 되었다. 이 분야에서 생물 다양성의 주요 보유 지역

....

13 마르티와 볼리바르는 계몽주의 주장에 따라 해방을 위한 결정적인 단계는, 평등한 차이들의 공존을 수용하기보다는 차이들을 제거하는 것이라고 보았다. 이후 범아프리카주의자들은 네그리튀드를 평등을 획득하기 위한 조건, 즉 역사를 지우지 않는 차이이자 식민주의로 인한 상처로 이해하게 되었다.

중 하나인 라틴아메리카는 여전히 누에스트라 아메리카의 중심지로 남아 있지만, 아프리카와 아시아의 많은 다른 국가들도 이와 같은 입장에 있다(Santos, Meneses, and Arriscado 2007).

넷째, 헤게모니적 세계화가 심화하면서 '괴물의 내장'은 다른 대륙의 수많은 사람들에게 더 가까이 다가왔다. 오늘날, 이 가까움은 정보와 통신 자본주의, 그리고 소비 사회에 의해 만들어진다. 이로 인해 냉소적 이성의 근거와 탈식민적 충동이 더욱 증대된다. 요컨대, 은유적으로 말하자면, 오늘날의 새로운 누에스트라 아메리카는 스스로를 세계화하고 이를 통해 과거의 누에스트라 아메리카에 새로운 해방적 연대를 제안할 수 있는 조건을 갖추게 되었다.

누에스트라 아메리카의 대항헤게모니적 성격은 진보적인 초국적 정치문화를 발전시킬 잠재력에 뿌리를 두고 있다.[14] 이러한 정치문화는 (1) 투쟁, 운동, 기획들 사이에 복합적인 로컬/글로벌 연계를 파악하는 것, (2) 헤게모니적 세계화의 경향과 압력에 맞서는 초국적 연합 사이의 충돌을 촉진하여 대항헤게모니의 세계화 가능성을 여는 것, (3) 운동 내부의 재분배, 인정, 책임의 방식이 전 세계적으로 구현되기를 바라는 반란적 세계시민주의와 해방 정치의 이상을 반영할 수 있도록 내부적·외부적 자기성찰을 촉진하는 데 중점을 둘 것이다.

....

14 21세기 초반 10년 동안 가장 일관된 대항헤게모니적 세계화의 표상이 된 세계사회포럼이 라틴아메리카에서 개최된 것은 결코 우연이 아니었다(Santos 2006b).

남의 인식론

결론: 어느 편인가, 아리엘?

나는 아메리카 대륙의 20세기를 관통하는 서발턴적 관점으로서의 누에스트라 아메리카를 분석하는 것에 출발하여, 누에스트라 아메리카의 대항헤게모니적 가능성을 확인하고, 그 가능성이 실현되지 못한 몇 가지 이유를 설명했다. 이어서 누에스트라 아메리카의 역사적 궤적과 바로크 에토스를 재검토하고, 대항헤게모니적 세계화의 도전에 관심을 가지고 대응할 수 있는 사회성과 주체성의 형태를 재구성했다. 누에스트라 아메리카의 은유적 해석을 통한 상징적 확장은 이를 새로운 세기와 밀레니엄에 요구되는 초국적 정치문화의 청사진으로 바라볼 수 있게 한다. 이러한 정치문화의 규범적 요구는 누에스트라 아메리카가 대변하는 대중의 삶 속에 뿌리내리고 있다. 이러한 요구는 새로운 유형의 상황적이고, 반란적이며, 탈식민적이고, 상호문화적이고, 아래로부터의 세계시민주의적 정치와 문화를 지향한다.

하지만 지난 세기의 좌절을 반복하지 않기 위해, 이러한 상징적 확장은 한 걸음 더 나아가야 하며 누에스트라 아메리카 신화에서 가장 무시되어 온 수사적 요소, 즉 셰익스피어의 템페스트에 등장하는 공기의 정령 아리엘을 포함해야 한다. 칼리반처럼 아리엘도 프로스페로의 노예였지만 그는 칼리반처럼 추하게 변하지 않았고, 그래서 프로스페로로부터 더 나은 대우를 받는다. 아리엘이 충실하게 봉사하면 프로스페로는 그에게 자유를 약속한다. 주지하다시피, 누에스트라 아메리카는 자신을 주로 프로스페로와의 끊임없고 불평등한 싸움 속에 있는 칼리반으로 여겨왔다. 이는 안드라지, 에메 세제르(Aimé Césaire), 에드워드 브

래스웨이트(Edward Brathwaite), 조지 래밍(George Lamming), 로베르토 레타마르 등의 많은 지식인들이 공유하는 관점이다(Retamar 1989: 13). 이러한 관점이 주류이긴 하지만 유일한 것은 아니다. 예를 들어, 1898년 프랑스계 아르헨티나 작가 폴 그루삭(Paul Groussac)은 오래된 유럽과 라틴아메리카 문명을 '칼리반적 양키'로부터 지켜야 한다고 주장했다(Retamar 1989: 10). 또한, 아리엘의 모호한 형상은 다양한 해석을 불러일으켰다. 1900년, 작가 호세 엔리케 로도(José Enrique Rodó)는 아리엘이라는 제목의 에세이를 발표하며 라틴아메리카를 아리엘로, 북미를 암묵적으로 칼리반에 비유했다. 1935년 아르헨티나의 아니발 폰세(Aníbal Ponce)는 아리엘을 지식인의 전형으로 보았다. 그에게 아리엘은 칼리반보다는 덜 가혹하게 프로스페로에게 얽매여 있지만 여전히 그의 봉사를 강요당하는 존재로, 르네상스 인문주의가 이상적으로 여긴 지식인의 모습이었다. 즉, 행동에는 무관심하고 기존 질서에 순응하는, 노예이자 용병의 혼합체로서의 지식인을 상징한다(Retamar 1989: 12). 이러한 아리엘의 모습은 1960년대 후반 에메 세제르의 희곡 「어떤 태풍: 셰익스피어의 「템페스트」를 흑인 극장을 위해 각색함(Une tempête: Adaptation de "La tempête" de Shakespeare pour un theatre nègre)」에서 새롭게 해석되었다. 이제 물라토로 변한 아리엘은 끊임없이 위기에 처한 지식인으로 그려진다.

이제 아리엘에게 새로운 상징적 정체성을 부여하고, 그가 누에스트라 아메리카의 해방적 이상을 증진하는 데 얼마나 유용한지를 확인할 때가 되었다고 제안하는 바이다. 따라서 나는 아리엘을 세 가지 변모를 겪는 바로크적 천사로 제시하며 결론을 맺고자 한다.

남의 인식론

그의 첫 번째 변모는 세제르의 물라토 아리엘이다. 인종주의와 외국인 혐오에 맞서 아리엘은 통문화화와 다문화주의를 나타내며, 다르시 히베이루의 표현에 따르면 육체와 영혼의 *메스티사혜*를 상징한다. 이 *메스티사혜*에는 인종 간, 문화 간의 대화 가능성이 내포되어 있다. 물라토 아리엘은 인정과 평등 사이의 가능한 종합을 의미하는 은유다. 그러나 이 *메스티사혜*는 누에스트라 아메리카의 첫 세기를 지배했던 *메스티사혜*와는 다르다. 옛 *메스티사혜*는 백인 메스티소의 *메스티사혜*였고, 유색 메스티소의 *메스티사혜*가 아니었다. 당시의 *메스티사혜*는 메스티사혜의 생산관계에는 거의 관심이 없었고, 그로 인해 많은 폭력과 차별을 가리는 장막 역할을 했다. 새로운 *메스티사혜*는 탈식민적 메스티사혜이다. 그리고 메스티소 아리엘은 파농식 아리엘일 수밖에 없다.

아리엘의 두 번째 변모는 자기가 어느 편에 있는지, 어떤 역할을 할 수 있는지 알기 위해 자기성찰을 실천하는 안토니오 그람시(Antonio Gramsci)의 지식인으로 나타난다. 나아가 그는 후위 이론가가 되어야 한다. 이 아리엘은 명확히 칼리반 편에 있으며, 전 세계의 모든 억압받는 사람들과 집단 편에 서 있다. 그리고 그의 기여가 무의미하거나 심지어는 해가 되지 않도록 지속적으로 인식론적, 정치적 경계를 늦추지 않는다. 이 아리엘은 마르티의 대학에서 훈련받은 지식인이다.

여기서 나아가, 세 번째 변모는 인식론적 변모이다. 아리엘이 해방을 위한 열망으로 칼리반과 연대하게 되면, 투쟁 속에서 태어난 지식이 가장 믿을 수 있는 통찰력과 방향 제시의 원천이 된다. 아프리카 속담이 말해 주듯, 이제 사냥의 이야기가 사냥꾼의 관점이 아니라 사자의 관점에서 말해질 때가 되었다. 식민주의하에서는 항상 전자가 우세했다. 이는 지식이 생산되고 검증되는 방식에 대한 깊은 변화를 요구하며, 다음 장에서 설명할 북의 인식론과의 단절을 의미한다.

이러한 상징적 변모는 초국적 해방 정치와 대항헤게모니적 세계화의 토대를 제공한다. 여기서 제안된 누에스트라 아메리카라는 메타포의 상징적 확장을 통해, 누에스트라 아메리카의 두 번째 세기는 아프리카, 아시아, 유럽 등지의 다양한 누에스트라 아메리카들이 연대할 때 비로소 의미를 갖게 될 것이다. 이러한 가능성은 아리엘과 칼리반 사이의 깊고 지속적이며 진정한 탈식민적 동맹에 달려 있다.

2장
또 다른 앙겔루스 노부스:
근대의 뿌리/선택을 넘어서

서론

1841년 찰스 푸리에(Charles Fourier)는 사회과학자들을 "불확실한 과학의 철학자들"이라 부르며, 그들이 다루는 과학의 근본적인 문제들을 체계적으로 무시한다고 비난했다.

> 산업 경제를 다룰 때, 그들은 경제 자체의 기본이 되는 사람들의 결합 방식을 연구하는 것을 잊는다. (……) 행정을 다룰 때, 그들은 행정적 통합을 완수하는 방안을 고려하지 않는데, 통합 없이 제국은 항구적 질서 또는 미래에 대한 보장을 결코 가지지 못할 것이다. (……) 윤리에 대해 말할 때, 여성의 권리를 인정하고 요구하는 것을 잊는다. 여성 권리에 대한 억압은 정의의 기초를 흔든다. (……) 인권을 다룰 때, 노동할 권리를 인정하는 것을 잊는다. 이는 현재의 사회에서 실현 불가능하지만, 노동

할 권리가 없을 때 다른 모든 권리가 소용이 없다(1967: 86, 129).

　　푸리에의 결론은 사회과학자들이 체계적인 부주의(étourderie méthodique), 즉 가장 근본적이고 중요한 질문들을 정확히 무시하는 '기묘한 특성(odd property)'을 가지고 있다는 것이다. 180년이 지난 지금, 푸리에가 제시한 이유와 사례들은 여전히 설득력이 있는지, 그리고 실질적으로 상황이 달라졌는지 묻는 것이 타당해 보인다. 오늘날 사회과학은 근본적 문제를 과거보다 더 잘 다룰 수 있게 되었는가? 아니면 아직도 체계적으로 이 문제들을 잊고 있는 것인가? 만일 아직도 잊고 있다면, 이를 종식하기 위해 다가오는 수십 년 동안은 무엇을 해야 할까?

　　나는 21세기 초 몇십 년 동안 우리가 마주했던 가장 근본적인 문제를 먼저 확인하고자 한다. 이 문제는 역사적 식민주의가 종식된 지 수십 년이 지난 지금에도 중심부 사회와 식민지 사회를 나누는 심연의 선이 지속적으로 존재한다는 사실, 즉 그 선의 영속성을 인정하지 않는 데 있다. 이 선은 사회적 현실을 깊숙하게 나누어, 선의 저쪽에 있는 것은 무엇이든 보이지 않거나 전혀 관련 없는 것으로 남게 만든다. 푸리에의 이론을 포함한 서구 사회과학의 모든 일반화는 중심부 사회의 현실, 즉 이쪽의 사회 현실만을 고려한다는 점에서 결함이 있다. 프랑크푸르트학파가 찬양한 유럽 보편주의는 1920년대 세계 인구의 대부분을 차지했던, 이 선의 저쪽에 위치한 사회 현실을 배제하는 단편적인 시각에 기초하고 있다. 이후 장에서 이 문제를 더 자세히 다룰 것이다. 이 장에서는 심연적 선이 오늘날 선의 이쪽에서 지배적인 사회적 조건을 만들어낸 문제에 집중하고자 한다. 가장 중요한 문제는 사회적 해방이 사회적 규제로 붕괴했다는 사실이다.

서구 근대성의 패러다임은 사회 규제와 사회 해방 간의 변증법적 긴장을 전제로 하며, 이로 인해 사회 규제의 각 위기는 새로운 형태의 사회 해방으로 이어지고, 사회 해방은 더 급진적인 형태의 사회 규제를 낳는 반복이 계속될 것이다(Santos 1995).[1] 따라서 해방은 규제의 다른 얼굴로 인식되고, 해방적 의지와 에너지가 역사 발전의 원동력으로 작용한다. 과학과 기술의 인지적-도구적 합리성은 점차 이러한 역사 이론이 요구하는 사회공학의 도구를 제공하는 역할을 맡아왔다. 사회학과 사회과학 또한 이러한 역사적 기획의 일환으로 발전해 왔다.

2020년대 중반인 이 시점에, 역사적 실천에서 규제와 해방 간의 관계에 변증법적 긴장이 전혀 없었다고 결론 내리는 것은 어렵지 않다. 대개 해방적 기획과 에너지는 새롭다고 하더라도 이전의 것보다 더 진보적이라고 볼 수 없는 형태의 사회적 규제로 이어졌다. 오늘날 서구 근대성의 패러다임의 고갈을 이야기하는 것이 타당하다면, 그것은 현재의 사회적 규제 형태가 전반적으로 위기를 겪고 있으며 '규제 완화'를 요구하는 강력한 목소리가 있음에도 불구하고 새로운 해방적 기획은 등장하지 않고, 이를 위해 싸울 에너지도 존재하지 않기 때문일 것이다. 사회적 해방은 사회적 규제의 다른 얼굴이 되지 못하고 스스로의 이중으로 변모했다. 사회적 해방이 규제로 무너지는 현상이 상식이 되

----

1 질서와 진보에 대한 실증주의적 신념은 이 변증법의 부패한 형태이다. 후속 장에서는 이 선의 저쪽에서는 변증법적 긴장이 사회 규제와 사회 해방 사이가 아니라 오히려 착취와 폭력 간에 일어나는 것임을 보여줄 것이다.

면서, 사회적 규제는 반드시 효과적일 필요 없이 확산이 가능해졌다. 개인이나 집단이 규제를 뛰어넘으려는 욕망을 갖기 점점 더 어렵게 되면서, 사회적 규제는 자연스럽게 강화되고 있다.

우리의 근본적인 문제는 해방을 규제의 대립항으로 새롭게 구상하되, 이 둘이 퇴행적으로 뒤섞이는 일이 발생하지 않도록 하는 방법을 찾는 것이라고 본다. 지난 200년간의 사회적 경험에 비추어 볼 때, 우리가 근대적 관념으로는 해결할 수 없는 근대적 문제를 마주하고 있기 때문이다. 이런 의미에서, 우리는 패러다임 전환기에 접어들고 있다고 볼수 있다. 과학과 우리가 아는 사회과학은 서구 근대성 기획의 일환이기 때문에, 우리가 찾고 있는 해결책의 일부라기보다는 우리가 직면하고 있는 문제의 일부에 더 가깝다. 과학과 사회과학은 기껏해야 우리의 문제의 다양한 차원을 설명하고 분석의 정확성을 높이는 데 도움을 줄수 있을 것이다. 하지만 인식론적 전환 없이는 문제 해결에 큰 도움이 되지 않을 것이다. 그러므로 패러다임의 전환은 인식론적 차원[2] 그리고 사회적 차원 모두에서 이해되어야 한다. 이 요구는 단순히 새로운 인식론과 새로운 정치에 대한 것이 아니라, 인식론과 정치 간의 새로운 관계를 요구하는 것이다. 게다가, 에른스트 카시러(Ernst Cassirer)가 르네상스와 계몽주의를 통해 명확히 보여주었듯, 새로운 인식론은 항상 새로운 주체성, 따라서 새로운 심리학과 함께하거나 이를 수반해야 한다 (1960, 1963). 이것은 또한 인식론과 주체성 간의 새로운 관계를 요구하는 것이기도 하다.

....

2 2부에서 인식론적 문제에 대해 자세히 다룰 것이다.

남의 인식론

우리에게 닥친 도전은 이중적인 것이다. 한편으로는 마우리츠 코르넬리스 에셔의 그림처럼 점차 동일한 규제의 지도로 변하지 않을 해방적 지도를 새롭게 창조해야 하며, 다른 한편으로는 그러한 지도를 사용할 수 있고 사용할 의지가 있는 개인과 집단의 주체성을 다시 세워야 한다. 이 장에서는 이러한 변화의 한 차원, 즉 사회과학적 지식의 기초가 되는 역사 이론과 이 이론이 확립하는 헤게모니적인 사회성의 형태에 대해 다루고자 한다.

진보라는 개념은 근대성의 역사 이론의 핵심에 자리 잡고 있다. 과거와의 연결에 의존하던 사회적 경험의 의미는 이제 현재의 경험과 미래에 대한 기대를 연결하는 새로운 관계에서 찾아야 한다. 이 연결은 진보라는 개념에 의해 이루어졌다. 라인하르트 코젤렉(Reinhart Koselleck)은 "진보는 경험과 기대 사이의 시간적 차이를 단 하나의 개념으로 축소한 최초의 진정한 역사적 개념이다"(1985: 282)라고 주장한다. 진보사상은 과학과 사회의 발전 모두에 적용되며 진리와 윤리에 대한 보편주의적 개념을 기초로 한다. 근대적 해방은 진보와 보편주의적 개념 없이 생각할 수 없다. 2부에서 살펴보겠지만, 이 두 개념에 대한 불신은 해방을 개념화하는 데 있어 우리가 겪는 어려움의 핵심이며, 해방적 프로젝트에 사회적·정치적 신뢰를 부여하는 것마저 어렵게 만들고 있다. 실제로 지난 30년 동안, 우연성과 상대주의는 종종 해방의 불가능성을 증명하는 증거로 제시되었다. 우연성과 상대주의는 근대 역사 이론에 대한 가장 강력한 비판인 프리드리히 니체의 영원회귀 개념에서 비롯된다. 그러나 아래에서 살펴보겠지만, 진보라는 개념이 지배한 두 세기가 지난 지금, 역사적 반복이나 순환은 필연적으로 일정한 퇴행을 수반하며, 이는 우울과 부정, 나아가 사회적·정치적 후퇴로 이어진다. 다시 말해, 권력 의지가 '퇴화'할 위험에 처하면서 무력함에 대한 의지로 변질되는 상황에 이르게 된다.

이 장에서는 진보와 보편주의의 개념을 벗어난 해방적 프로젝트를 구축하기 위한 사회과학적 기여에 대한 서설을 제시한다.

새장에 갇힌 과거

우리는 번개 같은 번뜩임이 없는 시대, 지루한 반복의 시대에 살고 있다. '역사의 종말' 이론의 핵심 진실은, 역사의 종말이 결국 국제 부르주아 계급의 관점에서 나온 최종적인 자각이라는 점이다. 그들은 마침내 시간이 자기 지배의 자동적이고, 무한한 반복으로 변했다는 것을 깨닫게 된 것이다. 따라서 장기적 전망은 단기적 전망으로 붕괴하고 있다. 후자는 언제나 자본주의의 시간 프레임이었고, 부르주아 계급이 드디어 진정한 부르주아적 역사 이론, 즉 역사의 종말 이론을 생산할 수 있도록 했다. 역사의 종말 이론을 신뢰할 수 없다는 사실은, 이 이론이 승리자들의 자생적 이데올로기로서 성공을 거두는 데 전혀 지장을 주지 않았다. 역사의 종말의 또 다른 측면은 현재를 기념하는 것이며, 이는 포스트모던 사상의 주된 흐름에서 특히 선호되었다.[3]

---

3 '역사의 종말'이라는 개념과 자본주의 체계가 스스로를 갱신할 수 없다는 주장은 새로운 것이 아니지만, 1992년의 프란시스 후쿠야마(Francis Fukuyama)의 동명의 저서

반복의 개념은 현재가 과거로, 그리고 미래로 확장될 수 있게 함으로써, 두 시점을 모두 잠식한다. 우리는 새로운 상황을 맞이하고 있는가? 지금까지 부르주아는 전적으로 자신의 이익에 맞는 이론을 정교하게 발전시킬 능력을 갖추지 못했다. 부르주아는 항상 자신을 강력한 적, 즉 과거에는 구체제의 지배 계급, 이후에는 노동계급과 싸우는 존재로 위치시켜 왔다. 이 투쟁의 결과는 미래에 있었기 때문에 미래는 단순히 과거의 반복으로 여겨지지 않았다. 미래를 지향하는 운동들은 혁명, 진보, 진화와 같은 이름으로 불리기도 했다. 투쟁의 성과가 사전에 정해지지 않았기에 혁명은 부르주아와 노동계급 모두의 것이 될 수 있었다. 진보는 자본주의의 절정이자 초월로 해석될 수 있었으며, 허버트 스펜서(Herbert Spencer)와 카를 마르크스(Karl Marx)는 진화론을 주장할 수 있었다. 다양한 역사 이론에서 공통된 점은 과거에 대한 평가 절하와 미래에 대한 과도한 강조였다. 과거는 이미 지난 과거로만 보였기에 현재 폭발적으로 나타날 수 없는 것으로 여겨졌다. 같은 이유로, 계시와 번뜩임의 힘도 전적으로 미래로 이항되었다.

당시 사회적 변혁, 개인과 집단적 삶의 합리화, 그리고 사회적 해방은 이러한 맥락 속에서 구상되었다. 부르주아의 승리가 확립됨에 따라 반복으로서의 현재는 점차 확장되었지만, 그 확장은 결코 진보로서의 미래라는 개념에 도달하지 못했다. 1920년대 혁명 사상의 위기는 사회적 변혁과 해방의 모델로서 개혁을 강화하는 결과를 가져왔으며, 이는

출판 이후 널리 알려지게 되었다. 후쿠야마의 주장은 서구가 스스로를 재창조할 수 없다는 것이다.

반복과 개선[4]이 공존하는 모델이었다. 이 모델의 정치적 형태 중 가장 완성된 형태는 복지국가였다.

오늘날 우리가 사회적 변혁과 해방을 생각하는 데 어려움을 겪고 있는 이유는, 우리를 여기까지 오게 한 역사 이론이 파산했기 때문이다. 이는 역사 이론의 신뢰를 뒷받침하던 모든 전제들이 점차 침식되었기 때문이다. 세계적 부르주아 계급은 자신들의 역사적 승리가 이루어졌다고 느끼며, 승리자는 오직 현재의 반복에만 관심을 두게 되었다. 실제로 진보로서의 미래는 그들에게 심각한 위협이 될 수 있다. 역설적으로, 이러한 상황에서 가장 보수적인 의식이 진보라는 개념을 되찾는 데 큰 관심을 두는데, 그러한 승리가 최종적이라는 사실을 인정하지 않기 때문이다. 그래서 그들은 강력하면서도 이해할 수 없는 외부의 적을 구성하고, 이를 일종의 외부 구체제로 해석한다. 이것이 바로 새뮤얼 헌팅턴(Samuel Huntington)(1993, 1997)의 경우로, 그는 비서구 문명, 특히 이슬람에서 위협을 발견한다.

반면, 이 역사적 과정에서 완전히 패배한 이들——노동자들과 글로벌 사우스의 대다수——는 미래를 진보로 보는 개념에 더 이상 관심을 두지 않는다. 바로 거기에서 그들의 패배가 비롯되었기 때문이다. 심지어 개혁주의에서 전형적인 반복/개선 모델과 같은 더 온건한 미래의 개념조차도 복지국가의 되돌릴 수 없는 침식이 명백해진 지금, 여전히 바람직하긴 하지만 유지할 수 없는 것처럼 보인다. 현재의 반복이 견디

....

4 근대 국가의 의도적 행위로서 개선(amelioration)과 반복(repetition)이라는 개념에 대해서는 Santos(1995: 96-107)를 참조하라.

남의 인식론

기 힘들다면, 그 반복의 종결이라는 개념은 훨씬 더 견디기 어려운 것이다. 반복과 통제된 퇴행이 갑자기 상대적으로 덜 악한 선택으로 보인다. 한편으로 미래가 무의미하게 보이는 상황에서, 다른 한편으로 과거는 여전히 접근 불가능한 상태로 남아 있다. 서구 근대성은 번뜩임, 폭발, 돌출, 계시, 또는 발터 벤야민(1968: 255)이 말한 메시아적 능력의 가능성을 전적으로 미래에 부여했다. 미래를 불가능하게 만든다고 해서 과거가 가능해지는 것은 아니다. 우리는 더 이상 과거를 가능의 공간으로 상상할 수 없다. 과거를 재구성하지 않고는 사회적 변혁과 해방을 다시 구상할 수 없다고 믿는다. 이러한 재구성을 다음 부분과 6장에서 시도하고자 한다.

앙겔루스 노부스 우화

발터 벤야민의 역사에 대한 우화로 이 부분을 시작하고자 한다. 그 내용은 다음과 같다.

앙겔루스 노부스로 불리는 클레(Klee)의 그림에는 천사가 무언가를 깊이 응시하다가 곧 움직이려는 듯한 표정을 하고 있다. 천사의 눈은 응시하고 있고, 입은 열려 있으며, 날개는 펼쳐져 있다. 이것이 바로 그가 역사의 천사를 그린 방식이다. 천사의 얼굴은 과거를 향하고 있다. 우리가 일련의 사건들을 인지하는 곳에서, 천사는 그의 발 앞에 던져진 하나의 재앙, 끊임없이 잔해를 더해가는 그 재앙을 보고 있다. 그 천사는 그대로 머물러, 죽은 자들을 깨우고 파괴된 모든 것을 온전하게 만들고 싶어 한다. 그러나 천국에서 불어오는 폭풍은 천사가 더 이상 날개를 접을 수도 없을 정도로 거세게 날개를 휘감고 있다. 폭풍은 천사를 자신이 등지고 있는 미래로 강제로 몰고 가며, 그 앞으로 쌓인 잔해는 하늘로 솟구친다. 이 폭풍이 바로 우리가 진보라고 부르는 것이다(1968: 257).

무력해진 역사의 천사는 발밑에 쌓인 잔해와 고통의 더미를 바라본다. 그는 재앙과 함께 남아 뿌리를 내리며 죽은 자들을 깨우고 패배한 이들을 불러들이고 싶어 한다. 그러나 천사의 의지는 그를 미래로 몰아가는 힘에 의해 빼앗겨, 자신이 등을 돌린 미래를 선택할 수밖에 없다. 과도한 통찰력은 효용의 결핍과 맞물린다. 천사가 가장 잘 알고 변화시킬 수 있었던 것은 낯설어졌고, 그는 대신 알지 못하는 것에 굴복한다. 뿌리는 단단히 잡히지 않으며, 선택은 막막하다. 따라서 과거는 단순히 기록일 뿐, 결코 자원이 될 수 없으며——위기의 순간에 패배자를 위해 분출할 수 있는 능력도 아니다. 벤야민은 역사철학에 관한 그의 다른 논제에서 이렇게 말한다. "과거를 역사적으로 규명한다는 것은 그것을 '실제 있던 그대로' 인지하는 것이 아니다. ['실제 있던 그대로'는 랑케의 과학적 역사학이 추구하는 모토이다.] 그것은 위험의 순간에 번쩍이는 기억을 붙잡는 것이다"(1968: 255). 과거가 지닌 구원의 가능성은, 위험한 순간에 불시에 나타나 비순응의 원천으로 작용할 수 있는 이 가능성에 있다.

벤야민에 따르면, 살아 있는 자들의 비순응은 죽은 자들의 비순응 없이는 존재할 수 없으며, "심지어 죽은 자들도 적이 승리하면 안전하지

남의 인식론

않다"고 말하며 "적은 승리를 멈추지 않았다"(1968 : 255)고 덧붙인다. 역사의 천사가 과거로부터 폭발과 구원의 능력을 박탈당한 것은 비극이다. 죽은 사람의 비순응을 불가능하게 함으로써, 그는 살아 있는 사람의 비순응 또한 불가능하게 만든다.[5]

이 비극의 결과는 무엇인가? 벤야민처럼 우리도 위험의 순간에 직면해 있다. 그러므로, 우리는 역사의 천사의 위치를 바꿔야 한다. 그리고 폭발과 구원의 능력을 과거로 되돌려 주기 위해서는 과거를 재구성해야 한다. 우리에게 과거를 바라볼 수 있는 다른 관점이 역사의 천사에게 주어진 자세 외에는 없다면, 이것은 불가능한 과제처럼 보인다. 그러나 나는 새 천년의 시작이 이 딜레마를 창의적으로 해결할 기회를 제공한다고 생각한다. 천국에서 불어오는 폭풍은 여전히 느껴지지만, 그 강도는 훨씬 약해졌다. 천사는 아직 같은 자세를 유지하고 있지만, 이를 지탱하는 힘은 약해지고 있다. 어쩌면 그의 자세는 단지 관성의 결과일 뿐이며, 클레의 천사는 더 이상 비극적인 천사가 아니라 쉬고 있는 꼭두각시가 된 것일지도 모른다. 나는 서구 근대성에 대한 하나의 서사를 제안하는 것으로 시작한 뒤, 새로운 서사의 서문을 제시하고자 한다.

....

5 발터 벤야민의 역사 이론에 대한 최근의 분석으로는 Echeverría(1996, 2011); Steinberg(1996); Ribeiro(1995); Callinicos(1995: 150); Löwy(2005a); Gandler(2010) 를 참조하라.

뿌리와 선택

서구 근대성에서 정체성과 변화의 사회적 구성은 뿌리와 선택의 등식에 기초하고 있다. 이 등식은 근대 사상에 이중적 성격을 부여한다. 한편으로는 뿌리의 사상이고, 다른 한편으로는 선택의 사상이다. 뿌리에 대한 사상은 깊이 있고, 영속적이며, 단일하고, 고유한 모든 것과 관련이 있으며, 그것은 안도감과 일관성을 제공하는 모든 것을 다룬다. 선택에 대한 사상은 뿌리의 관점에서 볼 때 변덕스럽고, 일시적이며, 대체 가능하고, 불확정적인 모든 것과 관련이 있다. 뿌리와 선택 사이의 주요 차이점은 스케일에 있다(Santos 2002b: 426-434).[6] 뿌리들은 큰 스케일의 존재이다. 지도 제작과 마찬가지로, 뿌리는 광범위한 상징적 영토와 긴 역사적 시간을 포괄하지만, 해당 영역의 특성을 세밀하고 명확하게 지도화하는 데에는 실패한다. 다른 지도와 마찬가지로, 뿌리의

---

6 뿌리와 선택은 시간에 따라 구분된다. 사회는 사회적 상호작용처럼 다양한 사회적 시간의 복합체로 구성되며, 사회들이 특권을 부여하는 사회적 시간의 특정한 조합과 계층에 따라 다르다. 조르주 귀르비치(Georges Gurvitch)의 사회적 시간 유형론(1969: 340)을 자유롭게 참고하여, 나는 다음과 같은 시간의 조합으로 뿌리를 특징지을 것을 제안한다. (1) 긴 지속 시간과 천천히 흐르는 시간(*temps de long durée et au ralenti*), (2) 순환적 시간(*temps cyclique*), 제자리에서 춤추는 시간, (3) 지연된 시간(*temps en retard sur lui même*), 전개를 기다리게 만드는 시간. 반면 선택은 다음과 같은 시간의 조합으로 특징지어진다. (1) 가속된 시간(*temps en avance sur lui même*), 우연성과 단절의 시간, (2) 폭발적 시간(*temps explosive*), 과거나 현재 없이 오직 미래만 존재하는 시간. 빙하적 시간과 순간적 시간 사이의 연속체에서, 근대의 뿌리는 빙하적 시간에 가까워지고, 근대의 선택은 순간적 시간에 가까워진다. 뿌리에서는 템포가 느려지는 경향이 있는 반면, 선택에서는 템포가 빨라지는 경향이 있다.

남의 인식론

지도는 안내하기도 하지만, 그만큼 잘못된 길로 이끌기도 한다. 반대로 선택들은 작은 스케일의 존재들이다. 선택은 제한된 영역과 짧은 시간 동안 존재하지만, 대안을 선택하는 데 관련된 위험을 평가할 수 있을 만큼 충분히 세밀하게 다룬다. 이러한 스케일의 차이로 인해, 뿌리는 유일하지만 선택은 다수이며, 그럼에도 이 둘의 등식은 가능하면서도 사소하지 않다.

　뿌리/선택의 이원성은 근본적이고 구성적인 이중성이다. 즉, 이 이중성은 뿌리와 선택 사이의 관계를 스스로 설정하면서도 그 관계의 작용에 구속되지 않는다. 다시 말해, 우리는 뿌리와 선택이라는 틀을 벗어나 생각할 선택권을 갖고 있지 않다. 이 등식의 효력은 이중의 교묘함에 있다. 첫째, 과거와 미래 사이의 균형이라는 교묘함이 있다. 뿌리의 사유는 과거에 대한 사유로 자신을 드러내며, 반면 선택의 사유는 오직 미래에 대한 사유로 간주된다. 내가 교묘함이라는 표현을 사용하는 이유는, 사실상 뿌리의 사유와 선택의 사유 모두가 미래에 대한 사유이기 때문이다. 이 등식에서 과거는 크게 과소대표되어 있다. 과소대표가 망각을 의미하는 것은 아니다. 오히려, 찰스 마이어(Charles Maier)의 표현을 빌리자면, "과도한 기억"으로 나타날 수 있다(1993: 137).[7] 기억이 멜랑콜리로 발현될 때 과소대표가 발생하는데, 이는 과거를 회복하는 것이 아니라, 좌절된 기대에 대한 투쟁을 회상으로 대체함으로써 과거의

7　마이어는 이 표현을 미국 및 다른 지역에서 홀로코스트 박물관의 급증 현상을 분석하는 데 사용한다. 그의 설명에 따르면, 기억의 과잉은 역사적 신뢰의 징후라기보다는 변혁적 정치로부터의 후퇴를 나타낸다(Maier 1993: 150).

구원적 잠재력을 무력화하는 것이다.

두 번째 교묘함은 뿌리와 선택 간의 균형에 관한 것이다. 이 등식은 뿌리와 선택의 균형, 그리고 선택의 분배에서의 균형이라는 대칭으로 제시되지만, 실제로는 그렇지 않다. 선택이 압도적으로 우세한 경우가 대부분이다. 물론, 특정 역사적 순간이나 사회적 집단에 따라 뿌리가 더 중요하게 여겨지기도 하고, 반대로 선택이 더 중시되기도 한다. 그러나 결국 항상 선택의 문제로 귀결된다. 어떤 종류의 선택은 뿌리의 담론적 우위를 내포하는 반면, 다른 선택은 뿌리를 주변화한다. 균형은 실질적으로 불가능하다. 역사적 순간이나 사회적 맥락에 따라 뿌리가 선택보다 우선하거나, 반대로 선택이 뿌리를 압도하기도 한다. 이 상호작용은 항상 뿌리에서 선택으로, 선택에서 뿌리로 이어지며, 정체성과 변화의 서사로서 각 용어가 지니는 힘이 유일한 변수로 작용한다. 한편, 선택의 사회적 분배에서 균형이나 공정성은 존재하지 않는다. 오히려 그 반대다. 뿌리는 선택의 범위를 정의할 뿐만 아니라, 그 선택에 접근할 수 있는 사회적 집단과 접근할 수 없는 집단을 규정하는 결정의 집합체일 뿐이다.

몇 가지 예시를 통해 이 역사적 과정을 더 자세히 설명할 수 있을 것이다. 먼저, 뿌리와 선택이라는 등식의 관점에서 근대 서구 사회는 자신을 중세 사회와 구별하고 이해한다. 중세 사회는 종교, 신학, 전통과 같은 뿌리의 우위가 전적으로 지배적인 사회로 여겨진다. 중세 사회는 정체된 것으로 보일 수 있으나, 뿌리의 논리에 따라 서서히 진화했다. 반면, 근대 사회는 선택의 논리에 따라 발전하는 역동적인 사회로 보인다. 이 등식의 변화에서 나타나는 첫 번째 주요 징표는 아마도 루터의 종교개혁일 것이다. 종교개혁으로 인해, 서구 기독교의 성경이라는 동일한 뿌리에서 로마 교회에 대립하는 선택들이 생겨났다. 종교가 선택적인 것이 됨으로써, 뿌리로서의 종교는 지위까지는 아니더라도 그 강도가 약화되었다.

17세기의 합리주의적 자연법 이론은 뿌리와 선택의 등식을 철저히 근대적 방식으로 재구성했다. 이때 뿌리는 이성과 관찰을 통해 이해된 자연법이다. 이 뿌리의 강도는 신을 넘어설 정도이다. 새로운 등식의 가장 훌륭한 대변인으로 꼽히는 휴고 그로티우스(Hugo Grotius)는 그의 저서 『전쟁과 평화의 법(De jure belli ac pacis)』에서 "우리가 말한 것들은, 결코 용납할 수 없는 가장 극악한 가정을 받아들인다고 해도 일정 정도의 유효성을 지닌다. 이를테면 신이 존재하지 않는다거나, 인간의 일이 신의 관심사가 아니라는 가정이다"(1964: 11-13)[8]라고 언급한다. 이러한 강력한 뿌리 위에서는 가장 이질적인 선택들이 가능하다. 그로티우스 자신이 제시한 이유 때문이 아니라, 바로 이 점에서 리처드 터크가 그로티우스의 저서를 "두 얼굴을 가진 야누스와 같으며, 두 개의 입으로 절대주의와 자유의 언어를 동시에 말한다"(1979: 79)고 표현한 것은 옳다. 이는 정확히 그로티우스가 의도한 바였다. 자연법이라는 뿌리에 단단히 기반을 둔 법은 위계(그로티우스가 '통치법(jus rectorium)'이라 부르는 것)나 평등(그가 '평등법(jus equatorium)'이라 부르는 것) 중 어느 것이든 하나를 지향하는 선택을 충분히 할 수 있다.

....

8 별도의 저작에서 그로티우스의 이론과 자연법 일반의 합리주의 이론에 대해서도 자세히 다룬 바 있다(Santos 1995, 60-63).

종교가 뿌리에서 선택으로 이행하는 동안, 과학은 같은 역사적 과정에서 선택에서 뿌리로 이행한다. 지암바티스타 비코(Giambattista Vico)의 '신과학'은 데카르트에서 시작되어 19세기에 완성될 이 전환 과정의 결정적인 이정표로 볼 수 있다. 종교와 달리 과학은 미래에서 기원하는 뿌리로, 스스로를 근본화함으로써 뿌리로 전환하고 이를 통해 광범위한 가능성의 영역을 창출한다. 뿌리와 선택 사이의 이러한 입장 변화는 계몽주의에서 절정에 달한다. 과학과 정치, 종교, 예술을 포함한 광범위한 문화적 영역에서, 뿌리는 분명 선택의 급진화를 통해 나타나는 또 다른 측면이 되고자 하며, 이는 뿌리가 가능하게 하는 선택들과 불가능하게 하는 선택 모두에 해당한다. 이것이 바로 개인적 삶과 집단적 삶의 궁극적 뿌리가 된 계몽주의적 이성이, 선택의 창조 외에는 다른 토대를 갖지 않는 이유이다. 또한 뿌리로서 계몽주의적 이성이 종교나 전통과 같은 구체제(ancien régime)의 뿌리들과 구분되는 지점이다. 계몽주의적 이성은 스스로를 근본화함으로써 광범위한 선택의 가능성을 열어주는 선택이다.

어떤 경우에도 선택은 무한하지 않다. 이것은 계몽주의의 또 다른 중요한 뿌리, 즉 사회계약과 이를 유지하는 일반의지에서 분명하게 드러난다(Santos 1995: 63-71). 사회계약은 급진적 선택──자연 상태를 벗어나 시민사회를 시작하는 선택──의 근본적 은유인데, 이는 자연 상태[9]로

---

9 서구 근대성의 여타 토대들과 마찬가지로(4장 참조), 사회계약은 식민지화된 민족들을 배제한다. 실상, 시민사회의 건설을 위한 물질적 조건은 대체로 식민지화된 민족들에게 자연 상태를 강요함으로써 형성되었다.

남의 인식론

돌아가는 것을 제외한 모든 것을 가능하게 만드는 뿌리가 된다. 뿌리의 계약성은 되돌릴 수 없으며, 이것이 선택의 가역성에 한계를 부여한다. 이런 이유로 장 자크 루소의 사상에서 일반의지는 그것이 창출한 자유인들에 의해 도전받을 수 없다. 루소는 『사회계약론』에서 다음과 같이 말한다. "누구든지 일반의지에 따르기를 거부하는 자는 공동체 전체에 의해 강제로 따르게 될 것이다. 이는 곧 그가 자유를 강요받는다는 의미와 다름없다"(1973〔1762〕: 174).

뿌리의 계약화(contractualization)는 길고 다사다난한 역사적 과정이다. 낭만주의의 경우, 뿌리의 계약화에 대한 반작용이자, 뿌리의 고유성과 대체 불가능성에 대한 주장이다.[10] 그러나 낭만주의적 뿌리는 사회계약의 근저에 있는 뿌리들과 마찬가지로 미래 지향적이다. 두 경우 모두에서 쟁점이 되는 것은 가능과 불가능, 정당한 선택과 부당한 선택을 구분할 수 있도록 가능성의 장을 여는 것이다.

따라서 계몽주의 이후로 뿌리/선택의 등식은 사회 변혁과 변혁 속의 개인과 사회 집단의 위치를 사고하는 헤게모니적 방식이 되었다고 말할 수 있다. 이 패러다임의 가장 탁월한 표현 중 하나는 근대 세계에서의 존재 방식을 나타내는 핵심 메타포로서의 여행 모티프이다. 유럽의 팽창을 위한 실제 항해에서부터 데카르트, 몽테뉴, 몽테스키외, 볼테르, 루소의 실제 또는 상상 속 여행에 이르기까지, 여행은 항상 이중적인 상징으로 나타난다. 한편으로는 진보와 물질적 · 문화적 향상의 상

---

10 따라서 낭만주의는 때로는 반동적이고, 때로는 혁명적인 야누스적 얼굴을 가진다. 자세한 내용은 Gouldner(1970), Brunkhorst(1987), Löwy(2005a)를 참조하라.

징이면서 다른 한편으로는 위험과 불안, 상실의 상징이다. 이러한 이중성은 여행이 양가성을 지니고 있음을 의미한다. 다시 말해, 그것은 고정점인 집(오이코스(*oikos*) 또는 도무스(*domus*))이라는 관념을 내포한다. 여행에는 출발점과 도착점이 모두 존재한다. 조르주 반 덴 아벨레(Georges van den Abbeele)의 말처럼, 오이코스(*oikos*)는 "자신과의 관계 속에서 다른 모든 지점들을 정의함으로써 주어진 영역을 조직하고 길들이는 초월적 준거점"(1992: xviii)의 역할을 한다. 유사한 맥락에서 가스통 바슐라르(Gaston Bachelard)는 "집이라는 존재가 가지는 원초적 충만함"과 "우리의 많은 기억들이 집이라는 공간 안에 담겨 있다"(1969: 8)는 사실을 언급하며, 정신분석학은 지리분석학(topoanalysis)으로 보완되어야 한다고 주장한다.

한마디로, 오이코스(*oikos*)는 여행이 가능하고 의미를 가질 수 있도록, 여행에 참여하지 않으면서도 여행의 일부를 이루는 것이다. 오이코스는 여행이 가능하게 만드는 동시에 삶이나 지식의 가능성을 지탱하고 제한하는 뿌리이다. 여행을 통해 방문한 장소의 이국적 특성이 출발점인 집의 친숙함을 한층 깊게 만들기 때문에, 여행은 원초적 뿌리를 강화한다. 계몽주의 시대 상상 속 여행자들이 비교적 입장을 통해 도달하고자 했던 문화적 상대주의는, 유럽 문화의 정체성, 더 나아가 그 우월성을 주장하는 데에서 그 한계를 드러낸다. 몽테뉴(Montaigne)는 아메리카를, 몽테스키외(Montesquieu)는 페르시아를, 루소(Rousseau)는 오세아니아를 실제로 여행한 적이 없었지만, 이들 모두 유럽 문화의 뿌리를 찾기 위해 이탈리아를 여행했다는 사실은 분명하다. 당시 여행 시점에서 이탈리아의 쇠퇴는 이러한 뿌리들과 극명한 대비를 이루었으며, 이

남의 인식론

는 오히려 그 뿌리를 더욱 숭배하게 만드는 요인이 되었다.

여행 모티프는 근대의 뿌리/선택 등식이 은폐하는 동시에 정당화하려는 차별과 불평등을 극명히 드러낸다. 한편으로, 이국적 장소로의 항해는 많은 이들에게 자발적 행위가 아니었으며, 어떤 문화적 정체성을 공고히 하기 위한 것도 아니었다. 오히려 그것은 정체성을 파괴하려는 강제된 여정이기도 했다. 이를 가장 잘 보여주는 사례가 노예무역이라 할 수 있다. 다른 한편으로, 여행 모티프는 남성 중심적이다. 앞서 언급했듯이, 여행은 출발점과 도착점, 즉 집(*oikos* 또는 *domus*)의 고정성을 전제로 한다. 집은 이제 여성의 공간으로 간주된다. 여성이 여행하지 않기 때문에 여행이 가능하다는 것이다. 사실, 여행이라는 모티프와 관련된 이러한 성별 구분은 서구 문화는 물론 다른 문화에서도 가장 지속적인 전형들(topos) 중 하나로 꼽힌다. 서구 문화에서 그 원형은 『오디세이아』이다. 가정을 지키며 기다리는 페넬로페는 끝없는 여정을 떠나는 율리시스의 대척점에 위치한다. 페넬로페가 베를 짜며 보내는 긴 기다림은, 율리시스가 우연과 모험으로 가득 찬 여정을 가능하게 하는 출발점과 도착점의 안정성을 상징하는 정확한 메타포라 할 수 있다.

여행 모티프는 근대의 뿌리와 선택이라는 등식이 가진 성차별적, 인종 차별적, 계급 차별적 정의를 밝히는 데 중요한 역할을 한다. 이 등식이 창출하는 가능성의 범위는 모든 이들에게 동등하게 열려 있지 않다. 오히려 다수일지도 모를 일부 사람들은 배제된다. 이들에게 뿌리는 새로운 선택의 가능성이 아니라 그 가능성을 부정하는 도구로 작용한다. 남성, 백인, 자본가들에게 선택을 허용하는 뿌리들은 여성, 흑인, 노동자들에게는 그 선택을 부정한다. 19세기 이후로, 뿌리와 선택의 거울 놀이가 고착화되었고 이는 사회과학의 *지배적 이데올로기*(*ideologie savante*)로 자리 잡았다. 이를 대표하는 두 명백한 사례는 단연 카를 마르크스(Karl Marx)와 지그문트 프로이트(Sigmund Freud)다.

마르크스에게 토대는 뿌리이고 상부구조는 선택이다. 이것은 일부 비저속적(nonvulgar) 마르크스주의자들이 우리에게 믿게 하려 했던 것처럼 단순한 저속적(vulgar) 은유가 아니다. 오히려 이는 마르크스의 작업 전반에 걸쳐 흐르는 사회적 이해 가능성의 논리적 원칙이며, 심지어 마르크스와 의견을 달리했던 다른 사회학자들의 작업에서도 발견된다. 이는 에밀 뒤르켐(Émile Durkheim)의 사례를 언급하는 것으로 충분할 것이다. 뒤르켐은 사회적 노동 분업과 이러한 분업이 끊임없이 복제해 내는 선택들에 기반한 사회에서, 집단의식(collective consciousness)은 지속적으로 위협받는 뿌리라고 보았다. 이는 프로이트와 카를 융의 사고틀과도 맥을 같이한다. 심층심리학에서 무의식이 중심적 위치를 차지하는 이유는 바로 무의식이 자아(ego)의 선택과 신경증적 제약 모두를 근거짓는 심층적 뿌리라는 사실에서 비롯된다. 피터 호만스(Peter Homans)는 프로이트와 융을 문화적으로 재해석하면서 "해석은 문화의 무의식적 기반(infrastructure)을 식별함으로써 해석자를 그 억압적이고 강제적인 힘으로부터 해방한다"(1993: xx)고 설명한다.

공산주의 혁명과 내성적 혁명[11]은 공동의 유산을 구성하는 이상과 상

....

11 20세기 초에 발생한 급진적 가치 변화로서의 내성적 혁명에 관해, 프로이트 외에도 프루스트, 조이스, 카프카와 같은 작가들 및 베르그송과 같은 철학자들을 포함한 논의 내용은 Weinstein과 Platt(1969: 137)를 참조하라.

남의 인식론

징 그리고 삶의 방식을 상실한 사회가 겪는 심각한 사회적 · 개인적 혼란에 대한 창의적인 대응이라는 공통점을 가진다. 또한, 뿌리와 선택의 등식과 관련된 미래 지향적 태도는 마르크스나 프로이트 모두에게 강렬하게 나타난다. 마르크스에게 토대가 사회 변혁의 열쇠라면, 프로이트나 융에게 무의식에 대한 연구는 치료라는 목적을 벗어나서는 아무런 의미가 없다. 마찬가지로, 역사적 유물론과 심층심리학은 각각 자본주의와 서구 문화라는 근대 사회의 뿌리로 되돌아가 더 폭넓고 새로운 선택들을 탐색한다. 두 경우 모두, 해당 이론의 성공 여부는 그것이 변화의 토대이자 도구로 자리 잡는 데 달려 있다. 무엇보다도, 오랫동안 '깊은 과거'──즉 종교라는 뿌리──를 상실한 세계에서 과학은 현대 서구 사회에서 새로운 시작을 뒷받침할 수 있는 유일한 뿌리로 작동한다. 이 맥락에서 좋은 선택이란 과학에 의해 정당성을 부여받은 선택을 의미한다. 이는 마르크스가 현실과 이데올로기를, 프로이트가 현실과 환상을 구분하는 근거가 된다. 이러한 근거를 바탕으로 근대 비판이론의 가능성 또한 성립하는 것이다.[12]

우리 시대의 사회학과 사회과학은 전반적으로 새로운 뿌리/선택의 등식에 기반하여 발전해 왔으며, 이는 사회적 이해 가능성의 중심 서사로 자리 잡았다. 사회학과 인류학에서는 구조와 행위성(agency), 역사학에서는 *장기 지속*(longue durée)과 *사건*(lévénement), 언어학에서는 랑그(langue)와 파롤(parole), 또는 심층 구조와 표층 구조가 모두 이 등식의

---

12 니체의 반칸트적 집착을 감안할 때, 이 생각은 니체의 사상에서 반복적으로 나타난다는 것을 볼 수 있다. 그 예로, Nietzsche(1973)를 참조하라.

다양한 형태들이다. 심지어 각 학문 분야에서 일부 이론적 흐름들이 이러한 등식을 반대하거나(현상학적 흐름과 포스트구조주의 흐름), 등식의 두 요소를 중재하거나 변증법적으로 종합할 때조차(앤서니 기든스의 구조화 이론, 피에르 부르디외의 *아비투스* 개념), 이들의 분석적 주장 역시 등식에서 벗어나려는 특정 방식 때문에 결국 등식에 포획되는 결과를 낳았다.

근대 정치 영역에서 뿌리와 선택의 새로운 등식에 대한 자유주의적 정치적 대응 형태는 국민국가와 실정법이다. 이는 시장과 시민사회에서 다양한 선택지를 창출하는 뿌리로 작용하게 되었다. 법이 뿌리로 기능하려면 자율적이고, 유의미하며, 과학적이어야 했다. 그러나 이러한 변화를 거부하는 저항도 존재했다. 예를 들어 독일의 역사학파는 법을 *민족정신*(Volksgeist)의 발현으로 간주하며, 과거의 뿌리/선택 등식을 법에 적용하려 했다. 하지만 궁극적으로 승리한 것은 새로운 등식이다. 이는 법전화(法典化)와 실증주의에 의해 구성된 법적 뿌리를 바탕으로 법을 사회공학의 도구로 전환하려는 경향을 보여주었다(Santos 1995 : 73). 자유주의 국가는 균질한 국민성과 국민 문화를 상상함으로써 뿌리로서의 지위를 형성했으며(Anderson 1983), 이를 통해 자신을 초월한 뿌리를 수호하는 존재로 자리 잡았다.

등식의 소멸

우리는 지금 벤야민적 의미에서의 위험한 순간에 직면해 있다. 이는 사회 변혁을 사고하는 데 기반이 되어온 근대적 뿌리와 선택의 등식이

남의 인식론

돌이킬 수 없을 정도로 심각한 불안정화 과정을 겪고 있기 때문으로 보인다. 이러한 불안정화는 스케일의 격변, 뿌리와 선택의 폭발, 그리고 뿌리와 선택의 상호교환 가능성이라는 세 가지 주요 형태로 나타난다. 이제 각각의 형태를 간략히 설명하고자 한다.

스케일의 격변

스케일의 격변을 살펴보기 위해서는, 앞서 언급한 뿌리(대규모)와 선택(소규모) 간의 규모 차이를 다시 떠올릴 필요가 있다. 뿌리/선택 방정식은 이러한 차이와 그 안정성에 기반을 둔다. 그러나 우리는 현상들 사이에서 스케일이 혼란스럽고 예측 불가능하게 뒤엉키는 격변의 시대를 살고 있다. 도시 폭력은 이를 상징적으로 보여주는 사례 중 하나다. 거리의 아이가 밤에 잘 곳을 찾다가 경찰에게 살해당하거나, 구걸하는 이를 돕지 않았다는 이유로 한 사람이 살해당하는 상황은, 갈등의 스케일이 예측 불가능한 방식으로 폭발하는 예이다. 겉보기에는 사소하고 별다른 결과가 없을 것 같던 일이 이제는 비극적이고 치명적인 결과를 초래하는 결과로 이어지고 있다. 이러한 스케일의 급작스럽고 예측 불가능한 변화는 오늘날 사회적 실천의 다양한 영역에서 발생하고 있으며, 이것이 내가 스케일의 격변을 우리 시대의 핵심적인 특징 중 하나로 꼽는 이유이다.

일리야 프리고진(Ilya Prigogine 1980, 1997 ; Prigogine and Stengers 1979)의 이론을 바탕으로, 나는 오늘날 우리 사회가 분기(bifurcation)라는 특징을 지닌다고 본다. 분기는 불안정한 시스템에서 아주 작은 변화가 예측 불가능하고 혼란스러운 방식으로 질적 변화를 초래할 때 발생한다. 이러한 갑작스러운 스케일의 폭발은 엄청난 혼란을 일으키며, 시스템을 돌이킬 수 없이 취약한 상태로 만든다. 나는 우리 시대의 혼란이 이러한 종류의 것이라고 믿으며, 이 혼란 속에서 노동에서부터 친밀감, 시민권에서 생태계에 이르기까지 모든 형태의 주체성과 사회성이 취약성에 영향을 받고 있다고 본다. 이러한 분기의 상태는 뿌리와 선택의 등식에도 반향을 일으켜, 뿌리와 선택 간의 스케일 차이를 혼란스럽고 가역적인 것으로 만든다. 우리 시대의 정치적 불안정성은 뿌리와 선택 모두에서 발생하는 갑작스러운 스케일 변화와 깊이 연관되어 있다. 이는 소련의 붕괴, 발칸 반도의 인종 청소, 갈수록 잔혹하고 비도덕적으로 변하는 팔레스타인 점령, 아랍의 봄, 수단의 분리, 이라크 · 아프가니스탄 · 리비아에 대한 미국과 동맹국들의 제국주의적 개입, 코트디부아르에 대한 프랑스의 제국주의적 개입 등에서 드러난다. 또한, 미국의 쌍둥이 빌딩과 펜타곤에 대한 참혹한 공격으로 촉발된 전 세계적 대테러 전쟁, 오사마 빈 라덴과 무아마르 카다피 같은 경쟁 지도자들에 대한 초법적 처형이 국제법의 새로운 원칙으로 자리 잡는 현상, 그리고 표면적으로는 자비로워 보이는 유엔의 관리 아래 이루어진 아이티 국민들에 대한 신식민주의적 통제에 이르기까지, 이러한 변화는 다양한 형태로 나타나고 있다. 소련 해체 이후, 소련의 여러 공화국에 거주하던 약 2,500만 명의 러시아인들은 자신의 정체성이 소수민족이나 지역적 정체성의 지위로 축소되는 상황을 목격했다. 한편, 구유고슬라비아의 세르비아인들은 서방 국가들의 초기 지원을 받으며, 이웃 국가들의 민족적 뿌리를 잠식함으로써 자신들의 민족적 뿌리의 규모를 확장하려 했다. 이는 한 도시에 대한 공격이 전 지구적 현상으로 격상되는 상황을

남의 인식론

보여준다. 대부분 기독교인인 남수단 국민은 국민국가로서의 지위와 스케일을 획득했지만, 팔레스타인인들은 이러한 지위를 부여받지 못했다. 리비아, 이집트, 시리아, 튀니지, 예멘에서 벌어진 국가적 갈등은 지역적 또는 세계적 차원으로 확장되거나, 때로는 명확한 이유 없이 국가적 차원에 머물기도 한다. 이러한 스케일 변화는 새로운 현상이 아니다. 제2차 세계대전 이후 탈식민화 과정과 이른바 포스트식민적 국민국가 형성 과정에서도 이미 나타난 바 있다. 그러나 이 변화에서 새롭게 주목할 점은, 이러한 변화가 정체성의 뿌리에 대한 독점적 권리를 주장하던 국가들의 폐허 위에서 일어나고 있다는 사실이다.

예측할 수 없어 보이는 스케일의 폭발은 선택의 영역에서도 동일하게 나타난다. 경제 분야에서는 구조조정과 관련된 선택들이 불가피한 것으로 강요되며, 그로 인해 초래되는 극단적 결과들은 소규모를 대규모로, 단기적 상황을 순식간에 장기적인 문제로 확장한다. 국제통화기금(IMF)의 신자유주의적 구조조정 프로그램을 채택한 국가들의 이 같은 선택들은 사실상 선택이 아니라 초국가적 뿌리의 작용이다. 이것은 국가적 뿌리를 침범하고 질식시켜 단순한 지역적 부속물로 축소한다. 다른 한편, 근대성의 정치적 뿌리의 계약화를 상징하는 메타포인 사회계약은 오늘날 큰 동요를 겪고 있으며, 완전히 해체되었다고 해도 과언이 아니다. 사회계약은 자연 상태를 포기한다는 공통된 선택에 기반한 뿌리의 계약이다. 200년이 지난 지금, 우리는 구조적 실업, 불안정한 노동, 권리 없는 노동, 노예와 같은 노동과 동시에 금융 부문의 충격적인 급여 차이를 마주하고 있다. 은행들에게는 구제금융이 제공되는 반면, 주택담보대출금이나 교육비 부채를 갚을 수 없는 이들은 배제되고 있다. 이와 더불어, 반동적 이데올로기의 귀환으로 개인의 책임 원칙이 사회적 책임 원칙을 대체하며, 정치 의제는 가난한 자와 병든 자, 노인이 빠르게 죽음을 맞아야 공공 의료비 지출을 줄일 수 있다는 주장으로 가득 차 있다. 세계체제 내 국가들 간, 그리고 각 국가 내부에서 사회적·경제적 불평등의 심연이 깊어지고 있다. 글로벌 사우스와 글로벌 노스 내부의 제3세계를 괴롭히는 기아, 빈곤, 질병을 고려할 때, 우리가 세계체제의 주변부와 중심부 모두에서 세계 인구의 상당 부분을 사회계약에서 배제하고 그들을 자연 상태로 되돌아가도록 강요하고 있다는 사실은 자명해 보인다.

뿌리와 선택의 폭발

뿌리와 선택의 등식의 불안정화가 나타나는 두 번째 형태는 뿌리와 선택 모두의 폭발이다. 소비 사회와 미디어 사회의 맥락에서 통상 세계화라 일컫는 현상은 실로 무한해 보이는 선택의 다양성을 만들어냈다. 기술, 시장 경제, 광고와 소비주의의 글로벌 문화, 정보기술 혁명, 민주주의와 같은 힘들이 이러한 확장을 정당화하면서, 가능성의 범위는 급격히 넓어졌다. 각 선택의 증가가 자동으로 선택에 대한 더 많은 증가에 대한 요구(이면서 권리)로 이어진다. 그러나 이러한 모든 현상과는 명백히 모순되는 점은, 우리가 지역주의와 정체성, 특수성, 계보, 그리고 기억의 영토화가 두드러지는 시대를 살아가고 있다는 사실이다. 이는 원주민과 아프리카계 후손들이 자신들의 영토를 수호하기 위해 벌이는 투쟁, 농민들이 토지와 토지 수탈에 맞서 싸우는 노력, 초대형 개발 프로젝트에 대한 부족 공동체의 저항, 아파르트헤이트와 독재의 잔혹 행

남의 인식론

위 이후 기억할 권리를 위한 운동, 또는 문화적 정체성과 모국어를 사용할 권리를 요구하는 움직임에서 더욱 가시화되었다. 요컨대, 우리가 살아가는 시대는 뿌리의 무한한 증식이 일어나는 시대이기도 하다.

그러나 뿌리와 선택의 폭발은 단순히 양자의 무한한 증식을 통해서만 발생하는 것이 아니다. 특히 극적이고 급진적인 선택을 뒷받침할 수 있는 깊고 강력한 뿌리를 찾는 과정에서도 일어난다. 이 경우, 가능성의 범위는 크게 축소될 수 있지만, 남은 선택들은 극적이고 중대한 결과를 낳는다. 뿌리와 선택의 이러한 폭발이 양자의 강화를 통해 구현되는 대표적인 사례로 근본주의와 DNA 연구를 들 수 있다. 종교적 또는 정치적 근본주의는 일반적으로 명시적이든 암묵적이든 비서구적인 것으로 간주되는 정체성 정치의 극단적 형태로 이해된다. 실제로 근본주의의 가장 일반적인 형태는 유럽중심적 보편주의의 극단적 형태에서 비롯된다. 정치적 근본주의가 지닌 헤게모니적 특성은, 정체성 정치의 극단적 형태만을 유일한 형태로 인정하는 데서 드러난다. 즉, 글로벌 노스 내부에 거주하는 비서구적 사회 집단을 제외한다면, 글로벌 노스에는 근본주의가 존재하지 않는 것으로 여겨진다. 이러한 자기 편향적 이데올로기에 반하여, 나는 모든 근본주의 중에서 신자유주의적 근본주의가 의심할 여지 없이 가장 강렬하다고 주장한다. 마르크스주의가 깊은 위기에서 겨우 회복하기 시작한 지금, 자본주의는 진정으로 마르크스주의적 성격을 띠게 되었다. 지난 수십 년간 자유시장과 민영화라는 이데올로기는 일종의 새로운 사회계약으로 자리 잡았다. 이로써 대다수의 국가, 개인, 공동체로 하여금 배제의 카오스와 포섭의 카오스 중 하나를 선택하도록 만들었으며, 그 결과 극적이고 급진적인 선택으로 귀결되는 보편적 경제적 기반, 즉 뿌리가 되었다.

한편, 인간 게놈 프로젝트의 범주에서 수행된 DNA 연구는 문화적 측면에서 신체를 유전공학이라는 극적인 선택이 싹트는 궁극적인 뿌리로 전환하는 것을 의미한다. 최근 수년간의 뇌 연구, 이른바 뇌 연구 10년(Brain Decade)과 개인 맞춤형 생명공학 약물에 관한 신경과학의 붐 역시 신체를 궁극적 뿌리로 전환하는 또 다른 방식으로 해석될 수 있다. 우리는 20세기를 마르크스와 프로이트의 사회주의 혁명과 내면 탐구의 혁명으로 시작했으며, 이제 새로운 세기를 신체 혁명으로 시작하고 있다. 당시 계급과 정신이 차지했던 중심성은 이제는 신체(육체성)로 옮겨 갔으며, 신체는 계몽주의적 이성이 그러했던 것처럼 모든 선택의 뿌리로 변모하고 있다.

뿌리와 선택의 상호교환성

뿌리와 선택의 광범위하고 강렬한 폭발은 오직 뿌리와 선택의 상호 교환성과 연결될 때 뿌리/선택 등식을 불안정하게 만든다. 오늘날 우리는 그동안 자신을 비추던 많은 뿌리가 사실은 가면을 쓴 선택에 불과했다는 것을 깨닫고 있다. 이 영역에서 페미니즘 이론과 인식론, 비판적 인종 이론, 탈식민 연구, 신역사주의가 중요한 기여를 해왔다. 예컨대, 도나 해러웨이(Donna Haraway 1989)가 연구한 서구/동양이라는 영장류학의 선택, 린다 고든(Linda Gordon 1991, 2007)이 분석한 복지국가의 성차별적이고 인종 차별적인 선택, 체이크 안타 디옵(Cheik Anta Dioup 1967)과 마틴 버널(Martin Bernal 1987)이 고발한 그리스에서 아프리카적 뿌리를 제거하여 유럽 문화의 순수성이라는 뿌리를 강화하려는 선

남의 인식론

택, 그리고 폴 길로이(Paul Gilroy 1993)가 지적한 대서양 횡단의 교차성을 백인화하여 근대성의 혼합적 본질을 은폐하려는 선택 등을 고려할 때, 우리는 우리의 사회적 관계성과 이해 가능성의 뿌리가 사실 선택적이라는 것을 깨닫게 된다. 그리고 이는 우리가 과거가 아니라, 뿌리들에게 의미를 부여했던 미래 개념을 다시금 사유하게 만든다. 결국 과거는 단지 미래의 예견된 거울로 존재했을 뿐이기 때문이다.

그러나 아이러니하게도, 이러한 폭로와 고발이 정교해질수록 동시에 진부해지기도 한다. 에이허브 선장(Captain Ahab)이 큰 대가를 치르고 깨달은 바와 같이, 가면 뒤에는 또 다른 가면이 있을 뿐이다. 서구 근대성의 헤게모니적 뿌리가 실은 위장된 선택이라는 사실을 아는 것은, 오히려 헤게모니적 문화가 더 이상 위장할 필요 없이 더욱 오만하게 자신의 선택을 뿌리로 강요할 기회를 제공한다. 이를 가장 적나라하게 보여주는 사례가 해럴드 블룸(Harold Bloom)의 『서구 문학의 정전(*The Western Canon*)』(1994)일 것이다. 여기서 뿌리는 단지 선택할 권리의 결과로 나타난 효과에 불과하다. 최근 사회학에서 뿌리와 선택의 폭발적 증가는 특히 학문의 창시자들에 대한 재해석 및 그들의 발견과 기여를 둘러싼 수정주의적 태도의 확산으로 나타났다(Alexander 1982a, 1982b, 1987, 1995; Alexander and Thompson 2008; Collins 1994, 2008; Cuin and Gresle 1992; Hedström 2005; Giddens 1993, 1995; Karsenti 2005; Joas and Knöbl 2009; Rawls 2004; Ritzer 1990, 1992, 2010; C. Turner 2010; J. Turner 2010a, 2010b; P. Wagner 2012; S. Wagner 1992).

뿌리와 선택의 상호교환성은 단순히 문화적, 과학적 영역에 머물지 않는다. 이는 사회적 관계성과 일상생활 전반에서 발생하고 있으며, 우리의 삶의 궤적과 역사를 구성하는 중요한 요소로 자리 잡았다. 이를 가장 잘 보여주는 사례 중 하나가 입양과 모성에 대한 협상 논의일 것이다.[13] 오랫동안 친모(뿌리)와 양모(선택)를 분리해 왔던 비밀의 장벽은 '공개 입양' 정책에 의해 도전을 받았다. 이 정책은 "친부모가 양부모를 만나고, 분리와 배치 과정에 참여하며, 지속적인 접촉권과 아동의 소재 및 복지에 대한 알 권리를 보유"할 수 있도록 한다(Yngvesson 1996:14). 이러한 친모와 양모 간의 상호의존성은 입양된 아이에게 생물학적 뿌리와 사회적으로 형성된 유전적 뿌리 중 하나를 선택할 가능성을 제공한다. 나아가, 아이는 두 가지를 모두 유지하며 일종의 경계적 뿌리로 받아들이는 선택도 할 수 있다.

새로운 의미의 구성 속에서 뿌리와 선택은 더 이상 질적으로 구별되지 않는다. 뿌리인지 선택인지는 단지 규모와 강도의 차이에 따른 결과일 뿐이다. 뿌리는 선택이 다른 규모와 강도로 확장된 형태이며, 선택도 마찬가지로 뿌리로 이어질 수 있다. 이 순환성의 결과로 뿌리에 대한 권리와 선택에 대한 권리는 상호 번역 가능하게 되었다. 결국 이는 대체로 스타일의 문제로 귀결된다. 뿌리와 선택의 거울놀이가 절정에 이르는 곳이 바로 사이버 공간이다. 인터넷(특히, 페이스북과 같은 플랫폼)에서는 정체성이 상상의 도약이자 단순한 이미지로 이중적으로 구성된다. 사람들은 자신이 원하는 대로 뿌리를 창조할 자유를 가지며, 이를

---

13 협상된 모성(negotiated motherhood)을 과학적 분석과 개인적 삶의 궤적을 교차하여 세밀하게 분석한 사례는 Yngvesson(1996)에서 확인할 수 있다. 또한 Mandell(2007) 과 Sales(2012)도 참조하라.

남의 인식론

무한한 선택으로 재생산할 수 있다. 따라서 동일한 이미지를 선택 없는 뿌리로도, 뿌리 없는 선택으로도 볼 수 있다. 이에 따라 뿌리/선택 등식의 틀로 사고하는 것은 더 이상 유의미하지 않게 된다. 사실, 이 등식은 사회적, 영토적 매트릭스(공간과 시간)를 진정성(authenticity)의 기준에 따라 규정하려는 개념적, 로고스중심적 문화에서만 의미를 갖는다. 그러나 우리가 이미지 중심의 문화로 전환함에 따라 공간과 시간은 속도라는 순간적 개념으로 대체되고, 기존의 근원적 매트릭스는 매개적 매트릭스로 변형되며, 이 단계에서 진정성 담론은 이해 불가능한 횡설수설로 전락한다. 더 이상 깊이라는 개념은 없고, 단지 화면의 연속만이 존재한다. 아래나 뒤에 있는 모든 것은 위나 앞에도 존재한다. 아마도 이러한 맥락에서 질 들뢰즈(1968)가 분석한 리좀 개념이 새로운 현대적 적합성을 획득하는 듯하다. 실제로 미디어 철학자 마크 테일러(Mark Taylor)와 이사 사리넨(Esa Saarinen)은 "상상의 영역은 뿌리를 리좀으로 변환시킨다. 리좀적 문화는 뿌리 내린 것도, 뿌리 뽑힌 것도 아니다. 리좀이 어디에서 새로운 지평을 열어갈지는 결코 확신할 수 없다"(1994: "Gaping," 9)라고 언급했다.

우리 조건의 본질은 우리가 전환기의 한가운데에 있다는 데 있다. 매트릭스는 미디어트릭스(mediatrixes)와 공존하고, 공간과 시간은 속도의 순간들과 병존하며, 진정성 담론의 이해 가능성은 동시에 그 불가해성과 함께한다. 뿌리/선택의 방정식은 때로는 의미가 있다가 때로는 전혀 의미가 없게 된다. 우리의 상황은 니체의 상황보다 더 복잡한데, 현실과 외양이 한순간에는 축적되었다가 다음 순간에는 소멸해 버리기 때문이다. 이러한 의미의 극단적 진동이야말로 뿌리와 선택의 등식을 진부하게 만드는 궁극적 원인일 수 있다. 심연의 선 이쪽에서 사회 변혁을 사고하는 데 있어 우리가 오늘날 겪는 어려움이 바로 여기에 있다. 사실 뿌리와 선택의 구분에서 느껴지는 파토스는 근대 서구가 사회 변화를 사고하는 방식의 핵심을 이룬다. 파토스가 강렬할수록, 현재는 과거와 미래 사이의 덧없는 순간으로 증발하기 쉬워진다.[14] 반대로, 사라질 경우, 현재는 과거와 미래를 삼켜버리며 영원화되는 경향이 있다. 이것이 바로 심연의 선 이쪽에 존재하는 우리의 현재 조건이다. 우리는 반복의 시대에 살고 있다. 반복의 가속은 현기증과 정체감을 동시에 불러일으킨다. 반복은 가속되고 미디어를 통해 유통되면서, 뿌리의 파토스를 통해 스스로를 주장하는 집단들마저도 종속시켜 버린다.[15] 미래를 과거로 투영하는 회고적 환상에 빠지는 것이나, 과거를 미래로 투영하는 전망적 환상에 빠지는 것은 똑같이 쉬우면서도 무의미하다. 영원한 현재는 이 두 가지 착각을 동등하게 만들어버리고 둘 다를 무력화한다. 따라서 우리의 조건은 카프카적 차원을 띠게 된다. 존재하는 것은 과거로도 미래로도 설명할 수 없는 것이다. 그것은 혼란스럽고 정의할 수 없는 우연성의 복잡한 망 속에서만 존재한다. 근대성은 과거로부터 돌출과 계시의 가능성을 박탈하고 이를 미래에 넘겼지만, 카프카적인 현재는 미래로부터 이러한 가능성을 빼앗는다. 카프카적인 현재에서

---

14 이러한 파토스는 심연의 선 저쪽에 있는 사회 현실들, 즉 식민 사회들을 무의미한 것으로 만드는 데 큰 역할을 했다. 이에 대해서는 4장에서 더욱 자세히 논의할 것이다.

15 뿌리에 대한 파토스의 진부화에 저항하는 움직임은 전 세계 원주민 운동에 영감을 준다. 『인지적 제국의 종말: 남의 인식론 시대의 도래』(Santos 2018)를 참조하라.

돌발하는 것은 불규칙적이고, 자의적이며, 우연적이고, 실로 부조리하게 보인다. 사실, 현재의 영속화는 어떤 특정한 역사적 순간을 유의미한 현재로 간주할지를 정의하는 매우 선별적인 기준의 작동과 함께 이루어진다. 다시 말해, 이는 4장에서 다룰 심연적 선이 사회 현실을 상호 불가해한 두 영역으로 분할하는 작동의 결과이다.

그러나 현재의 영속화를 천국에서 불어오는 새로운 폭풍으로, 그리고 앙겔루스 노부스를 붙잡고 있는 폭풍으로 읽는 이들도 있다. 테일러와 사리넨에 따르면, 디지털화된 현실의 글로벌 '컴퓨터-통신 네트워크'에서는 "공간이 부재를 모르는 현존으로 붕괴되고, 시간은 과거나 미래에 의해 방해받지 않는 현존으로 응축되는 것처럼 보인다. 만약 이런 상태가 실현된다면, 이는 서구 종교-철학적 상상이 품었던 가장 깊고 오래된 꿈의 실현일 것이다"(1994: "Speed," 4). 내가 보기에 천사의 날개 위에서 떨고 있는 디지털 폭풍은 가상적이며, 우리의 필요에 따라 연결하거나 해제할 수 있다. 따라서 우리의 조건은 이 폭풍이 요구하는 만큼 영웅적이지 못하다. 종교와 철학이 상상하는 현존의 향유는, 이상주의적으로 표현되더라도, 실체적 관계의 유일하고 반복 불가능한 섬광이다. 이는 신비적 경험, 변증법적 초월, 정신(Geist)의 실현, 자기 존재(Selbstsein), 실존적 존재, 또는 공산주의와 같은 지속적인 물음의 산물이다. 반면, 디지털 현존은 관계의 섬광이며, 끝없이 반복 가능하고 모든 가능한 물음에 대한 지속적인 응답이다. 이는 역사에 대항하면서 자신도 역사적 산물이라는 사실을 인식하지 못한다. 따라서 스스로의 종말을 상상할 필요 없이 역사의 종말만을 상상하는 것이다.

과거를 위한 미래

모순과 모호함 속에서도 설득력을 가지며, 편안하면서도 동시에 견딜 수 없는 상황을 벗어나기란 쉽지 않다. 현재의 영속화는 모리스 메를로-퐁티(Maurice Merleau-Ponty 1968: 50)가 논한 지속적인 물음의 종결을 의미한다. 반복의 시간은 진보로도, 그 반대의 상태로도 해석될 수 있다. 뿌리와 선택 사이의 긴장이라는 파토스가 없다면, 사회 변화를 사고할 수 없다. 그러나 사회 변화를 사고할 수 없을 뿐 아니라 불필요하다고 여겨진다면, 이러한 불가능성은 그 극적인 성격을 상당 부분 잃을 수밖에 없다. 이러한 모호성은 지적 안정을 가져오고, 이는 다시 순응과 무기력을 초래한다. 비록 1940년에 쓰인 것이지만, 발터 벤야민의 경고는 여전히 유효하다. "우리가 현재 경험하고 있는 [즉, 나치 파시즘]이 20세기에도 '여전히' 가능하다는 현재의 놀라움은 철학적인 것이 아니다. 이 놀라움은 지식의 시작이 아니다——만약 그것이 그러한 놀라움을 불러일으키는 역사관이 더 이상 유지될 수 없다는 지식을 의미하는 것이 아니라면"(1968: 257).

내 생각에, 우리는 바로 여기서 출발해야 한다. 즉, 근대성의 역사 이론이 더 이상 유지될 수 없다는 사실을 확인하고, 이를 대체할 새로운 이론을 모색해야 한다. 새로운 이론은 우리가 이 위험의 순간에 존엄성을 가지고 살아가도록 돕고, 우리의 해방적 에너지들을 강화함으로써 이를 극복하도록 도울 수 있어야 한다. 지금 우리에게 가장 절실한 것은, 비순응적이고, 기존 질서를 흔들며, 반항적이기까지 한, 전에 없던 이론과 실천의 토대가 될 수 있는 새로운 경이와 분노의 능력이다.

남의 인식론

메를로-퐁티의 제안을 따라, 우리는 근대성의 가장 개방적이고 불완전한 의미 또는 표상에서 논의를 시작해야 한다. 이러한 의미와 표상은 열정을 불러일으키며, 인간의 창의성과 주도성을 위한 새로운 공간을 열어주기 때문이다(Merleau-Ponty 1968: 45). 근대성의 역사 이론은 전적으로 미래를 지향했기 때문에 과거는 언제나 과소대표되고 충분히 체계화되지 못했다. 오늘날 우리가 직면한 딜레마는 미래가 신뢰를 잃었다는 사실조차도 이 이론 내에서는 과거를 복원하거나 되살릴 가능성을 열어주지 못한다는 점이다. 근대성의 역사 이론에서 과거는 줄곧 앙겔루스 노부스가 무력하고 공허하게 바라보는 숙명적 재앙들의 축적일 뿐이었다.

우리의 과제는, 과거를 재창조하여 벤야민이 통찰력 있게 상상한 번뜩임, 돌출, 그리고 구원의 능력을 되찾는 데 있다. 벤야민은 "역사유물론은 (……) 역사가 선택한 인간에게 위기의 순간에 뜻밖에 나타나는 과거의 이미지를 간직하려 한다"(1968: 255)고 말했다. 이러한 번뜩임의 능력은 과거가 숙명적 재앙의 축적이기를 멈추고, 우리의 비순응과 분노의 예고가 될 때에만 꽃필 수 있다. 근대주의적 관점에서 숙명론은 미래에 대한 믿음의 또 다른 이면이다. 따라서 과거는 이중으로 무력화된다. 왜냐하면 과거에는 오직 필연적으로 일어날 수밖에 없던 일만이 일어났으며, 그때 일어난 일은 이미 극복되었거나 곧 극복될 것이기 때문이다. 이러한 회고적 환상과 전망적 환상의 구성 속에서, 과거로부터 배울 수 있는 유일한 교훈은 미래를 신뢰하라는 것뿐이다.

따라서 우리는 과거에 대한 새로운 관점을 위해 투쟁해야 한다. 과거가 우리의 분노와 비순응의 선이유(fore-reason)로 작용하는 관점을 위해 노력해야 한다. 중립화된 과거 대신, 우리에게는 다른 선택지가 있었던 인간의 선택과 행위가 초래한 회복 불가능한 상실로서의 과거, 즉 힘을 부여하는 기억(empowering)으로서의 과거가 필요하다. 이는 다른 대안들이 존재했음에도 발생한 고통과 억압을 통해 되살아나는 과거다.[16] 이와 같은 과거에 대한 관점을 바탕으로 벤야민은 독일 사회의 민주주의를 비판한다. 벤야민은 다음과 같이 말한다. "사회민주주의는 노동계급에게 미래 세대의 구원자라는 역할을 부여하는 것이 적합하다고 여겼으며, 이로 인해 노동계급의 가장 강력한 힘의 원천을 끊어버렸다. 이러한 훈련은 노동계급이 증오와 희생정신을 잊게 만들었는데, 이 두 가지는 해방된 손자가 아니라 노예화된 선조의 이미지를 통해 길러지는 것이기 때문이다"(1968: 260).

우리는 벤야민의 시대보다도 더욱 심각하게, 단순히 존재한다는 이유만으로 받아들여진 그로테스크한 현실 앞에서 분노하고 놀랄 수 있는 능력을 잃어버렸다. 우리는 희생정신마저 잃어버렸다. 이를 되찾기 위해, 과거를 인간의 주도적 행위가 만들어낸 부정성으로 재발명하고, 이를 바탕으로 무궁무진한 의미를 담아낼 수 있는 새롭고 강력한 의문과 열정적인 태도를 구축해야 한다. 따라서, 우리 시대와 같이 위험한 순간에 강력한 의문이 지닌 의미를 규명할 필요가 있다. 이러한 규명은 두 가지 차원에서 이루어진다. 첫째는 강력한 의문이 요구하는 효력에

---

16 과거의 힘을 부여하는 이러한 개념은 원주민 운동과 투쟁에서 잘 드러난다. 이에 대한 더 자세한 내용은 『인지적 제국의 종말: 남의 인식론 시대의 도래』(Santos 2018)를 참조하라.

남의 인식론

관한 것이다. 메를로-퐁티가 사용한 다소 이상주의적인 표현을 빌리자면, 강력한 의문이 효과적이기 위해서는 사물에 새겨진 정신의 모노그램과 같아야 한다(1968: 44). 즉, 강력한 의문은 내재한 에너지의 집중과 강도로 인해 폭발적으로 드러나야 한다. 현재의 조건에서 이러한 폭발적 분출은 강력한 의문이 스스로를 불안정하게 만드는 이미지로 변환할 때에만 가능하다. 오직 불안정한 이미지만이 우리에게 잃어버린 놀라움과 분노의 능력을 되찾아줄 수 있다. 과거가 더 이상 자동적으로 미래에 의해 구원되지 않을 때, 과거에 깃든 인간의 고통과 착취, 억압은 현재에 대한 가차 없는 논평이 된다. 이러한 고통은 여전히 지속하고 있으며, 인간의 선택과 행동으로 방지할 수 있었기에 더욱 용서받을 수 없다. 이미지는 모든 것을 우리에게 의탁하며, 모든 것이 다르게, 더 나아질 수 있을 때에만 불안정성을 지닌다. 따라서 인간의 주도성이야말로 진보라는 추상적 개념이 아니라 에른스트 블로흐(Ernst Bloch)의 희망 원리를 뒷받침하는 근본적인 요소이다. 비순응은 의지의 유토피아이다. 벤야민이 말했듯이, "적이 승리할 경우 죽은 자들조차도 그로부터 안전하지 못하리라는 확신을 굳게 지닌 역사가만이 과거 속에서 희망의 불꽃을 일으키는 재능을 가질 것이다"(1968: 255).

불안정한 이미지는 충분히 공유될 때만 효과를 발휘할 수 있다. 이 지점에서 강력한 의문의 의미를 형성하는 두 번째 차원에 도달한다. 어떻게 의문을 제시해야 답변보다 의문 자체가 더 폭넓게 공유될 수 있을까? 현재 서구 문화의 위기 속에서 강력한 의문이 광범위하게 공유되기 위해서는, 우리를 연결하는 것만큼이나 분리시키는 것에도 주목해야 한다. 분리의 원인을 파악했다면, 이제는 그러한 분리의 뿌리로 돌아가 통합을 모색하는 데 초점을 맞추어야 한다. 하지만 현재 우리에게 는 분리에 관한 이론과 실천들, 그리고 다양한 수준의 분리만 남아 있 다. 선택의 우위성이 강조된 것은 여러 측면에서 드러났고, 특히 뿌리 의 (선택적) 긍정과 확산을 통해 나타났다. 지난 40년간의 정체성 정치 에서 특수주의가 폭발적으로 증가한 것 또한 새로운 통합 이론을 구축 하는 과정에서 오히려 분리 이론을 강화하는 결과로 이어졌다. 따라서 우리에게 가장 결여된 것은 통합에 관한 이론이며, 이는 위기의 순간에 특히 심각한 문제다. 하지만 앞서 언급했듯, 통합은 분리를 뒷받침하고 강화하는 인식론·정치·문화·역사적 조건에 대한 근본적인 탐구를 기반으로만 가능하다. 오직 이러한 과정을 통해서만 분리 이론과 통합 이론 사이의 필수적인 균형을 이룰 수 있을 것이다.

소비 사회와 정보 사회를 지배하는 헤게모니 권력은 종(種), 세계, 나 아가 우주와 같은 총체성을 호소하는 이론과 이미지를 촉진해 왔다. 이 러한 총체성은 그것을 구성하는 분열 위에 서 있는 것으로 제시된다. 그러나 우리는 이러한 이론과 이미지가 조작적이라는 것을 알고 있다. 그것들은 민족, 계급, 성별, 인종, 지역 등 다양한 상황과 열망을 무시 하며, 이들 가짜 총체성을 형성한 불평등한 착취와 희생의 관계를 은폐 한다. 그럼에도 불구하고, 이러한 이론과 이미지가 어느 정도 신뢰성을 얻는 이유는, 조작적이긴 하나 전체 인류의 상상된 공동체, 곧 고통의 보편성에 호소하기 때문이다. 고통은 어디에나 존재한다. 그러나 고통 을 느끼는 것은 사회가 아니라 개인이다.

대항헤게모니적 세력들은 정치적 이해의 영역을 확장해 왔지만, 이 들의 연대와 동맹은 분리의 이론을 넘어서는 데 크게 성공하지 못했다.

다만, 다양한 차별과 억압의 형태에서 비롯된 분리보다는 영토적 분리를 극복하는 데 더 큰 성과를 거두었다. 페미니스트, 환경 운동가, 원주민 단체들 사이에서 초국가적 연대는 상대적으로 더 쉽게 이루어진 반면, 각각의 집단 간 연대는 여전히 어려운 과제로 남아 있다. 그 이유는 분리의 이론과 통합의 이론 사이의 균형 부족에 있다. 통합 이론은 다양한 차별과 억압의 형태 속에서 공통된 점, 바로 인간의 고통을 가시화하기 위해 강화될 필요가 있다. 내가 반란적 세계시민주의라고 부르는 대항헤게모니적 세계화는 인간 고통의 세계적이고 다차원적인 성격을 바탕으로 한다. 근대 국제법의 창시자 중 한 명인 프란시스코 데 비토리아(Francisco de Vitoria)가 제시한 토투스 오르비스(*totus orbis*, 전 세계)라는 개념은 오늘날 반란적 세계시민주의, 즉 대항헤게모니적 세계화로 재구성되어야 한다. 차이에 대한 존중은 무관심에 맞서 싸움을 가능하게 하는 소통과 공감을 방해해서는 안 된다. 우리가 지나고 있는 이 위험의 순간은 소통과 공감을 강화할 것을 요구한다. 우리는 이를 막연한 공동체(*communitas*)의 이름이 아니라 인간의 선택으로 인해 초래된 불필요하면서도 감당하기 어려운 다양한 형태의 고통, 즉 불안정한 이미지를 직시하는 데서 출발해야 한다. 이러한 위기의 순간, 분리 이론은 통합을 염두에 두고 재구성되어야 하며 통합 이론은 분리를 고려하며 재구성되어야 한다. 경계는 다수의 입구와 출구를 가진 방식으로 설계되어야 한다. 동시에, 우리를 통합하는 것은 선험적인 것이 아니라 후천적으로 형성된다는 점을 기억해야 한다. 우리를 통합하는 것은 인간 본성이 아니라 인간의 주도적 실천이다.

소통과 공감은 다양한 층위에서 뿌리를 두고 이루어져야 하며, 이는 분리의 이론과 통합의 이론 사이에서 역동적 균형을 가능하게 해야 한다. 각 층위에는 불안정한 이미지로 인해 촉발될 수 있는 분노와 비순응의 잠재적 가능성이 내포되어 있다. 이에 따라 나는 문화적, 정치적, 법적 층위라는 세 가지로 구분하여 살펴보고자 한다.

첫 번째 방향성은 문화적 층위이다. 소비 사회와 정보 사회가 제안하는 통합 이론들은 세계화라는 개념에 기초하고 있다. 그러나 헤게모니적 세계화는 실상 글로벌화된 로컬리즘, 즉 새로운 형태의 문화적 제국주의에 불과하다. 헤게모니적 세계화[17]는 영어, 할리우드, 패스트푸드와 같은 특정 지역적 현상이 전 지구적 범위로 영향력을 확장하면서, 동시에 그것과 경쟁하는 사회 현상을 지역적인 것으로 규정하는 힘을 갖게 되는 과정으로 정의할 수 있다. 이러한 헤게모니적 세계화가 허용하는 소통과 공감은 불평등한 교환에 기반하며, 차이 간의 대화를 촉진하기보다는 이를 약탈한다. 이러한 과정은 침묵, 조작, 배제 속에 갇혀 있다.

글로벌화된 로컬리즘에 맞서, 방법론적 지향점으로서 교차문화적 해석학(diatopical hermeneutics)[18]을 제안한다. 이는 모든 문화는 불완전하며, 특정 문화의 토포이(topoi, 주요 논거) 역시 그 문화 자체만큼이나 불완전하다는 인식을 바탕으로 한 해석학적 절차를 의미한다. 강력한 토포이는 한 문화 내에서 논증을 구성하는 주요 전제들로, 이러한 전제를 통해 논거의 창출과 교환이 가능해진다. 이러한 기능으로 인해 토포이

---

17 세계화 개념에 대한 필자의 논의는 Santos(1995: 252–264, 2002a, 2002b)를 참조하라.
18 이 주제는 8장에서 상호문화적 번역을 다룰 때 다시 논의한다.

남의 인식론

는 환유(synecdoche), 즉 *부분을 전체로 간주하는 방식*(*pars pro toto*)을 통해 총체성의 환영을 만들어낸다. 때문에 특정 문화의 불완전성은 오직 다른 문화의 토포이를 기반으로 해서만 평가될 수 있다. 다른 문화의 관점에서 볼 때, 특정 문화의 토포이는 논증의 전제가 아닌 단순한 논거로 전환된다.[19] 교차문화적 해석학의 목적은 문화 간 상호 불완전성에 대한 인식을 최대화하는 데 있다. 이는 마치 한 발은 한 문화에, 다른 한 발은 다른 문화에 두고 대화를 나누는 것처럼, 교차적 성격을 가진다. 교차문화적 해석학은 특정 문화에서 논증의 전제로 작용하는 요소를 다른 문화에서 이해 가능하고 신뢰할 수 있는 논거로 변환하는 상호성의 실천이다. 나는 다른 저서(Santos 1995: 337 - 347, 2007a: 17 - 21)에서 서구 문화의 인권 토포스(topos)와 힌두 문화의 *다르마*(*dharma*)라는 토포스를 연구하기 위해 교차문화적 해석학을 제안한 바 있다. 이와 마찬가지로, 서구 문화의 인권과 이슬람 문화의 *움마*(*umma*)라는 토포스를 연구할 때도 이를 적용했으며, 이 과정에서 압둘라히 아흐메드 안나임(Abdullahi Ahmed An-Na'im 1992, 1995, 2000)의 이론을 참조하며 이 방법론을 발전시켰다.

불완전성을 최대한의 의식 수준으로 끌어올리는 것은 예상치 못한 소통과 연대의 가능성을 열어준다. 그러나 이는 결코 쉬운 절차가 아니

---

19 큰 혼란의 시기에는 특정 문화 내에서 주요 논증의 전제가 되었던 토포이(topoi)가 단순한 논거로 '격하'되는 현상을 관찰할 수 있다. 어떤 면에서 이것이 바로 뿌리/선택 등식에 일어나고 있는 일이다. 이 장에서 나는 유럽중심적 문화의 강력한 토포스로 간주되었던 이 방정식을 도전의 대상으로 삼아, 이를 논거의 전제에서 단순한 논거로 '격하'시키고, 다른 논거들을 통해 이를 반박했다.

다. 이는 포스트식민적, 포스트제국주의적, 그리고 어느 정도는 포스트 정체성적 절차에 해당한다. 이러한 절차를 가능하고 필요하게 만드는 조건들에 대한 성찰 자체가 교차문화적 해석학의 가장 까다로운 조건 중 하나이다. 문화 간 대화에 대한 이상주의적 접근은, 이러한 대화가 두 개 또는 그 이상의 서로 다른 동시대성들이 일시적으로 동시성을 공유함으로써만 가능하다는 점을 간과하기 쉽다. 대화의 참여자들은 표면적으로만 동시대적일 뿐, 실제로 그들은 각자의 문화적 역사 전통 속에서만 동시대적이라고 느낀다. 다양한 문화가 대화에 참여할 때, 이들 문화가 불평등한 교환으로 얽혀 있던 과거를 공유하는 경우가 많다. 그렇다면, 한 문화가 다른 문화의 이름으로 자행된 대규모의 지속적인 인권 침해에 의해 형성되었다면, 문화 간 대화는 어떤 가능성을 가질 수 있을까? 문화들이 이러한 과거를 공유할 때, 대화를 시작하는 현재는 기껏해야 맞교환에 불과하며 최악의 경우 기만에 그칠 수 있다. 이때의 문화적 딜레마는 다음과 같다. 과거의 지배 문화가 피지배 문화의 인간 존엄성에 대한 열망 중 일부를 표현 불가능한 것으로 만들었다면, 교차 문화적 대화를 통해서 다시 이러한 열망을 말할 수 있을까? 이것이 표현 불가능성을 오히려 정당화하거나 강화하는 결과를 낳지는 않을까?

교차문화적 해석학을 추동하는 에너지는 내가 *인식론 살해*(epistemicide)라고 부르는 불안정성을 야기하는 이미지로부터 온다. 이는 인식론적 체계의 살해를 뜻하며, 문화 간의 불평등한 교환은 항상 피지배 문화의 지식, 나아가 그 지식을 소유한 사회 집단의 소멸을 내포해 왔다. 가장 극단적인 사례로 유럽의 확장을 들 수 있는데, 이 경우 집단 학살 (genocide)의 조건 중 하나가 바로 지식 살해였다. 근대 과학이 겪고 있는 인식론적 신뢰의 상실은, 헤게모니적 유럽중심의 근대성에 의해 자행된 지식 살해의 범위와 심각성을 확인하는 데 기여했다. 교차문화적 해석학이 더 일관되게 실천될수록, 이러한 지식 살해의 이미지는 더욱 불안정해진다(이와 관련한 논의는 4장부터 6장에서 다룬다).

분리 이론과 통합 이론 간의 역동적 균형을 위한 두 번째 방향성은 정치적 층위이다. 나는 이를 리처드 포크(Richard Falk, 1995)를 따라 인도적 거버넌스(humane governance)라고 부르고자 한다. 시장 경제와 자유민주주의에서 시작된 헤게모니적 통합 이론들은 진정한 신봉건주의와 신식민주의로 귀결되는 야만적 형태의 배제와 빈곤화를 만들어내고 있다. 동시에, 많은 현대 정체성 정치에 기반한 대항헤게모니적 분리 이론들은 통합 이론의 균형을 결여했기 때문에 종종 근본주의적 또는 신부족주의적 실천으로 귀결되었다. 상반되지만 수렴하는 이 두 가지 방식으로 인해 우리는 분리주의와 분리주의적 경향이 과잉된 시대를 살고 있다. 이러한 과잉에서 구축되어야 할 불안정한 이미지는 글로벌 아파르트헤이트(global apartheid)의 이미지다. 이곳은 식민주의적이고 파시즘적인 조류의 바다 속에서 소용돌이치는, 출입구 없는 게토들의 세계이다. 이 불안정성을 초래하는 이미지가 인도적 거버넌스라는 정치적 방향성을 위한 에너지를 제공한다. 나는 포크의 정의를 따라, 인도적 거버넌스를 "문명적 · 민족주의적 · 민족적 · 계급적 · 세대적 · 인지적 · 성별적 분열을 넘어 소통을 촉진하는 모든 규범적 기준"으로 정의한다. 더불어 이는 "차이를 존중하고 이를 기념하며, 타인의 표현과 탐구의 공간을 부정하는 배타적 경고 및 인류, 계급, 지역의 불균등한 상황과 열망을 무시하는 보편주의의 변형에 대해 극도로 회의적인 태도"

(1995: 242)를 수반한다. 다시 말해, 인도적 거버넌스란 "각 맥락에서 구체성과 보편성 시이의 다양한 접점을 지속적으로 확인하고 재구성하되, 그 공간적·정신적 경계를 개방하여 진입과 탈출이 가능하도록 하고, 극단주의와 정치적 폭력의 토대가 되는 진리 주장의 모든 형태를 경계하는 규범적 기획"(1995: 242)이라 할 수 있다.

극단적 사회 불평등과 연관된 강력한 불안정성을 초래하는 이미지인 글로벌 아파르트헤이트에 자극받은 인도적 거버넌스의 원칙은 강력한 대항적 잠재력을 지닌다. 어쩌면 총체성을 지향한다는 점에서, 다른 두 가지 방향성보다도 유럽중심적 성격을 더욱 강하게 띠고 있을지도 모른다. 그러나 동시에, 인도적 거버넌스는 유럽중심주의에 대한 극단적인 원심적 의식을 드러내기도 한다. 왜냐하면 제국적 유럽중심주의와 그로 인해 초래된 역사적 고통에 맞서 싸우고자 하는 의지를 담고 있기 때문이다.

마지막으로, 우리 시대의 위기에 대해 법적 방향성을 국제법에서 찾을 수 있다. 여기서 말하는 원칙은 바로 인류공동유산[20] 원칙이다. 이는 지난 세기 후반 국제법에서 가장 혁신적인 동시에 가장 혹독한 비난을 받았던 실질적 원칙이다. 현재는 신자유주의와 이로 인해 야기된 추출주의 또는 채굴 제국주의와 같은 신제국주의의 압도적 지배로 인해 사실상 폐기된 상태다. 인류공동유산이라는 개념은 1967년 몰타의 유엔

....

20 인류공동유산이라는 개념은 자본주의가 주도하는 새로운 글로벌화의 조건하에서 억압받는 사회 집단들이 인간다운 삶을 위해 벌이는 투쟁이, 반드시 지구, 자연, 그리고 미래 세대와의 새로운 사회계약을 포함하는 새로운 발전 및 사회 관계의 양식을 통해서만 완전히 성취될 수 있음을 의미한다.

남의 인식론

대사 아르비드 파르도(Arvid Pardo)가 해양 및 심해저(deep seabed)에 대한 국제 규제 협상과 관련하여 처음으로 제안했다. 파르도의 목적은 다음과 같다.

미래의 전 세계적 협력을 위한 확고한 기반을 제공하기 위해 (······) 국제 사회가 새로운 국제법 원칙을 받아들이도록 하는 것 (······) 즉, 해저와 해양저(seabed and ocean floor) 및 그 토양이 인류공동유산으로서 특별한 지위를 가지며, 따라서 이를 전적으로 평화적 목적으로만 사용해야 하고 모든 인류의 이익을 위해 국제기구가 관리해야 한다(1968: 225-226).

그 이후로, 인류공동유산이라는 개념은 해저뿐 아니라 달과 외계 우주 공간과 같은 여타 '공유 영역'으로도 확장되었다. 이 개념의 근저에는 이러한 자연적 실체들이 전체로서의 인류에 속하며, 따라서 모든 사람이 그 자원의 관리와 배분에 대해 발언권과 몫을 가질 권리가 있다는 사상이 자리 잡고 있다. 일반적으로 인류공동유산 개념과 관련하여 다섯 가지 요소가 수반된다. 첫째, 비소유(nonappropriation), 둘째, 모든 인류에 의한 공동 관리, 셋째, 자원 개발로부터 얻어진 이익의 국제적 공유, 넷째, 평화적 사용, 이는 모든 인류의 이익을 위한 과학적 연구의 자유를 포함한다. 다섯째, 미래 세대를 위한 보존이다.[21]

---

21 Pureza(1998, 2009); Payoyo(1997); Baslar(1998); Zieck(1992: 177-197); Pacem in Maribus XX(1992); Blaser(1990); Weiss(1989); Joyner(1986); Kiss(1985); White(1982); Dupuy(1974).

비록 국제법 학자들에 의해 공식화되었지만 인류공동유산 개념은 전통적인 국제법의 영역을 훨씬 초월한다. 전통적으로 국제법은 국가들 간의 국제 관계를 다루며, 합의된 규제의 주요 수혜자를 국가로 간주한다. 이러한 관계는 주로 상호성에 기반하며, 이는 다른 국가에 이익을 제공하는 대가로 자신도 동등한 이익을 받는 것을 뜻한다(Kiss 1985: 426). 그러나 인류공동유산 개념은 전통적인 국제법과 두 가지 측면에서 다르다. 첫째, 인류공동유산의 경우 상호성의 문제가 존재하지 않는다. 둘째, 보호해야 할 이익은 국가의 이익이 아니라 전체 인류의 이익이다. 물론, 알렉산드라 키스(Alexandra Kiss)가 지적했듯이, 19세기 이후로 국가들은 상호성을 전제하지 않는 협약들(노예무역 금지, 항해의 자유, 노동 조건 규제 등)을 체결해 왔다. 이러한 협약은 "모든 정부가 즉각적인 대가를 받지 않더라도 국제 협력을 통해서만 확보할 수 있는 인류 전체의 이익"을 보호하려는 목적을 지니고 있었다(1985: 426-427). 그러나 인류공동유산 개념은 그 규제의 대상과 주체 모두가 국가를 초월한다는 점에서 훨씬 더 나아간다. 실제로, 인류가 국제법의 주체로 등장하며, 스스로의 유산에 대한 권리를 가지고, 글로벌 커먼즈(global commons)에 포함된 공간과 자원을 관리할 자율적 권한을 부여받는다(Pureza 1998).

물리적이든 상징적이든, 공유물(res communes)로서 모두의 이익을 위해서만 관리될 수 있는 사회적 영역의 인정은, 분리 이론과 통합 이론 간의 더 큰 균형을 이루고자 하는 부분과 전체 간의 소통과 연대를 위한 필수 조건이다. 만약 총체적 존재(종, 세계, 우주 등)가 독자적인 법적 공간을 가지지 못한다면, 근대성이 내세운 두 가지 기본적 분리 기준,

남의 인식론

즉 글로벌 자본주의를 뒷받침하는 소유권과 국가 간 체제의 토대인 통치권(sovereignty)에 종속될 수밖에 없다.

이 두 가지 기준이 가진 법적 독점은 지구에서 지속가능성과 삶의 질을 위해 가장 중요한 자연 및 문화 자원을 파괴하거나 위협해 왔다. 심해저, 남극, 달 및 기타 천체, 외계 우주 공간, 지구권, 생물 다양성 등은 현재와 미래 세대를 대표하는 국제 사회의 신탁인(trustees)에 의해 관리되지 않는다면, 손상이 불가피해져 지구에서의 삶은 글로벌 아파르트헤이트를 구성하는 고급 게토 내부에서도 견딜 수 없는 수준에 이를 것이다(Santos 1995: 365 – 373). 이러한 자원들에 더하여, 우리는 유네스코가 인류공동유산으로 제안한 문화유산을 추가해야 한다. 이 경우, 불안정성을 초래하는 이미지는 문화유산의 훼손이 아니라 그것이 만들어진 야만적 조건 그 자체여야 한다. 따라서 문화유산은 발터 벤야민이 주장한 "문명이 남긴 기록 가운데 야만의 기록이 아닌 것은 없다" (1968: 256)는 맥락에서만 인류공동유산으로 간주할 수 있다. 지구상에서 삶의 질을 유지해 온 자원이 점차 손상되면서 초래된 불안정한 이미지는 개럿 하딘(Garrett Hardin)이 제시한 공유지의 비극(tragedy of the commons)이라는 우화와 같은 성격을 띤다(1968). 비록 그로부터 도출되는 도덕적 교훈은 하딘의 것과는 다르지만 말이다.[22] 공공재의 개인적 사용 비용이 항상 그로 인한 이익보다 낮기 때문에, 고갈 가능성이 있는 공유 자원은 필연적으로 비극의 위기에 처해 있다. 전 지구적 생태 의식이 강해질수록 이러한 비극적 이미지는 불안정성을 강화할 것이

....

22 이 우화에 대한 훌륭한 분석은 Pureza(1998, 2005, 2009)에 실려 있다.

다. 그리고 바로 이 이미지가 인류공동유산이라는 개념에 에너지를 불어넣는다.

인류공동유산이라는 개념의 원형적 차원은, 이 개념이 공식화되기 훨씬 전부터 이미 부분과 전체 간의 소통의 변증법을 대변했다는 점에 있다. 이는 서구 근대성과 식민주의적 구성 원리를 떠받치는 심연적 사고(abyssal thinking)가 해결책보다는 여전히 문제로 인식되던 시기의 사유와 연결된다. 여기서 16세기 이베리아학파를 언급하고자 한다. 이 학파는 세계를 '선의 이쪽'과 '선의 저쪽'으로 나누는 것이 야만적 파괴를 초래할 것이라는 인식을 가지고 있었다(4장에서 상세히 다룰 것이다). 프란시스코 데 비토리아가 구분한 모든 민족 간의 법(*jus inter omnes gentes*)과 *세계 전체*(*totus orbis*) 간의 구분, 프란시스코 수아레스(Francisco Suárez)가 제시한 *만민법*(*jus gentium inter gentes*)과 *인류 공동선*(*bonnum commune humanitatis*) 간의 구분은 분리 이론과 통합 이론 사이의 근본적 균형의 원형을 이룬다. 그러나 이러한 균형이, 분리 이론에 의해 무너졌다는 사실은 인류공동유산이라는 원칙에 유토피아적 성격, 나아가 벤야민적 의미에서 메시아적 성격을 부여한다. 인류공동유산 원칙의 주요 특징만 나열해 보아도 이러한 유토피아적 성격이 드러난다. 이 원칙에는 비소유, 모든 인류에 의한 관리, 자원 개발로부터 얻은 이익의 국제적 공유, 모든 인류의 이익을 위한 과학적 연구의 자유를 포함한 평화적 사용, 미래 세대를 위한 보존이 포함된다(Santos 1995: 366). 이러한 유토피아적 특징이 발전하려면, 인류공동유산 개념이 재산권과 주권 원칙에 얽매일 수밖에 없는 법적 담론과 국제법 실행에서 벗어나야 하며, 초국적 후원을 위한 대항헤게모니적 사회 운동과 비정부

남의 인식론

기구(NGO)들의 행동을 고무하는 새로운 해방적인 법(적) 상식이 되어야 한다.

불안정한 주체성들

불안정성을 초래하는 이미지들이 본질적으로 불안정한 것은 아니다. 단지 불안정성을 초래할 수 있는 가능성을 지니고 있을 뿐이다. 이러한 가능성은 해당 이미지가 발신하는 신호를 정확히 이해하고, 그 신호가 전달하는 메시지에 분노하며, 그 분노를 해방의 에너지로 전환하는 개인적 또는 집단적 주체성에 의해 포착될 때에만 실현될 수 있다. 앞서 언급했듯이, 지식과 주체성 간의 밀접한 관계는 오늘날 르네상스와 계몽주의라는 주요 패러다임 전환 속에서 이미 충분히 인정받았다 (Cassirer 1960, 1963; Toulmin 1990). 여기서 우리의 주된 관심사는 계몽주의적 전환이다. 존 로크(John Locke)의 행동과 인간 이해에 대한 개념이 큰 영향을 미칠 수 있었던 이유는, 당대의 새로운 의미 체계와 강한 선택적 친화성(selective affinity)을 가지고 있었기 때문이다. 인간 행위에 대한 그의 설명은 추측이 아닌 발견 또는 계시로 이해되었다. 볼테르 (Voltaire)는 로크에 대해 다음과 같이 칭송하며 이러한 점을 인정한다. "수많은 무작위적 추론가들이 영혼을 로맨스 소설처럼 다룰 때, 한 현자가 나타나 우리에게 겸손히 영혼의 역사를 펼쳐 보였다. 숙련된 해부학자가 인체의 작동 원리와 구조를 설명하듯이, 로크는 인간에게 인간 이성을 설명해 주었다"(1950: 177). 볼테르가 이렇게 열광한 이유는 로크가 새로운 관점을 열어주었기 때문이다. 이 관점은 경험의 대상을 규정하기에 앞서 그 기능을 조사해야 하며, 인간 이해의 특수한 성격에 대한 정확한 통찰은, 최초 요소에서 최고 형태에 이르는 전체 발전 과정을 추적함으로써만 얻을 수 있다는 점을 주장했다. 로크에 따르면, 비판적 문제의 기원은 발생론적(genetic)이며, 인간 정신의 역사 자체가 이에 대한 적절한 설명을 제공했다.[23]

로크는 서구 근대성의 패러다임이 형성되던 결정적인 순간에 저술 활동을 하며, 당대와 관련된 질문을 던지고 답을 제시했다. 그러나 오늘날 우리에게는 대부분 유효하지 않은 것들이다. 아마도 이것은 우리 시대가 로크가 공고화하는 데 기여한 이 패러다임의 마지막 단계에 도달했기 때문일 것이다. 그러나 우리에게 유용한 것은 로크의 질문과 답변에 대한 고고학적 분석이다. 로크는 무한한 가능성을 품은 채 지평선에 어렴풋이 드러나면서, 동시에 자신이 창조한 산물 속에서 스스로를 인식하려는 의지를 지닌 주체성을 요구하는 지식, 즉 새로운 과학적 지식을 창조할 수 있고 창조하려는 주체성의 유형에 대한 근본적인 질문을 던졌다. 그는 이 질문에 대한 답을 두 극단 사이의 불안정한 상응 관계에서 발견했다. 흥미진진한 미래의 가장자리에 위치한 지식은 오직 장구한 진화의 정점에 도달한 주체성에 의해서만 창조될 수 있다고 본 것이다.

오늘날 우리 역시 로크처럼 주체성에 대한 질문을 근본적으로 제기해야 한다. 다만, 우리는 이것을 근본적으로 다른 방식으로 해야 한다.

....

23 이에 대해서는 Cassirer(1960: 93 - 133)도 참고할 수 있다.

남의 인식론

로크와 달리, 우리는 어떤 진화로도 완성되지 않는 주체성에 대해 탐구한다. 이는 한 번도 존재하지 않았던 과거와, 그것이 존재할 수 없게 만든 조건들에 초점을 맞추는 자기성찰적 주체성이다. 부재의 사회학은 불안정한 주체성을 사회적으로 구성하는 데 있어 존재의 사회학만큼이나 중요하다. 이러한 이중의 사회학은 아직 충분히 형성되지 않았으나,[24] 새롭게 출현하는 주체성의 해방 의지의 핵심에 자리 잡고 있다. 이 의지는 에티엔 보노 드 콩디야크(Etienne Bonnot de Condillac)이 말한 '불안(uneasiness)'으로 거슬러 올라갈 수 있다. 그는 이 불안을 우리의 욕망과 바람뿐만 아니라 사고, 판단, 의지, 행동의 출발점으로 간주했다(1984: 288). 뿌리와 선택들이 폭발적으로 증가하며 서로 교환 가능해지는 시대에, 이러한 불안은 탈은폐와 의미화의 능력으로 전환된다. 한편으로는 오랫동안 선택을 규정하고 제한해 온 지배 권력에 의해 은폐된 선택들을 탈은폐하는 능력이며, 다른 한편으로는 이렇게 강화된 자기성찰을 통해 새로운 가능성의 의미를 부여하는 것이다. 따라서 문제는 정전화된 전통(부재의 사회학)을 낯설게 만드는 것(defamiliarization)이지만, 이것이 유일한 접근법으로 자리 잡아 정체되는 것 또한 경계해야 한다. 다시 말해, 탈은폐와 의미화의 결합은 새로운 주체성이 니체가 『도덕의 계보』에서 말한 "역사가 없는 것만이 정의될 수 있다"(1973: 453)는 극단으로 빠지는 것을 방지한다. 불안정성을 추구하는 기획은 가능성의 정치를 급진적으로 비판해야 하지만, 불가능의 정치로 퇴보해서는 안 된다.

....
24 부재의 사회학에 관해서는 4장과 6장을 보라.

이러한 종류의 기획과 관련된 지식에서 사회과학의 중심적인 문제는 구조와 행위의 구분이 아니라, 순응적 행동과 내가 *클리나멘*을 동반한 행위(action-with-*clinamen*)라고 부르는 것의 구분이다. 순응적 행동은 일상적으로 반복되고 재생산되는 실천으로, 현실주의를 단순히 존재하는 것이 곧 현실이며, 존재하기 때문에 현실이라는 식으로 축소시킨다. *클리나멘*을 동반한 행위라는 개념은 에피쿠로스(Epicurus)와 루크레티우스(Lucretius)로부터 차용한 *클리나멘*(*clinamen*)의 개념에 기반을 둔다. *클리나멘*은 원인과 결과의 관계를 뒤흔드는 설명할 수 없는 '어떤 것(quiddam)'으로, 에피쿠로스가 데모크리토스(Democritus)의 원자에 부여한 이탈의 능력을 의미한다. *클리나멘*은 원자들이 더 이상 무기력해 보이지 않게 하고, 오히려 자발적인 움직임의 능력, 즉 비껴나가는 힘을 부여받은 것으로 보이게 만든다(Epicurus 1926; Lucretius 1950).[25] 혁명적 행동과는 달리, *클리나멘*을 동반한 행위의 창조성은 극적인 단절이 아니라, 미세한 방향 전환이나 일탈에 기반을 둔다. 미세한 이탈이 축적되면서 원자들, 더 나아가 살아 있는 존재들과 사회 집단들 간에 복잡

....

25 *클리나멘*(clinamen)의 개념은 문학 이론에서 해럴드 블룸(Harold Bloom)에 의해 현대적으로 재조명되었다. 블룸은 『영향에 대한 불안(*The Anxiety of Influence*)』에서 시적 창조성을 설명하기 위해 제안한 '수정적 비율(revisionary ratios)' 중 하나로 *클리나멘*을 도입했다. 그는 이를 '시적 오독(poetic misprision)' 또는 '시적 잘못 읽기(poetic misreading)'라고 부르며, 다음과 같이 설명한다. "시인은 선구자의 작품을 읽고 이를 바탕으로 *클리나멘*을 실행함으로써 선구자로부터 이탈한다"(1973: 14). 이처럼 블룸은 *클리나멘*을 시인이 선구자의 영향에서 벗어나기 위해 활용하는 창조적 이탈로 이해한다.

남의 인식론

하고 창의적인 결합을 가능하게 하는 것이다.[26]

*클리나멘*은 과거를 거부하지 않는다. 오히려 과거로부터 이탈함으로써 과거를 수용하고 구원한다. 실제로 이탈은 실존했던 과거와 실존이 허용되지 않았던 과거의 경계선상에서 발생하는 경계적 실천이다. 이러한 비스듬한 이탈 자체는 거의 감지할 수 없을 정도로 미세할 수 있지만, 이를 통해 과거가 가진 호명(interpellation)의 능력이 확장된다. 그 결과 벤야민이 언급한 섬광의 순간──새로운 해방적 실천을 가능하게 하는 강렬한 *지금-시간(Jetztzeit)*──으로 전환될 수 있다. *클리나멘*을 동반한 행위의 발생 자체는 본질적으로 설명할 수 없는 현상이다. 사회과학의 역할은 단지 이러한 발생의 가능성을 극대화할 조건들을 식별하고, 동시에 이러한 이탈이 '작동'할 수 있는 가능성의 지평을 정의하는데 있을 것이다.

불안정한 주체성은 *클리나멘*과 함께 행위할 수 있는 특별한 능력, 에너지, 의지를 부여받은 주체성이다. 블룸의 *클리나멘* 개념을 염두에 둔다면, 불안정한 주체성은 '시적 주체성(poetic subjectivity)'이라고 부를 수 있을 것이다. 이는 기존의 틀을 벗어나 새로운 의미를 창출하려는 창조적 주체성을 의미한다. 이러한 주체성의 사회적 구성 자체가 경계 속에서 이루어지는 실천이 되어야 한다. 즉, 근대성 속에서 이질적이거나 주변적인 사회성이나 주체성을 실험하는 과정을 포함해야 한다. 이전 장에서 재구성된 바로크는, 재발명과 실험의 열린 장이라는 측면에

---

26 루크레티우스가 말했듯이, 이탈(swerve)은 아주 작고 최소한의 움직임(per paucum nec plus quam minimum)이다(Epicurus 1926).

서 이러한 형태 중 하나라 할 수 있다. 불안정한 주체성의 형태는 클리나멘에 대한 능력과 의지를 가진 주체성의 형성을 촉진할 수 있는 사회적, 문화적 장을 생성하는 데 기여할 것이다.

3장
비서구중심적 서구는 존재하는가?

이번 장에서는, 유럽중심주의적 세계사가 서구의 독특성과 우월성을 입증하기 위해 내세운 논거들이 겉보기에는 확고부동한 헤게모니처럼 보이지만, 그럼에도 불구하고 비(非)서구중심적 서구를 사유할 여지가 있음을 주장한다. 비서구중심적 서구란, 서구에서 인정받는 지식인들에 의해 생산되었음에도 불구하고 서구 근대성의 독특성과 우월성 구축의 토대로 작용하는 자본주의와 식민주의의 정치적 목적에 부합하지 않았기 때문에 폐기되거나 주변화되고 무시된 광범위한 개념, 이론, 논거들을 의미한다.

이 장에서는 고대의 개념, 근대 과학, 미래의 목적론이라는 세 가지 주요 주제를 다룬다. 이다. 이러한 주제들 외에도 선택할 수 있는 많은 예 중에서 나는 사모사타의 루키아노스(Lucian of Samosata), 니콜라우스 쿠자누스(Nicholas of Cusa), 블레즈 파스칼(Blaise Pascal)이라는 세 명의 독특한 인물을 통해, 비자본주의적이고 비식민주의적이며 상호문화적 대화를 구축하는 데 유용한 몇 가지 사유의 경로를 예시하고자 한다. 이러한 경로들은 이 장에서 각각 박학한 무지, 지식의 생태학, 또 다른 가능한 세계에 베팅하는 내기, 그리고 실천의 장인 정신으로 지칭된다.

옥시덴탈리즘과 비서구중심적 서구가 가능한지에 대해 구체적으로 설명하기 위해, 먼저 유럽과 세계의 정통 역사가 주장하는 서구의 독특성을 입증하기 위해 제시된 모든 역사적, 사회학적 논거를 해체하는 데 전념해 온 학자인 잭 구디(Jack Goody)를 살펴보고자 한다. 구디의 저서 『역사의 도둑(The Theft of History)』(2006)을 중심으로 논의해 보자. 이 책에서 저자는 '서구'를 주로 유럽, 그중에서도 '주로 서유럽'을 지칭하며, 서구는 과거와 미래, 시간과 공간에 대한 자신들의 개념을 세계의 다른 지역에 강요해 왔다고 설명한다. 이를 통해 자신들의 가치와 제도를 우월한 것으로 만들었으며, 이를 서구 예외주의적 표현으로 전환하여 세계의 다른 지역에 존재하는 가치 및 제도와의 유사성과 연속성을 은폐했다. 이러한 관점의 헤게모니는 다른 지역의 성과를 인정하는 학자들의 저작에서도 은밀히 드러날 정도로 강력하다. 구디는 조지프 니덤(Joseph Needham), 노르베르트 엘리아스(Norbert Elias), 페르낭 브로델(Fernand Braudel), 에드워드 사이드(Edward Said)를 예로 들며, 이들이 유럽중심주의에 반대하면서도 결국 서구중심주의의 함정에 빠졌다고 지적한다. 그는 이 함정을 "포스트식민주의와 포스트모더니즘이 자주 빠지는 덫"이라고 부른다(2006: 5). 구디에 따르면, 진정한 '세계사'는 유럽중심주의와 반(反)유럽중심주의적 유럽중심주의, 옥시덴탈리즘과 오리엔탈리즘을 모두 극복할 때에만 가능하다. 이렇게 구성된 역사는 인식론적 수준에서 더 정확하고, 사회적·정치적·문화적 수준에서 더욱

　　　　　　　　　　　　　　　　　남의 인식론

진보적일 것이다. 오직 이러한 역사만이 세계가 무한한 다양성 속에서 자신을 인식할 수 있도록 한다. 여기에는 무한한 유사성과 연속성의 다양성 또한 포함된다. 이러한 역사는 모든 목적론을 종식하는데, 목적론은 항상 특정한 미래를 정당화하기 위한 조건으로서 특정한 과거를 선택하기 때문이다.

이러한 역사가 가능한가? 그렇다. 다만 역사가 쓰이는 다양한 시간과 장소 속에 위치한다는 점, 따라서 항상 부분적인 특징을 지닌다는 점을 이해할 때 가능하다. 구디가 제안하는 세계사는 어느 정도로 부분적인가? 구디는 비유럽중심적 방식으로 유럽중심주의에 맞서기 위한 최선의 방법은 서구의 독특성과 예외성으로 여겨지는 모든 것들——근대 과학, 자본주의, 개인주의, 민주주의 등을 포함——이 다른 세계 지역과 문화에서도 유사한 사례와 선례를 가진다는 것을 보여주는 것이라고 본다. 따라서 서구의 우위는 본질적인 차이에 의해 설명되는 것이 아니라 오히려 정교화와 심화 과정에 의해 설명될 수 있다.

구디의 역사관은 겸허해진 서구(humble west), 즉 다른 세계 지역들과 함께 인류 창조성이라는 더 넓은 모자이크를 공유하는 서구를 제시했다는 점에서 큰 의의가 있다. 서구의 창의성이 상대적임을 인정하는 것은, 이를 전 세계에 강요하기 위해 동원된 논리의 힘을 부정하는 것이다. 보다 설득력 있는 설명은 서구가 스스로를 무장했던 '총과 범선(guns and sails)'이라는 권력의 논리에서 찾을 수 있다. 이러한 역사 개념의 부분성은 서구가 세계를 향해 한층 겸허한 모습을 갖추게 되는 과정에서 드러난다. 즉, 서구의 일부 성취를 내부적으로 그리고 동시에 전 세계에 강요한 과정들을 은폐함으로써 이루어진다. 이 과정들은 결코 겸허하지 않았고 오히려 매우 오만했다. 물론 구디는 이러한 점을 인식하고 있지만 이 부분을 충분히 강조하지 않음으로써, 서구의 지리적 통일성(그 자체로도 문제적인 개념)이 정치·문화·제도적 성취의 통일성으로 전이된다는 인상을 준다. 결국 문제 삼아야 할 것은 서구 성취의 예외성이지, 우리가 오늘날 그것을 이해하게 된 역사적 과정 자체는 아니다. 세계와의 연속성은 서구 내부의 본질적인 단절을 은폐한다. 한마디로, 겸허한 서구는 결국 빈곤해진 서구(impoverished West)가 될 위험을 안고 있다.

이것이 교묘한 형태의 옥시덴탈리즘이 아닐까? 실제로, 옥시덴탈리즘이라는 용어는 최근 몇 년간 논쟁을 불러일으켰다. 최소한 두 가지 매우 다른 개념이 존재하는데, 첫째는 옥시덴탈리즘을 오리엔탈리즘의 반대 이미지로 보는 것이다. 이는 서구 오리엔탈리즘의 피해자인 '타자들'이 서구에 대해 구성하는 이미지다.[1] 둘째는 옥시덴탈리즘을 오리엔탈리즘의 이중적 이미지로 보는 것으로, 서구가 오리엔탈리즘을 통해 '타자들'을 대상화하면서 스스로에 대해 구성하는 이미지다.[2] 첫 번째 개념은 상호성의 함정을 내포한다. 서구 고정관념의 피해자인 '타자들'이 서구에 대한 고정관념을 구성할 동일한 정당성과 힘을 가진다는 발상이다. 두 번째 개념과 그것이 함축하는 헤게모니적 서구에 대한 비

---

1 참고로, Buruma와 Margalit(2004)을 보라. 이에 대한 비판은 Bilgrami(2006)를 참고하고, Bilgrami에 대한 비판은 Robbins(2007)를 살펴보라. 이와는 매우 다른 관점인 중국 옥시덴탈리즘에 대해서는 Chen(1992)을 보라.

2 Carrier(1992), Coronil(1996), Venn(2001), 그리고 가장 최근에는 Gregory(2006)를 참고하라.

남의 인식론

판은 현재 비판이론의 유산이 되었으며 잭 구디 저작의 기반이 되었다. 이 논의를 더 발전시키기 위해 두 가지 경로를 생각해 볼 수 있다. 첫 번째 경로는 구디가 『역사의 도둑』에서 추구한 것으로, 서구의 외적 관계성을 규명하는 것이다. 즉, 서구에서 기인한 혁신과 그와 유사한 세계의 다른 지역 및 문화의 경험 사이의 연속성을 밝히는 것이다. 두 번째 경로는 서구의 내적 관계성을 규명하는 것이다. 이는 서구 경험의 무한한 다양성과 함께 서구의 예외적 특징으로 자리 잡은 성공적인 경험들, 또는 반면에 버려지거나, 억압되거나, 잊힌 경험들 간의 연속성 또는 불연속성을 밝히는 것이다. 이 두 가지 경로는 모두 정당성을 가진다. 그러나 이들 각각은 무한히 추구될 수 있기 때문에 이로부터 도출되는 세계사나 사회학은 언제나 부분적일 수밖에 없다. 그럼에도, 혹은 바로 그렇기 때문에, 두 경로 모두 동등한 인내심을 가지고 추구할 가치가 있다.

　이 장은 두 번째 경로에 집중하며 구디의 주장에서 출발한다. 구디가 분석한 수많은 역사적 도둑질 중에서 나는 세 가지를 선별하여 논의하고자 한다. 그것은 고대의 개념, 근대 과학, 미래의 목적론이다. 이러한 도둑질이 비서구적 타자의 자산에 대해서뿐만이 아니라 서구 내부의 공동 소유자들 사이에서도 일어났으며, 이러한 내부적 도둑질로 인해 서구가 크게 빈곤해졌음을 보여주고자 한다. 오늘날 서구 내부에서 서구를 비판하는 것은 자기 학대에 가까운 행위로 간주하고는 한다. 헤게모니적 서구를 유지해 온 제국주의와 신식민주의가 초래한 피해를 고려할 때, 이러한 태도는 필요하고 건강한 것으로 보인다. 그럼에도 불구하고, 서구 내부에서 훔친 것들 중 일부를 되돌려주는 것이야말로, 전 세계적으로나 서구 내부에서 새로운 형태의 상호문화성 (interculturality)을 형성하기 위해 결정적이라고 생각한다. 현재 서구에서 많은 이들에 의해 유지되고 있는 상호문화성이 본래의 상호문화성의 경험을 회복하지 않는다면 그로부터 기대할 수 있는 것은 거의 없을 것이다. 처음에는 상호문화성이 있었고, 그로부터 우리는 문화성으로 나아갔다. 오직 상호문화성을 지닌 서구만이 세계의 상호문화성을 갈 망하고 이해하며, 그것에 능동적으로 기여할 것이다. 이는 아마 과거와 현재의 다른 세계 문화들에도 동일하게 적용될 것이다.

나는 서구의 역사적 경험을 확장하는 것은 반드시 필요하다고 생각한다. 특히, 근대성과 자본주의의 결합 이후 지배적이었던 제국주의적 또는 오리엔탈리즘적 목적에 부합하지 않는다는 이유로 잊히거나 주변화된 서구 전통과 경험들에 목소리를 부여함으로써 말이다.[3] 그러나 이 경험들과 전통들을 단순히 역사적 관심에서 불러내고자 하는 것은 아니다. 내 목적은 현재의 모습을 만들어낸 과거 외에도 다른 과거들이 존재했던 것처럼 현재에 개입하는 것이다. 과거가 달랐다면, 현재도 달라질 수 있다. 내가 주목하는 것은 오늘날 세계가 직면한 많은 문제들이, 서구가 세계에 대해 강압적으로 부과했을 뿐만 아니라 다른 이들에 대한 자신의 강요를 유지하기 위해 스스로에게도 부과했던 경험의 소외로부터 비롯되었음을 보여주는 것이다.

고대에 관하여 구디(2006: 26-67)는, 고전 고대의 독특성──폴리스, 민주주의, 자유, 경제, 법치, 예술, 로고스──이 헬레니즘 중심적이고

---

3 이 주제와 관련하여, Santos(1995, 2004) 등을 참고하라.

남의 인식론

목적론적인 구성물이라고 주장한다. 이는 사실의 진실과는 반대로, 근대 유럽의 독자성을 근대 유럽만큼이나 독자적인 기원에 귀속시키려는 시도이다. 이러한 논리는 페르시아, 이집트, 아프리카에서 아시아에 이르기까지 긴밀한 관계를 맺었던 문화들과 고대 그리스의 성취 사이의 연속성을 간과하며, 서구가 자신에게 귀속시킨 문화적 유산에 대한 이들 문화의 기여를 무시하는 것이다. 이 장에서는 사모사타의 루키아노스(125-180 CE)를 통해 또 다른 고전 고대의 존재 양상을 보여주고자 한다. 이는 그리스의 정통적 성취에 대하여 원심적이고, 뿌리에서부터 다문화적인 고대를 보여준다. 사모사타의 루키아노스에 주목하는 이유는, 그가 사회적 해방의 재구성이라는 과제에서 핵심적 요소로 판단되는 한 가지 작업, 즉 우리를 현재의 교착 상태로 귀결시킨 이론적 전통들로부터 비판적 거리를 확보하는 작업에 기여했기 때문이다.

근대 과학에 관하여, 구디는 조지프 니덤(Joseph Needham)의 기념비적 저작 『중국의 과학과 문명(Science and Civilization in China)(1954-2008)』을 검토하며 근대 과학에 대한 논의를 발전시킨다. 니덤에 따르면, 1600년까지 과학에 관한 한 중국은 유럽과 동등하거나 더 앞서 있었다. 오직 유럽에서만 독점적으로 발생한 르네상스 시대 이후에 비로소 유럽은 과학을 자연에 대한 수학적 가설과 체계적인 실험적 검증에 기반한 정확한 지식으로 전환함으로써 중국을 앞설 수 있었다. 구디(2006: 125-153)는 르네상스, 그리고 르네상스가 자본주의적 윤리와 밀접하다는 주장(부르주아에 의해 확립된 정확한 지식과 이윤 간의 관계)에 기반한 다른 세계와의 단절 또는 본질적 차이를 반박한다. 그의 주장에 따르면, 과학 혁명은 존재하지 않았으며 근대 과학은 이전의 과학과 질적으로 다른 것이 아니라 오히려 오랜 과학적 전통의 심화에 불과하다. 나는 이 논쟁에 직접적으로 개입하지는 않을 것이다. 대신, 구디가 르네상스의 선행 요소들과 다른 문화와 시대에도 다양한 르네상스가 존재했다는 사실을 적절히 부각했음에도 불구하고, 르네상스의 동질적 특성과 그것이 근대 과학과 맺는 관계에 있어서는 니덤, 나아가 유럽 근대성의 통상적 역사와 견해를 같이한다는 사실을 문제 삼고자 한다. 실제로, 르네상스에는 다양한 관념이 존재했으며, 그중 일부는 근대 과학의 기초가 된 정확한 지식이라는 관념으로부터 본질적으로 상당히 다른 방향으로 이탈했다. 이러한 관념 중 하나를 설명하기 위해, 위대한 르네상스 철학자인 니콜라우스 쿠자누스(Nicholas of Cusa, 1401-1464)를 언급하고자 한다. 그의 이론은 서구가 오리엔탈리즘과 그 이중적 이미지인 옥시덴탈리즘을 만들어내는 데 필요한 오만함을 뒷받침하지 못했기 때문에 추종자를 얻지 못했다.

마지막으로, 『역사의 도둑』은 유럽과 세계사의 정통적이고 유럽중심적인 전통에서 지배적인 목적론에 대한 급진적인 비판이다. 목적론은 서구의 현재적 우위를 설명하고, 미래를 향하는 선형적 확실성을 정당화하는 독자적 특징이나 자산을 서구의 비교적 먼 과거에 투영하는 것을 말한다. 구디는 서구가 세계의 나머지 지역과 본질적으로 또는 질적으로 구별된다고 주장하는 모든 기원적 자산이나 특성을 하나씩 의문시하며 목적론을 비판한다. 이와 관련해서, 나는 구디를 비판하기보다는 서구 근대성의 또 다른 전통을 소개하는 것을 목적으로 한다. 이 전통들은 역사에 대한 목적론을 거부하고, 따라서 서구의 종교적 및 문명적 확신에 봉사할 수 없다는 이유로 잊히거나 주변화되었다. 여기서 내

남의 인식론

가 언급하고자 하는 전통은 블레즈 파스칼의 내기론이다.

　사모사타의 루키아노스, 니콜라우스 쿠자누스, 그리고 블레즈 파스칼은 옥시덴탈리즘을 극복하고 역사의 도둑질을 종식할 수 있는 이론적, 인식론적 조건을 성찰하기 위한 출발점이 되는 인물들이다.

철학의 판매

　수십 년, 혹은 경우에 따라 수 세기 동안 우리와 동반했던 철학과 이론들이 더 이상 추종자들에게 유용하지 않게 되어 시장에 나왔다고 가정해 보자. 예를 들어, 결정론, 자유의지, 보편주의, 상대주의, 실재론, 구성주의, 마르크스주의, 자유주의, 구조주의, 기능주의, 후기구조주의, 해체주의, 실용주의, 포스트모더니즘, 포스트식민주의 등 다양한 이론이 매물로 나왔다고 말이다. 또한 특정 이론의 추종자들이 자신들의 이론뿐만 아니라 다른 모든 이론들도 무용해졌다는 결론에 도달했다고 가정해 보자. 만약 그렇다면 그들은 이러한 이론들 중 어떤 것도 구매하는 데 관심이 없을 것이다. 잠재적 구매자가 있다면, 그들은 필연적으로 이러한 다양한 이론들이 이 이론들이 발전되어 온 세계—이를 '학문적 세계'라고 부르자—의 외부인일 것이다. 구매를 결정하기 전에, 그들은 당연히 두 가지 질문을 할 것이다. 첫째, 이 이론이 나에게 얼마나 유용한가? 둘째, 그 이론의 가격은 얼마인가? 재고로 남겨지지 않으려면, 다양한 이론들이나 그 창작자들은 잠재적 구매자의 계산적인 사고방식에 대응해 효용과 가격 간의 적절한 관계를 설득력 있게 제시해야 할 것이다. 물론, 판매에 나선 이론의 수가 많을수록 그들 간의 경쟁은 매우 치열해질 것이다. 이론들이 자신의 유용성을 제시하 거나 진리의 관점에서 정의하기보다는, 그 유용성을 강요하는 데 익숙 하기 때문에 잠재 고객들의 이러한 질문들에 답하는 데 어려움을 겪을 가능성이 농후하다. 물론 여기서 진리는 값을 매길 수 없는 것이다. 판 매의 결과는 구매자의 재정 상태뿐만 아니라, 이론의 용도에 부여된 가 치에도 좌우될 것이다. 그러나 이론들은 구매자의 재정 상태, 부여된 가치, 그리고 최종 결정에 어떠한 영향력도 행사할 수 없을 것이다.

우리는 모두 이론의 판매 자체가 큰 스캔들이 될 것이라는 데 동의할 것이다. 하지만 판매를 통해 이론들 간에 형성되는 가치-가격의 위계는 더욱 큰 스캔들이 될 것이다. 그러나 진정한 스캔들 중의 스캔들은, 만 약 운 좋은 구매자들이 우리가 경쟁 관계에 있다고 간주하는 이론들(결 정론과 자유의지)에서 유용성을 발견하고, 이들을 상호보완적 용도로 한 꺼번에 구매하는 일이 벌어진다면 생길 것이다. 이러한 판매가 이루어 진다 해도 전례 없는 일은 아니라는 점을 덧붙이고자 한다. 서기 165년 경 고전 시대의 원심적 인물이자 서양 문화의 주변부 고전인, 유프라테 스강 연안의 사모사타 출신의 '야만인', '시리아인'으로 불리던 사모사 타의 루키아노스가 바로 그러한 판매를 제안한 바 있다. 루키아노스의 「교리들의 판매(The Sale of Creeds)」(1905: 190)라는 대화편을 보면, 제우 스가 헤르메스의 도움으로 그리스 철학의 여러 학파를 판다. 창시자들 이 직접 가져온 것도 있는데, 피타고라스주의, 디오게네스, 헤라클레이 토스, 데모크리토스가 한 묶음이고, 소크라테스, 크리시포스, 에피쿠로 스주의, 스토아학파 그리고, 아리스토텔레스학파와 회의주의가 다른 한 묶음이다. 헤르메스는 무역상들로 이루어진 잠재적 구매자들을 끌어모으기 위해 다음과 같이 외친다. "팝니다! 살아 있는 신념들이 다양하게 있습니다! 온갖 종류의 교리! 착불, 보증금이 있으면 외상도 됩니다!"(1905: 190). '상품'이 진열되고, 상인들이 계속해서 몰려든다. 상인들은 판매되는 각 철학에 대해 질문할 권리가 있고, 항상 구매자와 그의 가족, 집단에 얼마나 쓸모 있을지 먼저 묻는다. 가격은 제우스가 정하는데, 대개 구매하는 상인들의 제안을 그대로 받아들인다. 판매는 완전히 성공적이다. 헤르메스는 이론들에게 저항을 멈추고 구매자를 따르라 명령하고 마지막으로 이렇게 발표한다. "여러분, 내일 다시 오시길 바랍니다. 그때는 평범한 사람들, 예술가들, 점주들을 위한 교리 묶음이 준비될 예정입니다"(1905: 206).

사모사타의 루키아노스는 그의 다른 풍자적 작품처럼 이 작품에서도 기존의 지식과 거리를 둔다. 그는 이론들을 주체가 아닌 객체로 전환함으로써 이론들에 대한 외재성의 장을 구축하고, 이들을 본래 설계 의도와는 무관한 시험에 종속시킨다. 그는 이론들이 서로 논쟁하는 것을 허용하지 않고, 오히려 자신들의 통제 범위를 벗어난 낯선 이들의 관심을 얻기 위해 경쟁하도록 내몬다. 즉, 루키아노스는 이론들을 그것들이 생산된 사회의 혼란 속에 노출시키고, 이들이 열망하는 진리——루키아노스가 묘사한 진리, 즉 "불확정한 색조를 띤 그림자 같은 존재로, 완전히 벌거벗고 꾸밈이 없으며 관찰을 피하고 항상 시야에서 사라지는 존재"(1905: 213)——가 주어진 현실에 부합하는 데 있는 것이 아니라, 아직 주어지지 않은 현실, 즉 사회적 기준과 목표라는 넓은 의미의 효용성에 부합하는 데 있음을 보여준다.

기존의 이론적 정통성과 거리를 두는 루키아노스의 태도는 그의 출신과 삶의 궤적에 깊이 새겨져 있다. 그가 태어난 사모사타는 현재 튀르키예에 있는 아타튀르크 댐에 의해 수몰된 도시로, 고대 아르메니아의 코마게네 왕국의 일부였다가 후에 로마 제국에 흡수되어 시리아 속주의 일부가 되었다. 이 지역은 매우 활발한 상업적·문화적 교류가 이루어진 곳으로, 그리스 철학과 문학이 기독교, 유대교, 근동 및 중동 지역의 다양한 다른 문화들과 공존하는 생동감 넘치는 혼합 문화(*Mischkultur*)를 지니고 있었다. 헬레니즘화된 시리아인이었던 루키아노스는 스스로를 '야만인'이라 불렀으며 수사학자로서 경력을 쌓기 위해 자신의 고향을 떠나 로마 세계의 주요 문화 중심지로 향했다.[4]

오늘날의 시대는 사모사타의 시대만큼이나 기존의 이론적 전통과 거리를 둘 필요가 있다. 서론에서 나는 이러한 거리를 정당화하는 조건에 대해 자세히 논한 바 있다. 특히, 강한 질문과 약한 대답 간의 괴리는 이러한 서로 다른 시대를 비교하는 데 매우 적합하다. 사모사타의 시대와 마찬가지로, 우리 시대의 문제들——강한 질문을 요구하는 문제들——은 더 이상 우리 시대의 특권적 지식, 즉 근대 과학(제도화되고 전문화된 범위 내에서의 과학)에만 국한되지 않는다. 과학은 본래 가장 중요한 실존의 문제들이 자신의 영역을 벗어난다는 사실을 충분히 인식하고 있었다. 예컨대, 신의 존재 문제, 삶의 의미, 이상적 사회의 모델 또

---

4 사모사타의 루키아노스는 오늘날까지도 고전 고대의 독특한 인물로 남아 있다. 일부 고전학자들은 그를 단순히 '기자'나 '예술가'로 간주하기도 한다. 반대되는 견해에 대해서는, 예를 들어 Jones(1986), Zappala(1990)를 참조하라. 루키아노스를 풍자가로 다룬 논쟁적인 접근은 Sloterdijk(1987)에서 확인할 수 있다.

는 모델들, 인간과 다른 생명체들(인간은 아니지만 신의 창조물로서 인간과 마찬가지로 존엄성을 공유하는 존재) 사이의 관계 같은 문제들은 과학의 영역을 벗어난 것들이었다. 이 모든 문제는 과학에 있어 더욱 난해한 또 다른 문제와 맞물려 있었다. 과학은 과학적 진리를 진리로서 정당화할 수 있는 근거를 설명할 수 없다는 문제, 즉 자신의 과학성을 정초하는 토대를 설명할 수 없다는 문제이다. 그러나 19세기 이후, 과학이 자본주의를 뒷받침하는 생산력으로 점차 전환되면서, 이러한 복잡한 앎의 관계는 두 가지 방식으로 축소되었다. 한편으로 과학의 인식론적 헤게모니가 강화되면서, 과학은 유일하게 정확하고 타당한 지식 체계로 격상되었다. 결과적으로, 과학이 답할 수 있는 문제들만이 논의할 가치가 있는 것으로 여겨졌다. 존재론적 문제들은 과학적으로 말할 수 있는 범위 내로 축소되었고, 이는 개념적·분석적 차원에서의 극적인 재구성을 초래했다. 이 과정에서 호세 오르테가 이 가세트(José Ortega y Gasset 1987: 39)의 개념을 차용하여 내가 정형적 사고(orthopedic thinking)라 부르는 것이 나타났다. 이는 본래의 문제와는 무관한 분석적·개념적 지표들로 환원함으로써 초래된 제약과 빈곤화라 할 수 있다. 과학이 점점 더 제도화되고 전문화됨에 따라——이는 미셸 푸코(Michel Foucault)가 '보편적 지식인'에서 '특정한 지식인'으로의 전환이라고 설명한 과정과 맞물려 있다——과학은 오로지 스스로 제기한 문제들에만 답하는 체계로 변화하기 시작했다. 이 과정에서, 근본적인 존재론적 문제들의 광대함은 점차 소멸했다. 이는 과학의 헤게모니가 과학을 넘어 확산하며 발생한 또 다른 축소의 결과였다. 모든 헤게모니가 그러하듯, 과학적 헤게모니는 철학, 신학, 인문학 전반을 과학화의 과정에 종속시켰으며,

이는 실증주의의 다양한 면만큼이나 다양한 형태로 나타났다. 정형적 사고가 과학을 넘어 확장되고 학문 분야들이 제도화되고 전문화됨에 따라, 이들 분야가 다루는 문제는 점점 자신들이 스스로 제기한 문제들로만 한정되었다. 그 결과로써, 학문적 문제들에 대한 학문적 답변들은 그들이 본래 다루고자 했던 실존적 문제들로부터 점차 더욱 괴리되고 환원적인 양상을 띠게 되었다.

이러한 광범위한 인식론적 독점화 과정은 모순 없이 진행되지 않았다. 이것은 바로 강한 질문과 약한 대답 사이의 괴리에서 명확히 드러나며, 우리 시대의 특징적 현상이라 할 수 있다. 서문에서 언급했듯이, 강한 질문과 약한 대답의 괴리는 우리 시대의 일반적 특징이며 그 자체로 시대정신을 구성한다. 그러나 이러한 괴리가 글로벌 노스와 글로벌 사우스에 미치는 영향은 매우 다르다. 약한 대답은 글로벌 노스에서 어느 정도의 신뢰성을 가진다. 이는 정형적 사고가 글로벌 노스에서 가장 크게 발전했기 때문이며, 동시에 약한 대답이 정치적 차원으로 번역되면서 글로벌 노스의 신식민주의적 지배가 지속되도록 보장하기 때문이다. 이를 통해 글로벌 노스 시민들은 자신들이 글로벌 사우스를 지배하면서 얻는 혜택을 인식하지 못한 채 누릴 수 있다. 반면, 글로벌 사우스에서는 약한 대답이 이데올로기적 강요와 시민들의 일상에서 나타나는 온갖 형태의 폭력으로 전환된다. 여기서 시민들은 엘리트를 제외한 대다수를 의미하며, 글로벌 사우스 내에서 글로벌 노스를 '대표'하는 작은 집단, 즉 '제국적 남반구'의 일부다. 이처럼 두 지역에서 나타나는 차이는 실재적이고 심연적이지만, 동시에 그 격차가 공통의 비극적인 상황을 은폐하려 한다는 인식이 점점 더 강렬해지고 있다. 다시 말

남의 인식론

해, 오래전부터 보통 사람들의 삶을 고려하지 않는 정형적 사고에서 끊임없이 생성되어 온 *쓰레기 지식(junk knowledge)*의 포화 상태라 할 수 있다. 이 상황은 우리 모두——여성, 남성, 그리고 자연——에게 인간다운 삶을 보장할 수 있는 신뢰할 만하고 신중한 지식의 부재로 표출된다.[5] 이러한 부재는 우리로 하여금 시대를 괴롭히는 문제들의 진정한 차원을 파악하거나 정의하는 것은커녕 식별조차 하지 못하게 만든다. 이 문제들은 모순된 감정들의 집합으로 드러난다. 결핍을 은폐하지 못하는 고갈, 부정의를 은폐하지 못하는 불안, 그리고 희망을 배제하지 않는 분노로 나타난다. 고갈은 끊임없는 승리의 수사학으로부터 기인하는데, 단순한 삶을 살아가는 시민들은 승리가 아닌 패배만을, 해결책이 아닌 문제만을, 전문가적 진리가 아닌 이해관계만을, 합의가 아닌 체념만을 목도하게 된다. 불안은 정형적 사고가 내세우는 합리성에서 점점 더 두드러지는 비합리성, 즉 정형적 사고는 스스로를 행복을 창출하는 기계로 포장하지만 실제로는 불의를 생산하는 기계일 뿐이다. 분노는 사회 해방으로 가장된 사회 규제, 신노예제(neoslavery)적 예속을 정당화하는 개인적 자율성, 그리고 인류와 자연이 현상 유지보다 훨씬 나은 무언가를 누릴 자격이 있다는 매우 진정성 있으나 미약한 관념을 침묵시키기 위해 반복적으로 선언되는 더 나은 세계의 불가능성에서 기인한다. 정형적 사고의 지배자들은 고갈을 '완전한 충족'으로 치환하여 역사의 종말(Fukuyama 1992)을 선언한다. 한편, 불안과 분노는 의학적 보철물과 소비라는 마취제, 그리고 엔터테인먼트 산업의 현기증 같은

----

5 인간다운 삶을 위한 신중한 지식 구축의 문제는 Santos(2007b)에서 분석한다.

방식으로 '치료'된다. 그러나 이러한 기제들 중 그 어느 것도 효과적으로 작동함으로써, 그 필요성과 효용의 근원인 심연적 결함을 성공적으로 감추지는 못하는 것 같다.

이러한 시대정신은 사모사타의 루키아노스가 보여준 것과 같은 이론과 학문 분야에 대한 거리두기를 제안한다. 이론과 학문은 지나치게 자기 자신에게 몰두한 나머지, 우리 시대가 제기하는 질문에 답할 수 없는 상태에 있다. 거리두기는 부정적 인식론과 더불어 부정적 윤리와 부정적 정치의 우위를 의미한다. 윤리적, 정치적, 인식론적 측면에서 현재 존재하는 것을 거부할 이유는, 대안을 정의하기 위해 제시되는 이유들보다 훨씬 더 설득력을 지닌다. 거부와 대안 모색 간의 불균형은 아마 모든 시대에 공통된 문제일 것이다. 그러나 우리 시대에 특히 비정상적으로 크게 나타나는 듯하다. 우리의 시대를 온전히 받아들인다는 것은 이러한 불균형을 인정하고 이를 기반으로 행동하는 것을 의미한다. 다시 말해, 이는 거부를 급진화하고 대안을 모색하되 그 대안이 지니는 근본적인 불확실성을 인정하는 것을 뜻한다.

인식론적 수준—여기서 다루는 유일한 영역—에서, 거부는 특정한 형태의 인식론적 직접 행동을 함축한다.[6] 이는 이론과 학문을 학파, 사상 경향, 기관 등과 같은 그 소유자와 무관하게 전유하는 것으로서, 이 행동은 세 가지 목표를 지닌다. 첫째, 이론과 학문이 스스로 제기하지 않은 질문들에 직면할 때, 아무리 단순한 질문이라도, 침착성과 평정심을 상실한다는 사실을 입증하는 것이다. 둘째, 이론과 학문이 경쟁이나

---

6 이어지는 장들은 앞으로 수행할 인식론적 과제들을 다루는 데 할애할 것이다.

남의 인식론

모순으로 간주하는 영역에서의 상호보완성과 공모성을 규명하는 것이다. 셋째, 이론과 학문 분야의 효능은, 그들이 드러내는 것만큼이나 은폐하는 것에도 존재하며, 실재하는 것으로 생산해 내는 현실만큼이나 비실재하는 것으로 생산해 내는 현실에도 존재함을 규명하는 것이다.

첫 번째 목표를 달성하기 위해, 루키아노스의 또 다른 대화편 「낚시꾼(The Fisher)」에 등장하는 이집트 왕의 원숭이들이 처한 상황을 이론과 학문에 적용해 보는 실험적 상상을 해보는 것이 유용할 것이다.

> 한 이집트 왕이 원숭이들에게 검춤을 가르쳤다는 일화가 있다. 흉내 내기를 잘하는 이 피조물들은 금세 검춤을 배웠고, 자주색 옷과 가면을 쓰고 공연을 했다. 한동안 공연은 대성공을 거두었지만, 결국 한 기발한 관람객이 견과를 가져와 던지자 상황이 바뀌었다. 원숭이들은 견과를 보자마자 춤을 잊어버리고, 인간적인 모습을 버리며 다시 원숭이의 본성을 드러냈다. 가면을 부수고 옷을 찢으며 먹이를 차지하기 위해 난투극을 벌였다. 무용단의 명예와 관객의 진지함은 한순간에 무너지고 말았다 (1905 : 222).

이론과 학문 분야들은 스스로 예견하지 못했던 질문들에 대해 비이론적이고 비학문적인 방식으로 반응하리라는 것이 나의 가설이다. 이러한 질문에 직면하면, 그들이 현실을 정형적으로 조작하려는 방식은 아무런 소용이 없을 것이며 그들의 응답은 정형적이지 않을 것이다. 남은 두 가지 목표를 달성하기 위해, 루키아노스의 방식으로 돌아가 제우스와 헤르메스처럼 이론과 학문을 은유적으로 판매한다고 가정해 보

자. 사회에 다양한 형태의 유용성을 강요함으로써 자리를 공고히 해온 이론과 학문은 자신의 유용성이 평가의 대상이 되는 것을 쉽사리 수용하지 않을 것이다. 마찬가지로, 자본주의를 대변하며 협력에 대비되는 경쟁의 보편성, 이타주의 경제에 대비되는 이기주의 경제, 그리고 증여에 대비되는 매매를 이론화해 온 이론과 학문 분야들은 자신들이 매물로 제시되는 것을 받아들이지 않을 것이다.

우리 시대의 조건이 정형적 사고를 거부하는 것뿐만 아니라, 근본적인 불확실성의 관점에서 대안을 모색하는 것을 요구한다고 가정할 때, 그러한 근본적 불확실성의 뿌리를 규명하는 것은 중요하다. 이를 *유한성과 무한성의 역설*이라고 부르고자 한다. 불확실성은 세계에 존재하는 사회적 경험의 무궁무진하고 가늠할 수 없는 다양성에 관한 것이다. 식민주의에 맞선 해방 운동과 페미니즘, 생태 운동, 원주민 및 아프리카계 후손 운동, 농민 운동, 탈식민 운동, 해방신학, 도시 운동, LGBT 운동 같은 새로운 사회 운동들, 그리고 *분노한 사람들* 시민 운동 및 점거 운동과 같은 최신의 운동이나 집단적 움직임들은 사회적 투쟁의 범위를 확장했을 뿐만 아니라, 삶과 인간 존엄성에 대한 새로운 관념, 새로운 상징적 세계, 새로운 우주론, 인식론, 심지어 존재론까지 등장시키는 계기가 되었다. 역설적으로, 인간 경험의 무한성을 가리키는 이 과정은 점차 지구 행성의 유한성, 그 안에 존재하는 인류와 자연 간의 통합성(가이아 가설), 그리고 지구에서의 생명 유지 가능성의 한계를 드러내는 또 다른 과정과 나란히 발생했다. 우리가 세계화라 부르는 현상은 모순적인 방식으로 무한성과 유한성이라는 이중적 경험을 심화하는데 기여해 왔다.

유한한 세계에서 어떻게 인간 경험의 다양성이 잠재적으로 무한할 수 있는가? 이러한 역설은 우리로 하여금 인식론적 결핍과 대면하게 만든다. 즉, 우리에게 세계의 무궁한 다양성을 포착하는 데 필요한 지식이 결여되어 있다는 것이다. 이 결핍이 초래하는 불확실성은, 세계 경험의 다양성이 곧 세계에 존재하는 지식의 다양성을 포함한다는 점을 고려할 때 더욱 커진다. 세계 경험의 다양성을 드러낼 수 있는 지식의 유형들은 무엇인가? 세계의 경험을 구성하는 다양하고 수많은 지식의 유형들을 어떻게 식별하고 평가하며 위계화할 것인가? 우리가 알고 있는 지식의 유형들과 알지 못하는 지식의 유형들을 어떻게 접합시키고 비교할 것인가?

이 역설적 불확실성은 새로운 인식론적·정치적 과제를 제기한다. 또한 대안 사회에 대한 열린 구상을 촉진하며, 이러한 구상의 강점은 대안을 정의하는 것보다는 현재의 상태를 거부하는 데 있다. 이는 더 나은 미래와 또 다른 가능한 세계의 가능성을 긍정하되, 그것이 실현 가능한지, 어떤 모습일지를 알지 못한 채로 긍정하는 것이다. 따라서 이는 근대적 유토피아와는 매우 상이한 유토피아이다.

이러한 도전에 맞서기 위해, 서구 근대성의 잊힌 두 전통, 니콜라우스 쿠자누스의 박학한 무지와 블레즈 파스칼의 내기론을 원용하고자 한다. 이 두 관념은 자신들의 시대가 지닌 불확실성을 매우 강렬하게 경험한 사상가들에 의해 정립되었다. 그들의 의심은 데카르트에서처럼 방법론적인 것이 아니라, 인식론적이거나 심지어 존재론적이었다. 이 두 전통은 서구 근대성이 보장하고자 했던 확실성과 부합하지 않았기에 도외시되었다. 즉, 이후 수 세기 동안 지배적이었던 정형적 사고의 대척점에 위치한다고 할 수 있다. 이 전통들은 무시되었지만 바로 그 이유 때문에 식민화되지도 않았다. 따라서 자신들의 잠재력과 한계를 더 투명하게 드러낼 수 있었다. 근대적 모험에 참여하지 않았기 때문에, 서구에 속해 있으면서도 서구의 중심에서 벗어나 있을 수 있었다. 이들은 근대 서구의 인식론적·정치적 모험, 즉 글로벌 식민주의와 자본주의와 같은 제국적 프로젝트에는 쓸모없거나 도리어 위험한 존재였을 것이다. 이러한 프로젝트들이 바로, 오늘날 우리가 글로벌 노스와 글로벌 사우스로 구분하는 심연적 선을 만들어낸 기획들이다.[7] 쿠자누스와 파스칼이 창조한 전통은 글로벌 노스 안의 사우스, 즉 북반구의 남반구라 할 수 있으며, 그렇기 때문에 글로벌 사우스와 협력하고 배우며 정형적 사고를 대체할 수 있는 신뢰할 만한 대안적 인식론을 구축하는 데 가장 적합한 전통이라 할 수 있다.

박학한 무지

철학자이자 신학자인 니콜라우스 쿠자누스는 1401년 독일에서 태어나 1467년 움브리아에서 생을 마감했다. 그는 1438년에서 1440년 사이에 『박학한 무지(De docta ignorantia)』(1985)를 저술했다. '절대적 극치'라 부른 신의 무한성을 통해, 쿠자누스는 무지 속의 앎이라는 관념을 성찰

---

7 이 심연적 분할 자체가 하나의 인식론적 조건이 되었다. 심연적 사고에 대해서는 4장을 참고하라.

남의 인식론

한다. 중요한 것은 단순히 아는 것이 아니라, 자신이 알지 못한다는 사실을 아는 것이라고 주장한다. 쿠자누스의 말을 인용하면, "실로, 아무리 박학한 사람이라 할지라도, 자신에게 고유한 무지 속에 지극한 학식이 있다는 것을 발견하는 것보다 더 큰 지식은 없으며, 자신이 무지하다는 것을 더 많이 알면 알수록 그는 더욱 학식 있게 될 것이다"(1985: 6). 니콜라우스 쿠자누스의 혁신성은 신의 무한성이라는 전제를 활용하여 유한한 것들의 인식, 즉 세계에 대한 인식에도 유효한 일반적인 인식론적 사유 절차를 제안했다는 점에 있다. 우리의 사고는 유한하기에 무한한 것을 사고할 수 없으며——유한과 무한 사이에는 어떠한 비율도 존재하지 않는다——유한성에 대한 사고, 즉 세계에 대한 사고에서조차 한계를 지닌다. 우리가 아는 모든 것은 이러한 한계에 종속되어 있다. 따라서 안다는 것은 무엇보다도 이러한 한계를 아는 것이며, 이로부터 무지 속에서의 앎이라는 개념이 도출된다.

'박학한 무지'라는 표현은 모순적으로 들릴 수 있다. 학식 있는 자는 정의상 무지하지 않기 때문이다. 그러나 이는 표면적인 모순에 불과하다. 학문적으로 알지 못한다는 것은 우리가 아는 것의 한계를 아는 지난한 과정을 요구하기 때문이다. 니콜라우스 쿠자누스에게는 두 가지 유형의 무지가 있다. 하나는 자신이 알지 못한다는 사실조차 인식하지 못하는 무지한 무지이고, 다른 하나는 자신이 알지 못하는 것을 아는 박학한 무지이다. 니콜라우스 쿠자누스가 단순히 소크라테스를 답습했다고 생각할 수도 있으나, 실상은 그렇지 않다.[8] 소크라테스는 기독교

....
8 그러나 두 사상가 모두 아는 것보다 알지 못하는 것이 훨씬 더 중요하다는 점에

적 신플라톤주의를 통해 서구 사상에 등장한 무한성이라는 관념을 알지 못했다.[9] 이 관념은 다양한 변용(진보, 해방)을 거치며 서구 근대성 패러다임의 구축에서 핵심적 역할을 수행하게 된다. 그러나 근대성 패러다임 내에서 무한성의 운명은 쿠자누스의 사상에서의 그것과는 완전히 다르다. 근대성의 지배적 형태는 무한성을 극복해야 할 장애물로 여겼다. 무한성은 그것을 극복하고, 통제하며, 길들이고, 유한한 것으로 환원하려는 무한한 열망으로 정의되었다. 따라서 처음에는 겸손을 불러일으켜야 할 무한성이, 오히려 정형적 사고의 헤게모니적 합리성을 지탱하는 승리주의의 궁극적 토대로 변질되었다. 반면 니콜라우스 쿠자누스에게 무한성은, 근본적 무지에 대한 의식으로서 있는 그대로 수용된다. 목표는 무한성을 통제하거나 지배하는 것이 아니라, 그것을 두 가지 방식으로 인정하는 것이다. 하나는 무한성에 대해 우리가 전적으로 무지하다는 것, 다른 하나는 무한성이 유한한 사물에 대한 우리의 지식의 정확성에 부가하는 한계를 인정하는 것이다. 무한성 앞에서 교만은 불가능하며, 가능성은 오직 겸손뿐이다. 그러나 겸손은 부정성이나 회의주의를 의미하지 않는다. 지식의 한계에 대한 성찰적 인정은 예기치 못한 긍정성을 함축한다. 실상, 한계를 인정하는 것은 이미 그 한계를 어느 정도 넘어서는 것이다(André 1997: 94). 진리에 정확히 도달하는 것이 불가능하다는 사실이 우리로 하여금 진리 탐구를 포기하게

....

서 일치하며, 따라서 무지에 인식론적 우선권을 부여할 필요성을 제기한다. C. L. Miller(2003: 16)도 참조하라.

9 André(1997: 94)를 참조하라.

남의 인식론

하지는 않는다. 오히려 그 반대로, 한계 너머에 있는 것(진리)이 한계 내에서 가능하고 요구될 수 있는 것(진리 탐구로서의 진실성)을 규정한다.

거의 6세기가 지난 지금, 현대를 특징짓는 유한성과 무한성의 변증법이 니콜라우스 쿠자누스의 변증법과 매우 상이하다는 것이 놀라운 일은 아니다. 우리가 직면한 무한성은 초월적인 것이 아니라, 인간 경험의 무궁한 다양성과 이를 인식하는 데 따르는 한계에서 비롯된다. 우리 시대의 박학한 무지는 이러한 한계를 성찰하고 해석하며, 그것들이 우리에게 열어주는 가능성과 요구를 탐구하는 고된 작업을 수반할 것이다. 더 나아가, 인간 경험의 다양성은 인간 경험을 인식하는 방식들의 다양성을 포함한다. 따라서 우리의 무한성은 모순된 인식론적 차원을 지닌다. 즉, 세계 속에서 인간 경험을 이해하기 위한 유한한 방식들의 무한한 다양성이 그것이다. 각 인식 방식의 유한성은 이중적이다. 하나는 세계 속 인간 경험에 대해 알 수 있는 것의 한계이고, 다른 하나는 다른 인식 방식들과 그것들이 제공하는 세계에 대한 지식에 대한 (훨씬 더 큰) 한계다. 따라서 세계의 경험을 이해하고자 하는 무한한 과제를 함께 짊어진 다른 인식 방식들을 모른다면, 결국 알지 못하는 지식이 된다. 정형적 사고는 이러한 불확실성 속에서 적절한 길잡이가 될 수 없다. 이는 정형적 사고가 기반을 둔 근대 과학이라는 지식이 세계 경험에 대한 우리의 인식 한계를 충분히 이해하지 못할 뿐 아니라, 세계의 인식론적 다양성을 공유하는 다른 지식 방식들에 대해 더욱 무지하기 때문이다. 사실, 정형적 사고는 다른 지식 방식들을 알지 못할 뿐만 아니라, 그들의 존재 자체를 거부한다. 이러한 맥락에서 세계 속에 존재하는 다양한 경험 중에서 존재하지 않는 것으로 간주하는 것들 중에서, 정형적 사고에 부합하지 않는 지식 방식들은 특히 중요해진다. 따라서, 부재의 사회학의 주요 차원 중 하나는 부재히는 인식 방식의 사회학이다. 이는 헤게모니적 인식론이 비존재로 축소한 인식의 방식들을 식별하는 작업을 의미한다.[10]

우리 시대에 박학한 무지를 실천한다는 것은, 세계의 인식론적 다양성이 잠재적으로 무한하며, 각각의 인식 방식이 이를 매우 제한적인 방식으로만 포착할 수 있다는 사실을 아는 것이다. 이 점에서도 우리의 조건은 니콜라우스 쿠자누스의 조건과 매우 다르다. 그가 상정한 알지 못하는 앎이 단일하여 하나의 학문적 무지만을 수반하는 데 반해, 우리 시대에 적합한 박학한 무지는 무한히 다원적이며, 상이한 인식 방식들의 가능성만큼이나 다수적이다. 그럼에도 불구하고, 쿠자누스의 박학한 무지와 마찬가지로, 세계의 무한한 인식론적 다양성을 파악할 수 없다는 사실이 우리로 하여금 그것을 알고자 하는 시도를 포기하게 만들지 않는다. 오히려 그 사실은 우리에게 더욱 적극적으로 이를 탐구할 것을 요구한다. 나는 이러한 요구, 혹은 책무를 지식의 생태학이라 명명한다. 달리 말하면, 진리가 오직 진리 추구 속에서만 존재하듯이, 지식 또한 지식들의 생태학으로서만 존재한다. 쿠자누스와의 차이를 인식한 후에는 그가 주는 교훈을 배우기가 더 쉬워진다. 6장과 7장에서 나는 지식의 생태학이라는 개념을 발전시키고자 한다.

....
10 부재의 사회학에 대해서는 6장을 보라.

남의 인식론

내기

우리 시대의 불확실성에 맞서기 위해, 나는 서구 근대성의 또 다른 철학적 제안, 파스칼의 내기(Pascal's wager)를 제시하고자 한다. 니콜라우스 쿠자누스의 박학한 무지와 동일한 망각과 주변화를 겪은 파스칼의 내기 역시 다른 비서구적 철학들, 그리고 정형적 사고에 의해 궁극적으로 승인된 철학들과는 다른 사회적 해석과 변혁의 실천으로 가는 가교 역할을 할 수 있다. 사실, 박학한 무지와 파스칼의 내기는 기본적으로 상호 친화성을 지닌다. 두 사상 모두 지식의 불확실성과 불안정성을 하나의 조건으로 받아들인다. 이는 제약이자 약점이면서 동시에 강점과 기회가 된다. 또한, 두 사상은 유한성과 무한성 간의 '불균형'과 씨름하며, 유한성의 한계 안에서 생각하고 행동할 수 있는 가능성을 최대치로 끌어올리려 노력한다.

파스칼은 근본적 불확실성에서 출발한다. 즉, 신의 존재는 이성적으로 증명될 수 없다는 것이다. 파스칼은 이렇게 말한다. "만약 신이 존재한다면, 그는 우리의 이해를 무한히 초월한 존재이다. 그는 분할될 수 없고, 한계가 없기 때문에 우리와는 아무런 관계를 맺지 않는다. 따라서 우리는 그가 무엇인지도, 그가 존재하는지도 알 수 없다"(1966: 150). 이로부터 파스칼은 질문을 던진다. 불신자가 마음을 바꾸어 신의 존재를 믿게 만들기 위한 설득의 이유를 어떻게 구성할 것인가? 그 답이 바로 내기(wager)다. 신의 존재를 이성적으로 확정할 수는 없지만, 신의 존재를 믿는 쪽에 베팅하는 것이 신의 부재를 믿는 것보다 더 이익이 된다는 합리적인 결론을 도출할 수 있다. 이 내기는 일정한 이득과 손실의 위험, 그리고 무한한 이익의 가능성을 수반한다. 신이 존재한다에 베팅하는 것은 우리로 하여금 정직하고 덕성 있는 삶을 살도록 강제하며, 동시에 유해한 쾌락과 세속적 영광을 포기하게 만든다. 만약 신이 존재하지 않는다면, 우리는 내기에서 지겠지만, 대신 선행으로 가득 찬 덕 있는 삶을 얻을 것이다. 반면, 신이 존재한다면, 우리의 이익은 무한할 것이다. 영원한 구원을 얻기 때문이다. 결국 이 내기를 통해 우리는 아무것도 잃지 않으며 얻을 수 있는 것은 무한하다. 파스칼은 "결국 당신은 아무 대가 없이 무한하고 확실한 것에 베팅했다는 것을 깨닫게 될 것이다"(1966: 153)라고 말한다.

이 내기는 합리적이다. 신의 존재에 베팅하기 위해 반드시 신앙을 가질 필요는 없기 때문이다. 그러나 그 합리성은 매우 제한적이다. 왜냐하면, 이 내기는 신의 실재 여부는 물론, 신의 본질에 대해서도 아무것도 알려주지 않기 때문이다. 신의 존재와 본질에 대한 믿음은 언제나 신앙의 행위이기 때문에, 파스칼은 신앙과 이성 사이를 매개할 방식을 찾아야 했다. 그는 이를 관습에서 발견한다. 파스칼은 이렇게 말한다. "관습은 우리의 본성이다. 신앙에 익숙해지면 누구나 믿게 된다"(1966: 153). 즉, 신의 존재에 대해 반복해서 내기를 하다 보면, 결국 그것을 믿게 된다는 것이다.

니콜라우스 쿠자누스의 경우와 마찬가지로, 우리의 시대적 불확실성에서 비롯된 문제의식은 파스칼의 문제의식과 매우 다르다. 지금 우리가 직면한 것은 영원한 구원이나 피안의 세계가 아니라, 현재보다 나은 지상의 세계이다. 역사에는 필연성이나 결정론이 없기에, 다른 세계가 가능한지, 더욱이 그곳에서의 삶이 어떠할지를 확실히 아는 합리적 방

남의 인식론

법은 없다. 우리의 무한은 더 나은 다른 세계의 가능성에 관한 무한한 불확실성이다. 따라서 우리가 직면한 질문은 다음과 같이 요약될 수 있다. 위험은 확실하고 이익은 불확실할 때, 우리는 어떤 이유로 그러한 가능성을 위해 싸울 수 있는가? 이에 대한 답이 바로 내기이다. 내기는 역사의 종말이라는 주장과 통속적 결정론 모두에 대항할 수 있는 유일한 대안이다. 내기는 더 나은 세계의 가능성, 즉 사회적 해방의 가능성에 대한 불안정하지만 최소한의 믿음을 지닌 구축의 메타포이다. 이러한 사회적 해방의 가능성이 없다면, 우리 세계의 부정의에 대한 거부나 불복종은 아무런 의미가 없게 된다. 내기는 부정적 이유와 전망(거부되는 것)이 긍정적 이유와 전망(우리가 원하는 것과 그것에 도달하는 방법의 식별)보다 훨씬 더 설득력 있는 세계에서의 사회적 변혁의 메타포인 것이다.

우리 시대의 내기는 더 나은 세계의 가능성을 둘러싼 것으로, 사실상 파스칼의 내기와는 매우 다르고 훨씬 더 복잡하다. 내기의 조건도, 승리와 패배의 확률 간의 비율도 다르다. 그러나 파스칼과 우리가 공통적으로 공유하는 점은 이성의 한계, 계산의 불안정성, 그리고 위험에 대한 자각이다. 우리 시대에 내기를 거는 사람은 누구인가? 파스칼의 경우, 내기하는 사람은 합리적 개인이었다. 그러나 우리 시대에서는 배제되고, 차별받으며, 억압당하는 계층이나 사회적 집단과 그들의 동맹자들이 내기를 거는 주체가 된다. 더 나은 세계의 가능성은 이 세계 안에서만 실현될 수 있기 때문에, 현재 세계의 현 상태(status quo)를 거부할 이유가 있는 사람들만이 이 가능성에 베팅할 것이다. 반면, 억압자들은 자신들이 살고 있는 세계를 가장 가능한 최선의 세계로 경험하는 경향이 있다. 이와 마찬가지로, 직접적으로 억압자는 아니지만 억압적 관행에서 혜택을 누리는 사람들 역시 마찬가지다. 이들에게는 더 나은 세계의 가능성에 베팅하는 것이 합리적이지 않으며, 오히려 더 나은 세계가 불가능하다는 것에 베팅하는 것이 합리적이다.

우리 시대의 내기 조건은 파스칼의 내기와는 크게 다르다. 파스칼의 경우, 신의 존재 여부는 내기를 거는 사람과 무관하게 결정되지만, 우리 시대의 경우, 더 나은 세계의 가능성은 내기 자체와 그로부터 비롯된 행동에 달려 있다. 그러나 역설적으로, 내기를 거는 사람이 감수해야 할 위험은 훨씬 더 크다. 실제로 도박으로부터 비롯되는 행동들은 계급과 집단들이 충돌하는 세계, 즉 억압자와 피억압자의 세계에서 일어날 것이므로 저항과 보복이 있을 것이다. 따라서 위험(즉, 손실 가능성)은 이중적이다. 억압에 대한 투쟁에서 발생하는 위험과, 결국 다른 더 나은 세계가 불가능할 수도 있다는 위험도 포함된다. 파스칼은 내기를 거는 사람에게 이렇게 말했다. "무한이 존재하고, 패배할 확률이 무한하지 않다면 망설일 이유가 없다. 당신은 모든 것을 걸어야만 한다"(1966: 151).

그러나 우리 시대의 내기에서는 이러한 주장이 설득력이 없다. 우리 시대에는 망설이거나 모든 것을 걸지 않으려는 많은 이유가 존재한다. 이는 현 상태를 거부할 이유가 특정 대안을 지지할 이유보다 우세한 현실의 또 다른 측면이기도 하다. 이는 사회적 해방을 위한 내기라는 프로젝트에 여러 가지 영향을 미친다. 첫째는 내기의 교육적 접근과 관련이 있다. 파스칼의 내기와 달리, 사회적 해방을 위한 내기의 이유는 명확하지 않다. 설득력을 얻기 위해서는 단순히 합리적 논증이 아니라 논

남의 인식론

의와 설득의 대상이 되어야 한다. 내기는 그 자체로 증명 가능한 합리성을 제공하기보다는, 설득력 있는 논거로서의 합리성을 바탕으로 이루어져야 한다. 내기의 교육적 접근은 단일한 지식 유형의 독점이 아니라 상호운동의 정치학(intermovement politics)이 요구하는 새로운 형태의 대중 교육을 통해 지식의 생태학에 부합하는 방식으로 이루어져야 한다.[11] 우리 시대의 내기가 지니는 두 번째 결과는 내기에서 비롯되는 행동의 유형과 관련이 있다. 더 나은 미래에 대한 근본적 불확실성과 그것을 위해 싸우는 데 수반되는 위험은 일상적인 삶, 즉 지금 여기서 억압받고 배제된 사람들의 삶을 개선하는 데 중점을 두고 우선시하도록 만든다. 다시 말해, 내기는 *가까운 곳에서의 행동*(actio in proximis)에 특권을 부여한다. 이러한 행동은 그 성공으로 말미암아 내기에 대한 의지를 강화하고, 세상을 바꾸기 위한 긴급한 요구——즉, 지금 행동하지 않으면 나중에는 너무 늦을 것——를 충족시킨다. 내기는 먼 *곳에서의 행동*(actio in distans)과는 잘 맞지 않는다. 이는 무한한 불확실성 앞에서 무한한 위험을 감수해야 하기 때문이다. 그러나 이러한 행동이 존재하지 않는 것은 아니다. 다만, 그것은 독립적으로 작동하지 않을 뿐이다. 일상에서의 변화는 사회적 해방의 가능성을 나타낼 때에만 내기를 확증한다. 이러한 가능성을 드러내기 위해서는 일상적 변화가 급진화되어야 한다. 급진화란 일상에서 전복적이고 창조적인 측면을 탐구하는 것

---

11 이러한 대중 교육 프로젝트는 내가 옹호해 온 사회 운동의 대중대학 설립 제안의 기반을 이루고 있다(Santos 2006b: 148-159). 또한, "Highlights," Popular University of Social Movements를 참조하라. www.universidadepopular.org/site/pages/en/highlights.php?lang=EN.

을 의미하며, 이는 생존을 위한 가장 기본적인 투쟁에서도 일어날 수 있다. 따라서 일상에서의 변화는 이중적 가치를 지닌다. 하나는 일상적 삶에서의 구체적인 개선이고, 다른 하나는 더 큰 가능성에 대한 신호를 제공하는 것이다. 이러한 신호를 통해 먼 곳에서의 행동은 *가까운 곳에서의 행동* 속에 존재하게 된다. 다시 말해, 먼 곳에서의 행동은 오직 *가까운 곳에서의 행동*의 한 차원, 즉 급진화에 대한 의지와 이성으로서 존재한다. 내기를 통해 일상과 유토피아를 서로 융합시키지 않으면서 연결할 수 있다. 유토피아란, 일상에서 결여된 것이며, 그것이 성취됨으로써 더 이상 유토피아를 생각할 필요가 없는 상태를 만드는 것이다. 오르테가 이 가세트는 "인간은 인간과 그의 환경이다"라고 가르쳤다. 그러나 우리는 여기서 한 걸음 더 나아가야 한다. 즉, 인간은 온전한 인간이 되기 위해 자신의 환경에 결여된 바로 그 무엇이기도 하다는 사실을 인식해야 한다.

결론

잭 구디가 오늘날 우리 시대에 남긴 가장 중요한 기여 중 하나는 비서구중심적 서구를 상상할 가능성을 보여준 것이다. 이 장에서 나는 그러한 가능성을 더욱 발전시키고자 했다. 물론, 비서구중심적 서구를 구상하는 것과 그러한 구상을 정치적 현실로 전환하는 것 사이에는 큰 간극이 존재한다. 실제로 이러한 간극이 글로벌 자본주의가 지배하는 세계에서는 결코 메워질 수 없을 것이다. 비서구중심적 서구의 가능성은

남의 인식론

비자본주의적 미래의 가능성과 밀접하게 연결되어 있다. 두 가능성은 매우 상이한 도구와 투쟁을 사용함에도 불구하고 동일한 결과를 지향한다. 비서구중심적 서구의 구상은 불확실성과 당혹감을 인정하고 이를 해방적·정치적 창조성의 기회로 전환하는 것으로 이어진다. 우리 시대의 불확실성과 혼란에 맞서지 않는 한, 우리는 과거에만 기댄 해석을 반복하는 네오-이즘들(neo-isms)과 포스트-이즘들(post-isms)에 갇힐 수밖에 없다. 루키아노스에 영감을 받아 내가 제안한 정형적 사고가 구축한 이론과 학문 분야들로부터의 거리두기는, 그것들이 우리 시대를 특징짓는 강한 질문들과 약한 답변들 간의 괴리에 기여했다는 사실에 기반한다. 이러한 괴리는 인간 경험의 무궁한 다양성을 파악하지 못하는 데서 비롯된 불확실성으로 나타난다. 이 불확실성은 또한 더 나은 세계를 지향하는 열망이, 더 나은 세계가 반드시 필요하거나 적어도 가능하다고 주장하는 이론에 의해 뒷받침되지 못한다는 사실을 의미한다. 이러한 불확실성에 맞서기 위해, 나는 지난 두 세기 동안 정형적 사고에 의해 주변화되고 잊혔던 서구 근대성의 두 가지 풍부한 전통에서 비롯된 인식론적 제안을 내놓았다. 그것은 박학한 무지와 그로부터 파생된 지식의 생태학, 그리고 내기다. 이 제안들은 박학한 지식이 단순하다고 간주하는 다른 지식들과 맺는 관계의 특성을 드러낸다. 또한, 지식(알지 못하는 지식)과 실천(제한된 계산에 기반한 내기적 행동)의 불안정성을 폭로하는 것이다.

이 제안들은 우리 시대의 불확실성을 제거하려는 것이 아니다. 오히려, 그것을 완전히 받아들이고 생산적으로 활용하며 제약을 기회로 전환하려는 데 그 목적이 있다. 박학한 무지, 지식의 생태학, 그리고 내기는 기존의 지배적 합리성보다 훨씬 더 넓은 합리성을 대표한다. 이는 자신들의 한계를 더 잘 자각하기 때문이다. 이들은 주변화되고 잊혔기 때문에, 서구 근대성이 정형적 사고에 의해 잃어버린 비서구적 전통들과 문제의식에 대해 열려 있는 태도를 유지할 수 있었다. 또한, 이러한 주변화와 망각은 이 전통들이 많은 비서구적 지식 방식들과 비슷한 운명을 공유하게 만들었다. 그 결과, 오늘날 이 전통들은 비서구적 지식들로부터 함께 배우고, 지식의 생태학과 상호문화성에 기여할 준비가 더 잘 되어 있다.

박학한 무지, 그것이 이끄는 지식의 생태학, 그리고 내기는 사회적 해방이나 그 유형학을 제공하지 않는다. 대신, 이들이 제시하는 것은 더 나은 세계와 더 정의로운 사회를 위해 싸우려는 합리성과 의지이며, 이는 윤리적 요구와 생존의 필수적 필요성에서 생겨난 여러 방식의 지식과 불안정한 계산들로 구성된다. 생존과 해방을 위한, 그리고 기아와 폭력에 대항하는 투쟁은 사회적 해방의 영도(零度)이며, 어떤 상황에서는 그것의 극한(極限)이기도 하다. 사회적 해방은 니콜라우스 쿠자누스의 「무지한 자(The Idiot)」에서 나오는 숙련된 예술(*arte perfectoria*)과 비슷하다. 나무 숟가락을 만드는 사람은 자연을 단순히 모방하지 않는다(자연에는 숟가락이 없다). 동시에, 숟가락다움의 관념에 완전히 도달하지도 않는다(숟가락의 본질은 '신적 예술'에 속한다). 그럼에도 그는 나무 숟가락을 만들어낸다. 따라서 사회적 해방은 억압을 탈자연화(denaturalizing)하는 모든 행동을 의미한다. 이는 억압이 단지 부당할 뿐만 아니라, 필연적이거나 되돌릴 수 없는 것이 아님을 보여주는 것이다. 또한, 그러한 억압에 대처할 수 있는 자원을 통해 투쟁을 구상하는 과정을 포함한다.

남의 인식론

박학한 무지, 지식의 생태학, 내기는 이러한 실천 속에 내재된 사유방식이다. 사실 우리는 이러한 사고방식의 존재를 오직 이러한 실천의 맥락을 통해서만 확인할 수 있다.

2부

남의 인식론을 향하여:
경험의 소외를 반대하며

4장
심연적 사고를 넘어:
전 지구적 선에서 지식의 생태학으로

근대 서구의 사고는 심연적 사고다.[1] 그것은 가시적 구별과 비가시적 구별 체계로 이루어져 있으며, 비가시적 구별은 가시적 구별의 토대가 된다. 가시적 구별은 사회적 현실을 '선의 이쪽' 영역과 '선의 저쪽' 영역이라는 두 개의 영역으로 나누는 급진적 선들을 통해 확립된다. 그러한 분할의 결과 '선의 저쪽'은 현실로서 사라지고 비존재가 되며 실제로 비존재로서 생산된다. 비존재란 그 어떤 유의미한 또는 이해 가능

─────────────

1 나는 근대 서구의 사고가 심연적 사고의 유일한 역사적 형태라고 주장하는 것이 아니다. 반대로, 서구 바깥에도 심연적 사고의 형태들이 있거나 있었을 가능성이 매우 높다. 이 장은 후자를 규정하려는 주장을 펼치지 않는다. 단지 심연적이건 또는 아니건 간에 비서구의 사고 방식들이 근대 서구의 사고에 의해 심연적인 방식으로 다루어져 왔다는 것을 주장할 뿐이다. 이는 내가 여기서 전근대 서구의 사고도, 헤게모니적 형태에 반대해 온 근대 서구 사고의 주변적이거나 종속적인 형태들도 다루지 않는다는 뜻이다. 나는 이미 제3장에서 그러한 형태들 중 몇 가지를 다루었다. 여기서 나는 오직 서구 근대성의 헤게모니적 형태에만 관심이 있다.

한 존재 방식으로도 존재하지 않는다는 것을 뜻한다. 비존재로 생산되는 것은 무엇이든, 그것이 허용된 포용의 개념이 자신의 타자로 간주하는 것의 영역 너머에 존재하기에 급진적으로 배제된다. 따라서, 심연적 사고를 가장 근본적으로 특징짓는 것은 선의 양쪽이 공존하는 것이 불가능하다는 것이다. 심연적 사고가 지배하는 한, 선의 이쪽은 오직 유의미한 현실의 장을 소진함으로써만 우세할 수 있다. 그 너머에는 오직 비존재, 비가시성, 비변증법적 부재만이 있을 뿐이다.

이전의 저술(Santos 1995)에서 나는 서구 근대성을 사회적 규제와 사회적 해방 사이의 긴장에 기초한 사회정치적 패러다임으로 특징지은 바 있다. 이것은 실질적인 쟁점들과 절차들 모두에 있어 모든 근대적 갈등의 토대가 되는 가시적 구별이다. 그러나 이 구별 아래에는 또 다른 구별, 즉 비가시적 구별이 있는데, 앞의 구별은 이것 위에 토대를 두고 있다. 그러한 비가시적 구별은 바로 중심부 사회들과 식민지 영토들 사이의 구별이다. 실제로, 규제/해방(regulation/emancipation)의 이분법은 오직 중심부 사회에만 적용되었다. 그것을 식민지 영토들에 적용한다는 것은 생각조차 할 수 없는 일일 것이다. 규제/해방의 이분법은 그러한 영토들에서는 상상할 수 있는 자리가 아예 없었다. 거기에서는 또 다른 이분법, 전유/폭력(appropriation/violence)의 이분법이 적용될 터인데, 앞의 경우와는 반대로 이것이 선의 이쪽에서 적용된다는 것은 상상조차 할 수 없는 일일 것이다. 식민지 영토는 규제/해방의 패러다임이 펼쳐질 장소로는 생각될 수 없었기 때문에, 그것이 식민지 영토에 적용되지 않았다는 사실이 그 패러다임의 보편성을 위태롭게 하지는 않았다.

근대의 심연적 사고는 구별을 만들어내고 그것을 급진화하는 데 탁

남의 인식론

월하다. 하지만, 그러한 구별들이 아무리 급진적이고 그러한 구별의 어느 한쪽 편에 속하는 것의 결과가 아무리 극적일지라도, 그것들은 모두 선의 이쪽 편에 속하며 그것들이 근거하고 있는 심연적 선을 보이지 않게 만들기 위해 서로 결합한다는 사실을 공유한다. 선의 이쪽에서 사회적 현실을 구조화하는 강렬하게 가시적인 구별들은 선의 이쪽과 선의 저쪽 간의 구별이 지닌 비가시성에 그 기반을 두고 있다.

근대의 지식과 근대의 법은 심연적 사고의 가장 완성된 발현의 전형이다. 그것들은 근대의 두 가지 주요한 전 지구적 선을 설명해 주는데, 이 선들은 서로 다르고 각기 다른 방식으로 작동하지만 상호 의존적이다. 각각은 비가시적 구별들이 가시적 구별들의 토대가 되는 방식으로 가시적 구별과 비가시적 구별의 하위 체계를 만든다. 지식의 영역에서 심연적 사고는 철학과 신학이라는 두 가지 대안적 지식 체계의 희생을 대가로 진리와 거짓 사이의 보편적 구별에 대한 독점권을 근대 과학에 부여하는 것으로 이루어진다. 이러한 독점이 지닌 배제적 성격은, 과학적 진리 형태와 비과학적 진리 형태를 둘러싼 근대 인식론적 논쟁들의 핵심에 자리한다. 과학적 진리의 보편적 타당성은, 널리 인정되다시피, 특정한 상황하에서 특정한 종류의 대상들과 관련해서만 확인되고 특정한 방법들에 의해서만 확립될 수 있다는 점에서 항상 매우 상대적이다. 그렇다면 이러한 타당성은 철학적 진리로서의 이성이나 종교적 진리로서의 신앙처럼, 훨씬 더 높은 지위를 주장할 수는 있지만 과학적 방법들에 따라서는 확립될 수 없는 다른 가능한 진리들과 어떤 관계를 맺는가?[2]

....
2 비록 서로 매우 다른 방식으로이긴 하지만, 파스칼, 키르케고르, 니체는 이 문제에 내

이 같은 문제 제기에 따라 과학, 철학, 신학 사이의 이러한 다양한 긴장들은 고도로 가시화되었지만, 내가 주장하듯이, 그 같은 긴장들은 모두 선의 이쪽에서 발생한다. 그것들의 가시성은 과학, 철학, 신학이라는 앎의 방식들 중 어느 것에도 맞지 않는 지식 형태들의 비가시성을 전제로 한다. 나는 지금 선 저쪽의 대중적, 평민적, 농민적, 또는 원주민적 지식들을 이야기하는 것이다. 그것들은 진리와 거짓의 영역을 벗어나 있기 때문에 유의미하거나 통약 가능한 지식들로서 인정받지 못하고 사라진다. 그것들에 과학적 진리/거짓의 구별뿐만 아니라, 선의 이쪽의 모든 수용 가능한 지식을 구성하는, 철학과 신학의 과학적으로 확인 불가능한 진리들을 적용한다는 것은 상상조차 할 수 없다. 선의 저쪽에는 진정한 지식이 없다. 오직 믿음, 의견, 직관, 주관적 이해만이 있을 뿐인데, 이것들은 기껏해야 과학적 탐구의 대상이나 원재료가 될 수 있을 뿐이다. 따라서 과학을 그것의 근대적 타자들로부터 분리하는 가시적 선은 심연적인 비가시적 선에 기반을 두고 있는데, 이 선은 한쪽에 있는 과학, 철학, 신학을, 다른 한쪽에 있는 과학적 진리의 방법도, 철학과 신학 영역에서 인정된 경쟁자들의 기준도 충족시키지 못해 통약 불가능하고 이해 불가능한 것으로 여겨지게 된 지식들로부터 분리한다.

근대법의 영역에서 선의 이쪽은 공식적인 국가법 또는 국제법에 따라 합법 또는 불법으로 간주되는 것에 의해 결정된다. 합법과 불법은

포된 이율배반을 가장 깊이 있게 분석하고 실제 몸으로 살아 낸 철학자들이었다. 보다 최근의 철학자로는 칼 야스퍼스(1952, 1986, 1995)와 스티븐 툴민(2001)을 반드시 언급해야 한다.

남의 인식론

법 앞에서 유일하게 유의미한 두 가지 존재 형태이며, 이러한 이유로 이 둘 사이의 구별은 보편적 구별이다. 이 핵심적 이분법은 이분법을 조직 원리로서는 생각조차 할 수 없는 사회적 영역 전체, 즉, 무법의, 법외의, 비법의 영역, 그리고 심지어 공식적으로 인정받지 못하는 법에 따른 합법 또는 불법의 영역까지도 배제해 버린다.[3] 따라서 법의 영역과 비법의 영역을 분리하는 비가시적인 심연적 선은 선의 이쪽에서 법의 영역을 조직하는 합법과 불법 사이의 가시적 이분법의 기반이 된다.

과학과 법이라는 두 개의 위대한 영역 각각에서, 전 지구적 선들에 의해 수행되는 분할들은 그러한 분할들이 선의 저쪽에 있는 모든 현실들을 효과적으로 제거한다는 점에서 심연적이다. 공존에 대한 이러한 근본적 부정은 선의 이쪽에서 진리와 거짓, 합법과 불법을 구분하는 근본적 차이에 대한 긍정의 근거가 된다. 선의 저쪽은 고정된 영토적 위치 없이, 행위주체성과 행위주체 모두로서 비가시화된, 버려진 경험들의 방대한 집합으로 이루어져 있다. 사실, 내가 위에서 제안하듯이, 원래 거기에는 영토적 위치가 있었고, 그것은 역사적으로 특정한 사회적 영토, 즉 식민지 구역과 일치했다.[4] 진리 또는 거짓, 불법 또는 합법 중 어느 것으로도 생각될 수 없었던 모든 것들은 식민지 구역에서 가장 뚜

---

3 Santos(2002b)에서 나는 근대법의 성격과 법적 다원주의(동일한 지정학적 공간 내 하나 이상의 법 체계의 공존)라는 주제를 매우 상세하게 분석한다.

4 나는 이 장에서 자본주의와 식민주의 사이의 밀접한 연관성을 당연한 전제로 삼고 있다. Williams(1994[1944]), Arendt(1951), Fanon(1967a), Horkheimer and Adorno(1972), Wallerstein(1974), Dussel(1992), Mignolo(1995), Quijano(2000), Grosfoguel(2005), Maldonado-Torres(2007) 등을 참조하라.

렷하게 일어나고 있었다. 이런 점에서 근대법은 심연적 사고의 생성에 있어, 과학에 비해 어떤 역사적 선행성을 가진 것으로 보인다. 실제로, 법적 통념과는 반대로, 구세계에서, 즉 선의 이쪽에서 근대법, 특히 근대 국제법의 출현을 가능하게 만든 것은 구세계와 신세계를 분리하는 전 지구적인 법적 선이었다.[5] 최초의 근대적 전 지구적 선은 아마도 포르투갈과 스페인 사이의 토르데시야스 조약(1494)이었겠지만,[6] 진정한

....

5 그러므로 제국주의는 근대국가를 구성하는 요소이다. 기존의 국제법 이론들이 주장하는 것과 달리, 국제법은 선재하던 근대국가의 산물이 아니다. 근대국가와 국제법, 국민적 헌법주의와 세계적 헌법주의는 모두 동일한 역사적 제국주의 과정의 산물이다. Koskenniemi(2002), Anghie(2005), Tully(2007)를 참조하라.

6 심연적 선들의 정의는 점진적으로 이루어진다. Carl Schmitt(2003: 91)에 의하면, 15세기 지도상의 선들(라야스(rayas), 토르데시야스)은 여전히 그 분할의 양쪽에서 효력을 가진 전 세계적 영적 질서—교황이 상징하는 중세의 *기독교 공화국(res publica christiana)*—를 전제로 하고 있었다. 이것은 16세기 위대한 스페인의 신학자이자 법학자인 프란시스코 데 비토리아가 아메리카에서 땅의 점령을 정당화하는 데 있어 맞닥뜨렸던 어려움을 설명해 준다. 비토리아는 발견이 땅의 법적 소유를 위한 충분한 권원이 되는지를 묻는다. 그의 대답은 매우 복잡한데, 그 이유는 단지 그 대답이 후기 아리스토텔레스적 방식으로 구성되어서만이 아니라, 주로 비토리아가 유럽인들의 우월한 권력을 전제로 하지 않은 어떤 설득력 있는 대답도 찾지 못했기 때문이다. 하지만 이 사실은 점령된 땅에 대해 그 어떤 도덕적 또는 법적 권리도 부여하지 않는다. 비토리아에 따르면, 유럽인들의 우월한 문명조차도 도덕적 권리의 근본적 기초로서 충분치 않다. 비토리아에게 정복은 오직 가역적 토지권, 그가 말하듯 *주라 콘트라리아(jura contraria)*를 위한 근거가 될 수 있을 뿐이었다. 즉, 정복과 토지권 사이의 관계 문제는 반대로 질문되어야 한다. 이를테면, 만약 원주민들이 유럽인들을 발견하고 정복했다면 그들 역시 땅을 점령할 권리를 가졌을까? 땅의 점령에 대한 비토리아의 정당화는 여전히 중세 기독교 질서, 교황이 스페인과 포르투갈 왕들에게 부여한 사명, 그리고 정당한 전쟁의 개념에 뿌리박혀 있다. Carl Schmitt(2003:101-125)와 Anghie(2005:13-31)를 참조하라. 비토리아의 고된 논증은 당시 왕실이 신세계에 대한 주권보다는 재산권을 정당화하는 데 얼마나 더 관심이 많았는지를 반영한다. 또한

심연적 선들은 16세기 중반에 우호의 선들(amity lines)과 함께 출현한다.[7] 이 선들의 심연적 성격은 그것들을 정의하는 데 투자된 정교한 지도 제작 작업에서, 지도 제작자들과 지구본 제작자들, 항해사들에게 요구된 극도의 정확성에서, 그리고 위반에 대한 엄격한 감시와 가혹한 처벌에서 그 모습을 드러낸다. 그것의 근대적 구성에서 식민적인 것은 합법 또는 불법이 아니라 아예 무법을 상징한다. 당시 유행하게 된 "적도 너머에는 죄악이 없다"는 격언은 17세기 중반에 쓰인 파스칼의 『팡세』에 나오는 유명한 구절에서 울려 퍼진다. "위도 삼 도가 모든 법학을 뒤엎고 하나의 자오선이 무엇이 진리인지를 결정한다. (……) 강 하나로 그 경계가 그어지는 우스꽝스러운 정의다. 피레네산맥의 이쪽에서는 진리이고 저쪽에서는 거짓이라니"(1966: 46).

16세기 중반 이래 신세계를 둘러싼 유럽 국가들 간의 법적·정치적 논쟁은 식민적 존재의 내부 질서를 어떻게 정리할 것인가가 아닌 전 지구적 법적 선, 즉 식민적 존재를 어떻게 규정할 것인가에 초점을 맞춘

....

Pagden(1990:15)을 참조하라.

7 16세기 이래 소위 우호의 선으로 불리는 지도상의 선들은——그중 첫 번째는 아마도 1559년 스페인과 프랑스 사이의 카토-캉브레지 조약의 결과로 출현했을 수 있다——공통된 세계 질서라는 관념을 버리고, 선의 이쪽 영토들과 선의 저쪽 영토들 사이에 심연적 이원성을 확립했다. 선의 이쪽에서는 휴전, 평화, 우정이 적용되는 반면, 선의 저쪽에서는 가장 강한 자의 법칙, 폭력, 약탈이 적용된다. 선의 저쪽에서 무슨 일이 벌어지든지 그것은 선의 이쪽에서 적용되는 것과 동일한 윤리적 또는 사법적 원칙들에 종속되지 않는다. 따라서 그것은 그러한 원칙들의 위반이 야기하는 종류의 갈등 자체를 일으킬 수 없다. 이러한 이원성은 예를 들어, 프랑스의 가톨릭 국왕이 선의 이쪽에서는 스페인의 가톨릭 국왕과 동맹을 맺으면서도, 동시에, 선의 저쪽에서는 스페인 선박들을 공격하는 해적들과 동맹을 맺는 것을 가능하게 했다.

다. 반대로, 식민적 존재란 시민사회의 제도들이 들어설 자리가 없는 자연 상태이다. 토머스 홉스는 "아메리카의 여러 지역에 있는 야만인들"(1985〔1651〕: 187)을 자연 상태의 전형으로서 명시적으로 언급하고, 존 로크도 『시민정부론(*Of Civil Government*)』에서 "태초에 모든 세계는 아메리카였다"(1946〔1690〕: 49)라고 쓰면서 같은 생각을 피력한다. 따라서 식민적 존재는 근대적 지식과 법 개념들이 딛고 세워진 맹점이다. 17세기와 18세기의 사회계약 이론들은 그것들이 말하는 것만큼이나 그것들이 침묵하는 것에 있어서도 똑같이 중요하다. 그 이론들이 말하는 것은 근대적 개인들, 즉 중심부의 남자들이 자연 상태를 벗어나 시민사회를 형성하기 위해 사회계약을 체결한다는 것이다.[8] 그것들이 말하지 않는 것은 이를 통해 자연 상태에 내맡겨진 방대한 세계 지역이 만들어지고 있으며, 수백만의 인간들이 시민사회의 창설을 통한 어떤 탈출 가능성도 없이 그 같은 자연 상태에 내몰려 방치되고 있다는 것이다.

서구 근대성은 자연 상태를 포기하고 시민사회로 이행하는 것을 의미하기보다는, 시민사회와 자연 상태가 심연적 선에 의해 분리된 채 공존하는 것을 의미한다. 이 선으로 인해 시민사회에 위치한 헤게모니적 시선은 자연 상태를 더 이상 보지 않게 되고, 나아가 그것을 비존재로 선언하기에 이른다. 선의 저쪽에서 형성되는 현재는 선 이쪽의 되돌릴 수 없는 과거로 재개념화됨으로써 아예 비가시화된다. 헤게모니적 접촉은 동시성(simultaneity)을 비동시대성(noncontemporaneity)으로 전환한다(5장 참조). 그것은 단일한 동질적 미래를 위한 여지를 만들고자 과거

---

8 사회계약의 다양한 개념들에 대해서는 Santos(2002b: 30-39)를 참조하라.

들을 구성해 낸다(6장 참조). 따라서 선 이쪽의 시민사회에서 시행되는 법적 원칙들이 선의 저쪽에서는 적용되지 않는다는 사실은 그 원칙들의 보편성을 전혀 훼손하지 않는다.

동일한 심연적 지도 제작은 근대 지식의 구성 원리이기도 하다. 반복건대, 식민지 구역은, 그 어떤 곳보다도, 진실이건 거짓이건 간에 결코 지식으로 간주될 수 없는 이해 불가능한 믿음들과 행동들의 영역이다. 선의 저쪽에는 오직 이해할 수 없는 주술적 또는 우상 숭배적 관행들만이 둥지를 틀고 있을 뿐이다. 그러한 관행들의 철저한 이질성은 그 행위주체들의 인간적 본성 그 자체를 부정하는 결과로 이어졌다. 인문주의자들은 인간성과 인간 존엄성에 대한 그들의 정제된 개념들에 기초하여 야만인들이 하위인간(subhuman)이라는 결론에 도달했다. "인디오들에게 영혼이 있는가?" 이것이 당시의 핵심 질문이었다. 이에 대해 교황 바오로 3세가 1537년의 칙령 *Sublimis deus*(숭고하신 하나님)에서 긍정적으로 답했을 때, 그는 원주민들의 영혼을 텅 빈 그릇으로, 즉 무주지(*terra nullius*, 누구에게도 속하지 않은 땅)와 매우 유사한 *무주의 영혼(anima nullius)*으로 인식함으로써 그렇게 대답했던 것이다.[9]

이 같은 법적·인식론적 심연의 개념들에 기초하여 봤을 때, 선의 이쪽에서 적용되는 규제와 해방 사이의 긴장이 가진 보편성은 선의 저쪽에서 적용되는 전유와 폭력 사이의 긴장과 모순되지 않는다. 전유와 폭

---

9 칙령에 의하면, "인디오들은 진정으로 인간이며 (……) 가톨릭 신앙을 이해할 수 있을 뿐 아니라 우리의 정보에 의하면, 그들은 그것을 받아들이기를 열렬히 원하고 있다." 참조: "Sublimis Deus", *Papal Encyclicas Online*, www.papalencyclicals.net/Paul03/p3subli.htm(2012년 1월 26일 접속).

력은 심연적 법적 선과 심연적 인식론적 선에서 각기 다른 형태를 띤다. 그러나 일반적으로 전유는 통합(incorporation), 포섭(co-optation), 동화(assimilation)를 수반하는 반면, 폭력은 육체적, 물질적, 문화적, 인간적 파괴를 수반한다. 전유와 폭력이 서로 깊이 얽혀 있다는 것은 말할 필요도 없다. 지식의 영역에서 전유는, 현지인을 안내자[10]로, 현지의 신화와 의식을 개종의 도구로 이용하는 것에서부터 생물 다양성에 관한 토착 지식을 약탈하는 것에 이르기까지 다양한 형태를 취한다. 반면, 폭력은 공공장소에서 원주민 언어 사용 금지, 기독교식 이름의 강제 채택에서부터 개종, 의식 장소와 상징물의 파괴, 그리고 모든 형태의 인종적 및 문화적 차별에까지 이른다. 법과 관련하여, 전유와 폭력 사이의 긴장은 가치 착취(value extraction)와의 직접적 관계 때문에 특히 복잡하다. 가치 착취는 노예무역과 강제노동, 간접 통치에 있어 관습법과 권위의 도구적 사용, 천연자원의 약탈, 대규모 인구 이주, 전쟁과 불평등 조약, 다양한 형태의 아파르트헤이트와 강제 동화 등과 같은 형태로 나타난다. 규제/해방의 논리가 인간의 법과 사물의 법 사이의 근원적 구별 없이는 생각할 수 없는 반면에, 전유/폭력의 논리는 오직 인간과 비인간 모두를 대상으로 하는 사물의 법만을 인정한다. 그러한 법의 거의 이상형적 구현 형태는 벨기에 레오폴드 2세 치하의 '콩고자유국'의

....

10 이븐 마지드(Ibn Majid)의 유명한 사례가 대표적인데, 그는 바스코 다 가마에게 몸바사로부터 인도에 이르는 항로를 보여준 숙련된 항해사였다(Ahmad 1971). 다른 사례들은 Burnett(2002)에서 찾아볼 수 있다.

법이다.[11]

그러므로 근대에는 이중적 차원의 지도 제작이 존재한다. 법적 지도 제작과 인식론적 지도 제작이 그것이다. 심연적 선의 저쪽은 합법성과 불법성을 넘어선 (무법의) 영역이자, 진리와 거짓을 넘어선(이해 불가능한 믿음들, 우상 숭배, 주술의) 영역이다.[12] 이 같은 급진적 부정의 형태들은 결합하여 급진적 부재, 즉 인간성의 부재, 근대적 하위인간성(subhumanity)을 낳는다. 이러한 배제는 급진적이면서도 동시에 존재하지 않는 것인데, 하위인간들은 사회적 포용의 후보자로 생각될 수 없기 때문이다.[13] 근대적 인간성은 근대적 하위인간성이 없이는 상상할 수 없다.[14] 인간성의 한 부분에 대한 부정은, 그것이 자신을 보편적이라고 여기는 인간성의 다른 부분에 대한 긍정의 조건이라는 점에서 희생 제

....

11 이런 '사적 식민지(private colony)'와 레오폴드 왕에 대한 상이한 견해들은 Emerson(1979), Hochschild(1999), Dumoulin(2005), Hasian(2002: 89-112)에서 찾아볼 수 있다.

12 심연적 사고의 깊은 이원성과 그 이원성의 두 항 사이의 통약불가능성은 강력한 제도적 기반―대학, 연구센터, 과학 공동체, 법학전문대학원, 법률 직종―과 과학과 법학의 정교한 언어 기술을 갖춘, 철저히 관리된 지식과 법의 독점에 의해 강제되었다.

13 선의 저쪽의 가정된 외부성은 사실 심연적 사고에의 이중적 귀속, 즉 토대로서의, 그리고 토대의 부정으로서의 귀속의 결과이다.

14 파농(1963, 1967a)은 이러한 인간성의 부정을 탁월한 명료함으로 고발했다. 이러한 부정의 급진성은 파농이 반식민주의 봉기의 본질적 차원으로서 폭력을 옹호하는 근거가 된다. 같은 투쟁을 공유했음에도 불구하고 이와 관련하여 파농과 간디가 보이는 대비는 신중한 성찰의 대상이 되어야만 한다. 이는 특히 그들이 지난 세기의 가장 중요한 사상가-행동가 중 두 사람이기 때문이다. Federici(1994), Kebede(2001)를 참조하라.

의적이다.

이 장에서 내가 주장하는 것은 이것이 식민 시대만큼이나 오늘날에도 여전히 진실이라는 것이다. 근대 서구 사고는 인간적 원칙들이 비인간적(inhuman) 실천들에 의해 위태로워지지 않는 방식으로 인간과 하위인간을 구분 짓는 심연적 선들을 따라 계속 작동하고 있다. 식민지들은 식민 주기 동안 그러했듯 오늘날의 근대 서구 사고와 실천에서도 만연해 있는 급진적 배제의 모델을 제공했다. 오늘날에도, 그때와 마찬가지로, 선의 저쪽을 창조하고 부정하는 것 모두 헤게모니적 원칙들과 실천들을 구성하는 요소다. 오늘날에도, 그때와 마찬가지로, 선 양쪽 편의 공존 불가능성이 절대적으로 작용한다. 오늘날에도, 그때와 마찬가지로, 선의 이쪽의 법적 · 정치적 문명성은 선의 저쪽의 완전한 비문명성의 존재를 전제로 한다. 오늘날 관타나모는 심연적 법적 사고의 가장 기괴한 발현 중 하나로, 선의 저쪽을 법적 · 정치적 의미에서 비영역으로서, 법치와 인권, 민주주의를 위한 터전으로는 생각할 수 없는 곳으로서 창조한 사례다.[15] 하지만 이를 예외적인 사례로 간주하는 것은 오류일 것이다. 이라크에서 팔레스타인, 다르푸르에 이르기까지 수많은 또 다른 관타나모들이 존재한다. 그뿐만 아니라, 공적 및 사적 영역 모두에서 일어나는 성적 · 인종적 차별에, 거대도시들의 야만적 구역에, 게토에, 노동 착취 공장에, 감옥에, 새로운 형태의 노예제에, 인체 장기

---

15 관타나모 및 관련 주제에 대해서는, 무엇보다도 McCormack(2004), Amann(2004a, 2004b), Human Rights Watch(2004), Sadat(2005), Steyn(2004), Borelli(2005), Dickinson(2005), Van Bergen and Valentine(2006)을 참조하라.

남의 인식론

암시장에, 아동 노동과 매춘에 수백만의 관타나모들이 존재한다.

나는 다음을 주장한다. 첫째, 규제와 해방 사이의 긴장이 전유와 폭력 사이의 긴장과 계속해서 공존하고 있어서, 첫 번째 긴장의 보편성이 두 번째 긴장의 존재에 의해 모순되지 않는다. 둘째, 심연적 선들은 계속해서 근대 지식과 근대법을 구조화한다. 셋째, 이 두 심연적 선은 근대 세계체제에서 서구 기반의 정치·문화적 관계와 상호작용을 구성하는 본질적 요소이다. 요컨대 나는 구세계와 신세계를 분리했던 우호선들의 문자적 의미의 지도 제작이 사라진 이후에도, 전 지구적 선들의 은유적 지도 제작은 여전히 살아 있다고 주장한다. 따라서, 전 지구적 사회적 부정의는 전 지구적 인지적 부정의와 긴밀하게 연결되어 있다. 그러므로 전 지구적 사회적 정의를 위한 투쟁은 전 지구적 인지적 정의를 위한 투쟁이기도 해야 한다. 이 투쟁이 성공하기 위해서는 새로운 종류의 사고, 즉 포스트심연적 사고가 요구된다.

규제/해방과 전유/폭력 사이의 심연적 분할

근대 시기 전반에 걸쳐 심연적 전 지구적 선들이 지속되었다고 해서 그것들이 고정된 채로 유지돼 왔다는 뜻은 아니다. 역사적으로, 두 편을 가르는 전 지구적 선들은 늘 이동해 왔다. 그러나 특정한 역사적 순간마다 이 선들은 고정되어 있고, 그 위치는 우호선들과 매우 흡사하게 철저히 감시되고 지켜진다. 지난 60년 동안 전 지구적 선들은 두 차례의 지각 변동을 겪었다. 첫 번째는 반식민주의 투쟁과 독립의 과정에서 일어났다.[16] 전유/폭력 패러다임에 종속되어 있던 민족들이 조직화되어 규제/해방 패러다임에 포함될 권리를 주장함에 따라 선의 저쪽이 급진적 배제에 맞서 일어난 것이다(Cabral 1979; Fanon 1963, 1967a; Gandhi 1951, 1956; Nkrumah 1965a). 한동안 전유/폭력 패러다임은 종언에 이른 듯 보였고, 선의 이쪽과 저쪽을 가르는 심연적 분할도 마찬가지였다. 두 개의 전 지구적 선(인식론적 선과 법적 선)은 각자 자신만의 논리에 따라 움직이는 것 같았지만, 두 선 모두 같은 방향으로 향하고 있었다. 즉, 그것들의 움직임은 선의 저쪽의 축소, 그리고 궁극적으로는 그것의 제거로 수렴하는 듯 보였다. 하지만 종속이론, 근대 세계체제론, 포스트식민 연구들이 보여주듯이, 그런 일은 일어나지 않았다.[17]

이 장에서 나는 심연적 전 지구적 선들의 두 번째 지각 변동에 초점을 맞춘다. 이는 1970년대와 1980년대 이래로 진행 중이며, 첫 번째 지각 변동과는 반대 방향으로 나아간다. 이번에는, 전 지구적 선들이 다시금 움직이고 있지만, 선의 이쪽은 축소되는 한편 선의 저쪽은 확장되는 방식으로 진행되고 있다. 전유/폭력의 논리는 규제/해방의 논리를 희생시키면서 힘을 얻어 왔으며, 규제/해방의 영역은 축소되고 있을 뿐만 아니라 내부적으로도 전유/폭력의 논리에 의해 오염되고 있을 만큼

---

16 제2차 세계대전 직전, 식민지와 구식민지는 지구 육지 표면의 약 85%를 차지했다.

17 이러한 논쟁들의 다양한 기원과 그 이후의 변형들은 Memmi(1964), Dos Santos(1971), Cardoso and Faletto(1969), Frank(1969), Rodney(1972), Wallerstein(1974, 2004), Bambirra(1978), Dussel(1995), Escobar(1995), Chew and Denemark(1996), Spivak(1999), Césaire(2000), Mignolo(2000), Grosfoguel(2000, Afzal-Khan and Sheshadri-Crooks(2000), Mbembe(2001), Dean and Levi(2003)에서 추적할 수 있다.

남의 인식론

심화했다.

이러한 움직임의 복잡성이 우리 눈앞에서 펼쳐지고 있는 와중에 그
것을 풀기란 어려운 일인데, 더욱이 우리의 눈은 선의 이쪽에 있을 수
밖에 없고 따라서 안에서 밖을 보는 시선을 가질 수밖에 없다. 현재 일
어나고 있는 일의 전모를 포착하기 위해서는 고도의 탈중심화 노력이
요구된다. 어떤 학자도 개인으로서 홀로 그 일을 할 수는 없다. 남의 인
식론을 발전시키려는 집단적 노력을 바탕으로, 나는 이 움직임이 지배
적 움직임과 서발턴적 대항 움직임으로 이루어져 있다고 추측한다. 나
는 지배적 움직임을 *식민적 존재의 귀환*과 *식민자의 귀환*(return of the
colonial and the return of the colonizer)이라 부르고, 대항 움직임을 *서발턴 세
계시민주의*(subaltern cosmopolitanism)라 부른다.

첫째, 식민적 존재의 귀환과 식민자의 귀환. 여기서 식민적 존재[18]는
자신들의 삶의 경험이 선의 저쪽에서 일어나고 있다고 인식하고 이에
저항하는 자들에 대한 은유다. 식민적 존재의 귀환이란 중심부 사회 속
으로 식민적 존재가 위협적으로 침범하는 것으로 인식되는 상황에 대

....

18 (옮긴이) *the colonial*은 현대의 맥락에서 식민적 경험을 하는 자들을 포괄하는 은유적
    개념이다. 단순히 사람, 어느 한 개인보다는 체계와 관계되는 것으로 현대 사회의 억
    압 체제로 인해 억압을 받으면서도 저항하는 구조적 맥락 속에서의 주체를 포함하는
    개념이다. 따라서 여기서 이야기하는 '귀환'도 단순히 식민적 억압을 받은, 즉 피식민
    자 개개인의 귀환이 아닌 권력구조, 지배체제, 인식론적 억압 등과 같은 식민적 관계
    의 부활로 새로운 식민적 질서 내에서 식민적 지위에 놓이게 된 식민적 존재의 부활
    을 의미한다. 이와 같은 이해에 따라 *the colonial*의 번역은 '식민적 존재' 혹은 '식민적
    질서'가 적절하다고 판단하였으며, 그중 억압을 받으나 저항하는 '주체'로서의 의미
    에 더욱 무게를 두고 '식민적 존재'를 주된 번역으로 하되 맥락에 따라 '식민적 질서'
    를 혼용한다.

한 심연적 반응이다. 이러한 귀환은 세 가지 주요한 형태로 나타난다. 바로 테러리스트,[19] 미등록 이주노동자,[20] 그리고 난민이다.[21] 이들은 각기 다른 방식으로 급진적 배제와 법적 비존재를 규정하는 심연적 전 지구적 선을 자신과 함께 짊어지고 있다. 예를 들어, 새로운 흐름의 반테러리즘법과 이민법들은 많은 조항에서 전유/폭력 패러다임[22]의 규제 논리를 따르고 있다. 식민적 존재의 귀환이 반드시 그가 중심부 사회들에 물리적으로 현존할 것을 요구하는 것은 아니다. 그저 중심부 사회들과 유의미한 연관성을 가지고 있는 것으로 충분하다. 테러리스트의 경우에, 그러한 연관성은 아마도 비밀정보기관에 의해 성립될 수 있을 것이다. 미등록 이주노동자의 경우, 중심부의 다국적 기업들이 하청 계약을

---

19 여러 연구들 중에서도 Harris(2003), Kanstroom(2003), Sekhon(2003), C. Graham(2005), N. Graham(2005), Scheppele(2004a, 2004b, 2006), Guiora(2005)를 참조하라.

20 M. Miller(2003), De Genova(2002), Kanstroom(2004), Hansen and Stepputat(2004), Wishnie(2004), M. Taylor(2004), Silverstein(2005), Passel(2005), Sassen(1999)을 참조하라. 이 주제에 대한 극우적 견해는 Buchanan(2006)을 참조하라.

21 에드워드 사이드의 『오리엔탈리즘(*Orientalism*)』(1978))에 근거하여 Akram(2000)은 그녀가 신오리엔탈리즘(neo-Orientalism)이라고 부르는 새로운 형태의 고정관념을 규명하는데, 이는 아랍 또는 무슬림 세계에서 오는 사람들의 망명 및 난민 요청에 대한 중심부의 평가에 영향을 끼치고 있다. 또한 Akram(1999), Menefee(2003-2004), Bauer(2004), Cianciarulo(2005), Akram and Karmely(2005)를 참조하라.

22 새로운 흐름의 반테러리즘법과 이민법의 함의에 대해서는 아래의 각주 23, 24, 25에서 인용한 논문들과 함께, Immigrant Rights Clinic(2001), Chang(2001), Whitehead and Aden(2002), Zelman(2002), Lobel(2002), Roach(2002, 캐나다 사례에 초점), Van de Linde et al.(2002, 일부 유럽 국가들에 초점), M. Miller(2002), Emerton(2004, 호주에 초점), Boyne(2004, 독일에 초점), Krishnan(2004, 인도에 초점), Barr(2004), N. Graham(2005)을 참조하라.

남의 인식론

맷은 글로벌 사우스에서 작동하는 수십만 개의 착취 공장들 중 하나에 고용되는 것으로 충분할 것이다. 난민의 경우, 유의미한 연관성은 특정 중심부 사회에서 난민 지위 획득을 요청함으로써 성립된다.

귀환하는 식민적 존재는 실로 새로운 유형의 심연적 식민적 존재다. 이번에는 식민적 존재가 이전의 식민지 영토들에서뿐만 아니라 중심부 사회들에서도 귀환한다. 식민적 존재는 이제 서구 근대성의 시작부터 선의 이쪽으로 구획되어 있던 중심부 공간에 침범하거나 침입하고 있으며, 게다가 탈주 노예들보다 훨씬 높은 수준의 이동성을 보여준다.[23] 이런 상황에서 심연적 중심부는 자신이 축소되고 있는 공간 속에 갇혔다고 느끼고 심연적 선을 다시 그음으로써 대응한다. 그들의 관점에서 보면 이 새로운 식민적 저항에는 전유/폭력의 질서 논리로 대응할 수밖에 없다. 구세계와 신세계, 중심부와 식민지 간의 명확한 분할의 시대는 이미 지나갔다. 이제 선은 안전을 보장하기 위해 필요한 만큼 가까운 거리에 그어져야 한다. 과거에는 모호함의 여지 없이 선의 이쪽이었던 것이 이제는 구불구불한 심연적 선이 가로지르는 혼란스러운 영토가 되었다. 팔레스타인의 이스라엘 분리 장벽[24]과 '불법적 적군 전투원(unlawful enemy combatant)'[25]이라는 범주는 아마도 이 새로운 심연적 선과 그것이 초래하는 뒤얽힌 지도 그리기의 가장 적합한 은유일 것이다.

....

23 일례로 David(1924), Tushnet(1981: 169-188)를 참조하라.

24 국제사법재판소(2004)를 참조하라.

25 Dörmann(2003), Harris(2003), Kanstroom(2003), Human Rights Watch(2004), Gill and Sliedregt(2005)를 참조하라.

뒤얽힌 지도 그리기는 뒤얽힌 실천으로 이어질 수밖에 없다. 규제/해방 패러다임은 그 한가운데서 전유/폭력 패러다임이 가하는 점증하는 압력과 존재감에 의해 점점 왜곡되고 있다. 하지만 압력도 왜곡도 온전히 인정될 수 없다. 이는 바로 선의 저쪽은 처음부터 하위인간적 영토였고, 따라서 이해 불가능한 것이었기 때문이다.[26] 테러리스트와 미등록 이주노동자들은 여러 다른 방식으로 전유/폭력 패러다임의 압력과, 그러한 압력을 규제/해방 패러다임 바깥의 것으로 인정하지 못하는 심연적 사고의 무능함 모두를 잘 보여준다. 앞서 언급한 반테러리즘 법안이 유엔 안전보장이사회 결의안 1566호[27]에 따라, 그리고 미국 외교의 강력한 압박하에 많은 나라들에서 제정되면서, 그것이 기본적인 헌법상 권리와 보장의 시민적·정치적 내용을 공동화(空洞化)하고 있다는 것이 점점 더 분명해지고 있다. 이 모든 것이 그러한 기본적 권리와 보장의 공식적 중단 없이 일어나고 있기에, 우리는 새로운 국가 형태, 즉 예외상태의 등장을 목도하고 있다. 이는 과거의 계엄상태 또는 긴급상태와는 달리, 민주적 권리를 보호하거나 심지어 확대한다는 명분하에

---

26 예를 들어, 법률 전문가들은 기존의 학설을 수정하고 해석 규칙을 변경하며 원칙들의 범위와 그것들 간의 위계를 재정립함으로써 이러한 압력을 수용하라는 요구를 받고 있다. 이를 잘 보여주는 사례는 앨런 더쇼비츠(Alan Dershowitz)와 그의 비판자들 사이에서 벌어진 고문의 합헌성에 대한 논쟁이다. Dershowitz(2002, 2003a, 2003b), Posner(2002), Kreimer(2003), Strauss(2004)를 참조하라.

27 이 반테러리즘 결의안은 2004년 10월 8일 채택되었는데, 이는 미국에 대한 9·11 테러 공격에 대한 대응으로 채택된 유엔 안전보장이사회 결의안 1373호를 따른 것이다. 결의안 1566호의 채택 과정에 대한 상세한 분석은 Saul(2005)을 참조하라.

남의 인식론

오히려 그것들을 제한한다.[28]

좀 더 넓게 보면, 서구 근대성은 선의 이쪽에서 규제/해방 패러다임의 정당성을 역사적으로 뒷받침해 온 모든 원칙들을 위반하는 한에서만 전 지구적으로 확산될 수 있는 것으로 보인다. 따라서 인권은 인권을 옹호하기 위해 침해되고, 민주주의는 민주주의를 수호하기 위해 파괴되며, 생명은 생명을 보존하기 위해 제거된다. 심연적 선들은 문자 그대로의 의미와 은유적 의미 모두에서 그어지고 있다. 문자 그대로의 의미에서 이 선들은 국경을 장벽[29]과 살육의 장으로 규정하고, 도시를 문명화된 구역[30]과 야만적 구역으로 분할하며, 감옥을 합법적 구금 장소와 잔혹하고 무법적인 생명 파괴의 장소로 가르는 선들이다.[31]

현재 지배적 움직임의 다른 한 축은 식민자의 귀환이다. 이는 이번에

----

28 나는 예외상태라는 개념을 사용하여, 시민적·정치적 권리의 침식이 헌법의 감시망 아래에서, 즉 긴급상태가 선포될 때처럼 그러한 권리들을 공식적으로 중단하지 않으면서 일어나는 법적·정치적 조건을 표현하고자 한다. Scheppele(2004a), Agamben(2004)을 참조하라.

29 미국 남부 국경과 멕시코를 분리하는 장벽 건설을 옹호하는 논리에 깔려 있는 심연적 법적 논리의 좋은 예는 Glon(2005)에서 찾아볼 수 있다.

30 Blakely and Snyder(1999), Low(2003), Atkinson and Blandy(2005), Coy(2006)를 참조하라.

31 Amann(2004a, 2004b), M. Brown(2005)을 참조하라. 유럽에서 이루어진 미국중앙정보국(CIA)의 불법적 활동에 관한 유럽의회 임시위원회의 보고서(2006년 11월)는 유럽 정부들이 어떻게 비밀 구금과 고문을 위한 송환과 같은 CIA의 권력 남용의 자발적 조력자로 행동했는지를 보여준다. 이 같은 무법적 수사 영역에는 유럽에서 CIA 항공기들의 1,245회에 달하는 영공 통과와 경유(일부는 수감자 이송 포함), 폴란드와 루마니아에 비밀 구금 시설 설치, 그리고 아마도 불가리아, 우크라이나, 마케도니아, 코소보에도 설치했을 것으로 보이는 사례들이 포함되어 있다.

는 일반 시민들의 삶을 통치하는 중심부 사회들에서, 그리고 한때 유럽의 식민주의의 지배를 받았던 사회들에서 식민적 질서의 형태들을 부활시키는 것을 포함한다. 이것은 특히 내가 *신간접 통치(new indirect rule)*[32]라고 부르는 것에서 가장 두드러지는데, 이는 국가가 사회적 규제에서 물러나고 공공서비스가 민영화되면서 출현한다. 이로써 강력한 비국가 행위자들은 보건의료든, 토지든, 식수든, 종자든, 삼림이든, 또는 환경의 질이든 간에, 광범한 인구의 삶과 복지에 대한 통제권을 획득하게 된다. 법적 주체를 *법치국가(Rechtsstaat)*, 즉 선의 이쪽에서 우세했던 근대 헌정국가에 구속하는 정치적 의무는 민영화되고 탈정치화된 계약상의 의무들로 대체되고 있다. 이 의무 아래에서 약자는 어느 정도는 강자의 자의적 처분에 좌우되게 된다. 이러한 후자의 질서 형태는 선의 저쪽에서 우세했던 전유/폭력의 질서와 몇 가지 우려스러운 유사점을 보인다. 나는 이러한 상황을 사회적 파시즘의 부상으로 설명해 왔는데, 이는 강자에게 약자의 삶과 생계에 대한 거부권을 부여하는 극도로 불평등한 권력관계의 사회적 체제이다.

다른 곳에서 나는 사회적 파시즘의 다섯 가지 형태를 구분한다.[33] 여기서 나는 이것들에 대해 간단히 언급하고자 하는데, 이는 이것들이

---

32 간접 통치는 이전 영국의 식민지에서 광범위하게 실행된 유럽 식민 정책의 한 형태로, 전통적 지역 권력구조, 혹은 적어도 그러한 구조의 일부가 식민지 국가 행정에 편입되었다. Lugard(1929), Perham(1934), Malinowski(1945), Furnivall(1948), Morris and Read(1972), Mamdani(1996, 1999)를 참조하라.

33 나는 Santos(2002b: 447-458)에서 사회계약 논리가 붕괴한 결과로서의 사회적 파시즘의 등장을 상세히 분석한다.

남의 인식론

규제/해방의 논리에 대한 전유/폭력의 논리의 압력을 분명히 반영하기 때문이다. 첫 번째는 *사회적 아파르트헤이트의 파시즘*(*fascism of social apartheid*)이다. 이는 도시를 야만의 구역과 문명의 구역으로 분할함으로써 배제된 자들을 사회적으로 분리하는 것을 의미한다. 야만의 구역이란 홉스가 말한 자연 상태의 구역이다. 문명의 구역은 사회계약의 구역이며, 야만의 구역으로부터 끊임없이 위협받고 있다. 문명의 구역은 자신을 방어하기 위해 스스로를 신 봉건적 성채로 만드는데, 이는 사적 도시, 폐쇄형 콘도미니엄, 게이티드 커뮤니티와 같은 새로운 형태의 도시 분리를 특징짓는 요새화된 거점이다. 전 세계 도시들에서, 심지어 이미 입증됐듯(Sassen 1999) 세계 경제의 결절점인 뉴욕과 런던 같은 글로벌 도시들에서조차 야만의 구역과 문명의 구역으로의 분할은 이제 사회성의 일반적 기준이자 모든 사회적, 경제적, 정치적, 문화적 관계를 가로지르는, 따라서 국가와 비국가 행위에 공통적인, 새로운 헤게모니적 시공간이 되어가고 있다. 국가와 관련해서는, 이러한 분할은 야만의 구역과 문명의 구역에서의 이중 기준(double standard)의 국가 행위로 이어진다. 문명의 구역에서 국가는 보호국가(protective state)로서, 비록 종종 비효율적이고 신뢰할 수 없을지라도, 민주적으로 행동한다. 야만의 구역에서 국가는 약탈국가(predatory state)로서, 법치에 대해서는 다만 보여주기식으로라도 전혀 고려하지 않고 파시즘적 방식으로 행동한다.[34] 모두 같은 학교에서 같은 규율하에 훈련받은 같은 경찰관들이, 문

---

34 이러한 동학의 좋은 예시는 상파울루의 지리적 · 사회적 균열에 대한 Caldeira(2000)의 연구이다.

명의 구역에서는 아이들이 길을 건너는 것을 자상하게 도와주는 반면, 야만의 구역에서는 자기방어라는 구실로 젊은이들을 근접 거리에서 사살한다.

두 번째 형태는 *계약적 파시즘(contractual fascism)*이다. 이는 시민계약에서 당사자들 간의 권력 불평등이 매우 심해서, 대안이 없어 취약해진 약자가, 강자가 부과한 조건들이 아무리 대가가 크고 전제적일지라도 결국 수용하게 되는 상황들에서 발생한다. 노동계약을 여타 계약들과 똑같은 민법상의 계약으로 전환하려는 신자유주의적 기획은 계약적 파시즘의 상황을 예고한다. 앞서 언급한 대로, 이러한 형태의 파시즘은 오늘날 보건, 복지, 공공시설 등과 같은 공공서비스의 민영화 상황에서 자주 발생한다.[35] 그러한 경우, 복지국가와 발전국가(developmentalist state)에서 공공서비스의 생산을 지휘했던 사회계약은 민영화된 서비스의 소비자와 공급자 사이의 개별 계약으로 축소된다. 종종 확연히 드러나는 공공 규제의 결함에 비추어 볼 때, 이러한 축소는 계약의 범위에서 소비자 보호의 결정적 측면들을 제거하는 결과를 초래하며, 이로 인해 그것들은 계약 외적인 것이 되고 만다. 민영화된 서비스 기관들은 계약 외적 특권을 주장함으로써, 예전에는 국가에 의해 수행되던 사회

----

35 가장 극적인 사례 중 하나는 물의 민영화와 그로 인한 사회적 결과들이다. 남아프리카의 사례는 Bond(2000)와 Buhlungu et al.(2006), 브라질의 사례는 Oliveira Filho(2002), 볼리비아의 사례는 Olivera(2005)와 Flores(2005), 칠레의 사례는 Bauer(1998), 페루의 사례는 Trawick(2003), 멕시코의 사례는 Castro(2006)를 참조하라. 두 개 이상의 사례를 다룬 연구로는 Donahue and Johnston(1998), Balanyá(2005), Conca(2005), Lopes(2005)를 참조하라. 또한 Klare(2001), Hall; Lobina; de la Motte(2005)를 참조하라.

적 규제의 기능들을 인수한다. 국가는 암묵적으로든 명시적으로든 이 기관들이 이러한 기능들을 수행할 수 있도록 하청 계약을 맺으며, 시민들의 실질적인 참여나 통제 없이 그렇게 함으로써 계약적 파시즘의 생산에 공모하게 된다.

사회적 파시즘의 세 번째 형태는 영토적 파시즘(*territorial fascism*)이다. 이는 강력한 세습적 또는 군사적 자본을 가진 사회적 행위자들이 자신들이 활동하는 영토에 대한 국가의 통제권을 놓고 다투거나, 국가기관들을 포섭 혹은 강압하고 그 영토 주민들의 참여 없이 그들의 이익에 반하여 사회적 규제를 행사함으로써 그러한 통제를 무력화할 때마다 발생한다.[36] 대부분의 경우, 이 영토들은 거의 언제나 한때 유럽의 식민주의에 종속되었던 국가들 내부의 새로운 식민적 영토들이다. 정복의 특권으로서의 본래의 토지 약탈과 그 후 뒤따른 식민지의 '사유화'는 현재도 여전히 영토적 파시즘의 재생산에서, 더 일반적으로는 *대지주들*(*terrtenientes*)과 무토지 농민들 사이의 관계에서 다양한 형태로 작동 중이다. 영토적 파시즘에는 또한 무력 분쟁 지역에 사는 민간인 주민들도 종속되어 있다.[37]

사회적 파시즘의 네 번째 형태는 *불안의 파시즘*(*fascism of insecurity*)이다. 이는 노동의 불안정성 또는 불안정하게 만드는 사고나 사건들로 인해 취약해진 사람들과 사회 집단들의 불안감을 자의적으로 조작하는

---

36 이는 예를 들어, 메데인(콜롬비아)의 민병대와 콜롬비아 보야카 서부의 에메랄드 광부 집단들의 사례이다. Gutiérrez and Jaramillo(2003)를 참조하라.

37 콜롬비아의 사례는 Santos and García Villegas(2001)를 참조하라.

것으로 이루어진다. 이는 수많은 사람들로 하여금 현재와 미래에 대해 만성적 불안과 불확실성을 느끼게 만들고, 그 결과 이들은 자신들의 기대를 급격히 낮추며 위험과 불안을 조금이라도 줄이기 위해 엄청난 짐을 기꺼이 감수하게 된다. 이러한 형태의 파시즘에 관한 한, 새로운 총통(Führer)들의 레벤스라움(lebensraum)——아돌프 히틀러가 독일 민족을 위해 주장했던 '생존 공간'(vital space)으로, 이는 병합을 정당화했다——은 사람들의 내밀한 영역이자 현재와 미래에 대한 그들의 불안과 불확실성이다. 이는 과거 회고적 환상과 미래 전망적 환상의 이중 플레이를 실행에 옮김으로써 작동하며, 오늘날에는 특히 보건의료, 복지, 교육, 주거와 같은 사회서비스의 민영화 영역에서 분명하게 드러난다. 과거 회고적 환상은 이와 관련한 불안의 기억과 사회복지의 제공에 있어 국가 관료제의 비효율성을 부각하는 것으로 구성된다. 반면, 미래 전망적 환상은 민간 부문에서 생산되고, 일부 위험 요소와 서비스 제공 조건을 은폐함으로써 부풀려진 안전과 보안에 대한 기대를 조성하는 것을 목표로 한다. 이러한 미래 전망적 환상은 오늘날 주로 건강보험과 민간 연금펀드 형태로 확산되고 있다.

사회적 파시즘의 다섯 번째 형태는 *금융 파시즘(financial fascism)*이다. 이는 아마도 파시즘적 사회성 중 가장 악의적인 형태일 것이며, 따라서 더욱 상세한 분석이 요구된다. 금융 파시즘은 금융시장과 그것의 카지노 경제를 통제하는 파시즘의 유형이다. 자본의 흐름이 전 세계에 퍼져 있으며 자신들의 자산을 최대화하려는 욕망 외에는 아무런 공통점이 없는 개인 또는 기관 투자자들이 내린 결정의 결과라는 점에서 이 유형은 가장 다원적이다. 가장 다원적이라는 바로 그 이유 때문에 이는

남의 인식론

또한 가장 악의적인 형태의 파시즘이기도 한데, 왜냐하면 그것의 시공간이 어떤 형태의 민주적 개입이나 심의에도 가장 적대적이기 때문이다. 이와 관련하여 매우 의미심장한 것은 장기(long term)가 무엇이라고 생각하느냐는 질문을 받은 증권 중개인의 대답이다. "나에게 장기란 앞으로의 10분입니다." 이러한 사실상 즉각적이고 전 지구적인 시공간은, 그것을 지탱하는 투기적 이윤 논리와 결합하여 금융자본에 거대한 자의적 권력을 부여하는데, 이 권력은 단 몇 초 만에 어떤 나라든 그 실물경제나 정치적 안정성을 뒤흔들 수 있을 만큼 강력하다. 금융 권력의 행사는 전적으로 자의적이며, 그로 인해 영향을 받는 이들—때로는 국가 전체—에게 미치는 결과는 압도적일 수 있다.

금융 파시즘의 악의성은 그것이 전 지구적 규제 기관들의 모델이자 작동 기준이 되었다는 사실에서 온다. 그중 하나만 언급하자면, 바로 신용평가기관들이다. 이 기관들은 여러 국가들의 재정 상황과 이 국가들이 외국인 투자자들에게 제공할 수도 있는 위험이나 기회를 평가하도록 국제적으로 공인된 기관들이다. 부여되는 등급은 어떤 국가나 그 국가 내 기업이 국제 신용을 받을 자격을 얻게 되는 조건에 결정적이다. 등급이 높을수록 조건은 더 좋아진다. 이러한 기업들은 엄청난 권력을 가지고 있다. 토머스 프리드먼(Thomas Friedman)에 의하면, "냉전 이후의 세계에는 두 개의 초강대국이 있다. 바로 미국과 무디스(Moody's)다."[38]

....

38 무디스(Moody's)는 증권거래위원회가 공인한 네 개의 신용평가기관 중 하나이다. 나머지는 스탠더드 앤 푸어스(Standard and Poor's), 피치 레이팅스(Fitch Ratings), 더프 앤 펠프스(Duff & Phelps)이다.

프리드먼은 이렇게 덧붙이면서 자신의 진술을 정당화한다. "만일, 미국이 자신의 군사 무기고를 사용하여 적을 격멸할 수 있다는 것이 사실이라면, 금융 신용평가기관인 무디스는 한 국가에 나쁜 등급을 줌으로써 그 나라를 재정적으로 옥죌 수 있는 권력을 가지고 있다"(Warde 1997: 10-11). 이 기관들의 자의적 권력은 해당 국가 또는 기업이 요청하지 않은 평가를 할 수 있는 특권을 가지고 있다는 점에서 더욱 크다.

　모든 형태에서 사회적 파시즘은, 특별히 심각하고 잠재적으로 되돌릴 수 없는 형태의 배제로 이어지는, 극도로 불평등한 권력관계와 교환하에서 이루어지는 사회적 관계와 삶의 경험들로 특징지어지는 체제다. 그러한 형태의 사회적 배제는 국가 사회 내부에서도, 국가들 간의 관계에서도 존재한다. 사회적 파시즘은 새로운 형태의 자연 상태이며, 그것은 후계약주의(postcontractualism)와 선계약주의(precontractualism)라는 두 가지 방식으로 사회계약의 그늘 속에서 확산된다. 후계약주의란 지금까지 사회계약에 포함되어 있던 사회 집단들과 사회적 이해관계들이 (사회계약으로) 다시 돌아오리라는 전망이 전혀 없이 배제되는 과정이다. 즉 노동자와 대중 계급은 사회적·경제적 권리들의 제거를 통해 사회계약으로부터 축출되고, 그렇게 그들은 폐기 가능한 인구가 되어버린다. 선계약주의는 이전에는 스스로를 시민권 후보자로 여겼고 그 자리에 오를 것이라는 합리적 기대를 가졌던 사회 집단들이—예컨대 글로벌 노스와 글로벌 사우스의 거대도시 게토에 사는 도시 청년들—시민권에 접근하는 것을 차단하는 것으로 이루어진다.[39]

---

39 이 현상에 대한 초기의 설득력 있는 분석은 Wilson(1987)에서 읽을 수 있다.

262　　　　　　　　　　　　　　　　　　　　　　　　　　　　남의 인식론

하나의 사회적 체제로서 사회적 파시즘은 아마도 자유주의적 정치 민주주의와 공존할 수 있을 것이다. 사회적 파시즘은 글로벌 자본주의의 요구에 민주주의를 희생시킨다기보다는 민주주의를 하찮은 것으로 만들어 더 이상 자본주의를 증진하기 위해 민주주의를 희생시킬 필요도 없게, 심지어는 그것이 편리하지도 않게 만들어버린다. 따라서 그것은 다원적 파시즘, 다시 말해, 여태까지 한 번도 존재하지 않았던 형태의 파시즘이다. 실로 나는 우리가 여러 사회들이 정치적으로는 민주적이면서 사회적으로는 파시즘적인 시대로 접어들고 있을지도 모른다고 주장한다.

새로운 형태의 간접 통치는 또한 근대 시기의 재산 및 재산법이 겪은 두 번째 대전환을 포함한다. 재산, 구체적으로는 신세계 영토의 재산은, 내가 처음에 언급한 대로, 근대의 심연적 전 지구적 선들을 확립하는 데 있어 근간이 된 핵심적 쟁점이었다. 첫 번째 전환은 자본주의와 함께 사물에 대한 소유권이 생산수단에 대한 소유권으로 확장되었을 때 일어났다. 카를 레너(Karl Renner: 1965)가 아주 잘 설명하듯이, 기계의 소유자는 그 기계를 작동하는 노동자들의 노동까지 소유하게 되었다. 즉 사물에 대한 통제가 사람에 대한 통제가 되었다. 물론 레너는 식민지에서는 이러한 전환이 일어나지 않았다는 사실을 간과했는데, 왜냐하면 사람에 대한 통제가 사물에 대한 통제의 원초적 형태였고, 여기서 후자, 즉 사물은 인간과 비인간 사물 모두를 포함했기 때문이다. 재산의 두 번째 대전환은, 생산을 훨씬 뛰어넘어 서비스의 소유가, 생존을 위해 그 서비스를 필요로 하는 사람들에 대한 통제의 한 형태가 될 때 일어난다. 이러한 새로운 간접 통치는, 마흐무드 맘다니(Mahmood

Mamdani)(1996: 2장)가 아프리카 식민 통치의 특징을 정립하며 사용한 용어를 빌리자면, 분권화된 전제주의(decentralized despotism)의 한 형태를 낳는다. 분권화된 전제주의는 자유민주주의와 충돌하지 않는다. 그것은 오히려 자유민주주의를 점점 더 많은 인구의 삶의 질과는 무관한 것으로 만든다.

새로운 간접 통치의 조건하에서, 근대의 심연적 사고는 시민들 사이의 사회적 갈등을 규제하기보다는 선의 저쪽에서 늘 그래 왔듯 사회적 갈등 자체를 억압하고, 무법 상태를 비준하도록 요청받는다. 전유/폭력 논리가 가하는 압박 아래, 근대법의 개념 자체—국가로부터 발원하고 필요하다면 국가에 의해 강제적으로 부과되는 보편적으로 유효한 규범—가 그로 인해 바뀌고 있다. 진행 중인 개념적 변화를 조명하는 예로, 완곡하게 연성법(soft law)이라고 불리는 새로운 유형의 법이 등장하고 있다.[40] 이 법은 규제/해방 질서의 가장 자비로운 표출로 제시되지만 매

....

40 지난 몇 년 동안, 하향식 국가 규제보다는 비국가 행위자들(기업, 시민단체, NGO, 노조 등) 사이의 협력에 의존하는 새로운 형태의 경제 통치를 이론화하고 경험적으로 연구하는 광범한 문헌이 축적되어 왔다. 사회과학자들과 법학자들이 다양한 명칭하에 이러한 접근법을 추구해 왔음에도 불구하고, 그 강조점은 강성(hardness)보다는 연성(softness)에, 강제적 부과보다는 자발적 준수에 있다. 이러한 명칭에는 '반응적 규제(responsive regulation)'(Ayres and Braithwaite 1992), '포스트 규제법(post-regulatory law)'(Teubner 1986), '연성법(soft law)'(Snyder 1993, 2002; Trubek and Mosher 2003; Trubek and Trubek 2005; Mörth 2004), '민주적 실험주의(democratic experimentalism)' (Dorf and Sabel 1998; Unger 1998), '협력적 거버넌스(colaborative governance)' (Freeman 1997), '외주화된 규제(outsourced regulation)'(O'Rourke 2003), 또는 단순히 '거버넌스'(Mac Neil, Sargent, and Swan 2000; Nye and Donahue 2000)가 포함된다. 비판적 관점은 Santos and Rodríguez-Garavito(2005: 1-26), Santos(2005: 29-63), Rodríguez-Garavito(2005: 64-91)를 참조하라.

남의 인식론

우 불평등한 권력관계가 개입될 때마다 전유/폭력의 논리를 수반한다. 그것은 자발적 준수를 특징으로 하는 법으로 구성된다. 놀라울 것도 없는 것이, 이 법은 다른 사회 영역들 중에서도 특히 자본/노동 관계 분야에서 사용되고 있으며,[41] 그것의 가장 완성된 형태는 중심부의 다국적 기업들이 전 세계에 퍼져 있는 '자신들의' 착취 공장들과 외주계약을 맺을 때 채택하도록 권고받고 있는 행동 강령들이다.[42] 연성법의 유연성은 그 적용이 무엇보다도 식민자의 변덕에 달려 있었던 식민지 법과 매우 흥미로운 유사성을 보인다.[43] 이것들이 규제하는 사회적 관계들은, 새로운 자연 상태는 아니더라도, 자연 상태와 시민사회 사이의 황혼 지대로서, 거기서 사회적 파시즘이 확산되고 번성한다.

요컨대, 선의 이쪽에서 시민들 간의 관계와 시민들과 국가 간 관계에 질서를 부여하도록 요청받아 온 근대의 심연적 사고는, 이제 전유/폭력의 논리로부터 더 커진 압력을 받고 있는 사회 영역들에서 시민들을 비시민으로, 비시민들을 위험한 식민지 야만인으로 다루도록 요청받고 있다. 사회적 파시즘이 자유민주주의와 공존하듯이, 예외상태는 헌법적 정상 상태와 공존하고, 시민사회는 자연 상태와 공존하며, 간접 통치는 법치와 공존한다. 이는 어떤 본래의 정상 규칙의 왜곡이라기보다는, 근대의 인식론과 합법성의 본래적 설계이다. 비록 처음부터 중심부

---

41 또 다른 분야는 환경보호다.

42 Rodríguez-Garabito(2005)와 거기에 인용된 참고문헌을 참조하라.

43 이런 종류의 법이 완곡하게 연성(soft)이라고 불리는 이유는 그 법이 규제해야 할 기업가적 행위를 하는 이들(고용주)에게는 부드럽고(soft), 그러한 법의 비준수의 결과를 겪는 이들(노동자)에게는 강하기(hard) 때문이다.

와 식민지를 구별해 온 심연적 선이 이동하여, 이제 식민적 존재를 중심부 내부의 차원으로 만들었다 하더라도 말이다.

결론: 포스트심연적 사고를 향하여

내가 지금 막 말한 것에 비추어 볼 때, 적극적으로 저항하지 않는 한 심연적 사고는 그것이 불러일으키는 실천이 아무리 배제적이고 파괴적이라 하더라도 계속해서 스스로를 재생산할 것으로 보인다. 따라서, 내가 이전 장들에서 보여준 대로, 정치적 저항은 인식론적 단절을 전제로 해야 한다. 즉, 전 지구적인 인지적 정의 없이는 전 지구적인 사회적 정의도 없다. 이는 우리 앞에 놓인 비판적 과제가 단순히 대안을 만들어내는 것으로 국한될 수 없다는 것을 의미한다. 실로 그것은 대안들에 대한 대안적 사고(alternative thinking of alternatives)를 필요로 한다. 따라서 새로운 포스트심연적 사고가 요구된다. 그것이 가능한가? 만일 적절히 평가만 된다면 이러한 사고에 기회를 제공할 수 있는 조건들이 존재하는가? 이러한 탐구는 내가 왜 1970년대와 1980년대 이래 심연적 전 지구적 선들의 지각 변동이 불러일으킨 것으로서 앞서 언급한 대항 움직임에 각별한 주의를 기울이는지 설명해 준다. 포스트심연적 사고는 가장 넓은 의미에서의 사회적 배제가 심연적 선에 의해 결정되느냐 아니면 비심연적 선에 의해 결정되느냐에 따라 매우 다른 형태를 취한다는 것, 그리고 심연적으로 규정된 배제가 지속되는 한 진정으로 진보적인 그 어떤 포스트자본주의적 대안도 불가능하다는 것을 인정하는 데

남의 인식론

서부터 출발한다. 아마도 오랜 과도기 동안, 심연적 배제에 맞서는 것은 선의 이쪽에서 근대 세계를 분할해 온 다양한 형태의 비심연적 배제들을 효과적인 방식으로 다루기 위한 선결 조건이 될 것이다. (그 자체로 심연적 사고의 좋은 예시인) 마르크스주의의 포스트심연적 개념은 노동자들의 해방을 위한 투쟁이 글로벌 사우스의 모든 폐기 가능한 인구들, 즉 억압당하지만 글로벌 자본주의에 의해 직접적으로 착취당하지는 않는 사람들의 해방을 위한 투쟁과 결합하여 이루어져야 한다고 주장할 것이다. 또한 비시민들이 계속해서 하위인간으로 취급되는 한 시민들의 권리도 보장받지 못한다고 주장할 것이다.[44]

그러므로, 심연적 사고가 지속되고 있다는 사실을 인정하는 것은 그것을 넘어서 생각하고 행동하기 위한 필수적 선행조건(*onditio sine qua non*)이다. 그러한 인정이 없이는, 비판적 사유가 아무리 스스로를 반심연적이라고 선언한다 하더라도 계속해서 심연적 선들을 재생산해 나갈 파생적 사고로 남을 것이다. 이와 정반대로, 포스트심연적 사고는 비파생적 사고다. 즉 그것은 근대 서구의 사고방식 및 행동방식과의 급

----

44 간디는 아마 틀림없이 근대 시기에 가장 일관되게 비심연적 관점에서 사고하고 행동한 근대의 사상가-행동가일 것이다. 심연적 사고의 급진적 배제를 극도로 강렬하게 살고 경험한 간디는, 억압자와 희생자 모두를 해방할 수 있는 새로운 형태의 보편성을 건설한다는 자신의 목표에서 이탈하지 않았다. 아쉬스 난디(Ashis Nandy)가 올바르게 강조하듯이, "간디적 비전은 폭력에 있어 억압자와 동일해지고 동일한 체제 내에서 경쟁자로서 자신의 자존감을 회복하려는 유혹을 거부한다. 이 비전은 피억압자와의 동일시 위에서 구축되는데, 이는 역사의 희생자들을 대변한다고 주장하는 이들의 의식 속에 매우 깊게 배어 있는, 억압자의 삶의 방식이 우월하다는 환상을 배제한다"(1987: 35).

진적 단절을 수반한다. 우리 시대에 비파생적 방식으로 사고한다는 것은 선의 저쪽의 관점에서 사고하는 것을 의미하는데, 이는 정확히 선의 저쪽이 서구 근대성에서는 줄곧 사고 불가능한 것의 영역이었기 때문이다. 규제/해방의 질서 내부에서 전유/폭력의 질서의 부상은, 오직 우리가 우리의 인식론적 관점을 선의 저쪽, 즉 글로벌 자본주의와 식민주의가 야기한 체계적이고 부정의한 인간의 고통에 대한 은유로서 상상된 비제국적 글로벌 사우스의 사회적 경험에 위치시킬 때에만 다룰 수 있다. 따라서 포스트심연적 사고는 남의 인식론을 통해 남으로부터 배우는 것으로 요약될 수 있다. 이를 토대로 할 때, *서발턴 세계시민주의적*(subaltern cosmopolitan) 이성에 근거한 *서발턴 반란적 세계시민주의* (subaltern insurgent cosmopolitanism)를 향한 투쟁이 가능해진다.

심연적 사고에 반대하는 전 지구적 저항을 묘사하기 위해 *세계시민주의*라는 용어를 사용하는 것은 이 용어가 지닌 근대주의적 또는 서구적 우위를 고려할 때 부적절해 보일 수 있다.[45] 피타고라스의 우주법

---

45 여기서 세계시민주의에 관한 현재의 논쟁들은 내 관심사가 아니다. 세계시민주의는 그것의 오랜 역사에서 보편주의, 관용, 애국주의, 세계시민권(world citizenship), 인류의 세계 공동체, 글로벌 문화 등을 의미해 왔다. 이 개념이 사용될 때면 대개—현실을 묘사하기 위한 과학적 수단으로건 또는 정치적 투쟁의 도구로건—, 그 추상적 형식화가 지닌 무조건적 포용성이 특정 사회 집단의 배제적 이익을 추구하기 위해 사용되어 왔다. 어떤 의미에서 세계시민주의는 그것을 감당할 여유가 있는 이들의 특권이었다. 내가 여기서 이 개념을 재검토하는 방식은 이 개념의 헤게모니적 사용에 의해 열망이 거부되거나 비가시화되었지만 이 개념의 대안적 사용에 의해 도움을 받을지도 모를 집단들을 식별해 내는 것을 수반한다. 정체성의 개념과 관련하여 비슷한 의문을 제기했던 스튜어트 홀(1996)의 말을 바꾸어, 나는 '누가 세계시민주의를 필요로 하는가?'라고 묻는다. 답은 단순하다. 불관용과 차별의 희생자라면 누구든 관용을 필

남의 인식론

(cosmic law)으로부터 데모크리토스의 필랄레이아(philallelia, 박애)를 거쳐 테렌티우스의 *나는 인간이다. 고로 나는 인간에 관한 것 가운데 나와 무관한 것은 하나도 없다고 생각한다*(*Homo sum, humani nihil a me alienum puto*)에 이르기까지, 중세의 *기독교 공화국*(*res publica christiana*)으로부터 르네상스 인문주의자들에 이르기까지, 그리고 '좋은 애국자가 되기 위해서는 세계의 나머지에 대한 적이 되어야 한다'(2002: 145)고 말한 볼테르로부터 노동자계급의 국제주의에 이르기까지, *세계시민주의*라는 관념은 보편주의, 세계시민권, 정치적 · 영토적 경계의 거부와 마찬가지로 서구 문화에서 실로 오랜 전통을 가지고 있다. 이러한 이데올로기적 전통은 종종 유럽의 팽창주의, 식민주의, 제국주의에 봉사해 왔다. 이는 글로벌화된 로컬리즘(globalized localism)와 로컬화된 글로벌

....

요로 한다. 기본적 인간 존엄성을 거부당한 사람이라면 누구든 인간 공동체를 필요로 한다. 비시민인 사람이라면 누구든 어떤 공동체 또는 국가에서건 세계시민권을 필요로 한다. 요컨대, 세계시민주의의 헤게모니적 개념에 의해 사회적으로 배제된 희생자들은 다른 유형의 세계시민주의를 필요로 한다. 따라서 하위주체적 세계시민주의는 대항적 변종(oppositional variety)이다. 신자유주의적 세계화가 그 어떤 대안적 세계화도 인정하지 않는 것처럼, 수식어 없는 세계시민주의도 자신의 특수성을 부인한다. 서발턴적, 대항적 세계시민주의는 대항헤게모니적 세계화의 문화적 · 정치적 형태이다. 그것은 그 사회적 포용에 대한 요구와 기준이 글로벌 자본주의의 지평을 넘어서는 해방적 기획들의 이름이다. 이와 비슷한 관심사를 가진 다른 이들도 세계시민주의에 수식어를 붙여 왔다. 뿌리내린 세계시민주의(rooted cosmopolitanism)(Cohen 1992), 세계시민주의적 애국주의(cosmopolitan patriotism)(Appiah 1998), 토착 세계시민주의(vernacular cosmopolitanism)(Bhabha 1996; Diouf 2000), 세계시민주의적 민족성(cosmopolitan ethnicity)(Werbner 2002), 또는 노동자계급 세계시민주의(working-class cosmopolitanism)(Wrebner 1999)가 그것이다. 세계시민주의의 상이한 개념들에 대해서는 Breckenridge et al.(2002)을 참조하라.

리즘(localized globalism)을 만들어내는 동일한 역사적 과정이다. 이와 반대로, "서발턴적, 반란적 세계시민주의"라는 구절은 억압받는 집단들이 자신들을 희생자로 만들기 위해 억압자들이 사용하는 것과 동일한 규모, 즉 전 지구적 규모로 저항을 조직하고 정치적 연합을 공고히 하려는 열망을 가리킨다. 반란적 세계시민주의는 또한 마르크스가 자본주의하에서 잃을 것은 쇠사슬밖에 없는 이들, 즉 노동자계급의 보편성을 의미하는 것으로서 언급한 것과는 다르다. 마르크스가 묘사한 노동자계급뿐만 아니라, 오늘날 세계의 피억압 계급들도 '쇠사슬-외에는-잃을-것 없는 계급(class-which-has-only-its-chains)'이라는 범주로 포괄될 수 없다. 반란적 세계시민주의는 '쇠사슬을 가질(have chains)' 만큼도, 즉 자본에 의해 직접적으로 착취당할 만큼도 충분히 유용하거나 숙련되지 못한 세계의 광범한 인구를 포함한다. 그것은 계급적 기반과 비계급적 기반 모두에서 사회 집단들을 결속시키는 것, 즉, 착취의 희생자들과 더불어 성적, 종족적, 인종적, 종교적 차별이라는 사회적 배제의 희생자들을 결속시키는 것을 목표로 한다. 이러한 이유로 반란적 세계시민주의는 획일성, 사회적 해방에 관한 일반이론, 그리고 차이, 자율성, 지역적 정체성의 붕괴를 함축하지 않는다. 평등의 원칙과 차이의 인정에 동등한 무게를 두는 반란적 세계시민주의는 단지 지역의 진보적 투쟁들이 현지에서의(in loco) 해방적 잠재력을 초지역적/지역적(translocal/local) 연계를 통해 극대화하고자 융합한 결과로 나타나는 전 지구적 출현일 뿐이다.

  서발턴적, 반란적 세계시민주의의 인식론적 토대에 대해서는 다음 세 개의 장에서 다루도록 한다.

5장
맹목의 인식론을 향하여:
'의례적 적합성'의 새로운 형태들은 왜
규제하지도 해방하지도 않는가?

서론

1898년의 유명한 논문에서 소스타인 베블런은 고전 경제학이 사실과 이론 사이의 빈약하고 동어반복적인, 또는 순환적인 관계를 조장한다고 비판했는데, 그는 그러한 관계를 '의례적 적합성(ceremonial adequacy)' (1898: 382)이라고 명명했다. 정상적이고 자연적인 것의 법칙들이 "만물이 사물의 본성상 지향하는 목적들에 관한 선입견에 따라"(1898: 382) 한번 공식화되고 나면, 사실들은 그러한 정상성 개념과 미리 규정된 목적들을 향한 성향을 입증하고 따라서 관련성 있는(relevant) 것으로 확립되거나 혹은 그렇지 못하거나 둘 중 하나가 되는데, 후자의 경우 그것들은 비정상적이고 주변적인, 혹은 무관한 것으로서 폐기된다. 베블런의 호소는 그러한 규범적이고 허상적인 적합성을 실재적인 것으로 대체하자는 것이었다. 다시 말해, 실제 경제 행위자들에 의한 실제 경제 행위들로 이루어진 실제 경제 생활 과정을 관찰하기 위해 '정상성과 통제 원칙들의 형이상학(metaphysics of normality and controlling principles)'을 포기하자는 것이었다.

이러한 호소와 함께 베블런은 그 이후로 줄곧 모든 사회과학에서, 그리고 실로 과학 전반에서 늘 우리와 함께해 온 논쟁을 경제학에서 시작했다. 이 논쟁은 다음과 같은 용어들로 공식화될 수 있다. 무엇이 재현(representation)으로 간주되는가? 그리고 잘못된 재현(misrepresentation)의 결과는 무엇인가? 이 논쟁의 가장 흥미로운 특징은, 한편으로는 주어진 재현의 한계를 확립하는 것이 한계에 대한 일반적인 일관적 재현을 공식화하는 것보다 훨씬 더 쉽다는 것이고, 다른 한편으로는, 잘못된 재현의 결과들이 예측된 것과는 다른 경향이 있어서, 다른 것이 아니라면 적어도 결과의 잘못된 재현을 확인시켜 준다는 것이다. 다른 말로 하자면, 의례적 적합성을 비판하는 것이 그것에 대한 신뢰할 만한 대안을 창출하는 것보다 훨씬 더 쉬웠다. 베블런은 이러한 상태를 아주 잘 보여준다. 그는 자신의 논문 서두에서 '탁월한 인류학자' M. G. 드 라푸쥬(M. G. de Lapouge)에 동조하며 따라야 할 사례로서 언급하는데, 라푸쥬의 연구는 여러 다른 과학 분야에서 진행 중인 진화론적 혁명의 상징으로 제시된다(Lapouge and Closson 1897: 373). 그러나 우리가 직접 라푸쥬의 논문을 읽은 후 베블런이 이로부터 수용한 과학적 결과들을 살펴보면, 장두형-금발(dolichocephalic-blond)과 단두형(brachycephalic)이라는 이분법이 부의 분배 법칙, 태도의 법칙, 도시 지표의 법칙, 이주의 법칙, 결혼의 법칙, 장두형 집중의 법칙, 도시에서의 소멸 법칙, 계층화의 법칙들, 지적 계급의 법칙, 시대의 법칙 등과 같은 다양한 법칙들을 설명하는 망상적인 인종 인류학과 마주하게 된다.

라푸쥬의 진화과학과 베블런이 그로부터 도출해 내는 방식에 대한 우리의 평가는, 타자들의, 특히 과거의 타자들의 맹목성이 반복적이며 확립하기 쉽다는 것을 보여준다. 그러나 만약 그렇다면, 오늘날 우리가 타자들의 맹목성에 대해 무슨 이야기를 하든, 그것은 아마도 미래에 우리 자신의 맹목성의 증거로 간주될 것이다. 따라서 딜레마는 다음과 같이 공식화될 수 있다. 만일 우리가 맹목적이라면, 왜 우리 자신의 맹목성을 받아들이는 것이 그토록 어려운가? 그리고 정말로 우리가 맹목적이라면, 도대체 보는 것이 무슨 의미가 있는가? 내가 주장하는 바는, 우리가 타자들의 맹목성을 드러낼 때 강요받게 되는 우리 자신의 맹목성에 대한 의식이 새로운 인식론적 입장의 핵심에 있어야 한다는 것이다. 이 새로운 입장은, 그 어떤 지식이나 실천도 고립된 채로는 신뢰할 만한 지침을 제공하지 못하기에 지식과 실천의 다원성을 요구하며, 과학적 행위의 결과가 그 행위 자체보다 덜 과학적인 경향이 있다는 사실에 대한 충분한 인지하에 과학의 기술적 적용보다는 교화적이고 사회적으로 책임감 있는 적용이 이루어질 것을 요구한다.

이 장에서 나는 적합성에 대한 우리의 과학적 관리에 있어 의례주의의 회복력이라는 쟁점을 다룬다. 이에 따라, 나는 이 논쟁의 가장 가파른 두 경사면인 한계의 재현(representation of limits)과 결과의 잘못된 재현(misrepresentation of consequences)이라는 쟁점에 집중한다. 첫 번째 쟁점인 한계의 재현과 관련하여, 나는 가장 다루기 힘든 어려움은 서구 근대성과 근대 과학에게는 실제로 극복 불가능한 한계가 없다는 점에 있다고 주장한다. 따라서, 한계의 재현은 그것이 재현하는 한계만큼이나 잠정적이다. 두 번째 쟁점인 결과의 잘못된 재현과 관련하여, 나는 근대성의 기획이 근대 과학의 상호 구성적인 두 개의 결과인 사회적 규제와 사회적 해방을 예견했다고 주장한다. 하지만 근대성의 가능성들이 자본주의의 가능성들로 축소됨에 따라 이 두 결과는 서로 분리되었다. 그때까지 지배적이었던 일부 지식과 사회적 실천들은 사회적 규제를 자신들의 노력의 일차적 결과로 삼은 반면, 종속적인 지식과 사회적 실천들은 사회적 해방을 자신들의 특권적 결과로 삼았다. 하지만 문제는, 이 패러다임에서는 해방시키지 않는 규제는 규제하지 않고, 그 반대로 규제하지 않는 해방은 해방시키지 않는다는 것이다.

규제로서의 지식과 해방으로서의 지식

한계의 재현과 결과의 잘못된 재현을 다루기에 앞서, 나는 먼저 이것들을 더 넓은 인식론적 지형 속에, 즉 하나의 인식론적 패러다임으로서의 서구 근대성의 기획 속에 위치시킬 필요가 있다.

서구 근대성의 기획은 사회적 경험과 사회적 기대 사이의 불일치를 둘러싸고 조직되는데, 바로 여기에 그것의 가장 큰 참신함이 있다. 서구 역사상 처음으로, 경험이 기대와 일치할 필요가 없게, 실제로 일치해서도 안 되게 된 것이다. 사회적 경험의 관점에서 보면 사회적 기대는 과도하고, 반대로, 사회적 기대의 관점에서 보면 사회적 경험은 결핍되어 있다. 이 같은 괴리의 정상성과 대칭성은 서구 근대성이 기초하고 있는 한 쌍의 기둥, 즉 사회적 규제와 사회적 해방을 통해 만들어진다. 각각의 기둥은 세 개의 원리 또는 논리[1]로 구성된다. 규제의 기둥은 홉스에 의해 가장 탁월하게 공식화된 국가의 원리, 특히 로크와 애덤 스미스에 의해 발전된 시장의 원리, 그리고 루소의 정치 이론을 지배하는 공동체의 원리로 구성된다. 해방의 기둥은 베버가 규명한 세 가지 합리성의 논리로 구성된다. 문학과 예술의 미학적-표현적 합리성, 과학과 기술의 인지적-도구적 합리성, 그리고 윤리와 법의 도덕적-실천적 합리성이 그것이다. 이 두 기둥 사이의 긴장들은 경험과 기대 사이의 괴리에서 나오는 과잉과 결핍의 경합으로부터 발생하는 것으로, 이는 진보라 지칭되는 정상적 상태로서의 이성의 행사를 통해 관리되어야 한다. 따라서 서구 근대성의 기획은 규제의 기둥과 해방의 기둥 모두의 조화롭고 상호적인 발전을 목표로 하는데, 이를 통해 정의와 자율성, 연대와 정체성, 평등과 자유와 같은 잠재적으로 서로 양립 불가능한 사회적 가치들의 조화가 보장될 것이라고 기대한다.

근대성 패러다임의 인식론적 차원은 사회적 규제와 사회적 해방의 이중적 결속이 지닌 범위와 구조에 부합한다. 우리는 어떤 형태의 지식이든, 무지(ignorance)라고 명명된 점 A로부터 앎(knowing)이라 명명된 점 B로 나아가는 궤적 또는 진보를 함축한다는 것을 알고 있다. 지식의 형태들은 그것들이 그 두 점과 그것들을 연결하는 궤적을 특징짓는 방식에 의해 구별된다. 따라서 일반적인 무지도 일반적인 앎도 존재하지 않는다. 각각의 지식 형태는 특정한 종류의 앎 속에서 자신을 인식하고, 그 앎에 특정한 종류의 무지를 대립시키는데, 이 무지는 다시 그 종

---

1 나는 서구 근대성에 대한 이러한 특징화를 Santos(1995)에서 상세히 전개한다.

류의 앎과의 대조 속에서만 그러한 것으로 인식된다. 모든 앎은 특정한 무지에 대한 앎이다. 모든 무지가 특정한 앎에 대한 무지인 것처럼 말이다.

근대성의 패러다임은 두 가지 주요한 지식 형태로 이루어져 있는데, 해방으로서의 지식(knowledge-as-emancipation)과 규제로서의 지식(knowledge-as-regulation)이 그것이다. 해방으로서의 지식은 내가 *식민주의*(*colonialism*)라고 부르는 무지의 상태와 내가 연대(*solidarity*)라고 부르는 앎의 상태 사이를 잇는 하나의 궤적을 수반한다. 규제로서의 지식은 내가 혼돈(*chaos*)이라고 부르는 무지의 상태와 내가 질서(*order*)라고 부르는 앎의 상태 사이를 잇는 궤적을 수반한다. 전자의 지식 형태가 식민주의에서 연대를 향해 나아가는 반면, 후자는 혼돈에서 질서를 향해 나아간다. 이 패러다임의 관점에서, 규제의 기둥과 해방의 기둥 사이의 상호 결속은 이 두 지식 형태가 역동적인 방식으로 서로 균형을 이룬다는 것을 함축한다. 이것은 질서가 갖는 앎의 힘이 연대가 갖는 앎의 힘을 키우고, 그 역도 마찬가지라는 것을 의미한다. 해방으로서의 지식은 질서의 과잉으로부터 그 동력을 얻는 반면, 규제로서의 지식은 연대의 과잉으로부터 그 동력을 얻는다(Santos 1995: 25).

나는 이 사회적, 인식론적 패러다임이 역사적 우연을 겪었다고 주장한다. 오직 시간이 흐른 뒤 회고적으로 볼 때만 진화적 필연성 속에 새겨진 것으로 이해될 수 있는 어떤 일이 일어났다. 19세기 중반 이후 근대성 패러다임의 이행 가능성들이 글로벌 자본주의가 제공하는 것들로 축소된 것이다. 이 우연은 사회적 규제와 사회적 해방 사이에 거대한 격변을 일으켰고, 이는 결국 사회적 규제에 의해 사회적 해방이 포

남의 인식론

식(cannibalization)되는 결과를 낳았다. 즉, 사회적 해방은 사회적 규제의 타자(other)에서 사회적 규제의 이중적 존재(double)로 변형되었다. 그러나 사회적 규제는 자신의 타자 없이는 자신을 유지하지 못하기에, 그것이 행한 사회적 해방에 대한 포식은 규제와 해방 모두의 이중적 위기로 이어졌고, 각각은 서로를 먹이로 삼게 되었다. 이것이 오늘날 우리가 처한 상황이다. 인식론적 차원에서 이러한 역사적 과정은 규제로서의 지식이 해방으로서의 지식에 대해 완전한 우위를 갖게 되는 것으로 이어졌다. 즉, 질서가 앎의 헤게모니적 방식이 되었고, 혼돈은 무지의 헤게모니적 형태가 되었다. 그러한 불균형은 규제로서의 지식이 해방으로서의 지식을 자신의 논리에 따라 재코드화하는 것을 가능하게 했다. 그에 따라, 해방으로서의 지식에서의 앎은 규제로서의 지식에서의 무지가 되었고(연대는 혼돈으로 재코드화되었고), 반대로, 해방으로서의 지식에서의 무지는 규제로서의 지식에서의 앎이 되었다(식민주의는 질서로 재코드화되었다). 나의 논지는 의례적 적합성의 지속과 그에 수반되는 문제들—곧 한계의 재현과 잘못된 재현을 둘러싼 문제들—이, 앎의 방식으로서의 질서가 식민주의적 지식으로 전환되는 것, 그리고 그와 동시에 앎의 방식으로서의 연대가 혼돈적 무지로 전환되는 것과 깊은 관련이 있다는 것이다. 내 생각에 패러다임의 전환이라는 맥락에서 이런 상황에서 벗어나는 길은 해방으로서의 지식을 재평가하여 그것에 규제로서의 지식보다 우위를 부여하는 데 있다. 이는 한편으로는 연대가 앎의 헤게모니적 형태가 되도록 하고, 다른 한편으로는 어느 정도의 혼돈을 규제로서의 지식에 대한 상대적 태만의 결과로서 수용하는 것을 의미한다.

한계의 재현

경제학과 사회과학 전반에서 한계의 재현에 대한 연구를 할 때, 해당 학문이 연구하는 대상의 본질 때문이든 혹은 그 학문이 그 설계 목적상 개발해야 할 기술적 능력의 유형 때문이든, 재현과 한계 모두의 문제에 가장 극적으로 직면해 온 과학 분야들의 사례를 살펴보는 것이 도움이 될 것이다. 이를테면, 시간적으로 매우 먼 대상과 행동들을 연구하는 고고학, 공간적으로 매우 먼 대상들을 연구하는 천문학, 지도를 통한 공간의 재현에 중점을 둔 지도학, 그리고 재생산으로서의 재현을 다루는 사진학이 있다. 또한, 적어도 르네상스 이래로 특히 재현이라는 문제에 사로잡혀 온 예술 활동인 회화를 살펴보는 것도 도움이 될 것이다.

재현의 딜레마와 오류들을 극복하기 위해 이러한 지식과 실천들이 고안한 절차와 전략들을 자유롭게 활용하면서, 나는 첫째로, 그러한 절차, 전략, 딜레마, 오류들이 근대의 과학적 지식 전반의 핵심에 놓여 있다는 것을, 그리고 둘째로, 그러한 절차와 전략들에 의해 가능하게 된 대안들 가운데서 사회과학 전반과 특히 주류 경제학은 앎의 한 형태로서의 연대를 증진하기에 가장 부적합한 대안들을 선택해 왔다는 것을 보여주고자 한다. 내 주장의 기저에는 그러한 절차와 전략들이 과학자로 하여금 인식 가능하고 설득력 있는 지식을 생산할 수 있게 해주는 메타 기술들이며, 과학적 과정에 내재하는 이러한 메타 기술들이 사회 생활에 대한 기술적 개입만큼이나 편파적이고 자의적이라는 생각이 깔려 있다. 나의 분석에서 핵심 개념은 척도(scale), 원근법(perspective), 해상도(resolution), 시그니처(signature)이다. 이 개념들은 모

남의 인식론

두 위에서 언급한 학문 분야들이 재현의 한계들과 가장 밀접하게 대면하고 그로부터 생겨나는 딜레마들을 다루면서 발전되어 왔다.

관련성의 결정

재현의 첫 번째 한계는 '무엇이 관련성(relevance)이 있는가'라는 질문과 관련한 것이다. 주어진 분석 대상의 관련성은 대상 자체에 있는 것이 아니라 분석의 목표에 있다. 서로 다른 목표들은 서로 다른 관련성의 기준들을 만들어낸다. 만일 우리가 목표의 선택을, 과학적 대상의 분석을 특징짓는 열려 있고 잠재적으로 무한한 과학적 논의에 맡겨버린다면, 우리는 결코 일관성 있는 관련성의 기준을 확립하거나 그 어떤 이해 가능한 과학적 작업도 수행할 수 없을 것이다. 목표들을 놓고 논의하는 한, 우리는 대상들에 대한 합의에 이를 수 없다. 이러한 논의는 잠재적으로 무한하기에, 과학을 가능하게 만드는 유일한 방법은 서로 다른 대안적 목표들이 등가이거나 대체 가능하다고 상정하는 것이다. 따라서, 근대 과학은 목표들 간의 관련성의 위계를 부정하거나 은폐함으로써 대상들 간의 관련성의 위계를 확립한다. 그러므로 왜곡은 임박했으며 실제로 피할 수 없다. 확립된 관련성은 인식론적 증거로 위장된 사회학적, 혹은 더 정확히는 정치적, 경제적 사실이다. 이러한 위장의 비가시성은 왜곡의 신뢰성을 전제로 한다. 왜곡은, 분석되어야 할 대상이 무엇이든 간에 (설정된 분석 목표와) 그것과의 대응 관계에 대한 신뢰할 만한 환영을 체계적인 방식으로 만들어냄으로써 신뢰할 만한 것이

된다. 그러한 환영을 만들어내기 위해 두 개의 절차가 사용되는데, 그
것은 바로 척도(scale)[2]와 원근법(perspective)[3]이다.

우리는 현상을 관찰하지 않는다. 우리는 현상의 척도를 관찰한다. 척
도는 내가 참고하고 있는 모든 학문 분야에 있어 중요하지만, 특히 척
도가 가장 핵심적인 분야는 바로 지도학이다. 실제로, 지도의 주요한
구조적 특징은 재현과 방향 제시라는 기능을 수행하기 위해 지도가 불
가피하게 현실을 왜곡한다는 것이다. 호르헤 루이스 보르헤스는 자신
의 제국의 정확한 지도를 제작하라고 명령한 황제의 이야기를 들려준
다. 황제는 지도가 가장 미세한 세부 사항까지 정확해야 한다고 주장했
다. 당대의 가장 훌륭한 지도 제작자들이 이 중대한 기획에 투입되었
다. 결국 그들은 지도를 만들어냈고, 실제로 그 지도는 제국의 지점들
하나하나와 일치할 정도로 더 이상 정확할 수 없었다. 하지만 그들로서
는 실망스럽게도 그 지도는 그다지 실용적인 지도가 아니었는데, 이는
그것이 제국과 똑같은 크기였기 때문이다(Borges 1974: 90).

실용적이기 위해서는 지도가 현실과 일점일점 일치할 수 없다. 하지
만 그렇게 만들어진 현실의 왜곡은, 만약 현실의 왜곡이 이루어지는 메
커니즘이 잘 알려져 있고 통제될 수 있다면 부정확하다고 간주되지 않

---

2 (옮긴이) 이 책에서 'scale'의 한국어 번역은 그것이 사용되는 논의의 맥락, 구체적 학
   문 분야에 따라, '스케일', '규모', '척도', '축척'을 병행한다. 이 장에서는 특히 지도학
   과 관련하여 사용되므로 '척도'와 '축척'으로 번역한다.

3 (옮긴이) 이 책에서 'perspective'의 번역은 '관점'과 '원근법'을 사용하며, 이 장에서
   집중적으로 논하는 예술 분야에서 사용될 때는 특히 '원근법'으로 주로 표현하고 맥
   락에 따라 '관점'을 병행한다.

을 것이다. 지도는 세 가지의 특정 메커니즘을 통해 현실을 왜곡하는

데, 이 메커니즘들은 체계적으로 사용되기 때문에 그 자체로 모든 지도

의 본질적 또는 구조적 속성이 된다. 이러한 메커니즘은 척도(scale), 투

영(projection), 그리고 상징화(symbolization)이다. 여기서는 이 장의 목적

에 맞추어 척도[4]에 한정하여 논의하고자 한다.

축척은, 마크 먼모니어(Mark Monmonier)가 정의했듯이, "지도상의 거

리와 그에 상응하는 지표상의 거리 사이의 비율"(1981: 4)이다. 따라서

축척은 세부사항을 얼마나 많이 혹은 적게 나타낼 것인가에 대한 결정

을 수반한다. "대축척 지도는 소축척 지도보다 주어진 크기의 종이에

더 적은 땅을 나타내기 때문에, 대축척 지도는 더 많은 세부사항을 제

공할 수 있다"(1981: 4). 지도는 현실의 "축소판"(Keates 1982: 73)이므로,

지도 제작은 세부사항의 여과, 즉 "의미 있는 세부사항들, 그리고 관련

된 특징들 모두를 선택하는 작업"(Monmonier 1981: 4)을 수반한다. P. C.

뮤어크가 표현하듯이, "지도를 그토록 유용하게 만드는 것은 그것이 지

닌 생략이라는 천재성이다. 그것은 본질로 축약되고 필수적인 것 외에

는 모두 제거된, 정돈된 현실이다"(1986: 10).[5] 축척에 대한 결정이 지도

의 사용에 대한 결정을 조건 짓고, 그 역도 마찬가지라는 것은 쉽게 이

해할 수 있다. "소축척 지도는 도로, 하천 등의 폭을 정확하게 측정하기

----

4 이러한 지도 제작의 메커니즘들에 대한 상세한 분석은 Santos(1995: 456-473)에서 찾
   아볼 수 있다.

5 지도의 역할과 한계에 관해서는 Monmonier(1991, 1993, 2010, 2012), Campbell
   (1993), MacEachren(1994, 2004), Akerman과 Karrow(2007) 등을 참조하라.

위한 것이 아니라, 오히려 이러한 요소들과 그 외 다른 요소들의 상대적 위치를 합리적인 수준의 정확도로 보여주기 위한 것이다"(Monmonier 1981: 4).

공간과 공간적 관계에 대한 관심을 지도학과 공유하는 지리학 또한 분석의 척도와 행동의 척도 모두에 있어 중요한 통찰을 제공해 왔다. 전자와 관련하여, 기후와 같이 오직 소축척에서만 재현될 수 있는 현상이 있는가 하면, 이를테면 침식과 같은 다른 현상들은 오직 대축척에서만 재현될 수 있다. 이는 척도의 차이가 단순히 양적인 것이 아니라 질적이기도 하다는 것을 의미한다. 어떤 주어진 현상은 오직 주어진 척도에서만 재현될 수 있다. 척도를 바꾼다는 것은 즉 현상을 바꾼다는 것을 의미한다. 각각의 척도는 하나의 현상을 드러내고 다른 현상들[6]은 왜곡하거나 감춘다. 핵물리학에서처럼, 척도가 현상을 만들어낸다. 지리학에서 잘못된 상관관계 중 일부는 서로 다른 척도에서 만들어지고 분석된 현상들을 중첩시키는 데서 비롯된다. 척도는 일관되게 수행되어야 하는 "일관된 망각(coherent forgetting)"(Racine 1982: 126)이다. 척도는 의도와 행동 사이를 매개함으로써 사회적 행동에도 적용된다. 도시계획자와 군 지휘관, 행정가들, 기업 경영진, 입법자, 판사, 변호사 모두 소축척에서 전략을 정의하고 대축척에서 일상적 전술을 결정한다. 권력은 권력의 재생산을 위한 조건을 극대화하는 현상들을 만들어낼

---

6 먼모니어에 의하면, "아마도 지도학에서 가장 난해한 문제는 토지 이용과 같이 대축척으로 지도화된 주제별 데이터를 훨씬 더 작은 축척으로 일반화하는 것일 것이다"(1985: 111).

남의 인식론

수 있는 능력으로 인해 선택된 척도에서 사회적 및 물리적 현실을 재현한다. 따라서, 현실의 왜곡과 은폐는 권력 행사의 전제 조건이다.

서로 다른 분석의 척도는 서로 다른 규제 패턴을 만들어내고 서로 다른 행동 패키지(action package)를 촉진한다. *규제 패턴*(*regulation patterns*)과 관련하여, 재현과 방향 제시는 현실을 상상하고 구성하는 두 가지 대립되는 방식임을 명심해야 하는데, 전자는 위치를 식별하는 데 맞춰져 있고 후자는 움직임을 식별하는 데 맞춰져 있다. 대축척 규제는 세부사항과 특징에 있어서 풍부하고, 행동과 태도를 생생하게 묘사하며, 그것들을 그 직접적인 주변 환경 속에 맥락화하고, 내부와 외부, 높음과 낮음, 정의로움과 부정의함 사이의 구별(그리고 복잡한 관계)에 민감하다. 대축척 규제는 재현과 위치에 기초한 (그리고 거기에 맞춰진) 규제 패턴을 유도한다. 반대로, 소축척 규제는 세부사항과 특징에 있어서 빈약하고, 행동과 태도를 골격화하여 그것들을 일반적 유형의 행동으로 환원하며 방향감각과 지름길에 대한 도식을 제공한다. 요컨대 소축척 규제는 방향 제시와 움직임에 기초한 (그리고 거기에 맞춰진) 규제 패턴에 유리하게 작용한다.

서로 다른 분석의 척도들은 서로 다른 규제 패턴을 가질 뿐만 아니라 서로 다른 행동 *패키지*들도 조건 짓는다. 행동 패키지는 사전에 정의된 경계들에 의해 구조적으로 결정되는 서로 연결된 행동들의 연속이다. 나는 두 가지 종류의 경계를 구별해 낸다. 하나는 범위에 의해 정의되는 경계들이고, 다른 하나는 윤리에 의해 정의되는 경계들이다. 범위에 따라, 우리는 두 가지 이상적 유형의 행동 패키지를 구분할 수 있는데, 전술적(tactical) 행동 패키지와 전략적(strategic) 행동 패키지가 바로 그것이다. 윤리에 따라서는, 우리는 또 다른 두 가지 이상적 유형의 행동 패키지, 즉 교화적(edifying) 행동 패키지와 도구적(instrumental) 행동 패키지를 구분할 수 있다. 앞선 예시들에 비추어 볼 때, 나는 대축척 분석과 규제는 전술적이고 교화적인 행동 패키지를 유도하는 반면, 소축척 분석과 규제는 전략적이고 도구적인 행동 패키지를 유도한다고 제안하고 싶다. 이러한 분석과 재현의 형태 중 하나로 주로 사회화된 사회 집단이나 계급은 그것과 연관된 유형의 행동 패키지에서 특별한 역량을 갖는 경향이 있다. 대축척과 소축척의 분석 및 규제가 교차하는 상황에서, 대축척 행동 패키지는 방어적으로 되는 경향, 그리고 정상적이고 일상적인 상호작용이나, 기껏해야 분자적(molecular) 투쟁을 규제하는 경향이 있는 반면, 소축척 행동 패키지는 공격적으로 되고, 몰적(molar) 투쟁에 의해 촉발되는 중대하고 예외적인 상황을 규제하는 경향이 있다. 이러한 경향들은 특정한 행동 패키지에 관련된 사회 집단들의 계급적 성격과 무관하게 성립될 수 있다.

모든 사회과학 중에서 주류 경제학은 과학에 기초한 사회생활에의 개입에 가장 적극적으로 관여하며 방향 제시에 가장 초점을 맞추어 왔다. 그러한 이유로 주류 경제학은 소축척 분석을 선호해 왔는데, 수학적 모델링이 그것의 가장 특징적인 사례다. 소축척 분석은 미시경제학만큼이나 거시경제학에서도 널리 사용되어 왔다. 지도의 경우와 같이, 소축척 분석은 방향 제시와 이동에 맞춰진 규제 패턴과 전략적이고 도구적인 행동들에 기초한 행동 패키지를 우선시한다. 방향 제시의 효능은 재현의 모호성을 전제로 한다. 즉 세부사항과 대비를 소홀히 하고 잠재된 의미와 실천을 무시하며 쇠퇴하는 특성과 출현하는 특성이 각

남의 인식론

각 지속되는 상이한 시간을 간과하는 것에 기초한다. 이러한 재현의 방식에서는 이동의 역동성으로 인해 위치의 불확실성은 무관한 것으로 처리된다. 이러한 재현에 기반할 때, 방향 제시의 효능은 하나의 조건에 달려 있다. 바로 그 효능이 위치 경시로 발생하는 사회적 비용을 감당하기 위한 움직임을 촉진할 수 있을 정도로 강력한 과학 외적 정치세력들에 의해 지속적으로 뒷받침되어야 한다는 것이다.

이는 소축척에 대한 선호, 따라서 재현보다 방향 제시에 대한 선호가, 독자적인 근거를 갖는 자립적 결정이기보다는 사회학적, 정치경제적 명령(fiat)에 근거한 인식론적 결정이라는 것을 의미한다. 어떤 주어진 행동 방침의 관련성 있는 특징들에 대한 정의는 규제 목표에 의해 결정되는 것이지 그 반대가 아니다. 서로 다른 목표, 따라서 서로 다른 이해관계는 서로 다른 관련성 있는 사실들을 만들어낸다.

이는 예를 들어, 프랜차이징이나 하청을 통해 다국적 기업을 위해 생산하는 공장에서의 특정 노동 갈등을 분석함으로써 설명될 수 있을 것이다. 공장 규범, 즉 지역적 합법성의 한 형태로서의 작업 현장의 생산법은 작업장의 규율을 유지하고 노동 갈등을 예방하며 그런 갈등이 일어날 때마다 그 범위를 축소하고, 궁극적으로는 그것들을 해결하기 위해 생산 관계를 매우 상세하게 규제한다. 노동 갈등은 공장 규범의 핵심 대상인데, 이는 노동 갈등이 역으로(*a contrario*) 공장 규범의 존재 이유(raison d'être)인 생산 관계의 연속성을 확인시켜 주기 때문이다. 그것은 국가 노동법이라는 더 넓은 맥락에서 볼 때, 노동 갈등은 중요하기는 하지만, 단지 산업 관계의 한 차원일 뿐이다. 정치적 안정, 인플레이션율, 소득 정책, 그리고 노동조합, 기업, 정부 간 권력 관계 등 우리가 쉽게 확인할 수 있는 더 광범위한 사회적, 정치적, 경제적 사실들의 네트워크에서 노동 갈등은 그 일부일 뿐이다. 또한, 국제적 프랜차이징 또는 하청의 초국적 규제라는 더욱 넓은 맥락에서, 노동 갈등은 국제 경제 관계에서 언급할 가치가 거의 없는, 미세한 세부사항으로 전락한다.

따라서 서로 다른 척도에서 작동하는 서로 다른 규제 질서들은 동일한 사회적 대상들을 서로 다른 관련 대상들로 번역한다. 그러나 실제 삶에서는 서로 다른 규제 척도들이 고립되어 존재하는 것이 아니라 다양한 방식으로 상호작용하기 때문에—우리의 예시에서 세 가지 척도의 규제 목적은 동일한 사회적 사건에서 수렴된다—세 개의 규제 대상들이 점대점으로 정확히 중첩된다는 착각이 생길 수 있다. 사실, 그것들은 전혀 일치하지 않는다. 노동자들, 그리고 때로는 고용주는 어떤 주어진 갈등을 모든 세부사항과 관련 특징들을 포함하는 대축척 관점으로 바라보는 경향이 있는데, 이는 지역 규제에 의해 형성된 개념이다. 노동조합 지도자들, 그리고 때로는 고용주는 갈등을 지속적인 산업 관계 과정에서의 위기로 보는 경향이 있다. 이들의 관점은 주로 국가 규제에 의해 주조되며, 결과적으로, 이들의 행동은 갈등에 대한 중축척 관점과 대축척 관점 간의 절충을 목표로 한다. 초국적 기업에게 노동 갈등은 전 지구적으로 설계된 투자와 생산 시스템에서 사소한 사고에 불과하다. 만일 신속하게 극복되지 못할 경우, 단순히 생산을 다른 나라로 옮김으로써 쉽게 피해 갈 수 있다.

초국적 기업들은 갈등에 대한 소축척 관점을 선호하는데, 이는 그들이 바로 이 척도에서 자신들의 전 지구적 운영을 조직하기 때문이다.

남의 인식론

다자간 금융기관들과 함께, 이들은 탁월한 소축척 행위자들로서, 지구의 광대한 영역을 아우르며 운영상의 효율성을 위한 조건으로서 세부사항이나 대비의 정도를 가장 극단적으로 축소한다. 주류 경제학 또한 갈등에 대한 소축척 관점을 선호하는 경향이 있다. 이러한 관점이 초국적 기업들의 관점과 수렴한다는 사실은, 인식론적 측면에서 보면 우연의 일치이며, 정치경제적 측면에서 보면 이해관계의 결합을 은폐하는 것이다. 주류 경제학은 자신이 제시하는 규제의 효율성을 극대화하는 현실을 만들어낸다.

관련성 정도의 결정

일단 관련성이 확립되고 나면, 추가적인 질문이 제기되어야 한다. 얼마나 관련성이 있는가? 서구 근대성과 근대 과학에서 관련성의 정도는 척도와 나란히 작동하는 또 다른 절차, 즉 원근법에 의해 확립된다. 비록 원근법의 수학적 법칙들은 플로렌스의 건축가인 필리포 브루넬레스키(Fillipo Brunelleschi 1377-1446)에 의해 최초로 정식화되었으나, 레온 바티스타 알베르티(Leon Battista Alberti 1404-1472)는 르네상스 회화에서 1점 투시 원근법(one-point perspective)의 창시자로 여겨진다. 알베르티는 1435년에 발표한 자신의 이론서『회화에 대하여(*De pictura*)』에서 그려진 그림을 열린 창문에 비유한다. "그의 시점에서, 그림은 마치 우리가 깊이 뻗어 있는 가상의 공간을 들여다보는 투명한 유리판인 것처럼 보이게 만들어져야 한다"(Andrews 1995: 1). 이를 달성하기 위해, 그는 서로 다른 거리에 있는 물체들의 상대적 크기와 평행선들의 외관상 수렴 현상이 자연에서와 같이 미술에서도 눈을 설득할 수 있도록 공간을 수학적으로 정확하게 재현하여 그려 내는 방법을 고안한다(Gilman 1978: 17). E. B. 길먼이 말하듯이, "15세기와 16세기 초반에 (……) 원근법은 세계 속 인간의 위치와 그 세계를 이해할 수 있는 인간의 능력에 대한 확신에서 비롯되어 그것을 표현해 낸다"(1978: 29). 그려질 대상들과 그 이미지 사이의, 그리고 관찰자(spectator)의 눈과 그림 사이의 거리의 비례 체계는 관찰자의 시점을 중심으로 조직된 이해 가능한 세계를 창조한다. 이 같은 '환영주의적(illusionistic)' 예술(Gilman 1978: 23)의 신뢰성은 개인의 시점이 지닌 수학적 정밀성에 근거한다. 르네상스 원근법은 인간의 지식에 대한 자신감의 표출이자 개인주의의 예술적 대응물이다.

그러나 이러한 정밀성과 자신감은 매우 비싼 대가를 치르고 얻어진다. 그것은 바로 눈의 절대적 부동성이다. 이 환영은 그림이 미리 정해진, 그리고 엄격하게 고정된 시점[7]에서 보여진다는 조건하에서만 현실적으로 된다. 만약 관찰자가 자신의 위치를 바꾸면, 현실의 환영은 사라져버린다. 따라서 길먼이 "원근법적 공간의 바로 그 충만함과 명확성이야말로 우리 시각의 근본적인 불완전성을 함축하며, 시점은 인식론적 특권이자 극단적 제약, 즉 일종의 눈가리개가 된다"(1978: 31)라고

----

7 존 러스킨: "따라서 원근법은 오직 관찰자의 눈의 한 고정된 위치에 대해 계산되어야만 온전히 올바를 수 있다. 또한 원근법이 계산된 바로 그 지점에서 정확히 바라보지 않는 한, 그것이 속임수처럼 올바르게 보이는 일은 결코 없을 것이다"(1913: 328).

말한 것은 옳은 것이다.

정통 원근법의 상상적 구조는, 내가 이미 말했듯, 근대 미술과 근대 과학 모두의 근간을 이룬다. 또한 과학적 관련성의 정도와 비례가 설정될 수 있는 것도 원근법을 통해서이다. 하지만 미술과 과학에서 원근법이 작동하는 방식에는 중요한 차이가 있다. 근대 미술에서 화가는 관찰자를 자신의 근본적 타자로 인식한다. 화가는 이상적 관찰자를 위해 그림을 그린다. 화가는 관찰자의 시선을 효과적으로 속이기 위해 그것을 상상한다. 화가는 현실에 접근할 수 있는 유일한 사람이며, 화가와 관찰자 모두 이를 알고 있다. 현실의 환영은 환영의 현실과 나란히 발전한다. 반대로, 근대 과학자들은 자신을 이상적인 관찰자로 여긴다. 즉 그들은 자신의 시선에 온전히 드러나는 현실을 관찰하기 위해 특권적 시점의 중심에 자신을 위치시킨다. 비록 그들이 단지 관찰하는 것 외에 다른 일들을 한다 하더라도—그렇지 않다면 아무런 과학적 작업도 이루어지지 않을 것이다—이러한 다른 일들 역시 관찰자로서의 정신의 산물이다. 달리 말하면, 그들은 자신의 역할을 충실히 수행 중인 관찰자인 것이다. 창조자의 정신이 관찰자의 정신에 의해 흡수됨에 따라, 환영의 현실(reality of the illusion)은 현실의 환영(illusion of reality)에 의해 포식되고, 그 결과 후자는 현실의 현실(the reality of reality)이 된다. 따라서, 화가들이 자신이 만들어내는 환영을 믿지 않는 만큼이나 근대 과학자들은 자신들이 만들어내는 환영을 믿는다. 또한 과학자들은, 화가들이 자신들의 작업을 특징짓는 '환영주의적 예술(illusionistic art)'이라는 별칭에 편안함을 느끼는 것만큼, 자신들의 작업을 특징짓는 '환영주의적 과학(illusionistic science)'이라는 별칭에 편안함을 느끼지 않을 것이다.

근대 과학에서 일어난 이러한 창조자와 관찰자의 동일시는 매우 중대한 결과를 낳았다. 화가는 항상 관찰자를 외부화하기 때문에, 이상적 관찰자와, 즉 관람자의 단일한 시선과 의미 있는 관찰자, 즉 자신의 후원자 또는 *메세나*(mecena)를 구별할 수가 있다. 이와 반대로 과학자는 그러한 구별을 할 수 없는데, 이는 과학자는 항상 이상적 관찰자인 동시에 의미 있는 관찰자이기 때문이다. 이는 결국, 과학자가 창조자로서 작업할 때 그 대상으로 삼는 의미 있는 관찰자에 대해 질문하고 의문을 제기하는 것을 불가능하게 만든다. 이러한 아무런 의문도 제기하지 않는 태도가 가져오는 부정적 결과들은 과학이 생산력으로 전환되고, 그로써 의미 있는 관찰자가 과학자의 작업에 미치는 영향력이나 심지어는 간섭이 증가함에 따라 점차 커져 왔다.

모든 사회과학 중에서 주류 경제학은 대안적인 의미 있는 관찰자들 중에서의 선택이 자본주의적 기업가라는 단 하나의 선택지로, 가장 극단적으로 축소된 학문 분야였다. 기업가가 과학적 작업에 미치는 영향력이 커짐에 따라, 환영의 현실의 비가시성은 현실의 환영이 기업가의 현실이 되는 것을 가능하게 했다. 즉 기업가의 선호와 한계는 눈가리개가 되는 것이 아니라 오히려 인식론적 특권이 되었다. 결과적으로, 정치경제적 명령이 과학자의 인식론적 주장들 속으로 그럴듯한 신빙성을 띠고 밀반입될 수 있었다. 소축척 분석을 통해 가능해진 방향 제시의 효능은 의미 있는 관점의 독점적 전유에 의해 더욱 강화되었다.

남의 인식론

식별의 결정

나는 지금까지 재현의 첫 번째 한계인 관련성의 결정을 다루었다. 재현의 두 번째 한계는 '어떻게 그것을 식별(identify)할 것인가?'라는 문제를 다룬다. 일단 관찰과 분석의 관련성 있는 수준이 확립되고 나면 관련성 있는 현상들을 식별하는 것이 필요하다. 식별(identification)은 탐지(detection)와 인식(recognition)이라는 두 가지 주요한 접근법으로 이루어진다. 탐지는 어떤 주어진 현상의 속성 또는 특징들을 정의하는 것과 관계가 있다. 인식은 탐지된 현상들을 설명 또는 해석 체계의 구별된 요소로서 분류하는 데 필요한 매개변수들을 정의하는 것으로 이루어진다. 탐지와 인식 모두의 기반이 되는 절차는 *해상도(resolution)*이다.

해상도는 사회적 행동이든 이미지든 어떤 주어진 식별된 현상의 질과 세부사항을 가리킨다. 해상도는 사진술, 원격탐사(remote sensing) 기술, 고고학에 핵심적인 요소다. 사진술에서 해상도 또는 해상력(resolving power)은 공간적 세부사항을 이미지화할 수 있는 능력이다. 이 능력은 필름이나 렌즈 어느 쪽과도 관련될 수 있다. 필름의 해상도는 그것의 은할로겐화물 입자의 크기 분포에 의해 결정된다(입자가 클수록 해상도는 떨어진다). 렌즈의 해상도는 그것의 광학적 특성과 크기에 의해 결정된다. 밀리미터당 라인쌍(line-pair)의 수가 해상도의 수준을 정의한다 (Avery and Berlin 1992: 36). 원격탐사 기술에서 여기 나의 목적에 가장 중요한 해상도의 유형은 공간 해상도(spatial resolution)이다. "이는 센서에 의해 분해될 수 있는 가장 작은 대상물의 크기, 또는 각 픽셀(화소)이 나타내는 지표상의 면적을 측정한 것이다. 해상도가 더 정밀할수록 그

숫자는 더 낮아진다"(ERDAS 1997: 15).[8] 고고학에서 해상도는 사건들과 행동의 동질성, 그리고 그것들과 고고학적 기록 간의 관계를 가리킨다 (Gamble 1989: 23).

해상도에는 다양한 단계가 있지만, 이것들은 보통 거친 입자(coarse-grain)의 해상도와 미세 입자(fine-grain)의 해상도라는 두 가지로 축소된다. 예를 들어, 사진술에서 고속 필름(또는 고감도 필름, high-speed film)은 최소한의 조명 조건에서 작동하지만 직경이 큰 입자만 포함하며, 그러한 이유로 저속 필름(또는 저감도 필름, low-speed film)보다 해상도가 더 낮다(Avery and Berlin 1992: 38). 고고학에서, 거칠게 구성된 유물복합체 (coarse-grained assemblage)는 어느 한 장소에서 어떤 사건과 그 사건이 생성한 고고학적 기록 간의 상응성이 빈약한 경우이고, 거꾸로, 세밀하게 구성된 유물복합체(fine-grained assemblage)는 퇴적된 물질들이 그 위치들에서, 그리고 인접한 환경과 관련하여 수행된 활동들을 더 정확하게 반영하는 경우이다(Gamble 1989: 23, 24). 여기서 나의 목적상 중요한 것은, 해상도 체계가 하나 이상의 구성 요소로 이루어진 경우, 그 체계의 해상도 수준은 가장 낮은 해상도를 가진 구성 요소에 의해 결정된다는 점에 주목하는 것이다. 예를 들어, 사진에서 해상도 체계는 필름과 렌즈라는 두 구성 요소로 이루어진다. 만일 이 둘이 동일한 수준의 해상

----

8 지도 제작에서 원격탐사의 사용에 관해서는, Monmonier(1985: 89-100)를 참조하라. 척도와 원근법에서처럼 해상도의 유형과 수준을 결정하는 것은 기술적이면서 정치적인 문제이기도 하다. 후자의 경우와 관련하여 한 가지 예를 들자면, 고해상도 원격탐사 시스템은 오염 유발자들이, 경계하고 불안해하는 대중에게 알려지지 않기를 바라는 민감한 환경 데이터를 수집할 수 있다(Monmonier 1985: 185).

남의 인식론

도를 갖고 있지 않다면, 사진의 해상도 수준은 가장 낮은 등급의 구성 요소에 의해 결정될 것이다(Avery and Berlin 1992: 37).

내 관점에서, 해상도는 척도와 원근법처럼 근대 과학의 핵심에 있으며, 방법론의 수준과 이론의 수준이라는 두 개의 다른 수준에서 작동한다. 분석해야 할 대상의 과학적 식별에는 방법과 이론이 모두 존재하지만, 방법이 탐지 과정에서 우세한 반면 이론은 인식 과정에서 우세하다. 따라서, 과학적 식별의 질은 두 개의 구성 요소, 즉 방법과 이론으로 이루어진 해상도 체계에 의해 결정된다. 연구 방법의 발전이 이론의 발전을 능가해 왔다는 점은 흔히 관찰되는데, 이는 특히 사회과학에서 두드러진다. 그러한 이유로, 이론적 지침을 찾기 위해 19세기의 창시자들로 거슬러 올라가는 것이 여전히 흔하다는 사실은 전혀 놀라운 일이 아니다. 반면, 오늘날 우리가 사용하는 연구 방법과 데이터 수집 기법은 19세기에 이용 가능했던 것들보다 훨씬 더 정교하다. 이것은 우리의 연구 방법들의 해상도 수준이 우리의 이론들의 해상도 수준보다 더 높다는 것, 그리고 결과적으로, 과학적 탐지의 질은 세밀한 경향을 보이는 반면, 과학적 인식의 질은 거친 경향을 보인다는 의미다. 달리 말하면, 우리의 탐지 능력이 우리의 인식 능력을 훨씬 넘어선다.

이런 불일치는 규명할 가치가 있는 이유들로 인해 모든 사회과학에 내재해 있기는 하지만, 주류 경제학은 탐지 해상도 수준과 인식 해상도 수준 사이의 간극이 가장 큰 학문 분야이다. 아마도 같은 이유로, 주류 경제학은 또한 그러한 간극의 존재 자체가 가장 격렬하게 부정되어 온 학문 분야이기도 하다. 그 결과, 식별의 해상도 수준이 가장 낮은 등급의 구성 요소, 즉 이론에 의해, 따라서 인식 해상도에 의해 결정되기 때문에 주류 경제학은 거친 방식으로 사회생활에서 작동하고 개입하면서도, 마치 자신의 작동과 개입의 질이 미세한 해상도인 것처럼 정당화하는 데 성공한다.

경제학의 사회 개입이 불러온 결과는 이러한 주장이 과대한 것임을 적나라하게 보여준다. 그러한 결과들 중 가장 부정적인 것은 *외생성의 오류(fallacy of exogeneity)*로 지칭될 수 있다. 외생성의 오류는 상호 내생성이 발전함에 따라 실체들이 겪는 내적 변형을 외생적 실체들 간의 관계로 정의하는 것으로 이루어진다. 샘 보울스(Sam Bowles)(1998)는 시장 선호에 대한 그의 분석에서 이러한 오류를 폭로했다. 보울스(1998: 103)가 강조하듯, 주류 경제학은 외생적 선호의 공리(axiom of exogenous preferences), 즉 오직 자기 자신만을 고려하고 결과에 기반한 선호만을 가진 개인 행위자인, 사회성이 결여된 호모 *에코노미쿠스(homo economicus)*라는 유명한 최소주의적 개념을 자신의 근본적인 공리 중 하나로 소중히 여겨 왔다. 보울스는 이러한 관점에 맞서, 선호의 내생성(endogeneity of preferences), 다시 말해 외부적인 힘으로서 시장에 작용한다고 여겨지는 선호들에 시장이 영향을 미치는 정도를 옹호하며 설득력 있는 논증을 펼친다. 특히 그는 자신이 "좋은 특질들(nice traits)" ——"이것들은 사회적 상호작용에서 타인에게 이익을 주는 행동들이다" (1998: 92)——이라고 부르는 일군의 선호들에 초점을 맞추며, 시장이 어떻게 그러한 특질들의 발전을 가로막거나 저해할 수 있는지를 보여준다.

내 관점에서는, 외생성의 오류가 시장에서 가장 특징적으로 발생한다는 것은 놀라운 일이 아니다. 시장에서의 접촉은 순간적이고 비인격적이다. 높은 해상도를 가진 방법론 덕분에, 주류 경제학은 서로 간에 최소의 거리를 유지하는 실체 또는 요인들을 개별적이고 분리된 것으로 탐지할 수 있다. 그러한 거리들의 의미, 즉 무엇이 실체들을 분리시키는지, 또는 반대로, 결속시키는지에 대한 이해는 오직 이론과 인식 해상도에 의해서만 제공될 수 있는데, 후자는 거친 입자의 해상도이기 때문에 맥락, 네트워크, 상호침투성(interpenetrations), 그리고 배태성(embeddedness) 간의 차이를 식별해 내지 못한다. 이는 왜 선호의 내생성이 분명히 드러나지 않고 결과적으로 쉽게 폐기되는지를 설명해 준다.

지속의 불가능성

재현의 세 번째 한계로서 비의례적 적합성으로 가는 길을 가로막는 것은 시간과 시간 지각의 한계이다. 일단 관련성이 결정되고 대상이 식별되고 나면, 그 대상의 시간적 위치를 결정하는 것이 필요하다. 모든 대상들은 시공간 속에 존재하며, 따라서 이들의 시공간이 결정되기 전에는 이들의 관련성이나 식별 그 어느 것도 완전하다고 볼 수 없다. 이러한 결정이 가장 어려운데, 그 이유는 척도와 해상도, 그리고 관점에서는 주체와 객체 사이의 구별이 아무 문제 없이 작동하는 반면, 시공간의 결정에서는 주체와 객체가 모두 시공간 속에 존재하기 때문이다. 이러한 어려움을 해결하기 위해 근대 과학은 가장 포착하기 어려운 틀, 즉 *hic et nunc*, 여기 지금, 현존과 동시성의 개념을 실체화함으로써 차이들을 중립화하려 했다. 근대의 관점, 즉 원근법은 주체와 객체 사이의, 화가와 관찰자 사이의 그러한 동시성을 가능하게 했다. 원근법을 통해 동시성은 과학적으로 달성되는데, 일단 관찰자가 (원근법) 체계의 논리에 의해 고정되고 나면, 공간은 완전히 통일되기 때문이다. "그림을 지각하는 데 있어 동시성은 (……) 또한 재현된 것의 동기화를 요구한다. 그림을 공간적으로 하나의 단위로 파악함으로써 우리는 또한 묘사된 사건들이 동시적이라고 가정한다"(Andrews 1995: 35). 따라서 시간적 차이를 무시하는 것이 분석적 신뢰의 조건이 된다. 현존과 동시성을 향한 이 같은 지향은 비록 작동 가능하다 할지라도 전적으로 자의적이며 *거짓된 동시대성의 오류*(fallacy of false contemporaneity)에 취약하다. 이 오류는 주어진 사건 또는 행동의 동시대성은 거기에 참여하는 모든 사람들에게 동등하다고 가정하는 것으로 이루어진다. 예를 들어, 세계은행의 관료들이 아프리카의 농민들과 만날 때, 두 집단의 동시대성 혹은 동시대적 존재성(coevality)이 만남의 동시성에 의해 생성된다고 가정된다. 그러나 농민들의 현재 현실이 그들 자신에 의해서는 과거적 현재로, 세계은행에 의해서는 현재적 과거로 인식된다는 사실은, 그것이 아무리 결정적이라 하더라도, 흐려지고 통제되지 않은 채로 남는다. 이런 맥락에서는 동시적인 것들의 비동시대성이나, 가장 중요하게는 동시대적이 되는 서로 다른 방식들을 설명할 여지가 없다.

모든 사회과학 중에서 주류 경제학은 거짓된 동시대성의 오류에 빠져 헤매기가 가장 쉽다. 이는 주류 경제학 특유의 관련성과 식별의 결정이라는 특성들과 관련이 있다. 먼저 관련성부터 살펴보자면, 소축척 분석에 부여된 특권은 또한 재현과 위치를 희생하면서 방향 제시와 움직임이 우선시됨을 의미한다. 그 결과, 시간의 압축이 특히 극단적이다. 지속은 포착될 수 없고 잔재(residues)는 출현하는 특성(emergent qualities)과 구별할 수 없게 된다. 잔재와 출현하는 특성이 아직 구별 가능한 범위 내에서는, 소축척이 지닌 방향 제시 편향은 이동을 방해하는 요소들을 식별하는 데 지나치게 열심이고, 결과적으로 관찰된 특징들을 잔재로 과도하게 규정하는 경향이 있다. 고고학이 행동 패턴의 진화를 설명하기 위해 잔재를 찾아내는 데 탁월함을 보이는 반면, 주류 경제학은 그것들을 찾아내 쓰레기로 폐기하는 데 탁월하다. 22세기의 고고학자들이 우리에 대해 알게 될 많은 것들이 우리가 남긴 쓰레기를 통해 드러날 것이라는 점은 아이러니하다.[9] 이는 우리가 발견한 것들의 상황의존성에 대해, 그리고 우리가 그것들에 부여하는 관련성에 대해 경각심을 가져야 함을 알려준다. 쓰레기의 인식론(epistemology of trash)은 그것이 지칭하는 쓰레기처럼 쉽게 폐기될 수 있는 것이 아니다.

이제, 관련성의 정도의 결정에 대한 논의로 돌아가서, 나는 주류 경제학의 원근법 사용이 어떻게 지속, 리듬, 연속, 템포, 조율된 동시성(synchronies), 비조율된 동시성(nonsynchronies)의 식별을 막는지를 보여주고자 한다. 내가 앞서 언급했듯이, 이와 관련하여 주류 경제학의 특징적인 점은 자본가적 기업가에 의한 의미 있는 관찰자의 독점적 전유이다. 이렇게 자아로 둔갑하여 은밀히 주입된 의미 있는 타자의 극적인 강화는 두 가지 주요한 결과를 낳는다. 과거 시간의 과공간화(hyperspatialization)와 고속 개입(fast-speed interventions)이 그것이다.

고고학이 주는 교훈은 이와 관련하여 특히 적절하다. 고고학적 기록의 시간적 구성은 두 가지 방식으로 이루어질 수 있다. 첫 번째 방

---

9 이 주제에 대해서는 Deagan(1989)을 참조하라.

식은 극히 드문 것으로, 폼페이 방식(Pompeii mode)이라고 부를 수 있다 (Binford 1981). 이는 서로 다른 사건들과 대상들이 동시에 고고학저 기록 속으로 들어간 날짜를 엄밀하게 특정하는 것이 가능할 때마다 발생한다. 히로시마는 미래 고고학자들의 폼페이가 될 것이다. 두 번째 방식은 훨씬 더 일반적인 것으로, 팔림프세스트 방식(palimpsest mode)이라고 부를 수 있다. 이는 동일한 고고학적 층위가 정확한 연대 측정이 어려운 매우 다른 시대와 시기의 유물과 잔재로 이루어진 상황들을 가리킨다.

주류 경제학에서 과거 시간의 과공간화는 폼페이 방식을 선호하는 내재적 편향으로 구성되는데, 폼페이 방식이 극히 드문 사건에서만 나타난다는 점을 고려할 때(예를 들어, 글로벌 석유 위기, 세계대전, 글로벌 금융 붕괴 등) 이러한 편향은 사회적 팔림프세스트를 사회적 폼페이로 체계적으로 왜곡하여 재현하는 결과를 초래한다. 이 같은 편향은 명확하게 구별되고 고도로 동질적이며 동시에 발생하는 결과를 우월하게 취급하려는 압력에서 비롯된다.

두 번째 결과는 고속 개입이다. 고도로 공간화된 동시적 사회 영역들은 고속 개입을 요구하는데, 이는 소축척의 방향 제시와 이동에 대한 선호를 극대화하는 개입이다. 고속 개입은 고속 필름과 마찬가지로 매우 짧은 노출만을 필요로 하며 사실상 모든 조건에서 작동할 수 있다. 하지만 역시 고속 필름과 같이 이러한 개입은 매우 낮은 해상도 수준을 가지고 있다. 즉, 거친 입자의 개입(coarse-grain intervention)인 것이다. 이러한 개입들의 속도는 거친 해상도와 결합하여 그것들을 고도로 침투적이고 고도로 오류 발생 가능성이 높으며 고도로 파괴적인 것으로 만든다. 세계은행의 경제학자들이 아프리카와 아시아 전역에서 시행한 신속 농촌 평가(Rapid Rural Appraisals)는 고속 개입의 좋은 예이다.[10]

이러한 유형의 개입들은, 그것들이 어떤 이름으로 불리든 간에 실제로는 우리가 상상하는 것보다 훨씬 더 흔하게 발생하는 것으로서, 과학 연구의 파괴적 단면을 상징한다. 처음부터 근대 과학은 요제프 슘페터가 훗날 자본주의의 특성으로 규정하게 될 태도를 취해 왔는데, 그것은 바로 창조적 파괴(creative destruction)의 능력이다. 인식론적 측면에서, 그러한 태도는 이전의 모든 지식과의 급진적 단절이자 그로부터의 이탈로 이해되는 과학 혁명이라는 바로 그 관념 자체에 내재해 있다. 가스통 바슐라르(Gaston Bachelard 1972[1938])는 그의 *인식론적 단절*(*rupture épistémologique*)이라는 개념을 사용해 이 점을 그 누구보다도 잘 정식화했다. 근대 과학은 모든 대안적 지식을 폐기함으로써 쓰레기 양산 체제로서의 면모를 드러냈는데, 이는 소비 사회의 소수 특권적 거주자인 우리 또한 공유하는 조건이기도 하다. 그런데 이것은 앞서 언급한 쓰레기의 인식론의 또 다른 차원이자, 실제로 근대 과학에서 쓰레기 양산의 정치경제학이 지닌 또 다른 측면이다. 이와 관련하여 두 가지 질문이 제기되어야 한다. 과학적 결과를 생산해 내기 위해 우리는 얼마나 많은 쓰레기를 만들어야 하는가? 우리가 그렇게 만들어내는 오염으로 인해 가장 고통받는 사람들은 누구인가?

모든 사회과학 중에서 주류 경제학은 고속 개입에 가장 많이 관여

---

10 신속 농촌 평가가 제기하는 문제에 대해서는 Chambers(1992), Richards(1995), Sapsford and Singer(1998)를 참조하라.

해 왔다. 그러한 이유로 주류 경제학은 내가 *발굴의 딜레마*(excavation dilemma)라고 부르고자 하는 문제와 가장 직접적으로 맞다뜨린다. 발굴은 고고학적 연구의 핵심 절차다. 고고학적 기록에 접근할 수 있는 것은 발굴을 통해서이다. 발굴 현장은 지하에 퇴적된 잔재를 체계적으로 탐색하는 명확히 구획된 구역으로, 이러한 탐색이 성공적으로 이루어질 경우 이는 우리의 가장 오래된 과거의 행동 패턴과 적응 전략을 식별할 수 있는 유일한 방법이 된다. 딜레마는, 일단 발굴이 행해지고 잔재가 수집되고 나면, 고고학적 작업이 고고학적 현장을 영원히 파괴하여 처음부터 다시 시작하는 것이 불가능해진다는 점이다. 잔재를 그것이 속해 있던 퇴적층에서 한 번 꺼내면, 수집된 물체들은 결코 원래 상태로 되돌릴 수 없기 때문이다. 따라서 딜레마는 (발굴을 통한) 지식의 잠재적 진보가 필연적으로 결정적이고 돌이킬 수 없는 파괴를 수반한다는 데 있다. 즉, 유물들 간의 관계가 파괴되고, 그와 함께 그것들에 대해 확보할 수도 있는 어떠한 대안적 지식도 제거된다.

이 딜레마는 고고학자들에 의해 충분히 인정되어 왔고, 이를 둘러싼 다양한 전략이 설계되어 왔다. 예를 들어, R. J. 셰어러(R. J. Sharer)와 W. 애쉬모어(W. Ashmore)에 따르면, "발굴 과정 자체가 고고학적 현장을 파괴하므로, 가능한 한 발굴은 적절한 계획과 시간, 자금이 갖추어진 상황으로만 제한하여 과거에 대한 최대한의 유용한 지식이 회수될 수 있도록 보장해야 한다"(1987: 564). 이와 유사하게, 로버트 던넬(Robert Dunnell)은 발굴에 대해, "비용이 많이 들고 기록을 파괴하며, 기껏해야 넓게 흩어진 소수의 유적지에 대한 심층적인 세부사항만을 산출할 뿐이다. (……) 한때 고고학의 품질보증표처럼 여겨졌던 발굴은, 〔향후 50

년 안에] 데이터 획득을 위한 다른 모든 수단이 소진되었을 때만 사용
될 것"이라고 생각한다(1989: 65).[11]

반대로, 주류 경제학에서는 이러한 딜레마가 대부분의 과학적 개입
에서, 그리고 무엇보다 고속 개입에서 극적으로 나타남에도 불구하고,
이를 한 번도 인정한 적이 없다. 그 결과, 고고학에서 일어나는 것과는
반대로, 지금까지 그 어떤 대안적 연구 전략도 고안되지 않았다. 이 딜
레마에 대한 맹목성은 주류 경제학의 창조적 파괴가 그저 파괴적 파괴
로 전락할 가능성을 더욱 높인다.

해석과 평가의 결정

재현의 마지막 한계는 해석(interpretation)과 평가(evaluation)의 문제와
관계가 있다. 우리의 연구 대상이 더 넓은 정치, 문화의 맥락 속에 통
합되는 것은 해석과 평가를 통해서이며, 바로 이 수준에서 과학을 기
반으로 한 변혁이 이루어진다. 이러한 통합은 사회적 행위와 정치 · 문
화적 형성 패턴 간의 연결을 설정함으로써 가능해진다. 과학적 대상
의 본질상, 고고학은 아마도 그러한 연결을 설정하는 것이 가장 핵심
적 과업이 되는 과학일 것이다. 일부 고고학자들이 이러한 연결을 지
칭하기 위해 사용하는 용어는 *시그니처(signature)*이다. 내 생각에 이 개
념은 고고학을 훨씬 넘어서는 발견적 잠재력을 가지고 있다. 고고학에

---

11 이러한 방법론적 문제들의 논의에 관해서는 Meneses(2000)를 참조하라.

서 시그니처는 행위와 독특한 잔재 형성 패턴들 간의 연결을 나타낸다 (Gamble 1989: 22). 따라서 시그니처란 저자성(authorship), 이해가능성 (intelligibility), 목적성(purposefulness)에 관한 것이다. 이는 곧 해석과 평가가 관련 행위주체들의 지식(저자성), 그들의 지식 실천(이해가능성), 그리고 그들의 기획(목적성)을 전제로 하고 있음을 의미한다.

이는 지금까지 다룬 재현의 한계들이 수렴하여—사회과학 전반, 그리고 특히 주류 경제학에서—현실의 시그니처를 심각하게 결핍된 상태로 만드는 영역이다. 행위주체와 관련하여, 분석의 척도가 작을수록 방향 제시와 이동에 대한 강조는 더 강해진다. 행위주체의 재현은 이동하며 방향 제시를 필요로 하는 이들, 즉 유순한 신체(docile bodies)를 우선시하는 경향이 있다. 척도가 작아질수록 신체의 유순함은 더 커진다. 1점 투시 원근법은 이러한 효과를 더욱 강화한다. 특히 주류 경제학에서 두드러지는 관찰자의 시선의 부동성은 오직 수학적 비례가 엄격하게 지켜지는 한에서만 현실의 환영을 보장할 수 있다. 재현된 신체들은 철장이든 고무창이든 우리 안에 갇힌 채로 있어야 한다. 우리 밖에는 친구이건 적이건 어떠한 행위주체도 없다. 기껏해야 낯선 자, 무관심한 신체가 있을 뿐이다. 따라서 유순한 신체와 낯선 자만이 가능한 두 가지 행위주체의 범주로서, 이는 사회적 행위주체성을 미세 입자 해상도로 구분하는 것과는 거리가 멀다.

관점이 지식 실천의 재현에 미치는 영향도 마찬가지로 제약적이다. 길먼(1978: 31)이 상기시키듯, 르네상스 원근법에 의해 가능해진 세계의 이해가능성은 단일한 시점을 만들어내는 데 필요한 시선의 부동성과 눈가리개라는 혹독한 대가를 치르고 얻어진 것이었다. 이러한 단일

시점은 근대 과학과 그것의 인식론적 단절을 가장 잘 특징짓는데, 이는 상식과 다른 모든 대안적 지식들 모두로부터의 단절이다. 단일 시점이 지닌 강점의 또 다른 측면은, 그것이 대안적 시점들을 인식할 능력이 없다는 점이다. 사회적 실천은 곧 지식 실천이지만, 그것은 오직 과학적 지식의 거울상인 한에서만 지식으로 인식될 수 있다. 어떤 지식이든지 그 상에 들어맞지 않는 것은 무지의 한 형태로서 폐기된다. 단일한 시점은 자연적 현상이라기보다 근대 과학의 창조적 파괴 과정에서 형성된 원형적 산물(ur-product)이다. 근대 과학이 자신에게 부여하는 인식론적 특권은 결국 그러한 특권에 대해 혹시라도 의문을 제기할 수 있는 모든 대안적 지식들을 파괴한 결과이다. 이는, 달리 말하면, 내가 이전 장에서 *인식론적 살해*(epistemicide)라고 부른 것의 산물이다. 지식의 파괴는 아무 결과가 따르지 않는 인식론적 인공물이 아니다. 그것은 사회적 실천들의 파괴와 그러한 지식들에 따라 작동하는 사회적 행위주체들의 자격 박탈을 수반한다. 주류 경제학에서 의미 있는 관찰자의 유난히 높은 강도는 특히 오만한 단일 시점을 강제해 왔고, 그 결과 인식론적 살해는 더 광범위해지고 더 깊어져 왔다.

마지막으로, 사회적 행위의 목적성, 다시 말해, 행위주체들의 기획은 현실에 대한 과학적 시그니처가 가장 결핍된 영역이다. 기획은 현실에 대한 예견이며 그 자체로 현재의 경험과의 거리를 내포한다. 예견과 거리는 특정한 시간성을 가지는데, 이는 열망과 욕망을 통해 비동시대적인 행동 방침들 사이를 잇는 다리의 시간성이다. 위에서 분석한 거짓된 동시대성의 오류는 그러한 다리를 쓸모없는 장치로 만들어, 열망을 순응주의로, 욕망을 순응주의를 향한 욕망으로 변질시킨다. 더욱이 앞서 언급했듯이, 근대 과학 특유의 거친 입자 식별 방식은 새롭게 출현하는 특성들을 희생시키는 대가로 잔재의 확산을 선호하는 편향을 만들어내는데, 이러한 조건은 과학에 의해 정당성을 부여받은 기획의 특성에 들어맞지 않는 모든 출현하는 특성들을 회고적인 것으로 규정하여 실격시키는 결과로 이어진다. 기획의 폭이 좁으면 좁을수록 회고적인 것으로 해석될 여지는 더 커진다.

따라서 시그니처의 한계는, 그것이 저자성, 이해가능성, 혹은 목적성 중 어디에서 나타나든 엄격하며, 해석과 평가의 가능성도 이 한계를 넘을 수 없다. 그 결과, 연이은 인식론적 살해의 희생자가 된 유순한 신체들과 낯선 자들로 이루어진 상상적 구조가 형성된다. 이들은 마치 제러미 리프킨(1987: 166)이 묘사한 시간적으로 가난한 자들(temporally poor)처럼 "다른 이들이 그들을 위해 설계한 미래 속으로 휩쓸려 가며" 잔재들의 바다를 표류하고 있다.

이러한 사회적 실천의 시그니처는 고도로 선별적이며, 따라서 그것이 행위주체와 행동 패턴 사이에 수립하는 연결 관계는, 잘해야 추측의 성격을 벗어날 수 없다. 앞서 지적했듯이, 시그니처 과정의 각 단계에서 많은 대안들이 배제된다. 유순한 신체들과 낯선 자들 외의 대안적 유형의 행위주체들, 과학적 지식 외의 대안적 지식들, 의미 있는 관찰자의 기획 외의 대안적 기획들이 그것이다. 이렇게 버려진 대안들을 다룬다는 것은 비존재하는 실체들을 다룬다는 것을 의미한다. 비존재하는 실체들이 '발생할(occur)' 수 있는 방식은 적어도 두 가지가 있으며, 따라서 대안들을 폐기하는 방식도 두 가지다. 첫째, 애초에 새롭게 출현하는 것이 저지되었기 때문에 결코 발생하지 못한 대안들이 있다. 둘

남의 인식론

째, 실제로 발생했으나 과학이 사용하는 척도, 원근법, 해상도, 시간 압축(time compression), 시그니처의 유형들이 그 대안들을 전혀 인식하지 못했거나 그것들을 잔재로 취급한 경우다. 오직 *부재의 사회학*(sociology of absence)만이 각각의 상황에서 작동하는 재현의 한계를 밝힐 수 있을 것이다. 첫 번째 상황에서, 즉 대안이 발생하지 못한 경우, 우리는 침묵과 발화될 수 없는 열망들을 다루게 되며, 두 번째 상황에서는, 즉 대안이 실제로 발생했을 경우, 우리는 침묵시키기, 인식론적 살해, 그리고 폐기 캠페인(trashing campaigns)을 다루게 된다.

가능한 대안들은 인식론적 관점에서 볼 때 잃어버린 연결 고리, 미완의 기록, 블랙홀, 공백이다. 근대 과학은 일반적으로 *공백에 대한 공포*(horror vacui)를 앓고 있으며, 인식론적 교란을 제거하기 위해 기회가 있을 때마다 대안들을 폐기한다. 과학적 지식의 객관성과 엄격함은 실로 *공백에 대한 공포*의 부산물이다. 주류 경제학은 모든 사회과학 중에서 *공백에 대한 공포*에 가장 사로잡혀 있는 학문이다. 주류 경제학이 관련성, 식별, 지속, 해석과 평가의 한계를 다루어 온 특유의 방식은 *공백에 대한 공포*가 유독 위협적이고 불안정한 것으로 보이게 한다. 스펙트럼의 반대쪽 극단에는 고고학을 위치시킬 수 있을 것이다. 고고학은 다른 모든 사회과학과 마찬가지로 동일한 *공백에 대한 공포*를 공유하지만, 이를 제거하기보다는 길들이려 하며 이에 대해 훨씬 느긋한 태도를 취한다. 예를 들어, 글렌 스톤(Glenn Stone)은 부정적 증거(negative evidence)에 대해 이렇게 말한다. "부정적 증거는 데이터의 한 형태이다. '데이터'는 고고학적 현상에 대해 이루어진 관찰로 여겨지며, 현상 그 자체와는 구별된다. (……) 부정적 증거는 주어진 현상을 관찰하는 데 실패했다는 것(또는 데이터 세트의 결측값(lacunae))을 가리킨다"(1981 : 42). 따라서 스톤은 그러한 부재에 대한 해석이 고고학적 분석의 필수 불가결한 부분이 되어야 한다고 제안한다.

다음 두 개의 장에서 내가 보여주듯이, 부재의 사회학을 수행하는 것은 버거운 과제이다. 부재의 사회학은 해석과 평가가 사회적 삶에 대한 매우 흐릿하고 조악한 시그니처에 기반하지 않도록 막아 줄 것이다. 그렇지 않으면, 우리는 결국 시그니처가 아닌 유순한 신체들과 낯선 자들을 찾아 떠도는 이름들로 남고 말 것이다.

맹목의 인식론에서 봄의 인식론으로

맹목의 인식론이 초래하는 결과에 대한 통찰이 그 자체로 봄의 인식론(epistemology of seeing)에 대한 통찰이 되는 것은 아니다. 따라서, 나는 맹목의 인식론이 초래하는 결과에서 시작하여 나중에 봄의 인식론의 윤곽을 명확히 하는 방향으로 나아갈 것이다.

맹목의 결과는 결과의 잘못된 재현으로 나타난다. 이러한 잘못된 재현은 규제할 수 있는 능력과 해방할 수 있는 능력이라는 두 가지 수준에서 분석되어야 한다. 일반적으로 근대 과학은 자신의 규제적 상상력에 부합하는 방식으로 현상들을 재현해 왔다. 주류 경제학의 경우, 이는 특히 두드러지는 듯한데, 규제가 탈규제로 위장될 때는 더욱 그렇다. 행위주체를 유순한 신체이자 낯선 자로서 설정하는 특정한 사회적 구성 방식은 실제로 사회적 규제를 특히 용이하게 하는 데 맞춰져 있다. 유순한 신체와 낯선 자는 사회적 규제를 대체로 가장 쉽게 적용할 수 있는 대상들이다. 심지어 과소사회화된(undersocialized) 호모 에코노미쿠스(*homo economicus*, 경제적 인간)는, 과잉사회화된(oversocialized) 호모 소시올로기쿠스(*homo sociologicus*, 사회적 인간)의 두 버전인 유순한 신체나 낯선 자와 비교하면 마치 영웅처럼 보인다고까지 말할 수도 있다. 하지만 내가 앞서 보여주었기를 바라듯, 과잉사회화된 호모 소시올로기쿠스는 과소사회화된 호모 에코노미쿠스의 반대가 아니다. 그것은 오히려 그 닮은꼴이다. 즉 호모 소시올로기쿠스는 행동하는 호모 에코노미쿠스이다.

규제의 용이성은 다음의 두 가지 이유에서 단지 표면적일 뿐인데, 하나는 행위주체와 관련된 것이고 또 다른 하나는 행위와 관련된 것이다. 첫째, 나는 현재의 경험과 미래에 대한 기대 사이의 긴장이 근대적 규제의 가장 뚜렷한 특징들 중의 하나라고 주장해 왔다. 주류 사회과학, 특히 주류 경제학에 의해 구축된 행위주체들은 그러한 긴장을 겪어낼 능력이 없다. 유순한 신체들은 경험은 하지만 기대할 줄 모르거나, 또는 같은 의미로, 그들의 기대는 현재의 경험을 거울처럼 일대일로 비추어낼 뿐이다. 반면에 낯선 자들은 경험과 기대 모두에 무관심하다. 그들은 이 둘을 분리해서도, 그리고 아무런 긴장 없이도 살아갈 수 있다. 어느 경우든 경험과 기대 사이의 긴장은 사라진다. 일단 그런 상황이 일어나면, 규제로서의 지식에서 앎의 지점인 질서는 해방으로서의 지식에서 무지의 지점인 식민주의와 뒤엉킨다. 다른 말로 하면, 그것은 식민주의적 질서, 즉 사회적 해방의 영도(零度)가 된다. 하지만 해방의 영도에서는 근대적 규제가 스스로를 지탱할 수 없는데, 이는 규제와 해방 사이의 긴장이야말로 심연적 선의 이쪽에서 그러한 규제를 살아 있게 하고 신뢰할 만한 것으로 유지해 주기 때문이다(4장 참조).

규제의 용이성이 그저 표면적일 뿐인 또 다른 이유는 과학이 구축한 사회적 행위의 유형들 때문이다. 근대적 규제는 경험과 기대 사이의 긴장에 기반하는 동시에, 행위와 결과 사이의 대칭성(symmetry)에도 기반하고 있다. 근대 과학은 이러한 대칭성을 생산하고 재생산하는 과제를 부여받아 왔다. 실제로 어떤 행위를 과학적으로 만드는 것은 그 행위에서 비롯되는 결과들에 대해 그 행위가 행사하는 통제이다. 오늘날 이러한 대칭성은, 설령 그것이 애초에 존재했었다 해도, 이제는 영원히 사라져 버렸다는 사실이 잘 확립되어 있다. 우리가 공통적으로 경험하고 있는 것은 오히려 기하급수적으로 증가해 온 과학적 행위능력과 기껏해야 정체 상태에 머물러 있는 과학적 결과 예측 능력 사이의 점증하는 비대칭성(asymmetry)이다. 따라서 특정 과학적 행위의 실제 결과들은 그 행위 자체보다 훨씬 덜 과학적인 경향이 있다.

그러므로 결과들이 과학적 행위에 비해 과도하다는 개념은 아마도 또 다른 외생성의 오류, 즉 행위와 결과들 사이의 외생성의 발현일 것이다. 특히 주류 경제학과 관련하여 앞서 분석한 재현의 한계들의 관점에서 볼 때, 드러나는 과학적 행위의 모습은 다음과 같은 요소들로 구성된다. (1) 의미 있는 관찰자가 큰 비중을 차지하는 단일 시점 원근법과 결합된 극히 소축척의 관련성 결정 (2) 탐지 방법과 인식 이론 사이의 불균형에 기반한 조악한(거친 입자의) 식별 해상도 (3) 사회적 팔림프세스트에 폼페이적 전제들을 강요하고 비동시대적인(또는 서로 다르게 동시대적인) 사회적 층위에 거짓된 동시대성을 강요함으로써 야기되는

남의 인식론

연속과 시간성의 심각한 왜곡 4) 행위주체들과 지식 실천 및 기획 모두와 관련하여 사회적 실천의 시그니처를 판독하는 보잘것없는 능력. 이렇게 하여 구성된 과학적 행위는 그것이 초래할 결과들의 각인을 지니고 있는데, 외생성의 오류는 이러한 결과들을 외부의 비과학적인 원인들 탓으로 돌린다. 결과들의 '과학적이지 못한(less-than-scientific)' 성격은 그 결과들이 유래한 행위들의 바로 그 '과학적' 성격 안에 각인되어 있다. 자신의 작동이 초래하는 결과들을 통제할 수 없는 과학적 형태의 사회적 규제는 그 어떤 기준에서도 합리적이거나 신뢰할 만한 규제의 형태로 간주될 수 없다.

근대 과학은 그것이 정당화하는 사회적 규제가 신뢰할 만하지도 지속 가능하지도 않음에도 불구하고, 규제로서의 지식의 특권적 형태가 되어 왔다. 한편, 근대 과학은 근대성의 패러다임 안에 새겨진 지식의 또 다른 가능성, 즉 해방으로서의 지식을 완전히 저버렸다. 주류 경제학은 이 경우에도 근대 과학 전체가 겪는 증후군의 극단적 형태이다. 주류 경제학이 재현의 한계들에 맞닥뜨린 문제들에 대하여 내놓은 해결책은, 우리가 위에서 보았듯이, 식민주의에 가까운 유형의 질서, 즉 타자를 조작 가능하고 대체 가능한 대상으로 변형시키는 유형의 질서에 의해 규제되기에 적합한 사회적 현실의 관점으로 수렴되었다. 이는 내가 제안했듯이, 해방으로서의 지식의 영도, 즉 무지의 지점이다. 우리가 알고 있듯, 이러한 지식의 형태에서 앎의 지점은 연대, 즉 타자를 동등한 존재이자 동등한 지식 생산자로서 인정하는 것이다. 현재 우세하게 된 규제의 형태는 연대를 상상할 수도 없는 것, 불필요한 것, 또는 심지어 위험한 것으로 만든다. 결국, 유순한 신체들은 연대를 필요로

하지 않으며, 낯선 자들은 연대를 누릴 자격이 없다. *공백에 대한 공포*
는 이와 관련해서도 직동해 왔다. 즉, 관련성을 가진 다른 유형의 행위
주체들이 없다면, 연대는 잃어버린 연결 고리가 아니라, 애초에 과학적
담론에서 아무런 설 자리가 없게 된다.

봄의 인식론을 향하여

자기성찰(self-reflexivity)의 시대에 누군가는 어쩌면 맹목의 인식론에
대한 성찰이 그 자체로 맹목적 통찰이 아닌지 물을 수 있다. '반드시 그
렇지는 않다'는 것이 나의 대답이다. 봄의 인식론의 잠재력은 위에서
언급한 서구 근대성에 내재된 긴장, 즉 규제로서의 지식과 해방으로서
의 지식 사이의 긴장에 있다. 내가 말했듯이 후자는 근대 과학에 의해
완전히 주변화되어 왔지만 가상의(virtual) 대안으로서 완전히 사라지
는 않았다. 실제로 그것은 생산된 부재(produced absence)로서 현존하며,
이것이 맹목의 인식론을 가능하게 하는 것이다.

봄의 인식론은 그 무지의 지점이 식민주의이고 앎의 지점이 연대인
지식 형태의 타당성을 탐구하는 인식론이다. 헤게모니적 지식 형태에
서는 우리가 질서를 창출함으로써 앎에 이르는 반면, 봄의 인식론은 연
대를 창출함으로써 앎에 이르는 것이 가능한지에 대한 질문을 제기한
다. 지식의 한 형태로서의 연대는 타자를, 차이가 그 또는 그녀를 열등
하게 만들 때는 동등한 존재로, 평등이 그 또는 그녀의 정체성을 위태
롭게 할 때는 다른 존재로서 인정하는 것이다. 우리는 자연과 사회에

질서를 창조함으로써 앎에 이르는 지식의 형태에 의해 과잉화되어 왔기 때문에, 자연과 사회 모두에서 연대를 창조함으로써 앎에 이르는 지식의 형태를 쉽게 실천하거나 심지어 상상할 수도 없다. 이러한 어려움들을 극복하기 위해 나는 이 새로운 지식 형태에 대한 서론적 논의로서 세 가지 인식론적 접근법을 제안한다. 부재하는 지식들의 인식론(epistemology of absent knowledges), 부재하는 행위주체들의 인식론(epistemology of absent agents), 재현과 그 한계들의 재고찰이 그것이다.

부재하는 지식들의 인식론

앞서 근대 과학의 해석과 평가의 한계들을 분석할 때, 나는 부재의 사회학이 해석과 평가를 제한하는 눈가리개들을 식별하는 데 있어 핵심적인 접근법임을 강조했다. 다음 장에서 나는 부재의 사회학을 상세히 다룬다. 그러나 부재의 사회학 자체도 부재의 인식론에 근거해야만 한다. 이 절에서는 바로 이것을 다루고자 한다. 무엇이 빠져 있고 왜 그러한지를 파악하기 위해서, 우리는 현실을 현존하는 것으로 축소하지 않는 지식 형태에 의존해야만 한다. 내가 의미하는 것은 억압당하고, 침묵당하고, 주변화된 현실들뿐만 아니라, 출현하는 현실들과 상상된 현실들을 포함하는 확장된 현실주의의 개념을 지향하는 지식 형태이다. 다시 한번 자기성찰적 전환을 통해, 우리는 그러한 부재들을 식별해 내는 지식이 지금 부재하는 것으로서 식별되고 있는 대안적 현실들의 가능성을 억압했던 조건들을 정당화한 바로 그 지식이 아닌지 의문을 제기할 수 있다. 나의 대답은 두 갈래로 나뉜다. 첫째, 우리는 이 지식의 결과들이 그것들이 창출할 수 있는 연대의 측면에서 평가될 때까지는 이를 알 수 없을 것이다. 둘째, 우리가 포착하지 못하는 부재들은 항상 있을 것이다. 그러한 부재들은 우리의 공백에 대한 공포에 의해 낙인찍힐 것이 아니라 우리의 호의적 수용(*captatio benevolentiae*)에 의해 성찰되어야 할 공백을 구성한다.

부재하는 지식들의 인식론은 사회적 실천이 곧 지식 실천이라는 전제로부터 출발한다. 과학에 기반하지 않는 실천들은 무지한 실천이 아니라 대안적이고 경쟁적인 지식들의 실천이다. 어느 한 형태의 지식을 다른 형태의 지식보다 우선시할 만한 선험적 이유는 존재하지 않는다. 더욱이, 그 어떤 지식도 고립된 채로는 연대의 출현과 번영을 보장할 수 없다. 오히려 목표는 넘치는 연대를 창출하도록 조율된 지식들의 성좌를 형성하는 것이 될 것이다. 이것을 우리는 새로운 상식(new common sense)이라 부를 수 있을 것이다.

근대 과학은 자신이 피상적이고 환영적이며 거짓된 것으로 여긴 상식에 맞서 자신을 구축했다. 상식은 근대 과학이 자신을 위해 확립한 인식론적 기준에 부합하지 않는 모든 형태의 지식에 주어진 이름이었다. 과학과 상식 사이의 구별은 내가 *첫 번째 인식론적 단절*(*first epistemological break*)이라고 부르는 것에 의해 가능해졌다. 이는 참된 지식(truthful knowledge)과 거짓된 지식(false knowledge) 또는 상식이라는 두 가지 형태의 지식을 구별한다. 이 두 인식적 실체는 서로 대립됨에도 불구하고, 서로를 수반한다. 이들 중 어느 하나도 다른 하나 없이는 존재하지 않기 때문이다. 그것들은 실로 우리 시대에 닫힘과 소진의 징후를 보이는 동일한 문화적 성좌의 일부이다. 요컨대 상식은 근대 과학 자체만큼이나 근대적이다. 따라서 과학과 상식 사이의 구별은 과학

남의 인식론

과 상식 둘 다에 의해 이루어지지만, 이 구별은 각각의 경우에 서로 다른 의미를 가진다. 구별이 과학에 의해 이루어질 때, 그것은 객관적 지식과 단순한 의견 또는 편견 사이의 구별을 의미한다. 구별이 상식에 의해 이루어질 때, 그것은 난해하고 경이로운 지식과 자명하고 명백하게 유용한 지식 사이의 구별을 의미한다. 그렇다면 이는 대칭적인 구별과는 거리가 멀다. 더 나아가, 구별이 과학의 관점에서 이루어질 때, 이 구별은 구별을 가능하게 하는 지식에 비해 과도한 힘을 가지게 된다. 모든 전문화되고 제도화된 지식과 같이, 과학은 자신이 어떤 상황들에 대해 실제로 알고 있는 것을 넘어서서 그 상황들을 정의할 수 있는 힘을 가진다. 그렇기에 과학은 아무런 편견도 가지지 않은 척하는 편견을, 편견이 부재하는 상태로서 강요할 수 있는 것이다.

나는 이러한 교착 상태로부터 벗어날 방법으로 *이중의 인식론적 단절(double epistemological break)*이라는 개념을 제안한다. 여기서 이중의 인식론적 단절이란, 첫 번째 인식론적 단절이 달성되고 나면(이로써 근대 과학이 상식과 자신을 구별할 수 있게 되면), 수행해야 할 또 다른 중요한 인식론적 행위가 남아 있다는 것을 의미하는데, 그것은 첫 번째 인식론적 단절과 단절함으로써 과학적 지식을 새로운 상식으로 변모시키는 것이다. 달리 말하면, 지식들의 새로운 성좌는 신비화되고(mystified) 신비화하는(mystifying) 보수적 상식과 단절해야 하는데, 이는 분리되고 고립된 형태의 우월한 지식을 창출하기 위해서가 아니라 오히려 그 자신을 새로운 해방적 상식으로 변모시키기 위해서이다. 해방으로서의 지식은 그 자체로 해방적 상식이 되어야 한다. 보수적 편견과 이해할 수 없는 경이를 넘어, 나는 품위 있는 삶을 위한 신중한 지식을 제안한다(Santos

2007b). 부재하는 지식들의 인식론은 상식을 재활성화하려고 하는데, 이는 이러한 형태의 지식 속에 우리와 세계와의 관계를 풍요롭게 할 수 있는 어떤 능력이 있음을 인정하기 때문이다. 상식적 지식이 신비화되고 신비화하는 지식이 되는 경향이 있는 것은 사실이지만, 그럼에도 불구하고, 또한 그 보수적 성질에도 불구하고, 그것은 근대 과학과의 대화를 통해 고양될 수 있는 유토피아적이고 해방적인 차원을 지니고 있다. 이러한 유토피아적이고 해방적인 성질은 우리의 상식적 지식이 가진 다양한 특성들 속에서 활짝 피어날 수 있을 것이다.

상식은 원인과 의도를 붕괴시킨다. 그것은 행위와 개인의 창조성 및 책임의 원칙에 근거한 세계관 위에 놓여 있다. 상식은 실천적이고 실용적이다. 상식은 어떤 주어진 사회 집단의 삶의 궤적과 경험으로부터 도출된 지식을 재생산하며, 집단 경험과의 이러한 연결이 상식을 신뢰할 만하고 안심할 만한 것으로 만든다고 주장한다. 상식은 자명하고 투명하다. 그것은 기술적 목표의 불투명성과 지식의 난해한 성격을 불신하며, 담론에 대한, 인지적 및 언어적 능력에 대한 평등한 접근의 원칙을 주장한다. 상식은 의식적으로 파악될 수 없는 구조들을 경시하기 때문에 피상적이지만, 같은 이유로 사람들 사이, 그리고 사람들과 사물들 사이의 의식적 관계가 지닌 수평적 복잡성을 포착하는 데 전문적이다. 상식적 지식은 비규율적이고 비체계적이다. 상식적 지식은 그것을 창출하기 위해 명시적으로 고안된 실천의 산물이 아니다. 그것은 일상생활의 사건들 속에서 자연스럽게 자신을 재생산한다. 상식은 현실에서 중대한 단절을 유발하지 않는 행동들을 선호한다. 상식은 수사적이고 은유적이다. 그것은 가르치지 않고 설득하거나 확신시킨다. 마지막으로 상식은, 존 듀이의 말을 빌리면, 사용을 향유와, 감정적인 것을 지적인 것, 실천적인 것과 융합한다.

상식의 이런 특징들은 예지의 미덕을 지니고 있다. 그 자체로 내버려 두면 상식은 보수적이다. 그러나 일단 해방으로서의 지식에 의해 변모되면, 그것은 새로운 합리성—복수의 합리성들로 이루어진 합리성—의 원천이 될 수도 있다. 이 같은 지식의 구성이 일어나기 위해서는 인식론적 단절을 이중화할 필요가 있다. 근대 과학에서 인식론적 단절은 상식적 지식에서 과학적 지식으로의 질적 도약을 상징한다. 반면 해방으로서의 지식에서 가장 중요한 도약은 과학적 지식에서 상식적 지식으로의 도약이다. 근대 과학은 우리에게 어떻게 기존의 보수적 상식으로부터 벗어나야 하는지를 가르쳐 주었다. 이는 본질적으로 긍정적이지만 충분하지는 않다. 해방으로서의 지식은 우리에게 어떻게 새로운 해방적 상식을 구축해야 할지를 가르쳐 줄 것이다. 오직 그렇게 될 때에만, 그것은 루트비히 비트겐슈타인(Ludwig Wittgenstein)의 "말해질 수 있는 것은 무엇이든 명료하게 말해질 수 있다"(1973: 4.116)는 명제를 이행하는 명료한 지식이 될 것이다. 오직 그렇게 될 때에만 "사람들 사이의 모든 상거래는 각자가 타인의 영혼을 읽을 수 있도록 하는 것을 목표로 하며, 여기서 공통 언어는 그 공통의 영혼의 타당한 표현이다"(1971: 99)라는 니체의 신념을 정당하게 구현하는 투명한 과학이 될 것이다. 해방으로서의 지식은 그것이 상식이 된다고 해서 기술을 생산하는 지식을 기피하지 않지만, 지식이 자기지식(self-knowledge)으로 번역되어야 하듯이 기술적 발전도 삶의 지혜(life-wisdom)로 번역되어야 한다고 믿는다. 지혜는 우리의 과학적 모험에 신중함의 이정표들을 제시하는데, 신중함이란 곧 불안정성을 인정하고 통제하는 것이다. 근대 과학의 문턱에서 의심을 그저 겪기만 한 것이 아니라 인정했던 데카르트처럼, 우리 또한 지식들의 새로운 성좌의 문턱에서 불안정성을 그저 겪기만 할 것이 아니라 인정해야 한다.

해방적 상식은 차별적 상식(또는 불평등하게 공통적인 상식이라고 해도 좋다)으로, 억압받고 주변화되거나 배제된 사회 집단들에 의해 특권적 방식으로 전유되도록 구성되고, 또 실제로 그들의 해방적 실천에 의해 강화된다. 이것은 나를 봄의 인식론을 향한 두 번째 접근법으로 이끈다.

부재하는 행위주체들의 인식론

앞서 보았듯이, 주류 사회과학과 특히 주류 경제학은 사회적 행위주체성의 다양성과 풍부함을 유순한 신체와 낯선 자라는 두 가지 유형의 개인으로 축소해 왔으며, 이 둘 중 어느 것도 해방으로서의 지식에 기반한 사회적 실천을 지탱하기에 적합하지 않다. 그것들이 정복한 주체성의 독점은, 내가 서론에서 언급했듯이, 왜 21세기의 초입에 사회적 규제의 위기가 다양한 해방적 사상, 힘, 에너지가 새로이 분출할 기회를 촉발하기보다는 사회적 해방의 대칭적 위기를 먹여 살리는지를 설명해 준다.

결과적으로, 연대를 지향하는 지식들의 성좌에 기초한 새로운 해방적 상식의 발명은 그러한 지식들의 성좌 위에 자신들의 사회적 실천의 토대를 둘 수 있고 기꺼이 그렇게 하고자 하는 개인적이고 집단적인 주체성들의 발명에 의해 보완되어야만 한다. 따라서 부재하는 행위주체

남의 인식론

들의 인식론은 불안정한 주체성에 대한 탐구이다. 내가 2장에서 설명했듯이, 이는 순응적이고 일상화되고 반복적인 사회적 실천들에 반기를 들고, 경계성(liminality) 실험, 즉 특이하거나 주변적인 형태의 사회성을 실험하는 것에서 활력을 얻는 주체성들이다. 잔재를 증식시키는 재현의 정치경제학에 맞서, 봄의 인식론은 서로 다른 지식 실천에 뿌리를 둔 출현하는 특성들을 증식시키며 그것들이 사회적 장에서 경쟁하도록 함으로써 이 장들을 사회적 실험의 장으로 전환한다. 맹목의 인식론은 구조와 행위주체성 사이의 구별에 기초한 사회적 실천의 구성을 추동해 왔다. 이 구별을 구성하는 두 개념 간의 표면적 동등성은 구조를 행위주체성을 구속하는 다소 철창 같은 결정으로 변형시키는 데 사용되어 왔다. 그 결과 남은 것은 유순한 신체들 아니면 낯선 자들이라는 진부함뿐이다. 반대로, 봄의 인식론은 순응적 행위와 반항적 행위 간의 구별, 그리고 내가 2장에서 *클리나멘*을 동반한 행위(action-with-*clinamen*)로 그 성격을 규정한 바 있는 후자에 대한 선호, 이 둘 다에 기초한 사회적 실천의 구성을 추동할 것이다.

반항적 행위를 통한 순응주의와 이에 따른 유순한 신체들의 탈중심화는 무관심과 그것이 낳는 낯선 자들의 탈중심화에 의해 보완되어야 한다. 이는 칼 슈미트의 정치 이론을 연상시킨다는 점에서 논쟁의 여지가 있을 수 있지만, 나는 정치적 자유주의의 특징인 무관심에 맞서, 친구/적이라는 이분법을 부활시킬 필요가 있다고 생각한다. 친구/적의 이분법 자체에는 권위주의적이거나 반민주적인 요소가 전혀 없다. 그 이분법이 비권위주의적이고 민주적인 수단에 의해 확립되기만 한다면 말이다. 아마도 오늘날 비판이론이 마주한 가장 큰 딜레마적인 어려움은 친구와 적 사이의 구별이 흐려지고 있다는 데 있을 것이다. 비판이론은 항상 "우리는 어느 편에 서 있는가?"라는 하나의 질문을 상정해 왔고 이에 대한 답을 제시하기 위해 정교하게 발전해 왔다. 온갖 종류의 신실증주의자들이 이 질문의 기저에 깔린 규범적 주장들을 폐기함으로써 이 질문의 정당성을 무효화하는 데 성공해 왔다는 것은 전혀 놀랍지 않다. 사회 전반에 걸친 그들의 헤게모니는 특히 젊은이들을 겨냥하고 있으며, 이들에게는 자신이 반드시 편을 들어야 할 그런 대안적 입장들을 파악하는 것이 갈수록 더 어려워지고 있다. 적의 정체가 점점 더 불분명해지고 있다. 적이 없다면 친구도 필요 없다. 친구가 없다면 연대를 실천할 이유도 없다.[12]

재현의 한계들의 재고찰

앞서 살펴보았듯이, 주류 경제학에서 특히 심각한 재현의 한계들은 그 한계들이 가능케 하는 과학적 행위들로부터 그 신뢰성을 얻는다. 부재의 인식론은 이러한 행위들을 그것이 초래한 인간적 결과들과 대면시키고 대안적 지식들과 행위주체들에 호소함으로써, 주류 과학의 재현의 한계들에 의문을 제기한다. 이로써 이러한 한계들은 재현의 독점적 지위를 잃고 다른 지식들 및 대안적 재현 형태들과의 담론적 경쟁에 내몰리게 된다. 이러한 경쟁이 일어날 때마다, 논증의 설득력은 논

---

12 가장 근본적으로 볼 때, 복지국가의 위기는 크게 조작된 재정 위기보다는, 친구들이 사라지고 (기껏해야 무관심하고 최악의 경우 잠재적으로 위험한) 낯선 자들의 바다가 그들을 대체한다는 이데올로기적 주입에서 비롯되었다.

남의 인식론

리적 원칙들이 아니라 실용적 고려, 즉 윌리엄 제임스(William James)가 말한 '최종적인 것들(last things)', 다시 말해 대안적 행동 방침들이 초래하는 인간적 결과들로부터 도출될 수 있다. 그러나 이러한 경쟁은 결과 그 자체를 둘러싼 경쟁이 아니다. 그것은 오히려, 이러한 결과들과, 현실에서 이 결과들을 지탱할 수 있는 분석 절차들의 정치경제 사이의 연계를 둘러싼 경쟁이다.

부재하는 지식들과 부재하는 행위주체들 모두를 포함하는 부재의 인식론은 우리로 하여금 주류 사회과학에서 나타나는 재현의 한계들, 즉 관련성, 식별, 지속, 해석과 평가의 재현의 한계들을 재고찰할 수 있게 해준다. 여기서 제시된 해방적 지식들의 성좌라는 관점에서 보면, 이러한 한계들은 그 딜레마적 성격을 상실하게 된다. 나는 간략한 주해를 통해, 이러한 한계들이 극복될 수 있는 몇 가지 가능한 방안을 제시하는 데 그치고자 한다.

관련성의 한계와 관련하여, 나는 척도 횡단(trans-scale)과 호기심 어린 관점(curious perspective)이라는 두 가지 접근법을 제안한다. 서로 다른 지식 체계들은 현상에 대한 서로 다른 척도를 우선시하기 때문에, 내가 여기서 제안하는 봄의 인식론은 우리가 서로 다른 척도들 사이에서 번역하는 법을 배워야 한다고 제안한다. 주어진 척도에서의 재현이 가진 한계는 그 재현을 다른 척도에서의 재현과 비교해 봄으로써 더욱 선명하게 드러난다. 따라서 척도 횡단은 관련성의 대안적 기준들 중에서 특정 기준을 선택할 때 무엇이 쟁점이 되는지를 밝히기 위해 재현의 한계들을 대비시킬 수 있게 해주는 접근법이다.

척도 횡단 접근은 현재의 관련성 결정 기준에 대한 일종의 언러닝

(unlearning)[13]을 전제한다. 이는 서로 다른 척도에서 작동하는 서로 다른 인지적 지도를 통해 사회적 현실을 살펴보도록 우리를 초대한다. 이 학습 과정은 한계들에 대한 의식을 고양하는 것, 즉 재현을 방향 제시와, 위치를 이동과 대비시키는 것으로 이루어지는데, 이때 그 의식으로 인해 마비되어서는 안 된다. 한계들에 대한 더 높은 의식은 내가 여기서 제안하는 신중한 지식의 핵심으로, 이는 어떻게 결과들을, 그것들을 초래하는 행위들의 통제하에, 그리고 그 시야 안에 둘 수 있는지를 우리에게 가르쳐 주는 지식 형태이다.

호기심 어린 관점은 일반적인 관점에 의해 확립된 비율들과 위계들을 불안정하게 만들고, 그에 따라 그것이 현실을 자연스럽고 질서정연하며 충실하게 재현한다는 주장을 전복시키는 다른 각도를 탐색하는 것이다. 17세기에 예술가들과 미술 교사들은 알베르티의 정통 원근법이 너무나 분명하고 파악하기 쉽다는 이유로 이를 비판하기 시작했다. 그래서 그들은 "어떻게 원근법의 규칙들이 이미지를 확대하거나 축소하고, 다중화하거나 왜곡할 수 있는지"(Gilman 1978: 34)를 탐구하기 시작했다. 현실의 환영은 너무 진지하게 받아들이기보다는 오히려 놀이로 여기고 자유롭게 다뤄야 할 대상이라는 것이 그들의 생각이었다. 길먼에 의하면, "후기 원근법주의자들의 저작에서 암시된 세계는 변화무쌍하고 다면적이며 모호하다"(1978: 34). 내가 보기에, 이처럼 유희적이면서도 불안정하게 만드는 호기심 어린 관점은 과학적 관련성의 정도를 결정하는 데 고려되어야 한다. 수학적으로 엄격하게 확립되었다고

---

13 (옮긴이) 이에 대해서는 7장을 참조.

남의 인식론

여겨지는 관점에 기초한 관련성의 기준들은 반복적이고 문제의식 없는 사용에 의해 물화되는(reified) 경향이 있다. 이 맥락에서 물화(reification)란 현실의 환영을 압축되고 신뢰할 수 있을 만큼 충실한 현실의 재생산으로 전환하는 것을 의미한다. 반대로, 호기심 어린 관점은 근대 과학의 핵심에 있는 창조적 과정들을 재구성하는 것으로, 이는 사회를 모방하기보다는 사회를 재발명하는 환영들의 생산이다.

식별의 한계와 관련하여, 봄의 인식론은 우리가 이미 너무 잘 알고 있는 것, 즉 방법 기반의 탐지에 대한 과도한 집중에서 우리가 덜 알고 있고 실제로 점점 더 잘 알지 못하게 되어가는 것, 즉 이론 기반의 인식에 대한 집중으로 우리의 우선순위를 옮길 것을 권유한다. 이러한 불일치는 근대 과학에만 해당하기 때문에, 대안적 지식들에 의존하는 것은 우리가 익숙한 해상도의 수준들을 뒤흔들 것이다. 오직 지식들의 성좌라는 맥락에서만 가능한, 갈수록 더 정밀한 해상도로 우리의 요구수준을 높일 필요가 있다.

목표로 삼아야 할 또 다른 절차는 *다중 대비 해상도*(*multicontrasted resolution*)이다. 원격탐사 사진술에서 해상도는 대상의 대비에 크게 의존한다. "고대비 대상(high-contrast target)이란 밝은 영역과 어두운 영역 사이의 밀도 차이가 큰 대상이다"(Avery and Berlin 1992: 37). 우리가 사회를 분석하는 해상도 수준을 향상시키기 위해서는 고도로 대비되는 사회적 실천들을 새롭게 발명할 필요가 있을 수도 있는데, 이는 그러한 실천들의 표면이 마치 지구 자체의 표면이 그렇듯 겉보기에 저대비일 때조차도 그러하다. 고대비와 다중 대비 해상도의 생성은 봄의 인식론이 요구하는 지식들의 성좌 내부의 인지적 과정이 갖는 특징인 척도 횡단 접근법과 호기심 어린 관점에 의해 가능해진다.

지속을 재현하는 것의 한계와 관련하여, 이미 제시된 절차들은 사회적 현실이 다소간 퇴적된 지형, 즉 서로 다른 지층을 구성하는 서로 다른 규제들로 이루어진 지질학적 구조물이라는 점, 이러한 규제들은 모두 함께 작동하지만 결코 균일한 방식으로 작동하지는 않으며, 모두 같은 순간에 존재하지만 언제나 서로 다른 시간적 투영의 순간적 수렴으로 존재한다는 점을 파악하는 데 도움이 될 것이다. 마르틴 하이데거(Martin Heidegger)와 한스-게오르크 가다머(Hans-Georg Gadamer)의 사상에서 유래한 라인하르트 코젤렉의 "비동시대적인 것의 동시대성"(the contemporaneity of the noncontemporaneous)(1985) 개념은 사회적, 정치적, 법적 또는 인식론적 공존의 복잡성과 불균등성을 포착하는 데 유용할 수 있다. 일반적으로 모든 사회과학이 주어진 시공간에서 서로 다른 시간성들과 공간성들을 결합시키기는 하지만, 어떤 사회과학은——우리는 이를 수행적(performative) 사회과학이라고 부를 수 있다——만남의 동시대성, 다시 말해, 고유성을 강조하는 반면, 다른 사회과학들은——우리는 이를 자기성찰적 사회과학이라고 부를 수 있다——한데 결합된 것의 비동시대적 뿌리를 강조한다. 모든 사회과학 중에서 주류 경제학이 가장 수행적이다. 주류 경제학은 자신의 기대 지평에 가장 잘 부합하는 권력과 지식의 형태들을 재생산한다. 분석의 장으로 들어오는 모든 것들(쟁점들, 사회 집단들, 인지적 지도들, 규범적 질서들)은 어떻게든 그 뿌리가 끌어올려져, 분석에 함께 도입된 다른 모든 것들과 동시적(coeval)인 존재가 된다. 비동시대성의 순간적이고 실용적인 중단은 겉보기에 사회적 시간성들 간의 위계 제거를 유리하게 하는데, 그렇게 함으로써 동

남의 인식론

시대적이 되는 다양한 방식이 있음을 시사한다.

척도 횡단, 호기심 어린 관점, 그리고 다중 대비 해상도와 같이, 상호시간성(*intertemporality*)은 지속의 문제를 극도로 복잡한 문제로 만든다. 아마도 이런 이유로, 주류 경제학이 시간 압축과 (사건) 연속의 평면화라는 자신의 특기를 발휘해 가장 희화화해 온 문제가 바로 이것일 것이다.

마지막으로, 해석과 평가의 한계와 관련하여, 봄의 인식론은 부재하는 지식들과 부재하는 행위주체들 모두에 우리의 주의를 환기시킴으로써 저자성, 이해가능성, 목적성을 정의하는 기준이 더 풍부할수록, 협소하게 정의된 지식의 기술적 적용을 정치적·윤리적 논쟁에 부칠 필요성이 더 커진다는 것을 이해하는 열쇠를 제공한다. 이 과정에서 우리는 과학의 기술적 적용에 기초한 패러다임에서, 신중한 지식들, 즉 연구 대상을 연대의 주체로 변화시키고 지식 기반의 행동이 그 결과를 항상 주시하며 신중하게 항해하도록 촉구하는 지식들의 교화적 적용에 기초한 패러다임으로 나아갈 것이다.

결론

맹목의 인식론과 봄의 인식론을 통해 깨닫게 되면 품위 있는 삶을 위한 신중한 지식의 출현을 마음에 그릴 수 있게 된다. 이 지식은 식민주의에서 연대로 나아감으로써 새로운 종류의 질서, 즉 현재의 경험과 미래에 대한 기대, 행위와 그 결과를 긴밀히 묶어 연결하는 비식민주의적 또는 탈식민적 질서를 위한 공간을 연다. 궁극적 열망은 지극히 인간적인 열망으로, 내가 *진보된 정상성*(*advanced normality*)이라고 부르는 열망, 즉 그 정상성이 비정상의 자연화(naturalization of abnormality)에서 유래하지 않은 정상적인 시대를 살아가고자 하는 열망이다. 여기서 제안하는 인식론적 단절은 서구 헤게모니적 사고의 핵심에 자리한 유형의 이성과의 단절을 전제로 한다. 다음 장에서 나는 이를 *나태한 이성*(*lazy reason*)이라고 부른다. 이제 이에 대한 논의로 넘어가겠다.

남의 인식론

6장
나태한 이성 비판:
경험의 소외를 넘어 부재의 사회학과 출현의 사회학을 향하여

서론

이 장에서는 고트프리트 빌헬름 라이프니츠(Gottfried Wilhelm Leibniz, 1985〔1710〕)의 개념, *나태한 이성*(*lazy reason*)[1]이라는 서구 헤게모니적 합리성 모델을 비판하고, 남의 인식론(epistemologies of the South)을 근거로 하는 또 다른 모델, *서발턴 세계시민주의적 이성*(*subaltern cosmopolitan reason*)을 위한 기초적 논의를 제안하고자 한다. 이 제안은 세 가지 주요 절차를 중심으로 한다. 첫째는 부재의 사회학, 둘째는 출현의 사회학,

---

1 4장에서 나태함이 어떻게 약탈로 이어지는지 설명했다. 본 장에서는 서구 근대성의 헤게모니적 모델 또는 형태에 집중한다. 3장에서 언급했듯이, 서구 근대성의 역사적 궤적 속에는 여러 다른 모델과 형태가 존재했으며, 그중 일부는 지배적이었고, 일부는 억압되거나 주변화되었다. 결국, 이들 간의 대립은 자본주의와 식민주의의 역사적 목표에 얼마나 부합하는가에 따라 결정되었다.

셋째는 상호문화적 번역이다. 이 중 첫 번째와 두 번째는 이 장에서 다루며, 세 번째는 제8장에서 논의할 것이다.

다음과 같은 세 가지 가설을 전제로 논의를 시작하고자 한다. 첫째, 세계에 대한 이해는 서구의 세계 이해를 훨씬 초월한다. 서구적 세계 이해는 중요성을 지니지만 동시에 매우 부분적인 것이다. 둘째, 세계를 이해하는 방식과 그것이 사회적 권력을 창출하고 정당화하는 방식은 시간과 시간성에 대한 개념과 밀접한 연관이 있다. 셋째, 서구 합리성 개념의 가장 근본적인 특징은 한편으로 현재를 축소하고, 다른 한편으로 미래를 확장하는 것이다. 특유의 총체성 개념에서 비롯된 현재의 축소는 현재를 과거와 미래 사이에 갇힌 덧없는 순간으로 전환한다.[2] 이 같은 맥락에서, 선형적 시간 개념과 역사의 계획은 미래를 무한히 확장할 수 있게 된다. 미래가 커질수록 오늘날의 경험에 대한 기대는 더욱 고조된다. 1940년대에 에른스트 블로흐(1995: 313)는 "우리가 현재에만 산다면, 왜 현재는 이렇게 덧없는 것인가?"라는 당혹스러운 질문을 던졌다. 이와 같은 당혹감이 이 장의 핵심에 자리 잡고 있다.

이 전환기의 단계에서, 나는 현재를 확장하고 미래를 축소하는 역방향 궤적을 따라야 할 서발턴 세계시민주의적 합리성을 제안한다. 이를 통해서만 오늘날 우리 세계에서 진행 중인 무궁무진한 사회적 경험을 이해하고 가치 있게 평가하는 데 필요한 시공간을 창출할 수 있을 것이

....
2 2장에서 논의했듯이, 현재의 축소는 역설적으로 구분되지 않는 덧없는 순간들의 무한 반복을 통해 이루어질 수 있다. 과거와 미래를 잇는 연결이 끊어지면, 순간은 영원과 거의 구별되지 않으며, 이는 일종의 세속적 영원을 형성한다.

남의 인식론

다. 다시 말해, 이 방식으로만 오늘날 우리가 겪고 있는 대규모의 경험의 소외를 피할 수 있다고 생각한다. 현재를 확장하기 위해 나는 부재의 사회학을, 미래를 축소하기 위해 출현의 사회학을 제시한다. 일리야 프리고진(Ilya Prigogine 1997)과 이매뉴얼 월러스틴(Immanuel Wallerstein 1999)이 지적하듯이, 우리는 분기의 시점에 살고 있기 때문에 일반이론만으로는 이러한 절차들이 드러내는 방대한 사회적 경험의 다양성을 온전히 설명할 수 없다. 따라서 일반이론 대신, 가용한 경험들 사이에 상호 이해를 창출하면서도 각 경험의 정체성을 훼손하지 않는 번역의 이론 또는 번역적 접근 방식을 도입하고자 한다. 이는 8장에서 논의할 주제이다.

라이프니츠(1985〔1710〕)는 『신정론(*Theodicy*)』 서문에서 고대인들이 '게으른' 또는 '나태한' 이성이라 부른 궤변이 초래했던 당혹감을 언급한다. 만약 미래가 필연적이고 우리가 무엇을 하든 일어날 일은 일어난다면, 아무것도 하지 않고 아무것도 신경 쓰지 않은 채 단지 순간의 쾌락을 즐기는 것이 더 낫다는 것이다. 이러한 형태의 이성은 필연성과 숙명론 앞에서 사고하기를 포기하기 때문에 나태하다고 할 수 있다. 라이프니츠는 이를 *마호메트적 숙명론(fatum Mahometanum)*, *스토아적 숙명론(fatum Stoicum)*, *기독교적 숙명론(fatum Christianum)*으로 나누어 설명한다.

이 장에서 비판하는 이성의 나태함은 네 가지 방식으로 나타난다. 첫째, *무력한 이성*. 이는 필연성을 자신과 무관한 외부적 조건으로 간주하고, 이에 맞서 아무것도 할 수 없다고 생각하기 때문에 스스로 노력하지 않는 형태이다. 둘째, *오만한 이성*. 자신을 무조건적으로 자유롭다고 상상하여 자신의 자유를 입증할 필요조차 없다고 여기기에 스스로를 행사할 필요를 느끼지 않는 이성이다. 셋째, *환유적 이성.*[3] 자신을 유일한 합리성의 형태로 주장하며, 다른 형태의 합리성을 발견하려 노력하지 않거나, 만약 발견하더라도 그것을 단순한 원재료로 전환하는 데 그친다. 넷째, *예견적 이성.*[4] 미래에 대해 모든 것을 알고 있다고 믿으며, 미래를 현재의 선형적이고 자동적이며 무한한 극복으로 여기기에 미래를 사유하는 데 노력을 기울이지 않는 이성이다.

　나태한 이성은 다양한 형태로 지난 200년간 서구에서 생산된 철학적 또는 과학적 헤게모니적 지식의 근간을 이루어 왔다. 유럽과 북아메리카에서의 산업혁명과 자본주의 발전, 자유주의 국가의 공고화, 그리고 식민주의와 제국주의는 나태한 이성이 발전해 온 사회적·정치적 맥락을 형성했다. 낭만주의나 마르크스주의와 같은 부분적인 예외가 있었지만, 그것들은 나태한 이성을 대체할 만큼 강력하거나 대안이 될 만큼 충분한 차이를 보여주지 못했다. 따라서 나태한 이성은 지난 200년 간의 주요 철학적·인식론적 논쟁의 틀을 형성했을 뿐 아니라 그 논쟁들을 주도하기까지 했다. 예컨대, 무력한 이성과 오만한 이성은 결정론과 자유의지 간의 논쟁과 이후 구조주의와 실존주의 사이의 논쟁을 형성했다. 이러한 논쟁들이 지적으로 나태했던 것은 당연한 일이었다. 한편 환유적 이성은 기존의 논쟁, 예컨대 전체론과 원자론 사이의 논

3　여기서 환유(metonymy)는 제유(synecdoche)적 의미로, 부분을 통해 전체를 재현하는 방식을 나타내기 위해서 사용된다.

4　현재에서의 미래에 대한 지식을 나타내기 위해 예견(prolepsis)이라는 일반적인 서사 기법을 사용하고자 한다.

쟁을 이어받았고, 법칙정립적 과학과 개성기술적 과학 간의 *방법 논쟁* (*Methodenstreit*), 설명과 이해 사이의 논쟁과 같은 새로운 논쟁을 만들어 냈다. 1960년대 C. P. 스노우(C. P. Snow 1959, 1964)가 제기한 두 문화에 관한 논쟁에서도 환유적 이성이 논의를 주도했다. 이 논쟁에서 환유적 이성은 이전보다 덜 단일적인 형태를 띠긴 했으나 여전히 자신을 하나의 총체성으로 간주했다. 이 논쟁은 1980년대와 1990년대에 페미니스트 인식론, 문화 연구, 과학의 사회적 연구들과 함께 더욱 심화되었다. 새로운 인식론들은 과학적 실천과 서사의 이질성을 분석함으로써 그 총체성을 더욱 분쇄하고 두 문화를 불안정한 다수성의 문화로 전환시켰다. 그러나 환유적 이성은 다문화주의라는 주제가 도입되고 과학이 스스로를 다문화적인 것으로 보기 시작했을 때조차도 계속해서 논쟁을 주도했다. 반면, 과학적이거나 철학적인 지식이 아닌 다른 형태의 지식들, 특히 비서구적 지식들은 여전히 논의의 바깥에 머물러 있다.

예견적 이성이 역사를 기획하고 구상하는 방식은 변증법적 관념론과 유물론, 그리고 역사주의와 실용주의에 대한 논쟁을 지배했다. 1980년대 이후 예견적 이성은 주로 복잡성과 혼돈 이론에 의해 도전받았다. 진보의 선형적 개념에 기초한 예견적 이성은 엔트로피와 재앙이라는 개념과 직면했지만, 아직까지 그러한 대립으로부터 어떠한 대안도 출현하지 않았다.

'두 문화'와 그로부터 등장한 다양한 제3의 문화——예컨대 사회과학 (Lepenies 1988)이나 과학의 대중화(Brockman 1995)[5]——에 의해 촉발된

---

5 주어웅 아히스카두 누네스(João Arriscado Nunes, 1998/1999)는 이 주제에 관한 현대

논쟁은 나태한 이성의 네 가지 형태, 즉 무력한 이성(결정론, 실재론), 오만한 이성(자유의지, 구성주의), 환유적 이성(부분으로 전체를 대변하는 방식, 이원론), 예견적 이성(진화론, 진보)의 지배를 전혀 약화시키지 못했다. 따라서 지식의 구조에는 어떠한 재구성도 이루어지지 않았다. 이러한 재구성이 불가능했던 이유는, 이성의 나태함이 특히 관례의 변화에 저항하며 헤게모니적 이해관계를 진정한 지식으로 둔갑시키는 방식으로 나타나기 때문이라고 생각한다. 지식의 구조에 깊은 변화가 일어나려면 지식과 그 구조를 주도하는 이성의 형태가 변화해야 한다고 본다. 한마디로, 나태한 이성과의 대면이 필요하다.

이 장에서는 나태한 이성의 두 가지 형태인 환유적 이성과 예견적 이성을 비판적으로 분석할 것이다.[6] 다른 두 가지 형태(결정론 또는 자유의지, 실재론 또는 구성주의)에 대해서는 더 많은 논쟁이 이루어졌다.

환유적 이성에 대한 비판

환유적 이성은 질서라는 형태로 나타나는 총체성의 관념에 사로잡혀 있다. 이해나 행동은 항상 전체를 참조하며, 이 전체는 각각의 부분

적 논쟁을 다루며, 지식의 새로운 구성 방식이 '두 문화'를 넘어설 필요가 있음을 보여준다.

6 나태한 이성에 대한 첫 번째 비판은 Santos(1995, 2004)에서 내가 제시한 새로운 상식에 대한 연구를 참조하라.

남의 인식론

보다 절대적으로 우위에 있다. 따라서 전체와 그 부분들은 하나의 논리에 의해 지배되며, 전체와 부분들 사이에는 동질성이 존재한다. 부분은 전체와의 관계를 벗어나 독립적으로 존재할 수 없다. 부분의 움직임에서 발생할 수 있는 변이는 전체에 영향을 미치지 않으며, 단지 특수성으로 간주된다. 환유적 이성에 따르면 총체성의 가장 완전한 형태는 이분법인데, 이는 대칭성과 위계를 가장 정교하게 결합하기 때문이다. 부분 간의 대칭은 항상 수직적 관계를 은폐하는 수평적 관계로 나타난다. 이는 환유적 이성이 주장하는 것과 달리, 총체성이 그 부분들의 합보다 더 큰 것이 아니라 오히려 더 작은 것이기 때문이다. 총체성이란 결국 다른 부분들을 참조하는 기준으로 변환된 하나의 부분에 불과하다. 이러한 맥락에서, 환유적 이성이 정당화하는 모든 이분법은 위계를 포함한다. 이는 과학적 문화/문학적 문화, 과학적 지식/전통적 지식, 남성/여성, 문화/자연, 문명/원시, 자본/노동, 백인/흑인, 북/남, 서구/동양 등의 이분법적 대립 구도에서 확인할 수 있다.

이 모든 것은 현재 널리 알려져 있으므로, 더 이상의 설명이 필요하지 않다. 따라서 이로 인한 결과에 초점을 맞추고자 한다.[7] 주요 결과는

---

7 서구에서 환유적 이성과 예견적 이성에 대한 비판은 오랜 전통을 가지고 있다. 근대로 범위를 제한한다면, 이러한 비판은 낭만주의에서 그 기원을 찾을 수 있으며, 키르케고르, 니체, 현상학, 실존주의, 실용주의 등에서 다양한 형태로 나타났다. 이러한 논쟁들의 나태함은 일반적으로 지식의 특이한 탈착근성(disembeddedness of knowledge), 즉 지식이 현실의 나머지 부분과 분리되어 그보다 상위에 있다는 점을 문제 삼지 않는다는 데 있다. 따라서, 나는 환유적 이성과 예견적 이성이 단순한 지적 산물이나 놀이가 아니라 잔혹한 지배 체제를 뒷받침하는 생성적 이데올로기, 즉 식민 체제의 이데올로기라고 간주하는 비판들이 가장 설득력 있다고 생각한다. 간디(Gandhi, 1929/1932,

다음 두 가지이다. 첫째, 총체성 바깥에는 이해 가능하거나 이해할 가치가 있는 것이 존재하지 않는다는 전제하에, 환유적 이성은 자신이 독점적이고 완전하며 보편적이라고 주장한다. 그러나 환유적 이성은 세계에 존재하는 여러 합리성 논리 중 하나에 불과하며, 서구 근대성이라는 세계의 특정 층위에서만 우위를 차지할 뿐이다. 환유적 이성은 세계에 대한 이해가 서구적 이해를 훨씬 초월한다는 사실을 결코 수용하지 못한다. 둘째, 환유적 이성에 따르면, 어떤 부분도 총체성과의 관계를 벗어나 개념화될 수 없다. 사우스와의 관계를 벗어나 노스를 이해할 수 없는 것처럼, 전통적 지식도 과학적 지식과의 관계 없이는 이해될 수 없고, 여성 역시 남성과의 관계 없이는 이해될 수 없다. 각각의 부분이 이분법적 관계를 넘어서는 독자적 생명력을 가질 수 있다는 것, 나아가 상이한 총체성이나 상이한 총체성의 한 부분이 될 수 있다는 것은 상상조차 할 수 없다. 따라서 환유적 이성이 제시하는 세계에 대한 이해는 부분적일 뿐만 아니라 매우 선택적이다. 환유적 이성에 의해 통제되는 서구 근대성은 세계에 대한 이해뿐만 아니라 자기 자신에 대한 이해에 관해서도 제한적이다.

이해를 지탱하고 그 한계를 통제하는 과정들을 본격적으로 다루기

1938, 1951, 1960, 1972), 파농(Fanon, 1961), 마르티(Martí, 1963 – 1966), 은크루마(Nkrumah, 1965b), 멤미(Memmi, 1965) 등이 그 대표적인 목소리다. 식민주의 맥락에서 나태한 이성은 키하노(Quijano, 2000), 두셀(Dussel, 2001), 미뇰로(Mignolo, 2000), 그리고 내가(2010)가 '권력의 식민성(coloniality of power)'이라고 부르는 개념의 기저에 있다. 이는 식민주의의 종식과 함께 끝나지 않고 포스트식민 사회들에서 계속해서 지배적으로 존재해 온 권력의 형태이다.

전에, 어떻게 이토록 제한된 합리성이 지난 200년 동안 우위를 점하게 되었는지 설명할 필요가 있다. 환유적 이성은 예견적 이성과 함께, 세계를 자본주의적 그리고 식민주의적으로 변혁하려는 서구가, 동양에 대한 자신의 문화적·철학적 주변성을 극복하기 위한 대응이라고 할 수 있다. 카를 야스퍼스(Karl Jaspers)와 다수의 학자가 보여주었듯이, 서구는 동양이라는 근원적 매트릭스로부터 이탈한 존재로 스스로를 규정했다(Jaspers 1951, 1976; Needham 1954-2008; Marramao 1995: 160).[8] 이 근원적 매트릭스는 다수의 세계(지구적 세계와 비지구적 세계)와 다수의 시간(과거, 현재, 미래, 순환적, 선형적, 동시적)을 아우르며, 총체성을 주장하거나 부분들을 종속시킬 필요가 없는 진정한 전체론적 포괄성을 지닌다. 또한, 이 매트릭스는 이분법적이지 않은 구조를 가지고 있어 한계를 통제하거나 규율할 필요가 없다. 반대로, 서구는 이 매트릭스에 대

....

8 야스퍼스(Jaspers)는 기원전 800년에서 기원전 200년 사이의 시기를 '축의 시대'로 간주하며, 이 시기를 "오늘날까지 인류가 존속하는 기초를 마련한 시기"라고 본다 (1951: 98). 이 시기에는 우리가 알고 있는 인류를 형성한 '비범한 사건들' 대부분이 동양—중국, 인도, 페르시아, 팔레스타인—에서 발생했다. 서양은 그리스로 대표되며, 오늘날 우리가 알고 있듯이 그리스 고전 시대는 아프리카와 동양의 뿌리에 많은 빛을 지고 있다(Bernal, 1987). Schluchter(1979)도 참조하라. 조지프 니덤(Joseph Needham)은 그의 방대한 역작 『중국의 과학과 문명(Science and Civilization in China)』을 통해 서구 근대성과 그것을 지탱하는 환유적 이성의 한계를 직면하려는 가장 야심찬 시도를 보여주었다. 야스퍼스와 니덤에 앞서, 쇼펜하우어(Schopenhauer)는 자신이 속한 서구 전통의 한계를 가장 깊이 이해하고, 동양 철학에 주목해야 할 필요성을 인식했던 서구 철학자였다. 나태한 이성의 오만함을 감안할 때, 이러한 접근 방식이 그의 수업이 학생들로부터 외면받은 이유 중 하나였을 가능성이 높다. 당시 같은 대학, 즉 베를린 대학에서 동시대에 강의하고 있던 헤겔(Hegel)의 체계적이고 엄격히 정비된 철학 체계는 학생들에게 훨씬 더 큰 안도감을 제공했기 때문일 것이다.

한 자신의 독특한 위치를 의식하며, 자본주의와 식민주의의 확장을 촉진할 수 있는 요소만을 선택적으로 가져온다. 결과적으로 다수의 세계는 지구적 세계로, 다수의 시간은 선형적 시간으로 축소된다.

이러한 축소를 주도하는 두 가지 과정이 있다. 다수의 세계를 지상 세계로 축소하는 과정은 세속화와 탈종교화를 통해 이루어지며, 이는 막스 베버(Max Weber 1958, 1963, 1968), 라인하르트 코젤렉(Reinhart Koselleck 1985), 자코모 마라마오(Giacomo Marramao 1995) 등 많은 학자들에 의해 분석되었다. 다수의 시간들을 선형적 시간으로 축소하는 과정은 세계의 다수성(구원, 속죄, 환생, 윤회 등)과 연결되었던 풍부한 구원론적 관념을, 예견적 이성의 기반이 된 진보와 혁명과 같은 개념들로 대체함으로써 달성된다. 동양적 전체성으로부터 절단된 개념에 근거하여, 서구는 세계를 생산적인 방식으로 점유하면서 동양을 정체되고 비생산적인 중심으로 만들어버렸다. 환유적 이성이 초래한 불안감은 베버로 하여금 동양의 비생산적 매혹에 대응하여 서구 세계의 탈주술화를 주장하게 했다.

마라마오(1995: 160)가 지적하듯이, 주변부로부터 창출된 서구의 우위는, 결코 문화적으로 동양에 대한 대안적 중심성으로 전환되지 못했다. 이러한 이유로, 서구 환유적 이성의 힘은 항상 그것의 기반을 초월했다. 그러나 이 힘은 역설적으로 세계 속에서 그 힘의 이유를 구성하는 약점에 의해 훼손되었다. 이 권력과 약점 사이의 변증법은 두 가지 상반된 의지의 병행적 전개로 이어졌다. 첫째는 홉스에서 니체, 칼 슈미트, 그리고 나치즘/파시즘으로 이어지는 권력 의지(Wille zur Macht)이고, 둘째는 장 자크 루소에서 한스 켈젠, 자유민주주의, 법치주의로 이어지는 무력 의지(*Wille zur Ohnmacht*)이다. 이 두 의지 모두에서 총체성은 여전히 존재한다. 총체성은 절단된 상태기 때문에 자신이 포괄할 수 없는 것을 무시하고 자신의 우위를 부분들에 강요해야 하며, 더 나아가 부분들을 그 통제 아래 유지하기 위해 동질화해야 한다. 이러한 이유로 무력 의지라는 약한 권력 형태의 총체성조차도 비서구 세계에 강력하고 심지어 폭력적인 방식으로 자기 자신을 강요할 수 있었다. 자유민주주의와 법치주의는 국제통화기금(IMF)과 세계은행의 조건부 정책을 통해, 그리고 필요할 경우 군사 개입을 통해 전 세계적으로 강요되었다. 환유적 이성은 자신의 기반에 대한 불확실성 때문에 논증과 수사를 통해 세계 속에 자리 잡지 않는다. 그것은 스스로를 설명하지 않으며, 오히려 효과적인 강요의 방식으로 자신을 드러낸다. 이러한 효과성은 생산적 사고와 입법적 사고라는 두 가지 방식으로 나타난다. 환유적이성은 논증의 합리성 대신 생산성과 강요에 의존한다.

환유적 이성에 기반한 세계 변혁은, 세계에 대한 적절한 이해를 수반하거나 이를 바탕할 수 없다. 서구 밖에서는 종속된 이들에게 폭력, 착취, 파괴, 침묵을 강요했으며, 서구 내부에서는 소외, 불안, 불편함을 초래하는 부적절함으로 이어졌다. 발터 벤야민(1972: 213-219)은 서구에서의 삶을 지배해 온 역설을 보여주며 이러한 불편함을 목격한다. 그는 사건들의 풍요로움이 우리 경험의 풍요로움이 아닌 빈곤함으로 전락한다는 사실을 지적했다.[9] 이 역설은 또 다른 역설과 공존하게 되었

....
9 발터 벤야민(1972: 214)은 제1차 세계대전이 세계를 변화시켜, 이전 세대가 다음 세대에게 지혜를 전수하던 사회적 관계를 박탈했다고 보았다. 그는 전쟁 이후 기술 발전

다. 변화의 현기증이 종종 정체감으로 변한다는 사실이 그것이다.

오늘날 그나마 부분적으로라도 비서구적 기반을 둔 수많은 사회 운동들이 부상함에 따라, 환유적 이성이 자신의 규칙에 따라 세계를 확장하는 과정에서 오히려 세계를 축소했다는 사실이 점차 분명해지고 있다. 이는 진보라는 개념의 위기, 그리고 이를 뒷받침하는 총체성 개념의 위기를 초래했다. 세계의 축소된 형태가 가능했던 이유는 현재를 더이상 존재하지 않는 것과 아직 존재하지 않는 것 사이의 덧없는 순간으로 축소하는 시간 개념 때문이다. 이러한 찰나의 시선은 바라보는 대상의 축소를 은폐한다. 이처럼 동시대적이라 여겨지는 것은 실제로 동시적인 것 중 극히 축소된 일부에 불과하다. 예컨대, 땅을 갈고 있는 사람을 바라보는 시선은 그 사람에게서 전근대적 농민만을 본다. 코젤렉 (Koselleck 1985)은 이를 비동시대적인 것의 동시대성으로 설명하며 이점을 어느 정도 인정한다(5장 참조). 그러나 코젤렉은 그 비대칭성 속에 위계가 숨겨져 있다는 사실, 즉 동시대성을 결정하는 시간을 설정하는 이들의 우위가 숨겨져 있다는 사실을 다루지 않는다. 현재의 축소는 세계의 사회적 경험들이 지닌 무궁무진한 풍요로움의 대부분을 은폐한다. 벤야민은 이 문제를 인식했지만, 그 원인까지 파악하지는 못했

이 지배하는 새로운 세계가 등장했으며, 이 세계에서는 교육과 학습조차 경험으로 전환되지 않는다고 주장했다. 이러한 격변 속에서 경험이 결핍된 새로운 빈곤이 나타났으며, 이는 새로운 형태의 야만이라고 설명했다(1972: 215). 그는 다음과 같은 결론으로 자신의 에세이를 마무리한다. "우리는 가난해졌다. 우리는 인간의 유산을 조각조각 포기했고, 종종 그것을 원래 가치의 백분의 일로 전당포에 맡겨버렸으며, 결국 우리가 돌려받은 것은 '현재 잔고'라는 푼돈에 불과했다"(1972: 219, 필자 번역).

남의 인식론

다. 경험의 빈곤은 결핍이 아니라 오히려 오만함의 표현이다. 즉, 특정한 이성으로 식별하고 평가할 수 있는 경험만을 가치 있는 것으로 간주하고, 그 밖의 경험을 보지도 인정하지도 않으려는 오만함이다. 따라서 환유적 이성에 대한 비판은 소외된 경험을 회복하기 위한 필수 조건이다. 여기서 관건은 현재의 확장과 다양화를 통한 세계의 확장이다. 오직 새로운 시공간을 통해서만 현재와 세계의 무궁무진한 풍요로움을 식별하고 가치를 부여하는 것이 가능할 것이다. 그러나 이 새로운 시공간은 다른 형태의 이성을 전제로 한다. 지금까지 현재를 확장하고자 하는 열망은 오직 문학 창작자들에 의해서만 표현되어 왔다. 수많은 예시들 중 하나가 과거와 미래라는 두 강력한 적수 사이에 갇힌 현대인의 불안정성에 관한 프란츠 카프카(Franz Kafka)의 우화이다.

그에게는 두 적수가 있다. 첫 번째 적수는 그가 태어날 때부터 그를 뒤에서 밀어붙이는 존재이다. 두 번째 적수는 그의 앞길을 가로막는 존재이다. 그는 이 두 적수와 끊임없이 싸운다. 사실, 첫 번째 적수는 그를 앞으로 밀어내고자 하기 때문에 두 번째 적수와의 싸움에서 그를 돕는 셈이다. 마찬가지로, 두 번째 적수 역시 그를 뒤로 밀어내고자 하기 때문에 첫 번째 적수와의 싸움에서 그를 돕는다. 하지만 이는 이론적으로만 그러하다. 왜냐하면 거기에는 두 주역만이 있는 것이 아니라 그 자신도 있으며, 누가 진정 그의 의도를 알 수 있겠는가? 그럼에도 불구하고 그는 한 가지 꿈을 꾼다. 언젠가 경계가 느슨한 순간——게다가 지금껏 존재했던 어떤 밤보다도 훨씬 더 어두운 밤이 필요하겠지만——그는 이 전선에서 벗어나, 싸움의 경험 덕분에 자신의 적수들 위에 심판자로 승격되는 꿈을 꾼다(1960 : 298-299).

  현재를 확장하는 것은 환유적 이성의 기반을 문제 삼는 두 가지 절차에 달려 있다. 첫 번째는 총체성을 증식시키는 것이다. 여기서 중요한 것은 환유적 이성이 제시하는 총체성을 확장하는 것이 아니라, 그것을 다른 총체성과 공존하게 만드는 것이다. 두 번째는 모든 총체성이 이질적 부분들로 구성되어 있으며, 총체성을 이루는 부분들이 총체성 밖에서도 생명력을 가진다는 것을 보여주는 것이다. 따라서, 특정 총체성의 일부로 존재하는 상태는 언제나 불안정하다. 이는 부분이 단순히 하나의 일부일 뿐 아니라 잠재적으로 총체성의 지위를 가지기 때문이기도 하고, 부분들이 한 총체성에서 다른 총체성으로 이동하기 때문이기도 하다. 여기서 내가 제안하는 바는 환유적 이성에 의해 거부되는 절차이다. 이분법의 항들을, 그것들을 결합시키는 권력의 접합과 무관하게 사고하는 방식이다. 이는 그러한 관계로부터 용어들을 해방시키고 헤게모니적 이분법에 의해 가려진 다른 대안적 관계들을 드러내기 위한 첫 번째 단계이다. 즉, 북반구가 없는 것처럼 남반구를 사고하고, 남성이 없는 것처럼 여성을 사고하며, 주인이 없는 것처럼 노예를 사고하는 것이다. 권력 관계에 대한 이해를 심화하고, 그에 맞선 투쟁을 근본적으로 강화하는 것은 피지배자를 지배로부터 자유로운 존재로 상상하는 것을 의미한다. 예컨대, 자신의 활동, 연구, 또는 예술을 인종 차별에 맞선 투쟁으로 전환하는 아프리카계 활동가, 연구자, 혹은 예술가의 경우, 인종 차별이 없는 상황에서 자신의 시민 활동, 연구, 또는 예술이 어떨지 상상함으로써 자신의 투쟁을 심화한다. 즉, 그에게 강요되고 억

남의 인식론

압을 가한 특정한 정체성에서 출발할 필요가 없는 상태를 상상하는 것
이다. 이 절차의 기저에는 환유적 이성이 이러한 실체들을 이분법으로
끌어들일 때 완전히 성공하지 못했다는 가정이 있다. 이는 총체성의 질
서에 의해 사회화되지 않은 구성 요소나 파편들이 남겨졌기 때문이다.
사회 운동이 충분히 강력해지면, 이러한 구성 요소와 파편들은 다시
'귀환'하여 비가시성과 지배에 맞선 투쟁의 강력한 자원으로 전환될
수 있다. 그때까지 이들은 총체성 바깥에서 질서의 공간을 떠도는 운
석처럼 부유하며, 질서에 의해 인식되거나 통제되지 않은 상태로 존재
한다.

비록 환유적 이성이 상당히 신뢰를 잃었음에도 여전히 지배하는 지
금의 과도기적 단계에서, 세계의 확장과 현재의 확대는 앞서 언급한 *부
재의 사회학*이라고 부르는 절차에서 시작되어야 한다. 부재의 사회학
은 존재하지 않는 것으로 간주되는 것들이 사실상 적극적으로 비존재
로 생산되고 있음을 탐구한다. 여기서 비존재란 현재 존재하는 것에 대
한 신뢰할 수 없는(noncredible) 대안으로 여겨지는 것들을 의미한다. 사
회과학 영역에서 환유적 이성을 가장 잘 구현하는 실증주의적 관점에
서 보면, 부재의 사회학의 경험적 대상은 불가능한 것으로 간주된다.
부재의 사회학은, 실재를 존재하는 것과 전통적 사회과학의 방법론적,
분석적 도구들로 분석될 수 있는 것으로 축소하는 실증주의적 원칙을
위반하기 때문에 전복적 사회학이라 할 수 있다. 서발턴 세계시민주의
적 이성의 관점에서, 현실은 단순히 존재하는 것만으로 축소될 수 없
다. 왜냐하면 존재하는 것은 근대의 심연적 사고가 설정한 선 이쪽, 즉
이론이 정립된 경계 내에서 가시적인 현실의 일부일 뿐이기 때문이다(4

장 참조). 이 선 너머, 즉 선의 저쪽은, 어떤 의미도 없다고 간주되어 쉽게 무시되거나 가려지고, 무의미하거나 비가시적인 것으로 치부된다. 결론적으로, 선의 저쪽에 있는 모든 것은 무엇이든 비존재로 생산되는 것이다. 따라서 부재의 사회학은 우리 시대에 심연적 선이 작동하는 방식을 탐구하는 학문이라 할 수 있다.

부재의 사회학의 목표는 불가능한 대상을 가능한 대상으로, 부재하는 대상을 현존하는 대상으로 전환하는 것이다. 이는 환유적 이성에 의해 완전히 식민화되지 않은 사회적 경험에 초점을 맞춤으로써 이루어질 수 있다. 남/북의 이분법에서 벗어난 남쪽에는 어떤 면이 존재하는가? 현대 의학과 전통 의학의 이분법에서 벗어난 전통 의학에는 무엇이 있는가? 여성을 남성과의 관계로부터 분리해서 바라볼 수는 없는가? 서발턴을 서발턴성과 관계 없이 바라볼 수는 없는가? 덜 발전된 국가로 간주되는 국가들이 이분법적 헤게모니의 범주를 벗어난 분야에서 더 발전되어 있을 가능성은 없는가? 요컨대, 강력한 방식으로 사유하는 것은 오직 경계선의 저쪽에서만 가능한 것인가?

비존재는 단일하거나 단선적인 방식으로 생성되지 않는다. 환유적 이성은 총체성과 선형적 시간에 부합하지 않는 대상을 다양한 논리와 과정을 통해 비존재로 만들어낸다. 비존재는 어떤 실체가 무효화되고, 보이지 않으며, 이해 불가능하거나 되돌릴 수 없이 폐기될 때마다 생산된다. 이러한 다양한 비존재 생산 논리를 관통하는 공통점은 모두 동일한 합리적 단일문화로 인해 생성된다는 점이다.

남의 인식론

비존재 생산의 다섯 가지 방식

존재를 생산하는 다섯 가지 논리 또는 방식을 다음과 같이 구분한다.

첫 번째 논리는 *지식의 단일문화와 지식의 엄밀성*에서 비롯되며, 비존재를 생산하는 가장 강력한 방식이다. 이 방식은 현대 과학과 고급문화를 각각 진리와 미적 가치의 유일한 기준으로 삼는 데서 시작된다. '두 문화'를 연결하는 공통점은 각기 자신의 분야에서 지식 생산과 예술 창작의 독점적 기준으로 자리 잡으려 한다는 것이다. 이 기준에 의해 인정되거나 정당화되지 않는 모든 것을 비존재로 선언한다. 이 경우 비존재는 무지 또는 문화의 결핍이라는 형태로 나타난다.

두 번째 논리는 *선형적 시간의 단일문화*, 즉 역사는 고유하며 잘 알려진 의미와 방향성을 가진다는 관념에 있다. 지난 200년 동안 이러한 의미와 방향성은 진보, 혁명, 근대화, 발전, 세계화와 같은 형태로 표현되어 왔다. 이 모든 표현의 공통점은 시간이 선형적이라는 관점과 세계체제에서 핵심 국가들과 함께 지배적인 지식, 제도, 사회적 형태들이 시간의 전면에 위치한다는 믿음이다. 이 논리는 앞선 것에 비해 비대칭적인 모든 것을 뒤처진 것으로 묘사함으로써 비존재를 생산해 낸다. 서구 근대성은 이 논리에 따라 동시대적인 것의 비동시대성을 만들어내며, 동시성이라는 개념은 그 안에 수렴하는 역사적 시간들의 비대칭성을 은폐함으로써 동시대적 존재의 다양성을 인정하지 못하게 된다. 5장에서 논의한 바와 같이, 아프리카의 농민과 세계은행의 관료들이 현장답사를 통해 만나는 상황은 이러한 조건을 잘 보여준다. 이 경우 비존재는 잔재(residuum)의 형태로 나타나며, 지난 200년 동안 다양한 명칭으로 불려왔다. 처음에는 원시적이라 했고, 곧이어 전통적, 전근대적,

단순한, 구식의, 저개발된 등과 같은 표현들이 뒤를 이었다.

세 번째 논리는 사회적 분류의 논리로, *차이를 자연화하는 단일문화*에 기반한다. 이 논리는 위계를 자연화하는 범주에 따라 인구를 분류하는 데 있다. 인종 및 성에 따른 분류는 이러한 논리의 가장 두드러진 표현이다. 자본과 노동 간의 관계와 달리, 자연화된 사회적 분류는 사회적 위계의 의도성을 부정하는 속성에 기반한다. (문명화 사명이라는 이름으로 백인의 의무를 강조하는 사례에서 볼 수 있듯) 지배 관계는 이 위계의 결과이지 원인이 아니며, 우월한 존재로 분류된 사람들의 의무로 여겨지기도 한다. 인종과 성을 기준으로 한 두 가지 분류 방식은 자본과 노동 간의 관계가 안정되고 전 세계적으로 확산하는 데 결정적인 역할을 했지만, 자본주의에 의해 가장 깊이 재구성된 것은 인종적 분류였다. 이 점은 이매뉴얼 월러스틴(Immanuel Wallerstein)과 에티엔 발리바르(Etienne Balibar 1991), 그리고 에메 세제르(Aimé Césaire 1955), 아니발 키하노(Anibal Quijano 2000), 월터 미뇰로(Walter Mignolo 2000), 엔리케 두셀(Enrique Dussel 2001), 넬슨 말도나도-토레스(Nelson Maldonado-Torres 2004), 라몬 그로스포겔(Ramón Grosfoguel 2007) 등이 보여주었다. 그 논리에 따르면 비존재는 극복 불가능한 열등성, 즉 자연적으로 결정된 열등성의 형태로 생산된다. 열등한 사람들은 극복할 수 없을 정도로 열등하기 때문에, 우월한 사람들에 대한 신뢰할 만한 대안이 될 수 없다.

네 번째 비존재 생산 논리는 *지배적 스케일의 단일문화*에 있다. 이 논리에 따르면, 근본으로 채택된 스케일은 다른 모든 가능한 스케일을 무의미한 것으로 간주한다. 서구 근대성에서 지배적 규모는 보편적 스케일과 세계적 스케일이라는 두 가지 형태로 나타난다. 보편주의는 특정 맥락에 의존하지 않고 우위를 가지는 실체나 실재의 스케일을 의미한다. 이러한 이유로 보편적 실체는 맥락에 의존하는 다른 모든 실재보다 우선시되며, 나머지 실체들은 특수하거나 지역적인 것으로 간주된다. 세계화는 1980년대 이후 다양한 사회적 영역에서 전례 없는 중요성을 얻은 스케일을 뜻한다. 이는 자신의 범위를 전 지구적으로 확장하는 실체나 실재를 특권화하며, 경쟁적 실체를 지역적인 것으로 규정할 권한을 얻는다. 이 논리에 따르면, 비존재는 지역적 또는 특정한 형태로 생산된다.[10] 이런 형태로 정의된 실체나 실재는 지배적 스케일에 포섭됨으로써, 전 지구적이고 보편적인 것에 대한 신뢰할 만한 대안이 될 수 없게 만든다.

마지막으로, 다섯 번째 비존재 생산 논리는 *자본주의적 생산성 논리의 단일문화*이다. 이 논리에 따르면, 자본주의 경제 성장은 의심의 여지 없는 합리적 목표이며, 이를 가장 잘 뒷받침하는 생산성 기준 역시 의문을 제기할 수 없는 절대적인 것으로 간주된다. 이 기준은 자연과 인간 노동 모두에 적용된다. 생산적인 자연이란 일정한 생산 주기 내에서 최대 생산력을 지닌 자연을 말하며, 자연이 스스로 회복할 수 있는 여러 생산 주기를 고려한 지속 가능한 생산력은 포함하지 않는다. 마찬가지로, 생산적인 노동은 단일 생산 주기 내에서 이윤을 극대화하는 노동을 의미한다. 반면, 무급 노동과 개인, 가족, 공동체의 삶을 유지하고 번영하게 하는 모든 생산적 활동은 생산적인 노동으로 간주되지 않는다. 이 논리에 따르면, 비존재는 비생산성의 형태로 생산된다. 자연에

---

10 세계화의 생산 양식에 대해서는 Santos(1995, 2002a)를 참조하라.

적용될 경우, 비생산성은 불모성으로 나타나며, 노동에 적용될 경우 게으름, 나태함, 혹은 숙련 부족으로 간주된다.

따라서 환유적 이성이 생산한 비존재의 다섯 가지 주요 사회적 형태는 무지한 존재, 잔재, 열등한 존재, 지역적 존재, 그리고 비생산적 존재들이다. 이들은 사회적 비존재의 형태로, 이들이 형성하는 현실은 과학적, 진보적, 우월한, 세계적, 또는 생산적인 현실로 간주되는 것들에 비해 단지 장애물로만 존재한다. 결국, 이들은 동질적 총체성에서 자격을 박탈당한 파편들로서, 단지 존재한다는 사실과 그 존재 방식을 있는 그대로 확인시켜 줄 뿐이다.

이러한 부재의 사회적 생산은 세계의 축소와 현재의 수축을 초래하며, 그 결과 경험의 소외로 이어진다. 부재의 사회학은 이러한 축소와 수축의 범위를 규명하고, 부재로 생산된 경험들이 생산 관계에서 해방되어 현존할 수 있도록 하는 것을 목표로 한다. 경험을 현존하게 한다는 것은 이러한 경험들이 헤게모니적 경험에 대한 대안으로 간주되고, 그 신뢰성이 논의와 입증의 대상이 되며, 그 관계들이 정치적 논쟁의 주제로 다뤄지는 것을 의미한다.[11] 따라서 부재의 사회학은 부재한다고 여겨지는 사회적 경험들이 실상 억압과 배제로 인한 경험의 소외임을 드러내고, 이를 통해 새로운 필요성을 만들어내는 것을 목표로 한다. 이로써 이 세계와 시간 속에서 신뢰할 수 있는 경험들의 영역을 확장할

---

11 부재의 사회학은 무지한, 잔여적, 열등한, 지역적, 비생산적이라는 범주를 폐지하려는 것이 아니다. 대신, 이러한 범주가 다른 대안적 기준의 도전을 허용하지 않는 단 하나의 기준에 의해 정의되는 것을 막고자 한다. 이러한 독점은 합리적 논증의 결과가 아니라, 이를 강요할 권력을 가진 이들의 우월성에 의해 정당화된 강제의 산물이다.

남의 인식론

수 있는 조건들을 창출하여, 세계의 확장과 현재의 확장에 기여할 것이다. 세계의 확장은 신뢰할 수 있는 경험들의 영역이 넓어질 뿐만 아니라 미래의 사회적 실험 가능성들이 증가하기 때문에 일어난다. 현재의 확장은 동시대적으로 간주되는 것이 확대되고 현재 시간이 재구성되며, 동시에 발생하는 모든 경험과 실천이 각자의 방식으로 동시대적인 것으로 인정됨으로써 가능해진다.

부재의 사회학은 어떻게 작동하는가? 이는 두 가지 탐구에서 시작된다. 첫 번째 탐구는, 이토록 기이하고 배타적인 총체성 개념이 지난 200년 동안 어떻게 그런 우위를 점할 수 있었는지에 대한 이유를 묻는 것이다. 두 번째 탐구는 총체성 개념과 이를 뒷받침하는 환유적 이성을 어떻게 대면하고 극복할 수 있을지에 대해 다룬다. 첫 번째는 4장에서 논의되었으며, 이 장에서는 두 번째 주제에 초점을 맞추고자 한다.

동질적이고 배타적인 총체성과 이를 지탱하는 환유적 이성은 앞서 언급된 부재의 생산 방식 각각에 대면함으로써 극복될 수 있다. 환유적 이성이 기존 사회과학을 구성했기 때문에, 부재의 사회학은 필연적으로 전복적일 수밖에 없으며, 그로 인해 신뢰받지 못했다. 그러나 이러한 불신에 반해 굴복하지 않는 태도와, 사회 운동[12]이 그것을 명명하지 않았음에도 부재의 사회학을 실천해 왔다는 사실은, 부재의 사회학이 단순히 부재하는 사회학으로 남지 않도록 한다.

....

12 『인지적 제국의 종말: 남의 인식론 시대의 도래』(Santos 2018)에서는 사회 운동이 아래에서 다룰 부재의 사회학과 출현의 사회학을 어떻게 실천하고 있는지에 대해 논의한다.

경험의 소외에 대항하는 다섯 가지 생태학

부재의 사회학은 단일문화를 생대계로 대체함으로써 작동한다. 여기서 생태계란 복잡한 관계성에 기반한 지속 가능한 다양성을 의미하며, 이는 다음과 같은 관념에 기초한 규범적 개념이다. 첫째, 다양성, 복잡성, 관계성의 가치를 인정해야 한다. 어떤 것도 독립적으로 존재하지 않으며, 무엇이든 다른 것 또는 다른 누군가와의 관계 속에서만 존재한다. 둘째, 복잡하고 관계적인 다양성은, 그것을 정의하는 기준 자체도 다양하다는 것을 의미한다. 셋째, 이러한 기준들 중 하나를 선택하는 것은 정치적 결정이며, 다양성을 존중하려면 이를 근본적이고 상호문화적인 민주적 과정에 기반해야 한다. 넷째, 관계의 견고함은 다양성을 육성하고, 내부와 외부에서 오는 단일문화적 유혹을 지속적으로 경계하는 데 달려 있다. 비록 내부와 외부를 구분하는 것이 본질적으로 문제적일지라도 말이다. 이에 따라 나는 다섯 가지 단일문화에 대응하는 다섯 가지 생태학을 제안한다.

지식의 생태학

첫 번째 논리인 과학적 지식과 엄밀성의 단일문화 논리는, 환유적 이성이 비존재로 간주한 사회적 실천 속에서 신뢰할 수 있는 다른 지식들과 엄밀성 및 타당성의 기준을 찾아내는 방식으로 극복해야 한다. 다음 장에서 지식의 생태학에 대해 살펴볼 것이다.

시간성의 생태학

두 번째 논리인 선형적 시간의 단일문화 논리는, 선형적 시간이 다양

남의 인식론

한 시간 개념 중 하나에 불과하며 세계를 분석 단위로 삼을 경우, 이것은 가장 널리 채택된 개념조차 아니라는 사실을 통해 극복할 수 있다. 선형적 시간의 우위는 시간 개념으로서의 본질적 우위에서 비롯된 것이 아니라, 이를 채택한 서구 근대성의 우위에서 기인한 것이다. 선형적 시간은 서구 근대성이 유대-기독교적 종말론을 세속화하는 과정에서 수용한 개념이다. 서구 내부에서도 순환적 시간, 주기적 시간, 빙하기적 시간, 영원회귀의 교리 등 화살이나 원형의 이미지로 충분히 설명되지 않는 다른 시간 개념들을 완전히 지우지는 못했다. 이러한 이유로, 특정 시점에서 한 개인이나 사회 집단의 주체성이나 정체성은 시간의 팔림프세스트, 즉 다양한 시간의 층위가 겹친 중첩으로 나타난다. 이 중첩은 근대적인 시간, 비근대적인 시간, 고대의 시간, 최근의 시간, 느린 시간, 빠른 시간 등으로 구성되며, 각 시간은 맥락과 상황에 따라 다르게 활성화된다. 특히, 원주민과 아프리카계 후손들의 사회 운동은 이러한 시간적 성좌를 분명히 보여주는 사례라 할 수 있다.

더 나아가, 각기 다른 문화와 그 문화를 기반으로 한 실천들은 고유한 시간적 코드와 상호시간적(intertemporal) 관계를 가진다. 이는 과거와 현재, 미래 간의 관계, 이른 것과 늦은 것, 단기와 장기, 생의 주기 및 긴급성의 개념이 정의되는 방식 그리고 삶의 리듬, 순서, 동시성과 비동시성이 수용되는 방식에서 드러난다. 따라서 각 문화는 서로 다른 시간적 공동체를 창조한다. 어떤 공동체는 시간을 통제하고, 어떤 공동체는 시간 속에서 살아간다. 어떤 문화는 단일시간성(monochronous)을, 어떤 문화는 다중시간성(polychronous)을 지향한다. 어떤 문화는 특정 활동을 수행하는 데 필요한 최소한의 시간을 중시하며, 어떤 문화는 시간을 채우기 위해 필요한 활동을 중시한다. 어떤 문화는 일정 중심의 시간(schedule-time)을, 어떤 문화는 사건 중심의 시간(event-time)을 우선시하며, 이는 시간 엄수에 대한 개념의 차이를 부각한다. 또한, 어떤 문화는 연속성을 가치 있게 여기고, 어떤 문화는 단절성을 중시하며, 어떤 문화에서는 시간이 되돌릴 수 있는 것으로, 또 다른 문화에서는 되돌릴 수 없는 것으로 간주된다. 어떤 문화는 자신을 선형적 진보 속에 위치시키고, 어떤 문화는 비선형적 진행 안에 포함한다. 문화가 표현하는 침묵의 언어는 무엇보다도 시간에 관한 언어인 것이다.

다양한 시간 개념을 고려해야 할 필요성은, 코젤렉(1985)과 마라마오(1995)가 지적하듯이, 사회가 권력을 이해하는 방식이 그들이 가진 시간성 개념에 따라 달라진다는 사실에 기인한다. 지배 관계 중 가장 강력한 저항을 받는 것은 시간성 간의 위계에 기반한 관계들이다. 이러한 위계는 세계체제를 구성하는 핵심 요소로, 많은 사회적 경험을 잔재의 상태로 축소한다. 경험들이 잔여적으로 되는 것은 지배적 시간성인 선형적 시간으로는 인식할 수 없는 방식으로 동시대적이기 때문이다. 이러한 경험들은 서구 자본주의 근대성의 시간적 기준에서 제외된 시간성에 의해 지배되기 때문에 자격을 박탈당하거나 억압되거나 이해 불가능한 것으로 전락한다.

부재의 사회학은 사회가 다양한 시간과 시간성으로 구성되어 있으며, 각기 다른 문화가 고유한 시간적 규칙을 생성한다는 전제에서 출발한다. 이는 사회적 실천들을 잔재의 지위에서 해방시켜, 그들 고유의 시간성을 되찾아주고 이를 통해 자율적 발전의 가능성을 열어주는 것을 목표로 한다. 이러한 시간성이 복원되고 인정되면, 그 시간성 아래

존재하는 실천과 사회적 관계들은 정치적 논의와 토론을 통한 이해가 가능하고, 신뢰할 수 있는 대상으로 변화할 수 있다. 예를 들어, 아프리카나 아시아 농민의 활동들이 선형적 시간으로부터 해방되어 자신의 고유한 시간성을 되찾게 되면, 잔여적인 것이기를 멈추고 미국의 첨단기술 농법이나 세계은행 관료의 활동과 동시대적인 것이 된다. 마찬가지로, 서로 다른 문화에서 개인의 삶에 대한 조상들의 존재와 영향력은 원시 종교나 주술의 시대착오적 표현이기를 멈추고 동시대성을 경험하는 또 다른 방식이 된다.

신자유주의적 세계화로 인해 생겨나거나 심화된 배제와 차별에 맞서 세계 각지에서 투쟁하는 운동들과 조직들의 시간적 코드의 다양성은, 새로운 형태의 시간성에 대한 이해를 발전시키는 데 기여한다. 이를 '상호시간성(intertemoporality)'이라 부를 수 있을 것이다. 서로 다른 시간적 규칙을 가진 운동이나 조직들 간에 연대를 구축하고 집단행동을 조직하는 것은 쉬운 일이 아니다. 선형적 진보를 따르는 통제된 자원으로서의 단일시간적이고 불연속적인 일정 중심 시간성에 기반한 운동이나 조직은, 연속적이고 다중시간적이며 비선형적 방식으로 우리를 통제하며 진행되는 사건 중심 시간성에 기반한 운동이나 조직의 정치적·조직적 행동을 이해하기 어렵다. 반대의 경우도 마찬가지다. 이러한 어려움은 *상호시간적 이해*(intertemporal literacy), 즉 서로 배우는 과정을 통해서만 극복할 수 있다.

인정의 생태학
부재를 생산하는 세 번째 논리는 사회적 분류의 논리다. 부재를 생산하는 모든 논리에서 특정한 실천이 평가절하되면, 이를 수행하는 행위자 역시 함께 평가절하된다. 따라서 주로 행위자에 영향을 미치고, 이들이 수행하는 사회적 경험은 부차적으로 평가절하된다. 서구 근대 자본주의 권력의 식민성은 차이와 불평등을 뒤섞으며 누가 동등한지 혹은 다른지를 판단할 특권을 주장하는 데 있다. 부재의 사회학은 동등성과 차이의 원칙을 새롭게 결합함으로써, 상호 인정에 기반한 평등한 차이의 생태학을 가능하게 한다. 이는 차이(차이가 어느 정도까지 위계의 산물인가?)와 위계(위계가 어느 정도까지 차이의 산물인가?) 모두를 해체하는 것으로 이루어진다. 위계가 사라질 때 남는 차이는, 위계가 유지되기 위해 주장되는 차이를 강력히 폭로하는 역할을 한다.

페미니스트, 원주민, 그리고 아프리카계 후손들의 운동은 인정의 생태학을 위한 투쟁의 최전선에 서 있다. 인정의 생태학은 사회 해방을 위해 싸우는 집단적 주체들의 사회적·문화적 다양성이 증가함에 따라 점점 더 중요한 의미를 갖게 된다. 억압과 지배의 다양한 형태를 규명하고, 이에 맞서는 투쟁의 다층적 형태와 규모(지역적, 국가적, 초국적)를 파악하는 일은 글로벌 자본주의와 구별되는 상이한 역동성, 즉 다양한 모순과 투쟁을 발생시키는 역동성을 새로운 방식으로 드러낸다.

차이의 자연화는 존재론적 식민성, 즉 무엇이 존재로 간주되고 인정되는지를 규정하는 존재의 식민성에 뿌리를 두며, 이는 다시 지식과 권력의 식민성을 기반으로 한다는 사실이 분명해졌다. 이것이 바로 사회 규제와 사회 해방에 대한 유럽중심적 개념들이, 평등의 원칙과 차이의 인정 사이의 새로운 균형을 정초하기에 충분히 포괄적인 상호성의 고리를 형성하지 못하는 이유다. 바로 이 상호성의 부정에 대한 비판을

남의 인식론

바탕으로 페미니즘, 포스트식민주의, 농민, 원주민, 민족, 성 소수자 운동들은 서발턴적이고 저항적인 공적 영역을 창출하기 위한 투쟁을 전개해 왔다. 차이의 인정을 위한 투쟁은 강력한 시민권 관념을 중심으로 한 새로운 저항의 레퍼토리를 열었고, 경제적 재분배를 사회적 · 문화적 재분배와 결합할 수 있는 중요한 장을 마련했다. 인정의 생태학은 상호성의 고리, 즉 평등한 차이들의 고리를 확장함으로써 새로운 상호이해 가능성의 필요성을 제기한다. 지배와 억압의 다차원적 형태는 서로 다른 집단적 주체, 어휘, 자원을 동원하는 다양한 저항과 투쟁을 만들어내지만, 이들이 반드시 서로 이해 가능한 것은 아니다. 이러한 불일치는 정치적 공간을 재정의하는 데 심각한 제약이 될 수 있다. 이런 의미에서, 8장에서 논의되는 상호문화적 번역이 필요한 것이다.

척도 횡단의 생태학

부재의 사회학은 네 번째 논리인 세계적 스케일의 논리에 대항하여, 지역적인 것에서 헤게모니적 세계화의 결과가 아닌 요소들을 되찾고, 나아가 그것이 대항헤게모니적 세계화로 이어질 가능성을 탐구한다. 지역화 없는 세계화는 없다. 오늘날 지역적인 것으로 간주되는 것은 흔히 로컬화된 글로벌화, 즉 헤게모니적 세계화가 특정 사회적 실체나 조건에 미친 특수한 영향의 결과다. 독일어의 지역화는 영어의 세계화의 결과이며, 이것은 독성 폐기물이 투기된 아프리카 해안의 지역적 조건들이 신자유주의적 세계화의 산물인 것과 마찬가지다. 세계화 이전부터 식민주의는 지역적 조건을 만들어내는 가장 강력한 생산자였으며, 이는 오늘날에도 여전히 지속되고 있다. 부재의 사회학은 지역성을 헤게모니적 세계화와 분리함으로써, 대안적인 지역/세계 간의 결합에 기반한 대항헤게모니적 세계화의 가능성을 모색한다. 이러한 탐구는 지역적 요소 중에서 헤게모니적 세계화의 영향으로 환원될 수 없는 부분을 밝히고, 그것이 불평등한 권력 관계에 저항하는 씨앗이 될 수 있는지, 또는 이미 그렇게 되었는지를 탐색하는 과정을 포함한다.

이 영역에서 부재의 사회학은 이전 장에서 언급한 호기심 어린 관점과 지도 제작적 상상력(cartographic imagination)의 활용을 요구한다. 이는 각 재현의 척도에서 드러나는 것뿐만 아니라 숨겨진 것을 파악하거나, 서로 다른 스케일에서 동시에 작동하는 인지 지도를 다루어 새로운 지역/세계의 결합을 식별하는 데 초점을 둔다. 최근 수십 년간의 많은 해방 운동은 신자유주의적 세계화가 부과하거나 심화시킨 사회적 배제에 맞선 지역적 투쟁으로 시작되었다. 이러한 운동들은 최근에 이르러서야 대항헤게모니적 세계화 형태를 만들어내기 위해 지역적/세계적 결합을 발전시키기 시작했다. 비록 초기 단계에 있지만, 세계사회포럼은 이러한 과정의 중요한 사례를 보여준다(Santos 2006b).

다른 모든 것을 비보편적인 것으로 간주하는 척도로서 보편주의에 부여된 특권과 관련하여, 부재의 사회학은 서구 근대성의 긴 역사적 과정을 탐구함으로써 접근한다. 이는 점차 매우 다른 맥락에서 권력과 지배의 구조를 근거 짓고 정당화하는 동일한 목적을 위해 호출되어 온 사회적, 자연적 현실에 대한 특정한 이해들(사회 정의, 성공, 존엄성, 존중, 부, 연대, 공동체, 우주적 질서와 조화, 영성, 자연, 웰빙, 동양/서양의 분할 등)을 문제 삼는다. 이와 동시에, 동일한 과정에서 특정 맥락에 제한되고, 그 타당성이 엄격하고 종종 폭력적으로 통제된 다른 특수한 이해들도 조명한다. 후자의 경우, 부재의 사회학은 유럽의 역사적 식민주의와 자본주의의 지배를 받은 세계의 여러 지역(유럽 포함)에서 이러한 이해들이 현재 존재할 가능성을 탐구한다. 나아가 이러한 이해 방식들이 자본주의와 식민주의에 맞선 억압받는 사회 집단의 투쟁에서 역량을 강화하는 자원으로 활용될 수 있는지 살펴본다. 이러한 존재들이 포착될 수 있다면, 아래로부터 의식적으로 부분적인 보편주의를 구축하기 위한 구성 요소로 활용될 수 있다. 이러한 부분적 보편주의의 핵심 기능은, 서구중심의 추상적 보편주의가 실제로는 특정한 형태의 특수주의로 작동하고 있음을 드러내는 데 있다.

생산성의 생태학

마지막으로, 다섯 번째 논리인 자본주의적 생산성의 논리 영역에서 부재의 사회학은 대안적 생산 시스템, 대중 경제 조직, 노동자 협동조합, 자율 관리 기업, 연대 경제, 사유재산을 넘어서는 소유 개념 등을 되찾고 그 가치를 인정하는 데 초점을 맞춘다. 이러한 대안들은 자본주의적 생산성의 독점으로 인해 은폐되거나 평가절하되었다. 땅과 토지의 소유권을 위해 싸우는 농민과 원주민 운동, 주거권을 위해 싸우는 도시 운동, 역사적 영토와 그 안에서 발견된 천연자원을 위해 싸우는 원주민 운동, 인도의 하위 카스트 계층이 그들의 토지와 숲을 보호하기 위해 벌이는 운동, 생태적 지속가능성을 옹호하는 운동, 대중 경제 운동, 물이나 복지 서비스의 민영화에 반대하는 운동, 대규모 댐 건설과 같이 수만 명의 주민을 강제 이주시키는 개발 메가프로젝트에 반대하는 운동 등이 이에 해당한다. 이 영역은 부재의 사회학에서 가장 논쟁적인 부분으로, 개발, 무한 경제 성장, 사유재산의 우위, 그리고 글로벌 자본주의를 떠받치는 축적의 패러다임과 직접적으로 대립한다. 이는 지배적인 생산성 개념이, 본질이나 고유한 가치 또는 협력과 사회적 변영의 공유를 위해서가 아니라, 탐욕과 소유적 개인주의에 기반한 경제 패러다임에 가장 잘 부합했기 때문에 역사적으로 선택되었음을 보여준다.

이러한 활동들의 스케일은 매우 다양하다. 글로벌 사우스와 글로벌 노스 모두에서 소외된 사회 집단들이 자신의 삶과 공동체에 대한 어느 정도의 통제를 얻기 위해 실행하는 미시적 활동이 있는가 하면, 양질의 일자리와 환경 보호의 기본적인 기준을 보장하기 위해 국제적 차원에서 법적·경제적 조정을 제안하는 경우도 있다. 글로벌 금융 자본을 통제하기 위한 시도부터 협력과 연대의 원칙에 기반한 지역 경제를 구축하려는 노력에 이르기까지 다양한 규모와 형태의 노력이 이루어지고 있다.

이러한 대안적 생산과 생산성에 대한 개념과 실천들은 두 가지 주요 특징을 공유한다. 첫째, 이들은 글로벌 자본주의의 대안이 되는 체계적 경제 시스템을 구현하기보다는, 주로 지역 사회와 노동자들이 연대하여 생산적 공간을 창출하려는 지역적인 노력이라는 점이다. 이러한 실천들은 종종 초국적 진보 운동의 네트워크와 연대를 통해 지원받는다. 이 대안들은 20세기 사회주의의 거대 담론에 비해 훨씬 더 소규모이며, 그 이론적 기반도 고전적 마르크스주의에서 강조된 사회주의의 역사적 필연성에 대한 신념만큼 야심 찬 것은 아니다. 실제로, 이러한 대안들의 실행 가능성은 적어도 단기 및 중기적으로는 글로벌 자본주의하에서 생존할 수 있는 능력에 크게 좌우된다. 이러한 활동들은 자신들의 고유한 맥락을 인식하면서도, 대안적 경제 조직 형태를 제시하며 이를 신뢰할 수 있는 것으로 만든다. 두 번째 특징은 이러한 활동들이 민주적 참여, 환경적 지속가능성, 사회적 · 성적 · 인종적 · 민족적 · 문화적 형평성, 그리고 초국적 연대와 같은 목표들을 포함하는 포괄적인 '경제' 개념을 공유한다는 점이다.

이 영역에서 부재의 사회학은 더 정의로운 사회를 구축하기 위한 현실적인 경제적 대안을 실험함으로써 사회적 현실의 스펙트럼을 확장한다. 이러한 경제적 대안들은 글로벌 자본주의에 반대하는 조직적 · 정치적 가치를 지지함으로써, 정치적 자유주의가 정의한 좁은 한계를 넘어 시민권의 원칙을 확장하고, 현재의 저강도 민주주의(low-intensity democracy)와 경제적 전제주의가 공존하는 상황을 종식할 수 있다는 희망을 이어간다.

다섯 개의 영역 각각에서 부재의 사회학의 목표는 사회적 실천의 다양성과 다층성을 드러내고, 헤게모니적 실천의 독점적 신뢰성에 맞서 이들 실천에도 신뢰를 부여하는 데 있다. 이러한 다양성과 비파괴적 관계의 개념은 생태학, 즉 지식의 생태학, 시간성의 생태학, 인정의 생태학, 척도 횡단의 생태학, 생산성의 생태학 개념을 통해 제안된다. 이 모든 생태학에 공통된 핵심은 현실이 현존하는 것으로 축소될 수 없다는 것이다. 이는 침묵, 억압, 주변화에 의해 부재로 만들어진 현실들, 즉 적극적으로 비존재로 생산된 현실들을 포함하는 확장된 형태의 실재론이다.

결론적으로, 부재의 사회학은 반사실적 실천이며, 과학의 관습적 상식에 맞서는 과정에서 이루어진다. 이를 수행하기 위해서는 사회학적 상상력이 요구된다. 나는 상상력을 두 가지 유형으로 구분하는데, 이 둘은 상호 연결되어 있지만 각각 개별적으로 분석할 수 있다. 먼저, 인식론적 상상력은 다양한 지식, 관점, 식별 및 관련성의 스케일 및 실천의 분석과 평가를 인식할 수 있게 한다. 그리고 민주적 상상력은 다양한 실천과 사회적 주체에 대한 인식을 가능하게 한다. 인식론적 상상력과 민주적 상상력은 각각 해체적 차원과 재구성적 차원을 동시에 지닌다.

예견적 이성에 대한 비판

예견적 이성은 미래를 선형적 시간의 단일문화적 관점에서 이해할 때 드러나는 나태한 이성의 한 모습이다. 선형적 시간의 단일문화는 앞서 환유적 이성을 분석할 때 살펴보았듯이, 현재를 축소하는 동시에 미래를 극도로 확장했다. 역사의 의미와 방향이 진보에 있으며, 진보가 끝없이 지속된다고 여겨지기 때문에 미래는 무한하다. 그러나 미래가 비가역적 방향으로 설정되기 때문에, 미래는 벤야민이 명확히 지적한 바와 같이, 비어 있고 동질적인 시간으로 존재한다.[13] 미래는 풍요로운 만큼이나 공허하며, 마라마오(1995: 126)의 말처럼, 미래는 단지 과거가

---

13 "인류의 역사적 진보라는 개념은 동질적이고 공허한 시간을 통한 진보라는 개념과 분리될 수 없다"(Benjamin 1968: 261). 반면 그는 다음과 같이 대조한다. "때때로 미래를 예견했던 점술가들은 결코 시간을 동질적이거나 공허한 것으로 경험하지 않았다" (1968: 264).

남의 인식론

되기 위해 존재할 뿐이다. 이렇게 이해된 미래는 사유의 대상이 될 필요가 없으며, 바로 이 점에서 예견적 이성의 나태함이 드러난다.

환유적 이성 비판의 목표가 현재를 확장하는 데 있다면, 예견적 이성 비판의 목표는 미래를 축소하는 데 있다. 미래를 축소한다는 것은 미래를 희소하게 만들어 이를 돌봄의 대상으로 만든다는 뜻이다. 미래는 이런 돌봄에서 나오는 것 외에는 다른 의미나 방향을 갖지 않는다. 미래를 축소한다는 것은 사회의 미래와 개인의 미래 간의 괴리를 제거하거나 최소화하는 것을 뜻한다. 사회의 미래와 달리, 개인의 미래는 그들의 삶──또는 환생이 신앙의 문제인 문화에서는 환생된 삶──의 지속 기간에 의해 제한된다. 두 경우 모두 미래의 한정된 특성과 그것이 개인의 관리와 돌봄에 의존한다는 사실을 통해, 미래가 현재의 본질적 구성 요소가 될 수 있는 가능성을 열어준다. 다시 말해, 미래의 축소는 현재의 확장에 기여한다.

현재의 확장은 부재의 사회학을 통해 이루어지는 반면, 미래의 축소는 출현의 사회학을 통해 이루어진다. 출현의 사회학은 선형적 시간에 따른 공허한 미래를, 다원적이고 구체적인 가능성으로 가득 찬 미래로 대체하는 것을 목표로 한다. 이러한 미래는 돌봄의 활동을 통해 현재 속에서 구성되며, 이는 동시에 유토피아적이면서도 현실적인 미래를 가능하게 한다.

출현(emergence)에 주목한다는 것은 본질적으로 사변적이며 철학적 논의를 요구한다. 출현의 깊은 의미는 다양한 문화적, 철학적 전통 속에서 발견될 수 있다. 서구 철학의 맥락에서 출현은 주변적 주제로 간주되어 왔으며, 이를 가장 설득력 있게 다룬 철학자는 에른스트 블로흐였다. 출현의 사회학을 지배하는 개념은 블로흐가 제안한 '아직-아님(Not Yet, *Noch Nicht*)'의 개념이다(1995). 블로흐는 서구 철학이 '전부(All, *Alles*)'와 '무(Nothing, *Nichts*)'라는 개념에 의해 지배되어 왔음을 비판한다. 이러한 개념들은 모든 것이 잠재성 속에 포함되어 있는 것처럼 보이지만, 그로부터 새로운 것이 출현할 수 없음을 의미한다. 따라서 블로흐는 서구 철학을 정태적 철학으로 규정한다. 블로흐(1995: 241)는 가능(可能)이 서구 철학에서 가장 불확실하고 가장 간과된 개념이라고 간주한다. 그러나 오직 가능을 통해서만 세계의 무궁무진한 풍요가 드러날 수 있다. 블로흐는 전부와 무의 개념에 더해 '아님(Not, *Nicht*)'과 '아직-아님(Not Yet, *Noch Nicht*)'이라는 새로운 개념을 도입한다. '아님'은 어떤 것의 결핍과 그 결핍을 극복하려는 의지를 나타내며, 이 점에서 무와 구별된다(1995: 306). 아니오라고 말한다는 것은 다른 무언가에 예라고 말하는 것이다. 아직-아님은 더 복잡한 범주로, 단순한 경향으로 존재하며 자신을 드러내는 과정 속에 잠재된 움직임을 표현한다. 이는 미래가 현재에 새겨지는 방식으로, 불확정적이거나 무한한 미래가 아니라 구체적인 가능성과 능력을 가진 미래를 의미한다. 아직-아님은 진공 상태에서 존재하지 않으며, 완전히 미리 결정되지도 않는다. 오히려 그것은 접촉하는 모든 것을 적극적으로 재구성하며, 특정 시점에서 존재하는 결정들에 의문을 제기한다. 주관적 측면에서, 아직-아님은 예견적 의식을 의미하며, 이는 인간의 삶에서 매우 중요한 의식임에도 불구하고 프로이트가 간과했던 개념이다(Bloch 1995: 286 - 315). 객관적 측면에서, '아직-아님'은 한편으로는 능력(역량)을, 다른 한편으로는 가능성(잠재력)을 가리킨다. 가능성은 두 가지 차원을 가진다. 첫째, 가능성

남의 인식론

은 삶의 순간에서 비롯되며 스스로에게 완전히 가시적이지 않기 때문에 어두운 차원을 포함한다. 둘째, 가능성은 이중적 결핍에서 비롯되는 불확실성을 수반한다. 이 결핍은 두 가지로 구성된다. (1) 가능성을 구체화하는 조건이 부분적으로만 알려져 있다는 점과 (2) 그러한 조건들이 부분적으로만 존재한다는 점이다. 블로흐는 이 두 가지 결핍을 구별하는 것이 중요하다고 강조한다. 즉, 아주 부분적으로만 존재하는 조건을 비교적 잘 이해하는 것이 가능하며, 그 반대도 가능하다는 것이다.

아직-아님은 불확실하지만 결코 중립적이지 않은 가능성을 현재에 새겨 넣는다. 이는 유토피아나 구원(Heil)의 가능성일 수도 있고, 재앙이나 파멸(Unheil)의 가능성일 수도 있다. 이러한 불확실성은 모든 변화에 우연과 위험의 요소를 더하며, 현재를 확장하는 동시에 미래를 축소하고, 미래를 돌봄의 대상으로 만든다. 매 순간 가능성의 지평은 제한적이며, 따라서 현재가 제공하는 특정한 변화의 고유한 기회를 낭비하지 않는 것이 중요하다. 즉, 카르페 디엠(carpe diem, 순간을 잡아라)의 태도가 요구된다. 블로흐는 마르크스주의를 매우 창의적으로 해석하면서, 지평의 연속이 궁극적으로 최종 상태로 이어지거나 이를 지향한다고 본다. 그러나 이 점에서 블로흐와 이견을 갖는 것은 본질적으로 중요하지 않다고 생각한다. 블로흐의 강조점은 한편으로는 물질에 대한 기계적 개념에 대한 비판에 있으며, 다른 한편으로는 세계를 생산적으로 사고하고 행위할 수 있는 우리의 능력을 긍정하는 데 있다. 존재의 세 가지 양태 범주——현실성, 필연성, 가능성(Bloch 1995: 244, 245)——를 고려할 때, 나태한 이성은 첫 번째와 두 번째에만 초점을 맞추고 세 번째를 완전히 간과했다. 블로흐에 따르면, 철학에서 가능성이 간과되어 온 주요 책임은 헤겔에게 있다. 헤겔에게 가능성은 현실에 포함되어 있기 때문에 존재하지 않거나, 설령 존재한다고 해도 현존하는 것과 다르지 않으며, 따라서 사고할 필요가 없다고 여겨졌다. 현실성과 필연성은 현재와 미래를 설명하는 데 가능성을 필요로 하지 않았다. 근대 과학은 이러한 개념을 전파하는 데 주요한 역할을 했다. 이러한 이유로 블로흐(1995: 246)는 근대 과학이 가장 무시해 온 양태적 범주인 가능성에 주목하라고 권한다. 인간으로 존재한다는 것은 앞에 많은 가능성을 가진다는 것을 의미한다.

가능성은 세계의 동력이다. 그것의 순간들은 결핍(무언가 부족한 것의 표현), 경향(과정과 의미), 잠재력(과정을 앞서가는 것)으로 구성된다. 결핍은 아님의 영역, 경향은 아직-아님의 영역, 잠재력은 무와 전부의 불안정한 이중적 영역에 속한다. 잠재력은 좌절이나 희망 어느 쪽으로도 끝날 수 있기 때문이다.

출현의 사회학은 구체적 가능성의 지평 속에 담긴 대안들을 탐구하는 것이다. 부재의 사회학이 환유적 이성에 의해 삭제된 것을 기존 현실에 추가함으로써 현재를 확장한다면, 출현의 사회학은 현실적인 가능성과 미래에 대한 기대를 기존 현실에 추가함으로써 현재를 확장한다. 후자의 경우, 현재의 확장은 미래의 축소를 의미하는데, 이는 아직-아님이 빈 공간의 무한한 미래가 아니라, 항상 불확실하고 위험에 처한 구체적인 미래이기 때문이다. 블로흐(1995: 311)가 말하듯이, 모든 희망 옆에는 항상 관이 있다. 미래를 돌보는 것은 필수적이다. 왜냐하면 희망을 좌절로부터, 도래를 허무주의로부터, 구원을 재앙으로부터 완전히 보호하는 것은 불가능하기 때문이다. 즉, 희망은 관 없이 존재할 수

남의 인식론

없다.

출현의 사회학은 지식, 실천, 행위자들을 상징적으로 확장함으로써, 그 속에서 미래의 경향('아직-아님')을 파악하고, 이를 통해 희망의 가능성을 좌절의 가능성보다 극대화할 수 있는 지점들을 찾아 개입을 시도한다. 이러한 상징적 확장은 실질적으로 이중적 목표를 가진 사회학적 상상력의 한 형태이다. 한편으로는 희망이 가능한 조건들을 더 잘 이해하는 것이며, 다른 한편으로는 그러한 조건을 충족시키기 위한 행동 원칙을 정의하는 것이다.

출현의 사회학은 가능성(잠재력)과 능력(역량) 모두에 작용한다. '아직-아님'은 가능성으로서 의미를 가지지만 방향성을 가지지는 않으며, 이는 그것이 희망으로 끝날 수도 있고 재앙으로 끝날 수도 있기 때문이다. 따라서 출현의 사회학은 결정론적 사고를 돌봄의 개념으로 대체한다. 마찬가지로, 진보의 가치론(axiology)을 돌봄의 가치론으로 대체한다. 부재의 사회학에서 돌봄의 가치론은 이미 존재하는 대안을 대상으로 적용되지만, 출현의 사회학에서는 아직 실현되지 않은 가능성 있는 대안을 대상으로 한다. 이러한 윤리적이고 정치적인 차원 때문에, 부재의 사회학과 출현의 사회학은 전통적인 사회학의 범주를 넘어선다. 그러나 이들이 전통적 사회학과 구분되는 또 다른 중요한 이유는 그 객관성이 주관적 차원의 질에 의존한다는 점이다. 부재의 사회학에서 주관적 요소는 경험의 소외에 대한 비순응과 서발턴 세계시민주의적 의식으로 나타난다. 반면, 출현의 사회학에서는 주관적 요소가 예견적 의식과 충족될 가능성이 열려 있는 요구에 대한 비순응성으로 표현된다. 블로흐(1995: 306)가 지적하듯, 이 같은 근본적인 개념들은 감정에 대한 이론 없이는 도달할 수 없다. '아님', '무', 그리고 '전부'는 배고픔과 결핍, 절망과 소멸, 신뢰와 구원과 같은 기본적인 감정을 조명한다. 이런 감정들은 부재의 사회학과 출현의 사회학을 움직이는 비순응성 속에 어떤 방식으로든 내재되어 있다. 이 두 사회학은 항상 열정이나 분노와 같은 감정적 지성을 필요로 하는 사회 변화를 위한 집단적 행동을 촉진하려 한다. 이상적인 경우, 이러한 감정적 효과는 *차가운* 흐름과 *따뜻한* 흐름이라고 부르는 인격의 두 가지 흐름 사이에 균형을 이룬다. 차가운 흐름은 장애물과 변화의 조건들에 대한 지식과 관련된 흐름이다. 따뜻한 흐름은 행동, 변화, 장애물 극복에 대한 의지의 흐름이다. 차가운 흐름은 우리가 기만당하는 것을 막아준다. 조건을 알면 조건에 쉽게 휘둘리지 않는다. 반면 따뜻한 흐름은 우리가 쉽게 마비되거나 환멸에 빠지지 않도록 막아준다. 도전하고자 하는 의지가 의지의 도전을 지탱한다. 이 두 흐름 간의 균형을 유지하는 것은 어렵지만, 균형을 잃고 어느 한 흐름이 지나치게 우세해지면 왜곡을 초래하는 요인이 된다. 기만당하는 것에 대한 과도한 우려는, 변화의 조건들을 극복 불가능한 장애물로 변질시킬 위험이 있으며 결국 정체와 순응으로 이어질 수 있다. 반대로, 환멸에 빠지지 않으려는 과도한 우려는 가시적이거나 명백하지 않은 모든 것에 대한 전적인 거부로 이어져, 결국 동일하게 정체와 순응을 초래할 수 있다.

　부재의 사회학이 사회적 경험의 영역에서 작동한다면, 출현의 사회학은 사회적 기대의 영역에서 작동한다. 앞서 언급했듯이, 경험과 기대 사이의 괴리는 서구 근대성을 구성하는 특징 중 하나다. 진보라는 개념을 통해 예견적 이성은 이 괴리를 극단적으로 양극화하여, 경험과 기대 사이의 효과적인 연결 고리를 사라지게 만들었다. 그러나 현재의 경험이 아무리 비참하더라도, 그것이 희망찬 기대라는 환상을 막지는 못했다. 출현의 사회학은 경험과 기대 사이의 괴리를 진보의 개념에 의존하지 않고, 이를 구체적이고 측정 가능한 방식으로 본다. 예견적 이성이 기대를 대폭 확장하면서 경험의 범위를 축소하고 현재를 수축시켰던 반면, 출현의 사회학은 경험과 기대 사이의 보다 균형 잡힌 관계를 지향한다. 이는 현재의 상황에서 현재를 확장하고 미래를 축소하는 것을 의미한다. 중요한 것은 기대를 최소화하는 것이 아니라, 지금 여기에 존재하는 실질적인 가능성과 능력에 기반하여 기대를 급진적으로 재구성하는 것이다.[14]

근대주의적 기대는 추상적으로 웅대하고, 거짓된 무한성과 보편성을 지녔다. 이러한 기대는 미래의 구원을 명분으로 죽음, 파괴, 재앙을 정당화해 왔다. 그러나 이는 헤게모니적 세력의 승리주의만큼이나 공허한 은폐된 형태의 허무주의를 보여준다. 이에 맞서, 출현의 사회학은 기대에 대한 새로운 의미론을 제안한다. 출현의 사회학에 의해 정당화된 기대는 구체적 가능성에 의해 측정되기 때문에 맥락적이며, 또한 그 가능성과 역량의 범위 내에서 강력한 실현을 요구하기 때문에 급진적이다. 이러한 강력한 실현은 기대를 좌절과 왜곡으로부터 완전히는 아니더라도 어느 정도 보호할 수 있다. 이러한 기대 속에 사회적 해방, 더

---

14 2장에서, 부재의 사회학과 출현의 사회학이 요구하는 현재의 경험과 미래에 대한 기대 사이의 새로운 접합을 수행하는 동시에 이를 기꺼이 수행하고자 하는 새로운 유형의 주체성을 제안한 바 있다.

정확히는 복수의 해방들에 대한 재발명이 자리 잡고 있다.

부재의 사회학과 출현의 사회학은 각각 독자적인 방식으로 현재를 확장하고 미래를 축소함으로써 현재의 속도를 늦추는 데 기여한다. 이를 통해 현재는 예견적 이성이 규정했던 과거와 미래 사이의 찰나적 순간을 넘어서, 더욱 밀도 있고 실질적인 내용을 갖게 된다. 이들은 최종 단계를 제시하는 대신, 가능성들이 펼쳐지는 과정에 대한 지속적인 윤리적 경계를 제안한다. 이러한 경계는 불안을 자극하는 부정적 경이와 희망을 북돋우는 긍정적 경이와 같은 기본적 감정들에 의해 뒷받침된다.

출현의 사회학이 수행하는 상징적 확장은 특정한 실천, 경험, 또는 지식 형태 안에서 경향이나 가능성으로 존재하는 것을 분석하는 데 초점을 맞춘다. 이는 가능성과 역량 모두에 작용하며, 현존하는 것 속에서 미래 가능성의 신호, 단서, 혹은 흔적을 포착한다. 이 과정에서도 부재를 탐구하는 것이 핵심이지만, 부재의 사회학에서 비존재로 적극 생산된 것들이 침묵하거나 주변화되거나 자격을 박탈당한 상태로 여기지금 존재한다면, 출현의 사회학에서 부재는 아직 파악되지 않은 미래 가능성과 이를 실현하기 위해 완전히 형성되지 않은 역량의 부재를 의미한다. 사회의 특정 차원이 신호나 단서로 드러나며 무시되는 현실에 대응하기 위해, 출현의 사회학은 이들에 대해 '과도한' 주의를 기울인다. 이러한 과정을 통해 상징적 증폭이 이루어진다. 출현의 사회학은 두 가지 절차에 따라 운영되는 전망적 탐구이다. 가능한 것의 조건에 대한 우리의 지식을 덜 부분적으로 만드는 것과, 가능한 것의 조건 자체를 덜 부분적으로 만드는 것이다. 전자는 연구 대상이 되는 현실

남의 인식론

들 속에서 무엇이 그것들을 단서나 징후로 만드는지 더 잘 이해하는 것을 목표로 하며, 후자는 그러한 단서나 징후들을 강화하는 것을 목표로 한다. 부재의 사회학의 기반이 되는 지식처럼, 출현의 사회학의 기반이 되는 지식도 논증적 성격의 지식으로 증명하기보다는 설득하기를, 합리적이기보다는 합당하기를 추구한다. 이는 새로운 지식이나 실천이 출현하는 과정을 설득력 있게 포착하고 식별해 나가는 데 따라 점차적으로 진화하고 발전하는 지식의 한 형태를 의미한다.

결론

부재의 사회학이 이미 존재하는 사회적 경험의 영역을 확장하는 데 주력한다면, 출현의 사회학은 가능한 사회적 경험의 영역을 넓히는 데 초점을 맞춘다. 이 두 사회학은 밀접하게 서로 연결되어 있다. 신뢰할 수 있는 현실의 범위가 넓어질수록, 신뢰할 만한 단서들과 구체적이고 실현 가능한 미래의 영역도 확장된다. 또한, 이용할 수 있고 가능한 경험(지식과 행위자)의 다양성과 다중성이 증가할수록 현재는 확장되고, 미래는 축소된다. 사회 운동들이 점차 드러내고 있듯, 다양성과 다중성은 생물 다양성, 의학, 정의, 농업, 환경, 민주주의, 종교, 개발 등 다양한 영역에서 강렬한 사회적 갈등을 초래할 수 있다. 예를 들어, 생물 다양성에서는 생명공학과 지식재산권이 원주민 또는 전통 지식과 충돌하고, 의학에서는 현대 의학과 전통 의학 간의 대립이 나타난다. 정의의 영역에서는 원주민 사법권이나 전통적 권위가 근대적 국가 사법권과 갈등을 빚는다. 농업에서는 농업 산업 기술과 농민 기술이 대립하며, 환경 및 기타 사회적 위험과 관련해서는 전문 지식과 일상 지식, 전문가와 일반 시민, 기업과 지역 공동체 간의 갈등이 존재한다. 민주주의에서는 자유민주주의와 참여적 또는 공동체적 민주주의, 개인의 권리와 집단의 권리 간의 충돌이 드러난다. 종교 영역에서는 세속주의와 국가 종교, 인격신(anthropomorphic god)과 생명신(biomorphic god), 제도화된 종교성과 영성 간의 갈등이 나타난다. 마지막으로, 개발의 영역에서는 자연과 대지(Mother Earth), 메가프로젝트와 지역 주민들의 생계, 개발의 강제성과 *부엔 비비르*(*Buen Vivir*, 좋은 삶) 또는 *수막 카우사이*(*Sumak Kawsay*, 조화로운 삶)와 같은 대안적 삶의 방식, 대안적 개발과 개발에 대한 대안, 사유재산과 개인 토지 소유권, 그리고 공동체적 또는 집단적 재산과 공동 조상의 토지 간의 갈등이 존재한다.

7장
지식의 생태학

서로 다른 출발점을 가지고 있지만, 포스트심연적 사고(postabyssal thinking), 해방으로서의 지식(식민주의라는 무지에서 연대라는 앎으로 나아가는 과정), 그리고 서발턴 세계시민주의적 이성은 모두 반제국주의적 남반구로부터 배우는 것을 기반으로 남의 인식론을 모색한다는 점에서 공통점을 가진다. 남의 인식론은 두 가지 주요 절차에 기반을 둔다. 첫째는 지식의 생태학이고, 둘째는 상호문화적 번역이다. 이 장에서는 지식의 생태학에 초점을 맞추고자 한다.

이전 장에서 언급했듯이, 지식의 생태학은 과학적 지식과 엄밀성의 단일문화에 도전한다. 이는 환유적 이성에 의해 존재하지 않는 것으로 여겨졌던 사회적 실천 속에서, 신뢰할 수 있는 방식으로 작동하는 다양한 형태의 지식과 엄밀성, 타당성의 기준을 찾아내는 것이다. 모든 무지는 특정한 종류의 지식을 모르는 것이며, 모든 지식은 특정한 무지를 극복한 결과다. 특정한 형태의 지식을 배우는 과정은 다른 형태의 지식을 잊거나 무시하는 결과를 초래할 수도 있다. 다시 말해, 지식의 생태학 관점에서 무지는 반드시 초기 단계나 출발점이 아니라, 학습 과정에서 발생하는 망각이나 언러닝(unlearning)[1]의 결과로 나타날 수 있다. 따라서 지식의 생태학의 모든 단계에서, 배우는 것이 타당한지, 이미 알고 있는 것을 잊거나 재구성해야 하는지, 그리고 그 이유는 무엇인지를 묻는 것이 중요하다. 배우는 것이 잊는 것보다 더 가치 있을 때, 무지는 부정적으로 간주된다. 그렇지 않은 경우, 무지는 3장에서 분석한 니콜라우스 쿠자누스의 박학한 무지에 해당할 수 있다. 상호지식(interknowledge)의 유토피아란 새로운 지식이나 익숙하지 않은 지식을 배우는 과정에서 반드시 기존의 지식이나 자신의 지식을 잊어야 하는

....

1 (옮긴이) 저자는 지식의 탈식민화 과정에서 중요한 개념으로 unlearning을 제시한다. 이는 단순히 '탈학습' 혹은 '학습 해제'로는 포착하기 어려운 복합적 의미를 지닌다. 특히 척도 횡단의 맥락에서 보면, unlearning은 현재의 관련성 결정 기준에 대한 비판적 재고를 전제로 하며, 서로 다른 척도에서 작동하는 다양한 인지적 지도를 통해 사회적 현실을 참조하도록 한다. 이는 단순한 부정이나 제거가 아니라, 기존 지식과 인식 틀의 한계를 자각하는 동시에 그것에 마비되지 않고 새로운 앎의 방식을 구축하는 적극적 과정이다. 틀로스타노바와 미뇰로(Madina V. Tlostanova & Walter D. Mignolo 2012)의 *Learning to Unlearn: Decolonial Reflections from Eurasia and the Americas*에서 매우 통찰력있게 다루는 것처럼, unlearning은 단순히 기존의 지식을 폐기하는 것이 아니라, 식민적 행위와 논리가 내면화된 방식을 스스로 인식하고 해체하는 과정이다. 그들은 이를 인식론적 지배권력에 대해 비순응하고, 기존의 사고 습관과 범주를 재구성하는 과정으로 설명하며, 이는 단순한 지적 운동이 아니라 몸, 감각, 정동까지 포함하는 총체적인 탈식민적 실천임을 강조한다. 이 과정은 단순한 거부가 아니라, 기존 지식을 넘어서는 앎을 생성하는 과정이며, 동시에 서구 근대성에 의해 지워진 지식들을 다시 활성화하는 재배열의 과정이기도 하다. 따라서 본 번역에서는 이러한 복합적이고 적극적인 의미를 살리기 위해 unlearning을 '언러닝'으로 표기한다.

것은 아니라고 보는 관점이다. 이것이 지식의 생태학에 담긴 신중함의 개념이다. 지식의 생태학은 인간과 인간, 그리고 인간과 자연 사이의 모든 관계적 실천에 한 가지 이상의 지식이 함께하며, 따라서 한 가지 이상의 무지도 포함된다고 본다. 이러한 관점에서, 근대 자본주의 사회는 과학적 지식이 중심이 되는 실천을 더 선호하는 특징이 있다. 이는 과학적 지식을 모르는 것만이 부정적으로 여겨진다는 것을 의미한다. 과학적 실천이 인간과 자연의 현실에 개입하면서 실수나 재난을 초래하더라도, 그러한 결과는 사회적으로 용인되며, 이를 극복하거나 보상할 새로운 과학적 실천을 통해 감수해야 할 불가피한 비용으로 간주된다.

과학적 지식은 사회적으로 공평하게 분배되지 않기 때문에, 현실 세계에 대한 과학적 개입은 주로 이러한 지식에 더 쉽게 접근할 수 있는 사회적 집단에 이익을 주는 경향이 있다. 궁극적으로, 사회적 부정의는 인식론적 부정의에 뿌리를 두고 있다. 그러나 인지적 정의를 위한 투쟁은 과학적 지식의 더 공정한 분배라는 개념에만 기반해서는 성공할 수 없다. 이러한 분배는 글로벌 자본주의 체제 아래에서는 애초에 불가능할 뿐만 아니라, 과학적 지식 자체가 현실 세계에서 이루어지는 개입의 방식에 있어 본질적인 한계를 지니고 있기 때문이다.

지식의 생태학에서 비과학적 지식에 신뢰성을 부여한다고 해서 과학적 지식을 폄하하는 것은 아니다. 오히려 과학적 지식을 다른 지식들과의 대화라는 더 넓은 맥락에서 활용하는 것을 의미한다. 현재의 조건에서 이러한 과학적 지식의 활용은 대항헤게모니적 성격을 띤다. 이는 한 편으로 과학적 지식 내부의 대안적 개념들을 탐구하는 것을 목표로 한다. 대안적 개념들은 다양한 과학적 실천의 다원적 인식론을 통해 가시화되있으며, 특히 페미니스트 인식론이 주요한 역할을 했다. 다른 한편으로는 서구 근대성이 생산한 과학적 지식과 비과학적 지식들 간의 상호의존성을 발전시키는 데 초점을 맞추고 있다.

모든 지식이 불완전하다는 관념은 서로 다른 지식들 간의 인식론적 대화와 논쟁을 위한 전제 조건이 된다. 이러한 대화에서 각 지식이 기여하는 것은 특정한 실천이 특정한 무지를 극복하도록 이끄는 방식이다. 지식들 간의 대립과 대화는, 다양한 방식으로 무지했던 실천이 다양한 방식으로 앎을 갖춘 실천으로 변화하는 과정을 둘러싼 상호작용을 의미한다. 각 지식에는 내적 한계와 외적 한계가 존재한다. 내적 한계는 해당 지식이 세계에 개입할 수 있는 방식을 제한하는 요소로, 아직 알지 못하지만 미래에 알게 될 가능성이 있는 것을 포함한다. 반면 외적 한계는 특정한 지식으로는 알 수 없으며, 결코 알 수 없는 것을 가리킨다. 지식의 생태학의 관점에서 외적 한계는 다른 종류의 지식에 의해서만 가능한 대안적 개입들을 인정하는 것을 의미한다. 헤게모니적 지식의 특징 중 하나는 내적 한계만을 인정한다는 점이다. 반면, 근대 과학의 대항헤게모니적 활용은 과학의 내적 한계와 외적 한계를 동시에 탐구하는 것을 포함한다. 따라서 과학의 대항헤게모니적 활용은 과학 자체에 국한될 수 없으며, 지식의 생태학이라는 맥락 속에서만 그 의미를 온전히 발휘할 수 있다.

지식의 생태학은 과학적 지식의 단일문화를 넘어설 뿐만 아니라, 비과학적 지식을 과학적 지식의 단순한 대안으로 간주하는 사고방식 자체를 넘어설 수 있게 한다. 대안이라는 개념은 정상성을 전제하고, 정

　　　　　　　　　　　　　　　　　　남의 인식론

상성은 다시 규범의 개념에 의존한다. 따라서 어떤 것을 대안으로 지정하는 것은 암묵적으로 서발터니티(subaltertity)라는 잠재적 의미를 내포하게 된다. 예를 들어, 아프리카에서 압도적으로 널리 쓰이는 전통 아프리카 의학을 생물의학의 대안으로 여기는 것은 적절하지 않다. 중요한 것은 각 의학이 작동하는 맥락과 실천을 이해하는 것이며, 건강과 질병을 어떻게 개념화하는지 그리고 지식의 적용을 통해 무지(진단되지 않은 질병)를 치유나 치료의 형태로 어떻게 극복하는지를 살펴보는 것이다.[2]

지식의 생태학은 상대주의를 수용하는 것을 의미하지 않는다. 오히려 사회적 해방이라는 실용적 관점에서 보자면, 지식들 간에 위계 기준이 없다는 의미로 이해되는 상대주의는 지속 가능하지 않은 입장이다. 이는 사회 변혁의 의미와 지식 사이의 어떠한 관계도 성립할 수 없게 만들기 때문이다. 만약 서로 다른 모든 종류의 지식이 동일하게 유효하다면, 이는 모든 사회 변혁 기획이 똑같이 유효하거나, 반대로 똑같이 무효하다는 것을 의미한다. 지식의 생태학은 과학적 지식과 다른 종류의 지식 간에 새로운 관계, 즉 실용적 관계를 만들어내는 것을 목표로 한다. 이는 각기 다른 지식들이 '또 다른 가능한 세계'——즉, 보다 정의롭고 민주적인 사회, 그리고 자연과의 관계에서 더 균형 잡힌 사회——를 구축하기 위해 자신의 고유한 기여를 극대화할 수 있도록 '기회의 평등'을 부여하는 것이다. 여기서 중요한 것은 모든 종류의 지식에 동

---

2 두 가지 의학 간의 상호 보완적 관계로 생성된 '제3의' 의학적 지식을 표현하는 맥락과 실천들이 여전히 존재한다.

일한 유효성을 부여하는 것이 아니라, 근대 과학의 인식론적 기준에 부합하지 않는다는 이유로 특징 지식을 곧바로 배제하지 않으며, 대안적이고 유효한 기준들 간의 실용적 논의를 가능하게 만드는 것이다. 서로 다른 종류의 지식들 간의 '기회의 평등'은 자유주의적 의미에서의 평등한 기회, 즉 미리 설정된 목표를 달성하기 위한 기회를 의미하지 않는다. 대신, 이는 존 듀이(John Dewey)의 표현을 빌리자면 '인류의 대화'에 참여하는 모든 지식이 자신만의 '또 다른 가능한 세계'에 대한 고유한 관념을 제시할 수 있도록 허용하는 것을 뜻한다. 이러한 논의는 동일한 목표를 달성하기 위한 대안적 수단에 관한 것이 아니라, 대안적 목표 자체에 대한 논의에 초점을 맞춘다.

지식의 생태학은 지식들 간의 구체적인 관계와 그들 사이에서 생성되는 위계와 권력에 주목한다. 사실, 이러한 위계 없이는 어떤 구체적인 실천도 불가능하다. 지식의 생태학은 보편적이고 추상적인 위계와, 이를 통해 역사적으로 자연화된 권력에 도전한다.

구체적인 위계는 현실 세계에서 특정 개입이 다른 대안적 개입들에 비해 상대적으로 유효성을 가지는 과정에서 형성되어야 한다. 서로 다른 개입들 간에는 상호보완성이 있을 수도 있고, 모순이 있을 수도 있지만, 어떤 경우든 이러한 논의는 인지적 판단뿐만 아니라 윤리적이고 정치적 판단에 의해 조율되어야 한다. 특정 실천에 대한 인지적 판단에서의 객관성이 반드시 그 실천에 대한 윤리적·정치적 평가와 상충하는 것은 아니다. 지식의 생태학을 추진하는 동력은 특히 글로벌 사우스에서 이루어지는 사회적 투쟁에서 비롯된다. 이 투쟁들은 근대 과학에 대해 상대적으로 낮은 신뢰를 드러내며, 식민주의적·제국주의적 지

남의 인식론

배의 목적과 근대 과학이 긴밀하게 연관되어 있다는 사실을 극명하게 드러내는 사회문화적 현실을 가시화한다. 동시에, 비과학적이고 비서구적인 다른 형태의 지식이 여전히 광범위한 인구 집단의 사회적 실천 속에서 지속되고 있음을 입증한다. 이러한 투쟁은 과학적 지식과 서구의 헤게모니적 문화를 반드시 배격하지는 않는다. 오히려 그것들을 의문에 부쳐, 북반구의 인식론이 제공하는 것보다 더 풍부하고 심층적인 이해를 생성할 가능성을 열어준다. 이것이 로베르토 레타마르(Roberto Retamar)가 "유럽 문학을 진정 전체적으로 아는 유일한 유형의 사람은 식민지인이다"(1989: 28)라고 주장한 맥락을 잘 설명해 준다.

다음으로는 위에서 언급한 몇 가지 논점을 더 상세히 분석할 것이다.

지식의 생태학과 세계 경험의 무한한 다양성

지식의 생태학은 근본적 공존이라는 개념에 뿌리를 두고 있다. 근본적 공존이란 심연적 선의 양쪽에 존재하는 실천과 행위자들은 동시대적이라고 간주하는 것을 의미하며, 이는 동시대성이 하나의 형태로 고정된 것이 아니라 다양한 방식으로 나타난다는 전제를 수반한다. 근본적 공존은 동시성과 동시대성을 동일시하는 것을 뜻하며, 이는 선형적인 시간 개념을 포기해야만 가능하다(6장 참조). 이러한 방식으로만 헤겔(1970)을 넘어설 수 있다. 헤겔에게 있어 역사적 인간에 속한다는 것은 곧 이 경계의 이쪽에 속한다는 것을 의미했다. 즉, 선의 이쪽에 있다는 것은 기원전 5세기에는 야만인이 아닌 그리스인이었고, 초기 로마 제국 시대에는 그리스인이 아닌 로마 시민이었다. 중세에는 유대인이 아닌 기독교인, 16세기에는 신세계의 '미개인'이 아닌 유럽인이었다. 19세기에는 역사 속에 정체된 아시아인이나 역사의 일부조차 되지 못한 아프리카인이 아닌, 유럽인(북미의 이주 유럽인 포함)이었다. 지식의 생태학이 부상하는 문화적 맥락은 모호하다. 한편으로, 지난 40년간 사회 운동을 통해 세계의 사회문화적 다양성이라는 관념이 수용되었으며, 이는 인식론적 다양성과 다원성을 그 차원의 하나의 차원으로 인정하는 데 유리하게 작용했다. 다른 한편으로, 모든 인식론이 그 시대의 문화적 전제를 공유한다면, 오늘날 심연적 사고의 가장 뿌리 깊은 전제 중 하나는 여전히 과학이 유효하고 정확한 지식의 유일한 형태라는 믿음일 것이다. 호세 오르테가 이 가세트(José Ortega y Gasset 1942)는 믿음과 관념을 근본적으로 구분하면서, 관념을 과학이나 철학으로 간주한다. 이 구분은 믿음이 우리의 정체성과 주체성의 본질적 부분인 반면, 관념은 우리 외부에 존재한다는 점에 있다. 우리의 관념이 불확실성에서 비롯되어 그 불확실성과 연관된 상태로 남아 있는 반면, 믿음은 의심의 부재에서 비롯된다. 본질적으로, 이는 존재와 소유의 구분과 같다. 우리는, 우리가 믿는 것이고, 관념을 가진다. 우리 시대의 특징 중 하나는 근대 과학이 관념의 영역과 믿음의 영역 모두에 걸쳐 있다는 점이다. 과학에 대한 믿음은 과학적 사상으로 가능한 성취를 훨씬 넘어선다. 이에 따라, 20세기 후반 동안 과학에 대한 인식론적 신뢰는 약화되었지만, 대중들 사이에서는 오히려 과학에 대한 믿음이 더욱 강화되었다. 과학과 관련된 믿음과 관념 간의 관계는 이제 별개의 두 실체 사이의 관계가 아니라, 과학을 경험하는 두 가지 방식 간의 관계로 나타난

남의 인식론

다. 이러한 이중성은 세계의 문화적 다양성을 인정하는 것이 반드시 세계의 인식론적 다양성을 인정하는 것을 의미하지는 않는다는 사실을 드러낸다.

이러한 맥락에서 지식의 생태학은 본질적으로 하나의 대항인식론(counterepistemology)으로 자리한다. 이는 모든 형태의 보편적 인식론을 포기하는 것을 전제로 한다. 세계에는 물질, 사회, 생명, 그리고 정신에 관한 매우 다양한 지식의 형태가 존재할 뿐만 아니라, 무엇을 지식으로 간주할 것인지, 그리고 어떤 기준으로 이를 입증할지에 대한 개념 역시 매우 다양하다. 이러한 맥락에서 이론에 대해 유효한 것은 인식론에서도 동일하게 적용된다. 우리가 진입하고 있는 과도기적 시기, 즉 여전히 지식의 총체성과 통일성을 주장하는 심연적 관점이 지배적인 현 상황에서, 우리는 아마도 일종의 잔여적이거나 부정적인 일반 인식론적 관점이 필요할 것이다. 즉, 보편적 인식론의 불가능성을 전제로 한 보편적 인식론이 요구된다는 뜻이다.

지식의 생태학이 부상하게 된 데에는 두 가지 주요 요인이 있다. 첫 번째는 심연적 선 너머에 위치한 사람들과 세계관이 자본주의에 대한 전 지구적 저항의 중요한 동반자로, 다시 말해 대항헤게모니적 세계화의 주요 행위자로 강력한 정치적 존재감을 발휘하고 있다는 점이다. 두 번째 요인은 단일한 총체적 대안으로는 포괄할 수 없을 정도로 근본적으로 다른 대안 사회 개념들 간의 전례 없는 대립이다. 세계 곳곳에서 일어나는 토지 수탈과 농업 산업의 단일 재배에 맞서 벌이는 빈농들의 투쟁이나, 라틴아메리카 전역에서의 댐 건설, 국립공원이나 거주지를 관통하는 고속도로 건설, 혹은 전례 없는 규모의 광산 개발에 반대하는 원주민들의 투쟁을 떠올려 보아도 그 현실을 충분히 알 수 있다. 원주민들은 종종 '생산력 발전'에서 발생하는 수익이 부의 분배와 더 나은 사회 서비스를 가능하게 한다고 여기는 진보적 정부나 노동자 · 광부 조직과도 충돌해 왔다. 이와 유사하게, 유럽의 *분노한 사람*들 시민 운동이나 미국의 점거 운동처럼 공적 영역에 새롭게 등장한 집단적 존재들을 예로 들 수 있다. 이들은 자신들의 다양화된 투쟁을 통해, 글로벌 자본에 복무하는 보수적 정부에 맞설 뿐 아니라 이러한 투쟁을 유토피아적이고 비생산적이라 간주하며 결과적으로 지배 권력 구조에 도구화된다고 여기는 좌파 정당 및 진보적 사회 조직들과도 대립한다. 대항헤게모니적 세계화는 전 지구적으로 통용될 수 있는 단일한 대안이 부재한 상황에서도 두드러진 성과를 보이고 있다. 지식의 생태학은 다원적이고 창조적인 사고와 행동에 인식론적 일관성을 부여하려는 것을 목표로 한다.

이는 과학을 독점적인 지식으로 여기는 관점과 지식의 생태학의 한 부분으로서 과학을 바라보는 관점 간의 차이에 대한 더 깊은 성찰을 필요로 한다.

지식의 생태학 속 근대 과학

앞서 언급했듯이, 심연적 사고의 산물로서 과학적 지식은 사회적으로 공정하게 분배되지 않으며, 본질적으로 공평한 분배는 애초에 불가능하다. 이는 과학적 지식이 처음부터 심연적 선의 이쪽을 지식의 주체로, 저쪽을 지식의 객체로 설정하도록 설계되었기 때문이다. 과학적 지식이 선호하는 현실 세계의 개입은 주로 과학적 지식에 더 쉽게 접근할 수 있는 사회적 집단에게 이익을 제공하는 방식으로 이루어진다.

과학적 실천의 내적 다양성[3]

서구에서 과학의 내적 다양성에 대한 문제는 주로 페미니스트 인식론,[4] 과학의 사회적 · 문화적 연구, 그리고 이를 바탕으로 발전한 과학사 및 과학철학의 흐름에 의해 제기되었다. 이러한 접근들은 일반적으로 과학적 실천의 다양성에 관한 인식론[5]이라 불리며, 근대 과학의 전통적 인식론과 다른 대안적 인식 방식 사이에서 제3의 길을 모색한다. 이들의 관점에서 볼 때, 새롭게 부상하는 복잡계 과학과 관계없이, 지배적인 인식론은 여전히 실증주의에 크게 의존하고 있다. 실증주의는 근대 과학의 중립성에 대한 믿음, 문화와의 무관성, 유효한 지식의 독점, 그리고 인류 진보를 촉진할 수 있는 특별한 능력에 대한 신념을 기반으로 한다. 그러나 반대편 극단에는 근대 과학을 급진적으로 비판

....

3 이 부분은 Santos, Meneses, Arriscado(2007)를 참고했다.

4 페미니스트 인식론들──복수형은 페미니즘 내에서 이 문제에 대한 다양한 입장을 반영하기 위해 사용되었다──은 자연/문화, 주체/객체, 인간/비인간과 같은 근대성의 '고전적' 이원론 및 계급, 성/젠더, 인종 위계의 자연화에 대한 비판에서 중추적인 역할을 해왔다(Soper 1995).

5 이 주제와 관련한 문헌은 계속해서 증가하고 있으며, Santos(1992, 1995, 2000, 2007b), Pickering(1992), Lynch(1993), Jasanoff et al.(1995), Galison and Stump(1996), Latour(1999), Kleinman(2000), Nunes and Gonçalves(2001), Stengers(2007) 등을 참고하라.

하며, 이를 디스토피아적 관점에서 바라보는 입장이 있다. 이들은 근 내 과학의 파괴적이고 비민주적인 본질, 지배적 이익에 봉사하는 허구 적 중립성, 기술적 진보와 인류의 윤리적 발전 사이의 정체 내지는 퇴 보 사이의 극명한 대조를 강조한다. 제3의 길은 이러한 두 입장이 아무 리 대립적일지라도, 궁극적으로 과학에 대한 동일한 개념을 전제로 한 다는 점을 지적한다. 즉, 과학적 본질주의, 과학적 특수성, 자기참조성, 표상주의(representationalism)라는 관점을 공유한다는 것이다. 제3의 길은 이러한 관점을 거부하면서 동시에, 근대 과학이 창조해 온 긍정적인 성 과를 구제하려는 노력 속에서 나타난다(Harding 1998: 92).

제3의 길을 취하는 인식론들은 과학적 연구가 과학적 요소와 비과학 적 요소의 복잡한 혼합에 의존한다는 점을 밝혀 왔다. 이는 연구 주제 와 문제 설정, 이론적 모델, 방법론, 언어, 이미지, 그리고 논증의 형태 등에서 확인할 수 있다. 이들은 역사적·민족지학적 연구를 통해 과학 의 물질 문화(Galison 1997; Kohler 2002; Keating and Cambrosio 2003), 즉 과학자들이 제도적 맥락, 동료, 국가, 연구비 지원 기관과 단체, 경제 적 이해관계, 또는 공공의 이익과 관계를 맺는 다양한 방식을 탐구해 왔다. 또한, 지식을 하나의 '구성물'로 개념화하는 것의 중요성도 강조 했다. 이는 인간 행위자, 재료, 도구, 작업 방식, 그리고 기술들이 사회 적으로 조직된 실천을 통해 상호작용으로 이루어진다는 것이다. 이러 한 상호작용은 기존에 존재하지 않던 새로운 속성을 지닌 창조물을 만 들어내는 과정을 의미한다. 이 창조물은, 동원된 이질적 요소들의 단순 한 합으로 환원될 수 없는 독창적 특성을 가진다. 마지막으로, 과학 활 동의 자율성이 가지는 조건과 한계를 면밀히 분석하며 과학이 수행되

남의 인식론

는 사회적·문화적 맥락과의 연결성을 드러냈다. 이러한 접근은 과학적 실천과 서사의 이질성을 분석함으로써 과학의 인식론적·실천적 통일성이라는 전제를 해체했다. 더 나아가, 지식 영역을 구조화하는 특징으로서의 '두 문화'(과학과 인문학)의 대립을 과학적·인식론적 문화들과 지식 구성의 다소 불안정한 다원성으로 전환시켰다.[6]

16세기와 17세기에도 이미 과학과 과학적 사실의 의미를 둘러싸고 다양한 입장이 존재했다.[7] 흥미로운 점은, 근대 과학으로 규정된 다양한 탐구 방식들이 아직 분과 학문이나 전문 분야로 명확히 구분되지 않은 광범위한 주제와 대상을 다룬 동시에, 자연주의적 관찰, 동물과 광물의 기술 및 분류, 통제된 실험, 수학적 방법, 철학적 사변 등 다양한 접근 방식을 허용했다는 것이다. 따라서 과학 내부의 분화와 전문화는 역사적 과정의 결과로 나타난 것이며, 이는 과학과 기술 간의 구분이라는 맥락에서 이해될 필요가 있다. 이 구분은 과학의 본질적 중립성을 주장하거나, 과학적 연구의 결과——그것이 긍정적이든 부정적이든——를 과학의 응용에 귀속시키기 위해 여전히 종종 사용된다. 그러나 최근

....

6 이 주제에 대한 다양한 접근법은 Galison and Stump(1996), Nunes(1998/1999, 2001),
   Wallerstein(2007), P. Wagner(2007), Stengers(2007)를 참조하라.

7 이 주제는 과학혁명의 역사 서술에 특별히 관심을 가진 저자들의 주목을 받아왔다
   (예로, Shapin 1996; Osler 2000). 론다 쉬빈저(Londa Schiebinger 1989)나 폴라 핀들렌
   (Paula Findlen 1995)과 같은 페미니스트 과학사 연구자들은 16세기와 17세기의 주제,
   방법, 지식 개념의 다양성 속에 여성들의 주도적인 역할이 포함되어 있음을 보여주었
   다. 과학이 제도화됨에 따라, 여성들에 의해 창조된 많은 지식들은 압도적으로 남성
   중심적인 과학 공동체에 의해 전유되거나 단순히 지식을 생산하는 방식으로 인정받
   지 못하고 폐기되었다.

수십 년 동안 고에너지 물리학이나 분자생물학과 같은 분야에서 과학 지식의 조직 방식과 기술 혁신 및 발전과의 관계에서 나타난 변화는 이러한 구분에 대한 역사적 기록을 새롭게 평가하도록 만들었다. 이는 과거에 과학적 연구 활동과 기술 혁신 및 발전을 분리할 수 없었던 수많은 사례들을 드러낸다. 과학과 기술을 근본적으로 구분하는 것이 불가능하다는 점을 설명하기 위해 '기술과학(technoscience)'이라는 표현이 널리 사용되기 시작했다.[8]

과학을 뉴턴 역학에서 영감을 받은 단일한 인식론적 모델로 축소하려는 시도——즉, 수학화를 과학성의 이상[9]으로 삼으려는 시도——는 상황에 따라 달라지는 실천의 다양성에 의해 반박되었다. 이러한 실천들은 서로 공존하거나 뒤얽혀 있으며, 특유의 인식론적 모델을 갖추고 있으면서도, 동시에 특정한 시공간에 연결된 '실천의 생태학'(Stengers 1996/1997)을 형성한다. 지난 30년 이상 동안, 과학의 사회학적 연구는 과학적 작업 생산의 상황적 특성에 대한 다수의 경험적 연구와 이론적·인식론적 성찰을 제시해 왔다. 다양한 실천들이 과학으로 자리 잡을 수 있게 한 원칙들을 인정되면서, 과학성에 대한 다양한 형태들이 제안되었고, 이는 과학 내부에서 이러한 형태들 간의 긴장으로 이어졌다.

....

8 과학과 기술의 관계에 대해서는 Latour(1987)와 Stengers(1996/1997, 1997)를 참고하라. 또한 과학과 물질 문화에 관한 본 장의 각주 5에서 언급된 연구들을 참고할 수 있다. Santos(2007b)에 실린 에세이들은 과학과 기술을 구분하는 것이 불가능하다는 점이, 지식의 세계적 역학과 그에 수반되는 불평등, 긴장, 갈등을 이해하는 데 얼마나 중요한 요소인지 보여준다.

9 이 모델은 양자역학과 이에 수렴되는 다른 발전들에 의해 흔들렸다.

경계를 고집하는 것은 종종 새로운 학문 분야나 과학 영역의 형성을 방해하는 결과를 낳았다. 그러나 지난 수십 년간 과학적 지식에서 가장 혁신적인 성과 중 일부는 바로 '경계 사이'에서 이루어졌다. 여기서 말하는 것은 전통적 의미의 '학제 간 연구(interdisciplinary)'가 아니다. 학제 간 연구는 경계를 존중하는 협력을 기본 전제로 한다. 반면, 내가 말하는 '경계 작업(frontier work)'은 최상의 경우 새로운 대상, 질문, 문제를 만들어낼 수 있는 가능성이 있지만, 최악의 경우 기존의 '오래된' 모델의 지식에 포획되어 새로운 공간을 '식민화'하는 결과를 초래할 위험도 있다.[10]

과학의 이러한 '불일치(disunity)'와 다양성은 단순히 인식론적 다원주의의 결과일까? 즉, 세계 자체는 고유하고 동질적이지만(우주 가설), 이를 바라보고 다루는 방식이 다양하기 때문일까? 아니면 이 다양성이 세계의 이질성 그 자체에서 비롯된 존재론적 원인(플루리버스 가설)을 반영하는 것일까? 어느 경우든, 인식론적 다양성은 존재론적 다양성이나 이질성의 단순한 반영이나 부차적 현상으로 볼 수 없다. 세계의 과정, 존재, 그리고 관계를 묘사하고, 배열하며, 분류하는 본질적이고 결정적인 하나의 방식은 존재하지 않는다. 실용주의 철학자들이 거듭 강조하

---

10 이 과정의 특히 흥미로운 사례는 지난 세기 동안의 생물학 역사, 특히 유전학, 분자생물학, 발달생물학, 진화생물학과 관련된 부분이다. 이 역사의 인식론적 및 이론적 함의에 대해서는 Lewontin(2000), Keller(1985, 2000), Oyama(2000), Oyama, Griffiths, and Gray(2001), Nunes(2001), Singh et al.(2001), Robert(2004)를 참조하라. 생물학에서의 이론적 도전과 과학적 실천에 대해서는 J. Ramalho-Santos(2007)와 M. Ramalho-Santos(2003)를 참조하라.

듯, 앎이라는 행위 자체가 세계에 대한 개입이며, 이는 우리를 세계 안에서 세계의 형성에 적극적으로 기여하는 존재로 위치시킨다. 지식의 방식이 필연적으로 부분적이고 상황적 맥락에 얽매여 있기 때문에, 각기 다른 방식의 앎은 세계에 서로 다른 결과와 영향을 미친다. 근대 과학이 새로운 존재를 창조하고 이를 통해 존재론적 정치(Mol 2002)를 실행하는 능력은, 의도적이든 아니든 세계의 이질성을 증가시키는 결과를 초래하며, 이러한 개념을 뒷받침하는 것으로 보인다. 이는 견고한 실재론과 강한 객관성에 형태를 부여하며, 지식이 생산되는 조건과 그 지식이 관찰되거나 예상되는 결과들을 바탕으로 어떻게 평가되는지에 대한 정확하고 정밀한 이해를 요구한다. 이러한 접근은 인식론적, 도덕적 입장으로서의 상대주의를 거부하면서도, 모든 지식의 상황성, 부분성, 그리고 구성성을 엄밀히 설명할 수 있는 가능성을 열어준다.[11]

여기서 구성이라는 개념은 지식과 기술적 대상의 형성 과정을 설명하는 핵심적 요소다. 이 관점에서 구성한다는 것은 사회적으로 조직된 실천의 틀 안에서 재료, 도구, 제작 방식, 기술 등을 관계 맺고 상호작용하게 함으로써, 이전에는 존재하지 않았던 새로운 속성을 가진 무언가를 창조하는 것을 의미한다. 이는 동원된 이질적 요소들의 단순한 합으로 환원되지 않는 결과물을 만들어내는 과정이다. 따라서 과학과 기술의 사회적·문화적 연구를 비판할 때 자주 언급되는 실재와 구성된

....
11 이와 관련하여, 뒤프레(Dupré 1993, 2003)가 제안한 '무차별적인 실재론(promiscuous realism)'을 참조하라. 이는 실용주의적 접근, 특히 Santos(1989)가 이전에 탐구한 존 듀이의 접근과 강한 유사성을 지닌다.

남의 인식론

것 사이의 대립은 사실 무의미하다. 존재하는 모든 것—지식, 기술적 객체, 건물, 도로, 문화적 대상 등—은 상황적 실천을 통해 구성되었기 때문에 존재한다. 브뤼노 라투르(Bruno Latour)가 지적한 것처럼, 진정 중요한 구분은 실재와 구성된 것 사이가 아니라, 잘 구성된 것과 잘못 구성된 것 사이에서 이루어진다. 잘 구성된 것은 일관성, 견고성, 안정성이 시험받는 상황에서도 이를 성공적으로 견뎌내는 반면, 잘못 구성된 것은 비판이나 침식에 취약하다. 이러한 차이가 사실(잘 구성된 것)과 인공물(잘못 구성된 것) 사이를 구분할 수 있게 한다.[12]

이러한 관점에서 지식 생산의 실천은 객체를 다루는 과정을 포함하며, 이는 객체를 기존 지식 체계 안에서 인식 가능한 지식 객체로 변환하거나, 지식 자체의 보다 광범위한 재정의의 일환으로 그것들을 새롭게 규정하는 것을 의미한다. 어떤 객체들은 새로운 상황에서도 고유한 속성을 유지하며, 새로운 속성을 획득하거나 새로운 정체성을 부여받아 새로운 조건에서 재해석되거나 재활용될 수 있다. 반면, 다른 객체들은 정체성과 안정성을 유지하면서 상황과 맥락에 따라 다르게 활용되기도 한다. 예를 들어, 생의학 연구와 임상 실습에서 '공유'되는 특정 객체들이 이러한 사례에 해당한다. 그러나 유전자 변형 생물(GMOs), 프리온, 기후변화와 같은 새로운 객체의 속성이나 미래 행동에 대한 알 수 없음과 무지에 직면할 때, 이미 알고 있고 표현할 수 있는 지식에 내

---

12 이 주제에 대해서는 Santos(2007b)에 수록된 글들을 참고하라. 사회적·문화적 과학 연구에서 사용되는 구성 개념과 관련된 참고 문헌은 상당히 많다. 이와 관련하여 두 가지 유익한 논의로는 P. Taylor(1995)와 Latour(1999)를 참조할 수 있다.

재된 무지와 아직 알지 못하는 것에 대한 신중한 존중은 뚜렷하게 대비된다(Santos 1989). 잘 알려지지 않은 현상을 다룰 때 신중함을 요구한다는 것은 지식이나 개입을 거부하는 것이 아니라, 특정한 위험을 감수하는 것을 의미한다. 이는 알지 못하는 것을 이미 알고 있는 것으로 환원하지 않고, 알지 못하기에 설명할 수 없는 것의 중요성을 무시하지 않으면서 우리의 확신과 무지에 대해 스스로 질문을 던지는 태도를 포함한다.

객체의 정의와 주체와 객체의 구분은 과학 내 분화를 촉진하는 또 하나의 중요한 요인으로 작용한다. 일부 과학적 실천은 주체와 객체를 구분하는 데서 발생하는 어려움을 직접적으로 다룰 수밖에 없다. 생의학에서 사회과학, 정신분석에 이르기까지 지식의 객체를 정의하는 것은 객체를 대상으로 구성한 주체와의 관계에서 분리될 수 없다. 따라서 주체와 객체 사이의 경계를 설정하는 작업은 곧 지식의 영역과 역사를 그리는 다양한 경계들을 동시에 탐구해야 하는 과제를 동반한다. 지식 생산의 '원재료'를 구성하려면 과학자와 비전문가가 집단이나 사회의 구성원으로서 공유하는 상호주관적 관계, '공통' 언어의 사용, 그리고 상호작용적 역량을 배제할 수 없다. 의학과 정신분석을 포함한 인문과학의 역사를 특징짓는 내부적 긴장 역시 주체와 객체 사이의 경계를 정의하는 문제와 깊이 관련되어 있다. 설명/이해와 같은 대립적 개념은 인식론적 이원성을 근거로 삼으려 하지만, 오늘날 우리는 그러한 이원성이 인간 과학의 혼종적 주체/객체(hybrid subjects/objects)와 부합하지 않음을 알고 있다.

마지막으로, 샌드라 하딩(Sandra Harding 1998, 2006)의 논의에 따르면,

　　　　　　　　　　　　　　　남의 인식론

근대 과학의 전통적 인식론과 대안적 지식 체계 사이의 제3의 길 안에서 과학과 기술을 연구하는 두 가지 접근이 가능하다. 하나는 주로 북반구에서 발전한 포스트쿤주의(post-Kuhnian) 접근이고, 다른 하나는 주로 글로벌 사우스에서 이루어진 포스트식민 연구이다. 포스트쿤주의 접근은 역사적 · 문화적 전제에 기반해 근대 서구 과학의 역사가 형성되었으며, 과학은 개념적 불연속성을 통해 진보한다고 강조한다. 또한, 근대 과학의 인지적 · 기술적 핵심은 문화나 정치와 분리될 수 없으며, 과학은 본질적으로 비통일적이다. 과학을 단순히 표상의 집합으로 간주하는 것은 개입과 상호작용의 역동성을 가리는 결과를 초래한다고 지적하며, 근대 과학의 모든 순간은 그 시대의 성차(性差)에 대한 전제를 공유하고 있다는 점도 포함한다. 포스트식민 접근은 포스트쿤주의 접근의 특징을 공유하면서 두 가지를 추가로 강조한다. 첫째, 북반구에서는 북반구에서 생산된 과학이 세계의 모든 과학을 대표한다고 간주한다. 둘째, 유럽의 팽창, 식민주의, 근대 과학의 발전 사이에는 인과적 관계가 존재한다. 4장에서 논의했듯, 근대 과학은 근대법과 함께 심연적 선을 설계한 주요 도구였으며, 이로 인해 선의 저쪽에 있는 모든 것을 보이지 않게 만들었다.

이 두 접근법은 과학을 비본질주의적 관점에서 이해하며, 과학과 다른 지식 체계 간의 경계가 모호하다는 점을 인정한다. 이들은 모든 지식 체계가 지역적 지식 체계임을 고려하며, 표상적 관점보다는 기술적 잠재성의 측면에서 이해되는 과학의 인지적 다양성을 더 중요하게 여긴다. 마지막으로, 과학적 지식의 주체는 추상적이고 균질하며 문화적으로 무관한 존재가 아니라 각기 다른 역사, 궤적, 문화를 가진 매우 다양한 집단으로, 이들이 생산하는 과학적 지식 역시 다양한 목표를 지닌다는 점을 강조한다(Harding 1998: 104).

과학적 실천의 다원적 인식론이라고 명명된 이러한 접근법들은 패러다임 전환을 특징짓는 다양성과 다원성의 *세계관*(Weltanschauung)에 깊이 뿌리를 두고 있다. 그러나 나는 이러한 접근법들이 다양성과 다원성을 충분히 인정하지 못하고 있다고 생각한다. 포스트식민주의적 접근을 부분적으로 제외하면, 이러한 인식론들은 과학에 국한되어 있으며, 다른 지식 체계를 언급할 때도 항상 근대 과학의 관점에서 접근한다. 이는 패러다임 전환의 또 다른 사회문화적 구성 요소인 헤게모니적 세계화를 충분히 고려하지 않기 때문이다.

보편주의는 힘의 개념 없이 강제하며 자신을 드러내는 관념의 힘이라면, 헤게모니적 세계화는 힘이라는 개념 자체를 통해 스스로를 주장하는 관념의 힘이다. 즉, 이는 자유시장의 명목 아래 신용평가 기관, 세계은행, 국제통화기금(IMF)과 같은 다자 금융 기관이 부과하는 조건, 기업의 탈지역화, 토지 수탈, 글로벌 사우스 전역의 저임금 노동 착취 공장 등에서 작동하는 강제력을 통해 구체화된다. 다시 말해, 세계화는 권력과 저항, 지배와 헤게모니, 그리고 대항헤게모니적 대안들 간의 관계로 구성된다. 이는 오늘날 세계화가 자본주의가 초래한 사회적 · 역사적 갈등의 조건을 규정하는 헤게모니적 표지가 되었기 때문이다. 세계화는 갈등(힘의 관념) 그 자체이자 동시에 갈등의 조건(관념의 힘)이다. 19세기 말과 20세기 초 북반구에서 자본주의에 맞서는 투쟁은 지식의 통일성과 보편주의를 비판 없이 수용하는 방식으로 이루어졌는데, 이는 카를 마르크스와 알베르트 아인슈타인의 사례에서 잘 드러난다. 그러나 오늘날 자본주의와 식민주의에 맞서는 투쟁은 다양성의 의미와 세계화의 내적 모순에 대한 논쟁을 전면에 내세운다. 오늘날 반자본주의적이고 탈식민적인 투쟁은 갈등의 조건이 변화하는 만큼 진전되고 있다. 이에 따라 우리는 자본주의적·식민주의적 다양성과 반자본주의적·탈식민적 다양성, 헤게모니적 세계화와 대항헤게모니적 세계화라는 두 갈래를 마주하게 된다. 이들 간의 갈등은 우리 시대의 모든 인식론적 논쟁을 관통하고 있다. 이는 과학적 실천의 내적 다원성에서 외적 다원성으로, 과학적 지식과 비과학적 지식 간의 구별로 나아가는 것이 왜 중요한지를 명확히 보여준다.

외적 다원성: 지식의 생태학

상호문화적 및 포스트식민적 접근법은 근대 과학에 대한 대안으로 작용하거나 새로운 지식 구성 속에서 근대 과학과 결합하는 다양한 지식 체계의 존재를 인정할 수 있는 계기를 마련했다. 이러한 다원적 인식 방식과 이들 간의 새로운 관계에 대한 접근은 오랜 시간에 걸쳐 이루어졌으며, 특히 글로벌 사우스에서 풍부한 결과를 거두었다. 이는 이 지역에서 헤게모니적 지식과 비헤게모니적 지식 간의 만남이 더 불평등하게 이루어지며, 그로 인해 각 지식의 한계가 보다 분명히 드러나기 때문이다. 특히 글로벌 사우스에서는 비헤게모니적 지식이 자기인식(self-knowledge)의 형태로 간주되며, 자본주의, 식민주의, 가부장제가 초

래한 불평등한 관계에 대한 저항을 조직하는 데 활용된다.[13]

이러한 서발턴 자기성찰성(self-reflexivity)은 두 가지 질문을 가능하게 한다. 첫째, 왜 모든 비과학적 지식은 지역적, 전통적, 대안적, 또는 주변적인 것으로 간주되는가? 둘째, 그것을 정당화하는 이데올로기들(진보, 문명, 근대화, 세계화, 거버넌스)이 변함에도 불구하고 왜 지배 관계는 여전히 유지되는가? 과학적 지식과 비과학적 지식 간의 위계는 여러 형태로 변모하며, 단일문화/다문화, 근대/전통, 글로벌/로컬, 선진/후진, 진보/퇴보와 같은 대립 구도로 나타난다. 이러한 이분법은 각각 특정한 지배의 측면을 드러낸다. 앞서 언급했듯이, 근대와 전통적 지식 간의 이분법은, 전통적 지식이 실용적이고 집단적이며 지역에 깊이 뿌리내리고 있으며, 이국적인 경험을 반영한다는 관념에 기반하고 있다. 그러나 모든 지식이 부분적이고 상황적이라고 가정한다면, 모든 종류의 지식(과학적 지식을 포함)을 특정 논리(과학적 지식을 지배하는 논리를 포함)에 의해 형성된 사회적 맥락에서 특정 과제를 수행하는 능력으로 비교하는 것이 더 적절할 것이다. 이러한 관점은 19세기 말부터 실용주의 철학에 영향을 주었으며, 특히 과학적 지식을 포함한 다양한 지식들을 실질적이고 유익한 방향으로 발전시키는 데 적합한 접근으로 보인다.[14]

....

13 지식 생산을 둘러싼 인식론적 논쟁은 매우 다양하고 풍부하다. 이에 대한 분석
  은 Mudimbe(1988), Alvares(1992), Hountondji(1983, 2002), Dussel(2000, 2001),
  Visvanathan(1997, 2007), Mignolo(2000, 2003), Chakrabarty(2000), Lacey(2002),
  Meneses(2007), Xaba(2007)를 참조하라.
14 이에 대해서는 Santos(1992)를 참조하라. 이 글에서 나는 윌리엄 제임스와 존 듀이
  의 실용주의에 영감을 받아, 기술적 응용이 아니라 교화적 응용(edifying application)

남의 인식론

과학적 지식 외의 다른 형태의 지식의 존재를 인정하지 않는 인식론적 차이는 자본주의적, 식민주의적, 성차별적 차이를 내포하고 이를 은폐한다. 포스트심연적 사고와 서발턴 세계시민주의적 이성은, 메트로폴리탄 문화의 맹목적 모방으로 이해되는 미메시스를 문화 형성의 핵심 메커니즘으로 받아들이기를 거부한다(Said 1978, 1980). 대신, 정체성 담론과 사회 해방의 레퍼토리를 끊임없이 재구성함으로써 혁신적이고 반항적인 앎의 방식을 촉진하고자 한다. 해방적 상호문화성은 지식의 다양성과 세계 및 인간 존엄성에 대한 다양한 관념들을 인정하는 것을 전제로 한다. 분명 이처럼 다양한 지식과 관념의 유효성은 평가되어야 하지만, 특정 지식을 추상적으로 부정하는 방식에 기반해서는 안 된다.

수 세기에 걸쳐 다양한 지식의 성좌들은 상호 연계를 구축하는 방식을 발전시켜 왔다. 오늘날에는 서구적 · 과학적 · 근대적이라고 간주되는 지식과 전통적 · 토착적 · 지역적이라고 여겨지는 지식 간에 진정한 대화적인 연계를 형성하는 것이 그 어느 때보다 중요하다. 이는 단순히 과거의 전통으로 회귀하는 것이 아니라, 각 기술이 자연과 타인과의 관계를 형성하는 고유한 시각과 방식이 있다는 점을 인식하는 것을 의미한다(Nandy 1987). 따라서 미래는 서로 다른 지식과 기술이 교차하는 지점에서 발견될 수 있다.

세계의 인식론적 다양성은 열려 있다. 이는 모든 지식이 상황적이라

을 지향하는 과학의 한 형태를 옹호한다(또한 Toulmin 2001, 2007 참조). 프랫(Pratt 2002)은 실용주의 철학이 다양한 문화적 · 인지적 기여를 통합할 수 있는 다문화적 기원과 역량을 특징으로 한다고 주장해 왔다. 이러한 철학은 서구 철학 및 인식론적 사고에 더 폭넓은 상호성을 불러일으킬 가능성을 제공할 수 있다.

는 사실에 근거한다. 근대 과학의 보편성을 주장하는 것은 점차 하나의 특수주의로 드러나고 있다. 근대 과학의 특수성은, 그것과 경쟁하는 모든 지식을 특수적이고, 지역적이며, 맥락적이고, 상황적인 것으로 정의할 수 있는 힘을 지니고 있다는 점에 있다.

지식의 생태학에서 '현실 개입으로서의 지식'은 실재론의 척도가 되며, '현실 표상으로서의 지식'이 아니다. 인지적 구성의 신뢰성은 그것이 세계에 허용하거나 방해하는 개입의 유형에 따라 평가된다. 이러한 개입의 평가는 언제나 인지적 요소와 윤리적·정치적 요소를 결합하기 때문에, 지식의 생태학은 분석적 객관성과 윤리적·정치적 중립성을 구분한다. 오늘날 누구도 근대 과학의 기술적 생산성이 가능하게 한 현실 세계에 대한 개입의 전반적 가치를 의문시하지 않는다. 그러나 이러한 사실이 다른 형태의 지식이 가능하게 한 다른 현실 세계의 개입들의 가치를 인정하는 것을 막아서는 안 된다. 사회생활의 많은 영역에서 근대 과학은 다른 형태의 지식과 관련하여 의심할 여지 없는 우월성을 보여주었다. 하지만 근대 과학이 전혀 관여하지 않았음에도 오늘날 우리에게 매우 중요한 가치를 지닌 다른 형태의 개입들이 있다. 예컨대, 농촌 지역과 원주민 지식이 가능하게 한 생물 다양성 보존이 그러한 사례다. 역설적으로, 이러한 지식들은 과학적 개입이 지배적으로 확산됨에 따라 점점 더 큰 위협을 받고 있다(Santos, Meneses and Nunes 2007). 또한, 지식의 풍요로움, 삶의 방식, 상징적 우주, 그리고 적대적 환경에서 생존하기 위한 지혜가 단지 구전 전통만으로 보존되었다는 사실을 마주하고 경탄하지 않을 수 있을까? 이 모든 것이 과학을 통해서는 불가능했다는 사실이 과학에 대해 우리에게 무언가를 시사하는 것 아닌가?

남의 인식론

여기에서 공존과 불완전성을 수용하려는 동력이 생겨난다. 어떠한 하나의 지식도 세계에 대한 모든 가능한 개입을 설명할 수 없기 때문에, 모든 지식은 서로 다른 방식으로 불완전하다. 지식의 다양성에 관한 완전한 설명은 필연적으로, 그 설명을 가능하게 한 지식 유형을 포함하지 못하기 때문에 불완정성은 결코 제거될 수 없다. 모든 지식은 특정한 목적을 위해 누군가에 의해 알려진 것이며, 실천을 뒷받침하고 주체를 구성한다. 또한 모든 지식은 증언적 성격을 띤다. 즉, 지식이 현실에 대해 알고 있는 것(능동적 차원)은 동시에 이 지식을 가진 주체가 드러내는 것(주관적 차원)으로 반영되기 때문이다.

지식의 생태학이 추구하는 환경에서 상호주관성의 탐구는 그만큼 중요하면서도 복잡하다. 서로 다른 지식 실천은 각기 다른 공간적 규모, 시간적 지속과 리듬에 따라 이루어지기 때문에, 상호주관성은 다양한 규모에서 지식과 행동을 조정하려는 태도(상호척도성, interscalarity)와 서로 다른 시간과 지속성을 연결하려는 태도(상호시간성, intertemporality)를 포함한다(6장 참조). 대부분의 서발턴 저항 경험은 지역적이거나, 심연적 근대 지식에 의해 지역적으로 축소되어 무의미하거나 존재하지 않는 것으로 간주되었다. 그러나 심연적 선에 대한 저항은 반드시 세계적 스케일에서 이루어져야 하므로, 로컬-글로벌의 연결을 통해 서발턴 경험 간의 어떤 형태의 연계를 발전시키는 것이 필수적이다. 성공하기 위해서는 지식의 생태학은 반드시 척도 횡단적(trans-scalar)이어야 할 것이다.

더 나아가, 서로 다른 지식 실천에서 다양한 시간성이나 지속성이 공존한다는 점은 시간적 프레임의 확장을 요구한다. 근대 기술은 주로 국가 행위의 시간적 틀과 지속성, 즉 공공 행정이나 정치적 삶(예: 선거 주기)에 맞춰져 왔다. 반면, 글로벌 사우스의 서발턴 경험은 생존을 위한 즉각적인 필요라는 짧은 지속성과 자본주의와 식민주의라는 긴 지속성 모두에 대응해야 했다. 그러나 서발턴 투쟁 안에서도 서로 다른 지속성이 공존한다. 예를 들어, 라틴아메리카에서 빈농들의 토지 투쟁은 이러한 다양한 지속성을 잘 보여준다. 브라질의 무토지 농민 운동(MST)은 농지 개혁을 목표로 근대 국가의 지속성 속에서 투쟁을 전개한 사례로 들 수 있다. 또한, 아프리카계 후손들이 조상의 도망 노예 정착지였던 킬롬보(*quilombos*)를 되찾기 위해 벌이는 투쟁은 노예무역의 지속성과 연결된다. 나아가, 원주민들이 *정복자들*(*conquistadores*)에게 빼앗긴 역사적 영토를 되찾기 위해 벌이는 투쟁은 식민주의라는 훨씬 더 긴 지속성과 맞닿아 있다.

지식의 내적 다원성과 외적 다원성 사이의 구분 재정립: 아프리카 철학

앞서 언급한 지식의 내적 다원성과 외적 다원성 간의 구분은 그 발견적 가치에도 불구하고 몇 가지 문제를 안고 있다. 이 구분은 각 지식의 경계를 명확히 정의할 수 있다는 전제에 기반한다. 이러한 경계 정의가 가능해야만, 우리가 서로 다른 지식들 간의 다원성(외적 다원성)을 다루고 있는 것인지, 아니면 동일한 지식 체계 내에서 나타나는 변형(내적 다원성)을 다루고 있는 것인지 구분할 수 있기 때문이다. 우리는 앞서 과학적 실천의 인식론들이 과학의 내적 다원성 영역을 상당히 확장시켜 왔음을 확인했다. 그렇다면 내적 다원성은 가능한 최대치에 도달한 것일까? 이를 더 면밀히 살펴보면, 이러한 인식론들이 아무리 다양하다고 해도 근대 및 현대 과학적 실천의 범주 내에 국한되어 있다는 점을 알 수 있다. 예를 들어, 중국 과학을 연구한 조지프 니덤(Needham 1954–2008)의 연구, 이슬람 황금기(약 750–1258년)의 아랍·이슬람 과학을 연구한 세이예드 호세인 나스르(Seyyed Hossein Nasr 1976)와 여러 학자들의 연구, 또는 간디적 과학(Gandhian science)이나 카디 과학(Kadhi science)을 생각해 보자. 이러한 사례들은 과연 과학의 내적 다원성에 속하는 것인가, 아니면 외적 다원성에 해당하는 것인가?

서로 다른 지식의 영역에서 나타나는 사례들은, 지식의 내적 다원성과 외적 다원성 간의 구분에 절대적 가치를 부여하지 않아도 세계의 인식론적 다양성을 이해할 수 있음을 보여준다. 다음 질문으로 시작해 보자. 서구 철학과 아프리카 철학 간의 대화는 내적 다원성의 사례인가, 아니면 외적 다원성의 사례인가?[15] 두 철학 간의 논의이므로, 이는 내적 다원성의 사례로 간주될 수 있다. 그러나 서구와 아프리카 철학자들 중 다수는 철학은 본질적으로 단일하며, 지금까지 주로 서구에서 발전해 왔지만 그럼에도 철학의 보편성은 손상되지 않는다고 주장한다. 이들의 입장에서 보면, 아프리카 철학으로 지칭되는 것은 실제로 철학이 아니며 철학과 비교될 수 있다면 그것은 외적 다원성의 틀에서만 가능하다. 아프리카에서는 이러한 입장을 흔히 모더니스트 철학자(modernist

----

15 이와 같은 논리는 종교 간의 대화에도 적용될 수 있다.

philosophers)들이 취하고 있다. 반면, 전통주의 철학자(traditionalist philosophers)로 불리는 다른 아프리카 철학자들은 아프리카 철학이 아프리카 문화에 뿌리내리고 있기 때문에 서구 철학과 양립할 수 없으며, 독자적인 발전 경로를 따라야 한다고 주장한다.[16] 이들에 따르면, 서구 철학과 아프리카 철학 간의 비교나 대화가 가능하다 하더라도 이는 외적 다원성을 전제로 한다. 그 이유는 두 철학을 전혀 다른 지식 체계로 간주하기 때문이다. 그러나 이 모든 구분에도 불구하고 왜 두 체계가 모두 철학이라는 이름으로 불리는지는 여전히 설명이 필요하다.

이에 대해 제3의 입장을 지지하는 이들은 앞서 제기된 문제에 대한 새로운 관점을 제안한다. 이들은 철학이 단일한 개념이 아니라 다수의 형태로 존재한다고 주장하며, 상호 대화와 상호적 풍요로움이 가능하다고 믿는다. 이러한 입장을 가진 사람들은 종종 통약불가능성, 양립불가능성, 또는 상호불가해성이라는 문제에 직면한다. 그러나 이들은 이러한 통약 불가능성이 반드시 소통을 방해하지 않으며, 오히려 예기치 못한 상호보완적 관계를 창출할 가능성을 열어준다고 본다. 관건은 적절한 상호문화적 번역 절차를 활용하는 데 있다(8장 참조). 번역을 통해 공통된 관심사, 상호 보완적 접근법, 그리고 해결하기 어려운 모순들 또한 식별할 수 있다.[17] 제3의 입장에 따르면, 근본적으로 큰 차이를 가

....

16 이 주제에 관해서는 Eze(1997), Karp and Masolo(2000), Hountondji(2002), Coetzee and Roux(2003), L. Brown(2004)을 참조하라.

17 이 분야에서 문제는 종종 언어와 관련되며, 실제로 언어는 지식의 생태학을 구현하는 데 핵심적인 도구이다. 따라서 번역은 언어적 차원과 문화적 차원, 두 가지 수준에서 이루어져야 한다. 문화적 번역은 21세기에 철학자, 사회과학자, 그리고 사회 운동가

남의 인식론

진 지식들 사이에서도 내적 다원성을 인정할 수 있다. 보통 그러한 차이는 외적 다원성을 요구할 정도로 크다고 여겨지지만, 상호문화적 번역이 더 광범위하게 이루어질수록 이러한 비교는 외적 다원성에서 내적 다원성으로 전환될 가능성이 높아진다.

다음 두 사례는 이러한 논점을 잘 드러낸다. 먼저, 가나의 철학자 크와시 위레두(Kwasi Wiredu 1990, 1996)의 경우를 살펴보자. 그는 자신이 속한 아칸(Akan) 민족의 철학과 언어에서는 데카르트의 명제 *나는 생각한다, 고로 존재한다*(*cogito, ergo sum*)를 번역할 수 없다고 말한다. 이는 이 명제를 표현할 적합한 단어가 아칸어에 존재하지 않기 때문이다. 아칸어에서 '생각한다(thinking)'는 무언가를 측정한다(measuring something)'는 뜻으로 사용되며, 이 개념이 '존재한다(being)'와 결합되었을 때 의미가 통하지 않는다. 더욱이, *sum*(존재한다)의 의미를 설명하는 것조차 어렵다. 아칸어에서 가장 가까운 표현은 '나는 거기에 있다(I am there)' 정도인데, 위레두에 따르면, 위치를 나타내는 '거기(there)'라는 표현은 '코기토의 인식론과 형이상학적 관점에서 자멸적인 표현이 될 것'이라고 설명한다. 즉, 언어는 특정 관념을 설명할 수 있는 가능성을 제공하는 동시에, 다른 관념은 설명할 수 없게 만들 수 있다. 그러나 이러한 한계가 아프리카 철학과 서구 철학의 관계를 단절시켜야 한다는 것을 의미하지는 않는다. 위레두가 보여주려 했듯이, 아프리카 철학은 *나는 생각한다, 고로 존재한다*를 표현할 수 없는 이유에 대

....

들이 직면할 가장 도전적인 과제 중 하나가 될 것이다. 이 문제에 대한 자세한 논의는 Santos(2004, 2006a)를 참조하라.

해 자율적인 논의를 발전시킬 뿐만 아니라, 서구 철학이 표현할 수 없는 다양한 대안적 관념을 표현할 수 있다.[18]

두 번째 사례는 H. 오데라 오루카(H. Odera Oruka)가 제시한 것으로, 서구 철학과 아프리카 철학 간의 관계를 탐구하며, 아프리카 철학의 독창적 기여로 평가받는 철학적 현명함(philosophical sagacity) 개념을 다룬다. 이 개념은 오루카(1990a, 1990b, 1998)와 다른 학자들에 의해 제안된 아프리카 철학의 혁신적 요소로, 세상에 대한 비판적 성찰에 기반한다.[19] 여기서 오루카는 '현자(sages)'라는 용어로 철학적 성찰의 주체를 지칭하며, 이들은 시인, 전통 치료사, 이야기꾼, 음악가, 전통 권위자 등을 포함한다.

〔현자 철학은〕 특정 공동체 내 지혜로운 남성과 여성들의 표현한 사상으로 이루어지며, 이는 공동체 내에서 널리 알려진 격언, 금언, 상식적 진리 등으로 이루어진 *대중적 지혜*와, 공동체 내 특정 개인들의 철학적 사유와 합리적 사고로 구성된 교훈적 지혜 사이를 유동적으로 오가며 세계를 사고하는 방식을 나타낸다. 대중적 지혜는 종종 순응적 성격을 가지지만, *교훈적 지혜*는 때로는 공동체의 구조나 대중적 지혜 자체를 비판하기도 한다. 이러한 사상은 글로 표현되거나, 특정 개인과 연관된 구전 격언이나 논증 형태로 표현될 수 있다. 아프리카 전통에서 현명한 철학으로 간주될 수 있는 사상의 대부분이 글로 기록되지 않은 경우가 많

---

18 Wiredu(1997)를 참조하라. 그의 작업에 대한 논의는 Osha(1999)를 참조하라.
19 현자 철학에 대해서는 Oseghare(1992)와 Presbey(1997)도 참조하라.

남의 인식론

으며, 이는 당시 아프리카 사회의 문화적 · 역사적 특성을 고려하면 이해할 수 있는 일이다. 이들 중 일부는 서구의 도덕적 · 기술적 문화에 부분적으로 영향을 받았을 수 있다. 그럼에도 불구하고, 이들의 세계관과 문화적 정체성은 여전히 아프리카 전통 농촌 사회에 깊이 뿌리내리고 있다. 이들 중 극소수를 제외한 대부분은 '문맹 상태'이거나 반문맹 상태에 있다(1990a: 28).

다시 말해, 아프리카의 철학적 현명함이라는 개념은 기존의 철학과 본질적으로 이질적인 형태의 지식이어서 외적 다원성의 사례로 볼 수밖에 없다. 그러나 철학의 정의를 재구성할 필요성을 제기함으로써, 이제 크게 확장된 철학의 영역 내에서 내적 다원성을 지적하는 사례로 볼 수도 있는 것이다.

지식의 생태학, 위계, 그리고 실용주의

인식론적 실용주의는 억압받는 사람들의 삶의 경험이 주로 결과론적 인식론을 통해 이해된다는 점에서 정당화된다. 이들의 세계에서는 결과가 원인보다 우선시된다. 지식의 생태학은 서로 다른 지식 체계가 사회와 자연에 대해 제공할 수 있는 구체적 개입을 재평가해야 한다는 실용적 관점에서 출발한다. 이는 지식들 간의 관계와 그들 사이에서 형성되는 위계에 주목한다. 왜냐하면, 구체적 실천은 이러한 위계를 전제로 하기 때문이다. 다만, 지식들 간에 단일하고 보편적이며 추상적인 위계를 설정하는 대신, 지식의 생태학은 특정 지식 실천이 의도하거나 달성하는 구체적 결과에 따른 맥락 의존적인 위계를 선호한다. 구체적 위계는 대안적 현실-세계 개입 방식의 상대적 가치 평가에서 비롯된다. 이러한 개입들 간에는 상호보완성이 존재할 수도 있고, 모순이 발생할 수도 있다. 현실-세계에서 다양한 지식 체계가 이론적으로 동일한 개입을 실행할 수 있는 경우, 구체적인 지식 형태의 선택은 대비의 원칙(pinciple of precaution)으로 결정되어야 한다. 지식의 생태학에서 대비의 원칙은 다음과 같이 정의된다. 개입의 설계, 실행, 통제 과정과 그 결과로 얻어지는 혜택에 있어, 관련된 사회 집단들이 가장 적극적으로 참여할 수 있는 지식 형태를 우선적으로 선택해야 한다.

이와 관련해 두 가지 상황을 구분할 필요가 있다. 첫 번째는 동일한 사회적 영역에서 서로 다른 지식들이 충돌하는 상황에서 대안적 개입 방식 중 하나를 선택해야 하는 경우다. 이때, 대비의 원칙은 지식들 간의 추상적 위계가 아닌, 득실에 기반한 민주적 논의에 따라 판단되어야 한다. 다음 사례는 이러한 원칙의 중요성을 보여준다. 1960년대에 몇몇 아시아 국가들이 수천 년 된 전통 논농사 관개 시스템을 녹색 혁명의 선구자들이 권장한 과학적 관개 시스템으로 대체했다. 인도네시아 발리의 관개 시스템은 힌두교 물의 여신 데위-다누(Dewi-Danu)의 사제들이 관리하는 전통적인 종교와 농업 및 수문학적 지식에 기반을 두고 있었다(Callicott 2001: 89-90). 이러한 시스템은 인류학자들이 "쌀 숭배(rice cult)"라고 명명한 전통에서 유래한 미신적인 것으로 여겨져 대체되었다. 그러나 이러한 변화는 벼농사에 치명적인 결과를 초래했고, 결국 과학적 시스템은 폐기되고 전통적인 시스템을 복원할 수밖에 없었다.

남의 인식론

진정한 문제는 벼농사를 위한 동일한 개입——논밭 관개——을 위해 설계된 두 지식 체계 간의 양립불가능성이 잘못된 평가에서 비롯되었다는 점이다. 즉, 서로 다른 지식의 상대적 가치를 평가하는 과정에서 근대 과학의 보편적 타당성이라는 추상적 판단에 의존했기 때문에 발생한 것이다. 수년 후, 복잡성 과학 분야 중 하나인 계산 모델은 데위-다누의 사제들이 관리했던 물 순환 체계가 과학적 관개 시스템이 설계한 체계보다 훨씬 효율적이었다는 것을 입증했다(Callicott 2001 : 94).

서로 다른 지식 체계에 기반한 대안적 개입의 또 다른 사례는 동일한 사회적 영역에서 이루어지지 않는 개입과 관련된다. 이 경우, 서로 다른 지식 체계 간의 선택이 반드시 하나의 개입 방식을 다른 방식으로 대체하는 것을 의미하지는 않는다. 대신, 어떤 사회적 영역에 개입할 것인지와 우선순위를 어떻게 설정할 것인지에 대한 결정을 요구할 뿐이다. 앞서 언급했듯이, 근대 과학이 기술적 생산성을 통해 현실-세계에서 이루어낸 개입의 전반적인 가치를 의심하는 것은 합리적이지 않다. 그러나 히로시마와 나가사키를 초토화한 폭탄이나 천연자원의 파괴적 착취와 같은 구체적인 선택에 대해서는 의문을 제기할 수 있다. 예를 들어, 근대 과학이 인간을 달로 보낼 수 있는 능력을 갖췄다는 사실을 의심하는 사람은 없다. 이러한 사업의 사회적 가치는 논란이 될 수 있지만, 이와 같은 영역에서 근대 과학은 다른 형태의 지식에 비해 명백한 우위를 보이는 것이 사실이다. 그러나 오늘날 우리에게 중요한 또 다른 방식의 현실-세계 개입도 존재하며, 이는 근대 과학과는 무관하고 오히려 다른 형태의 지식 덕분에 가능해진 결과다. 대표적인 예로, 농민과 원주민의 지식이 이루어낸 생물 다양성 보존이 있다.

신중한 지식을 위한 방향성

지식의 생태학을 인식론적으로 구축하는 일은 결코 쉬운 과제가 아니다. 이를 생각하면 수많은 질문들이 떠오른다. 과학적 지식은 비과학적 지식과 어떻게 구별되는가? 지식 간의 상호지식(interknowledge)은 어떻게 구축되는가? 다양한 비과학적 지식들 사이의 구분은 어떻게 이루어지는가? 서구 지식과 비서구 지식의 차이는 무엇인가? 서구 지식 내에서도 여러 유형이 있다면, 이들 간의 차이는 어떻게 구별할 것인가? 비서구 지식에도 여러 종류가 있다면, 이들 간의 차이는 어떻게 구분할 것인가? 또한, 다양한 지식은 어떤 관점에서 식별될 수 있는가? 한 종류의 지식을 다른 관점에서 인식할 수 있는 가능성과 한계는 무엇인가? 서로 다른 지식들 간에는 어떤 관계나 연결이 가능한가? 이러한 관계를 실천적으로 구현하기 위해 어떤 절차가 필요할까? 구체적이고 실천적인 사회적 투쟁에서 피억압자들의 지식과 관점을, 억압자들의 것과 어떻게 구분할 수 있을까? 이 모든 질문에 명확한 답을 제시하기란 어렵다. 지식의 생태학의 특징은 끊임없는 질문과 불완전한 대답을 통해 스스로를 형성한다는 데 있다. 바로 이 점에서 지식의 생태학은 신중한 지식(prudent knowledge)으로 성립한다. 아래는 지금까지의 논의에서 도출된 몇 가지 발견을 요약한 것이다. 이는 신중한 지식을 향해 나아가는 데 유용한 방향성을 제공할 수 있을 것이다. 다음 장에서는 상호문화적 번역을 통해 서로 다른 불완전한 지식들이 공존하는 방식을 다룰 것이다.

1. 전 지구적 사회적 정의는 전 지구적 인지적 정의 없이는 실현될 수

남의 인식론

없다. 인지적 정의를 위한 투쟁은 과학 지식의 보다 공정한 분배에만 의존해서는 성공할 수 없다. 과학적 지식은, 본질적으로 과학적 지식으로 가능한 사회적 개입의 범위에 한계가 있기 때문이다. 기존 인식론의 헤게모니와 그로 인한 과학적 지식의 단일문화 속에서, 다양한 지식의 존재와 그 잠재적 가치를 회복하는 것은 부재의 사회학과 출현의 사회학을 통해서만 가능하다.

2. 과학을 신중하지 못하고 배타적으로 사용해 발생한 위기와 재난은, 지배적인 과학적 인식론이 인정하는 수준을 훨씬 넘어설 정도로 심각하다. 이러한 위기와 재난은, 과학적 실천 안팎에서 종속적인 형태로 존재하는 비과학적 지식들과 이를 지탱하는 사회적 실천들을 함께 가치 있게 평가했다면 피할 수 있었을지도 모른다. 지식의 생태학에서 비과학적 지식에 대한 신뢰를 부여한다고 해서 과학적 지식을 폄하하는 것은 아니다. 이는 단지 과학적 지식을 대항헤게모니적으로 활용하는 것을 의미할 뿐이다. 이는 한편으로 과학적 실천의 다원적 인식론을 통해 드러나는 대안적인 과학 실천을 탐구하는 것과, 다른 한편으로는 과학적 지식과 비과학적 지식 간의 상호의존성에 가치를 부여하는 것으로 이루어진다.

3. 모든 사회적 지식은 특정한 사회 집단이 지닌 구체적인 사회적 목적과 맞물려 인식되고 형성된다. 모든 지식은 실천들을 지탱하고 주체들을 구성한다. 모든 지식은 증언적인데, 이는 그들이 사회적 현실에 대해 아는 것(능동적 차원)이 또한 사회적 현실에 작용하는 지식 주체들의 유형(주관적 차원)을 동시에 드러내기 때문이다.

4. 모든 지식은 내적 한계와 외적 한계를 가진다. 내적 한계는 주어진

지식이 사회적 현실과 그것에 대해 가능한 개입에 관해 아직 알지 못하는 것과 관련된다. 외적 한계는 다른 종류의 지식들을 기반으로만 가능한 사회적 현실에 대한 개입들과 연결된다. 헤게모니적 지식의 특징은 주로 자신의 내적 한계만을 인식한다는 점이다. 반면, 근대 과학의 대항헤게모니적 사용은 내적 한계와 외적 한계를 동시에 탐구하는 데 초점을 맞춘다.

5. 지식의 생태학은 표상 측면에서는 구성주의적이며, 개입 측면에서는 현실주의적이다. 우리는 개념, 이론, 가치, 언어를 통해서만 현실을 인식하기 때문에 현실에 직접적으로 접근할 수는 없다. 반면에, 우리가 현실에 기반하여 구축한 지식은 현실에 개입하여 결과를 낳는다. 지식은 단순한 표상이 아니라 개입이다. 실용적 현실주의는 표상보다는 개입에 초점을 맞춘다. 인지적 구성의 신뢰성은 그것이 세계에 제공하거나 지원, 또는 방해하는 방식에 따라 평가된다. 이러한 개입에 대한 평가는 항상 인지적 요소와 윤리·정치적 요소를 결합하기 때문에, 지식의 생태학은 인지적 가치와 윤리적·정치적 가치 사이의 조화를 출발점으로 삼는다. 바로 이 지점에 객관성과 중립성의 구분이 자리잡고 있다.

6. 지식의 생태학은 지식들 간의 관계, 그리고 그들 사이에서 형성되는 위계와 권력에 초점을 맞춘다. 모든 지식에 동등한 기회를 부여한다는 전제하에 지식들 간의 대화를 시작하는 것은, 특정한 지식 실천의 맥락에서 형성되는 구체적 위계와 반드시 충돌하는 것은 아니다. 지식의 생태학이 맞서 싸우는 것은, 보편적이고 추상적인 인지적 권력에 의한 위계다. 이것은 역사에 의해 자연화되고 환원주의적 인식론에 의해

남의 인식론

정당화되었다. 이러한 구체적 위계는 사회적 현실에 대한 대안적 개입들을 평가하는 과정에서 형성된다. 개입들 사이에는 상호보완성이 존재할 수도 있고, 때로는 모순이 발생할 수도 있다.

7. *지식의 생태학은 대비의 원칙을 기반으로 한다.* 현실-세계에 대한 개입이 이론적으로 서로 다른 지식 체계에 의해 실행될 수 있는 경우, 어떤 지식 체계를 우선할 것인지는 대비의 원칙에 따라 결정되어야 한다. 지식의 생태학 내에서 이 원칙은 다음과 같이 정의된다. 동일한 조건이라면 개입의 구상, 실행, 통제, 그리고 그 혜택을 누리는 과정에서 더 많은 사회 집단의 참여를 보장할 수 있는 지식 형태가 우선되어야 한다.

8. *지식의 다양성은 사회적 현실에 개입하는 내용이나 방식에만 국한되지 않는다.* 그것은 지식이 형성되고 표현되며 전달되는 방식까지 포함한다. 지식의 생태학은 다성적(polyphonic)이고 프리즘적인 인식론을 지향한다. 다성적이라는 것은 서로 다른 지식들이 자율적으로 발전하고, 지식을 생산하고 전달하는 방식이 다양하기 때문에, 이들 간의 관계를 규명하는 일이 매우 복잡할 수 있음을 의미한다. 프리즘적이라는 것은 지식들 간의 관계가 개입하는 사회적 실천의 유형에 따라 달라진다는 점을 뜻한다.

9. *통약불가능성의 문제는 서로 다른 문화에서 유래한 지식들 간에서만 발생하는 것이 아니다.* 이는 동일한 문화 내에서도 중요한 쟁점이 된다. 서구 문화를 예로 들면, 과학이 예술, 인문학, 종교 등 비과학적이거나 심지어 비합리적이라고 여겨지는 다른 방식의 세계 이해와 어떤 관계를 맺으며, 어떻게 이를 구분 짓는가 하는 문제는 가장 논

란이 되는 주제들 중 하나다. 과학적 지식이 점점 더 '비합리적' 요소를 제거해 나갈 것이라는 관념을 비판한 입장들조차——예컨대, 토머스 쿤(1970, 1977), 가스통 바슐라르(1971〔1934〕, 1972〔1938〕, 1975〔1949〕, 1981), 조르주 캉길렘(1988), 그리고 (어느 정도는) 미셸 푸코(1980)——항상 과학과 다른 지식들 간의 단절을 바탕으로 한 패러다임 또는 에피스테메[20]를 상정했다. 토머스 기에린(Thomas Gieryn 1999)이 보여주듯, 이러한 단절을 주장하기 위해서는 지속적인 경계 작업이 필요하며, 이는 끊임없이 경계를 감시하고 '비합리성의 침입'이라는 위협에 대응하는 지속적이고 엄격한 인식론적 경계를 요구한다.

우리는 예를 들어 시와 과학 사이의 가능한 관계에 대해 질문할 수 있다. 여기서 중요한 것은 과학을 시로 이해하는 것이 아니라, 시의 인식론적 가치와 시와 과학을 아우르는 다성적 인식론의 가능성을 탐구하는 것이다. 이와 마찬가지로, 종교적 지식 역시 고유한 인식론을 가

---

20 (옮긴이) 에피스테메(episteme)는 그리스어 ἐπιστήμη에서 유래한 말로, 본래 '지식'이나 '학문'을 뜻한다. 일반적으로 철학과 인식론(知識論)에서 지식의 본질, 정당화, 가능 조건 등을 논의할 때 사용되는 개념이며, 미셸 푸코(Michel Foucault)는 『지식의 고고학(L'archéologie du savoir)』(1969) 등에서 이를 한 시대나 사회에서 '참된 지식'으로 인정되는 것의 담론적·인식론적 조건을 결정하는 심층 구조이자 일종의 인식론적 패러다임으로 정의했다. 즉, 특정 시기와 문화권에서 어떤 지식이 '과학적'이거나 '참된 것'으로 간주되는지를 결정하는 제도적·사상적 틀이 에피스테메라고 볼 수 있다. 따라서 에피스테메의 변화 과정을 살피는 것은 그 사회의 지식 체계가 어떻게 구성되고 권위화되는지 이해하는 핵심 열쇠가 되기도 한다. 이런 맥락에서, 저자인 산투스는 에피스테메를 재검토하면서, 서구중심의 지식 체계가 제국주의·식민주의적 조건 속에서 타자의 지식을 배제해 왔음을 지적한다. 산투스에게 에피스테메는 단지 지식의 '구조'를 가리키는 것이 아니라, 다양한 문화와 역사적 맥락에서 생성되는 탈식민적·대안적 지식 형성의 장(場)이 되는 개념이기도 하다.

　　　　　　　　　　　　　　　　　　남의 인식론

지고 있으며, 일반적으로 과학적 지식과 비교 불가능한 것으로 여겨진다. 그러나 오늘날 많은 사회 운동들이 억압에 맞서 싸우는 과정에서 종교적 지식과 영성을 활동의 토대로 삼고 있다는 점에서, 종교적 지식과 다른 지식들 간의 관계는 매우 중요한 논의의 대상이 된다(Santos 2009).

10. 지식의 생태학은 무지한 무지에 맞서 싸우는 학습의 투쟁을 목표로 한다. 헤게모니적 지식의 두드러진 특징 중 하나는, 자신이 정의한 지식과 무지의 기준을 다른 모든 지식에 강요할 수 있는 능력이다. 지식의 생태학은 우리가 알고 있는 것뿐만 아니라 알지 못하는 것에 대해서도 더 넓고 포괄적인 관점을 제시한다. 여기서 알지 못하는 것은 단순히 일반적인 무지의 결과가 아니라, 특정한 맥락에서 형성된 우리의 무지의 결과물임을 보여준다.

11. 서로 다른 지식들 간의 관계에 대한 역사는 지식의 생태학에서 핵심적인 위치를 차지한다. 자본주의, 식민주의, 가부장제의 오랜 역사적 지속성은 지식들 간의 불평등한 관계의 과거를 설명해 준다. 다수의 경우, 이러한 관계는 인식론적 살해로 귀결되었다. 그러나 지식의 생태학적 실천이 아무리 광범위하고 심층적이라 하더라도, 그러한 과거를 지울 수는 없다. 오히려 지식의 생태학은 역사를 현재를 구성하는 강력한 요소로 간주한다. T. 바누리(T. Banuri 1990)의 주장에 따르면, 식민주의가 시작된 이후로 남반구에 가장 부정적인 영향을 미친 것은 북반구의 강요에 적응하고 저항하기 위해 에너지를 쏟아야 했던 점이라고 주장한다.[21] 이와 같은 문제의식을 공유하며, 츠나이 세레케베르한

....
21 바누리는 남반구의 발전이 불리했던 이유는 "잘못된 정책 조언이나 조언자들의 악의

(Tsenay Serequeberhan 1991: 22)은 오늘날 아프리카 철학이 직면한 두 가지 과제를 지적한다. 첫 번째는 해체저 과제로 교육, 정치, 법, 문화 등 집단적 삶의 다양한 영역에서 식민주의로부터 유산으로 이어져 내려온 유럽중심적 잔재를 식별하는 것이다. 두 번째는 재구성의 과제로, 식민주의와 신식민주의에 의해 단절된 아프리카 유산의 문화적·역사적 가능성을 되살리는 것이다. 번역 작업은 이 두 과제를 동시에 다루려는 시도라 할 수 있다. 즉, 다양한 경험들 사이의 헤게모니적 관계를 조명하면서도, 그러한 관계를 넘어서는 가능성을 모색하려는 노력이다. 이러한 이중적 움직임 속에서, 부재의 사회학과 출현의 사회학이 드러낸 사회적 경험들은 서로를 파괴하거나 동화하지 않으면서 상호 이해 가능한 관계로 재구성된다.

12. 지식의 생태학은 사실을 냉철하게 분석하는 태도와 억압에 맞서는 의지를 강화하는 힘을 결합하여 개인적이고 집단적인 주체를 형성하는 데 기여하는 것을 목표로 한다. 냉철함은 억압의 현실을 다양한 인지적 관점에서 바라보는 데서 비롯된다. 억압은 항상 지식과 권력의 성좌에서 형성되며, 위계 또한 네트워크를 통해 작동한다. 반면, 의지의 강화는 인간의 가능성에 대한 더 깊은 이해에서 나온다. 지식의 생태학은 내적 힘과 산출하는 *자연(natura naturans)*을 중시하는 지식과, 외적 힘과 산출된 *자연(natura naturata)*을 중시하는 지식(과학적 지식과 같

....

적인 의도 때문도, 신고전주의적 지혜를 무시했기 때문도 아니다. 오히려 그 프로젝트가 원주민들에게 자신들이 정의한 사회적 변화라는 긍정적 목표를 추구하는 데 에너지를 집중하기보다는, 서구의 문화적, 정치적, 경제적 지배에 저항하는 부정적 목표에 에너지를 집중하도록 강요했기 때문"이라고 주장한다(1990: 66, 원문 강조).

은)의 결합을 가능하게 한다.[22] 이를 통해 지식의 생태학은 근대 과학의 기존 틀로는 설명할 수 없는 의지의 상상력을 형성할 수 있는 토대를 제공한다.[23]

지식의 생태학은 로고스의 차원에서만 이루어지지 않는다. 이는 또한 미토스(mythos)의 차원에서도 이루어지는데, 여기에는 각 지식이 가능하게 하는 가능성의 지평과 이들 간의 대화를 가능하게 하는 암묵적 전제가 포함된다. 여기서 발효(ferment)의 개념은 결정적이다. 이는 윌리엄 제임스와 앙리 베르그송이 기술적 자발성이라 부른 인간 에너지의 힘의 장과 *생명의 약동*(*élan vital*)과 연결되며(Bloch 1995: 2, 683), 원주민들이 흔히 영성이라 부르는 것과도 맥락을 같이한다. 지식의 생태학이 지닌 이러한 다성적 특성은 유능하면서도 저항적인 주체성을 촉진하는 것을 목표로 한다.[24] 핵심은 이미 구성된 사회적 현실에 대한 의심의 태도를 기반으로, 구성적 의지를 형성하는 자발성을 발전시키는 것이다. 한마디로, 첫 번째 르네상스 시기의 파라켈수스(Paracelsus)가 씨앗과 신체에 내재된 의지의 요소인 아르케우스(Archeus)와 물질의 자연적 힘인 불카누스(Vulcanus) 사이에서 발견한 조화를 되살리는 것이다.

의지의 강화는 출현의 사회학을 통해서만 이해할 수 있는 잠재성에서 비롯된다. 지식의 생태학에서 의지는 하나의 절대적 기준이나 진리의 독점에 의존하지 않고, 다양한 나침반에 의해 이끌린다. 단 하나의

----

22 의지의 기술에 대해서는 Bloch(1995: 2: 675)를 참조하라.

23 상상력과 지식의 교차에 관해서는 Visvanathan(1997, 2007)을 참조하라.

24 2장에서 논의된 불안정한 주체성들에 대한 분석을 참조하라.

나침반만을 따르는 것은 니콜라우스 쿠자누스가 언급한 무지한 무지의 한 형태를 보여주는 것이다. 따라서 각 나침반이 지식과 실천에 기여하는 바는 정기적으로 평가되어야 한다. 특히, 배타적 가이드나 전위대에 대해 일정한 거리를 유지하는 태도는 의지를 공고히 하는 중요한 요소로 작용한다. 나침반이 여러 개 존재한다는 사실은 인식론적 경계를 단순한 방어 기제가 아니라, 깊은 자기성찰의 행위로 전환하는 역할을 한다.

13. *지식의 생태학은 운동의 정치에서 상호운동의 정치로 전환을 의미한다.* 지식의 생태학 실천에 영감을 주는 문제의식은 다양한 사회 집단들에 의해 공유되어야 하며, 이들은 각자의 열망과 이해관계가 다른 사회 집단들과의 연계를 통해서만 성공적으로 실현될 수 있다고 여긴다. 따라서 다른 사회 집단들의 앎의 방식을 수용하고 상호작용하는 과정이 필수적이다. 이러한 연계가 이루어지는 시간과 장소는 각 집단이나 운동의 특성과 필요에 부합해야 한다.

이와 관련하여, 3장에서 분석한 니콜라우스 쿠자누스의 또 다른 유익한 가르침이 떠오른다. 1450년에 그는 세 개의 대화편——「지혜론(De Sapientia)」, 「정신론(De Mente)」, 「정적실험론(De Staticis Experimentis)」——을 저술했는데, 여기서 주인공은 바보로, 나무 숟가락을 만드는 가난한 장인이며 단순한 문맹인이다. 이 대화에서 바보는 공인된 철학자(인문주의자, 웅변가)와 논쟁을 벌이며, 자신의 적극적인 삶의 경험을 바탕으로 존재의 가장 복잡한 문제를 해결할 수 있는 지혜로운 인물로 드러난다. 여기서 그의 삶은 사색적 삶보다 우선시된다. 레오넬 산토스(Leonel Santos)는 다음과 같이 말한다. "바보는, 자기 능력의 자주적 배양과 활용 감각을 잃어버린 학식 있고 박학한 사람, 즉 저자들과 권위에 근거한 학문적 지식을 가진 사람들과 대비된다"(2002: 73). 웅변가는 바보를 자극하며 말한다. "이렇게 글을 공부하는 일을 경시하다니, 가난한 바보여, 참으로 건방지구나. 글 없이는 아무도 나아갈 수 없는데!"(2002: 78). 이에 대해 바보는 다음과 같이 답한다.

> 위대한 웅변가여, 내가 침묵하지 않는 것은 건방짐이 아니라 자비심 때문입니다. 나는 당신이 지혜를 찾기 위해 얼마나 헛된 수고를 하고 있는지 알고 있습니다. (……) 권위의 의견은 원래 자유로웠던 당신을 마치 여물통에 묶인 말처럼 만들어, 제공된 것만을 먹도록 제한합니다. 당신의 지식은 글을 쓰는 이들의 권위에 의존하며, 이는 당신의 사고를 자연스러운 목초지가 아닌 타인의 목초지에서만 머물도록 만듭니다(2002: 79).

그리고 그는 덧붙인다. "그러나 나는 여러분에게 말합니다. 지혜는 시장에서 외치며, 그 울림은 광장에 퍼집니다"(2002: 79). 지혜는 세상과 일상 속에서 드러나며, 특히 이성과 관련된 영역, 즉 계산, 측정, 무게를 재는 작업을 포함하는 활동 속에서 표현되는 것이다(2002: 81).

이 극도로 아이러니한 대화에서, 바보는 다름아닌 니콜라우스 쿠자누스의 박학한 무지를 구현하는 인물이다. 이 대화들은 학문적 지식들 간의 거대한 논쟁이, 실생활 및 경험과의 관련성을 충분히 입증되지 않는 한 그 중요성을 상실한다는 점을 보여준다. 이러한 앎의 방식의 탈중심화는 또 다른 차원을 포함한다. 지식의 생태학이 이루어지는 실천적 상호작용의 장(즉, 실천적 목적을 가진 상호작용의 영역)은 앎의 방식들이 논의되고 교환되는 장소가 대학이나 연구소 같은 지식의 배타적 공간으로 한정하지 않을 것을 시사한다. 지식의 생태학이 발현되는 장소는 지식이 변혁적 경험으로 탈바꿈하고자 하는 모든 곳이다. 이는 지식을 독립된 활동으로 여기는 전통적 경계를 넘어선 모든 장소를 의미한다. 상징적으로, 니콜라우스 쿠자누스의 대화는 이발소나 소박한 장인의 작업장에서 이루어진다. 철학자는 따라서 자신에게 낯설고, 전문적으로 훈련받지 않은 영역, 즉 실천적 삶의 영역에서 논쟁할 수밖에 없다. 이 영역은 모든 실천적 관계들이 계획되고, 기회가 계산되며, 위험이 측정되고, 장단점이 저울질되는 곳이다. 이는 실천의 장인 정신의 영역이며, 곧 지식의 생태학이 펼쳐지는 영역이다.

8장

상호문화적 번역:

열정을 담아 차이를 표현하고 공유하기

남의 인식론의 근간을 이루는 두 가지 주요 절차는 지식의 생태학과 상호문화적 번역이다. 이전 장들에서 나는 첫 번째 절차를 다루었다. 이번 장에서는 두 번째 절차를 다룬다. 지식의 생태학의 핵심에는 서로 다른 유형의 지식들은 서로 다른 방식으로 불완전하며, 그러한 상호적 불완전성에 대한 의식을 고양하는 것(완전성을 추구하기보다는)은 인지적 정의를 달성하는 데 전제 조건이 될 것이라는 생각이 있다. 상호문화적 번역은 서구중심적 일반이론들의 토대가 되는 추상적 보편주의(abstract universalism)와 문화들 간의 통약불가능성이라는 개념 모두에 대한 대안이다. 이 둘은 서로 연관되어 있으며, 서구 근대성이 비서구 문화들과 맺는 두 가지 '비관계성(nonrelationships)', 즉 파괴와 동화를 설명해 준다.[1] 이 둘은 모두 비서구 문화들을, 상상할 수 있는 어떤 의미에서도

....

1 군사 정복, 강제 개종, 이념적 세뇌, 언어적 탄압, 신성한 공간의 모독은 제국주의적 일

관련성 있는 문화적 대안으로 고려하기를 거부한다는 점에서 '비관계성'이다. 비서구 문화들은 선의 저쪽에 위치하며, 따라서 이해 불가능한 것으로 폐기되거나 전유와 폭력의 대상으로 전락할 수 있다. 이 책의 맥락에서 이해되는 상호문화적 번역은 여러 문화들 간의 동형적 관심사와 근본 가정을 탐구하고 차이와 유사점을 식별하는 것, 그리고 적절한 경우에는 각기 다른 문화적 맥락에서 자본주의와 식민주의, 가부장제에 맞서 사회 정의와 인간 존엄성, 또는 인간의 품위를 위해 싸우는 다양한 사회 운동들 간의 상호작용을 촉진하고 동맹을 강화하는 데 유용할 수 있는 새로운 혼종적 형태의 문화 이해와 상호 소통을 발전시키는 것으로 이루어진다. 상호문화적 번역은 대안적 지식들 간의 물화된 이분법(예컨대, 원주민 지식 대 과학적 지식)과 서로 다른 지식들의 불평등한 추상적 지위(예컨대, 정체성에 대한 타당한 주장으로서의 원주민 지식 대 진리에 대한 타당한 주장으로서의 과학적 지식) 모두에 대해 의문을 제기한다. 요컨대, 번역이라는 작업은 우리가 일반이론과 특공대 정치(commando politics) 없이도 다양성과 갈등에 대처할 수 있도록 해준다. 아래에서 보는 바와 같이, 이는 돌봄의 가치론하에 공유하고 차이를 표현하는 데서 비롯되는 다양한 감정과 논증 모두를 통해 수행되어야 할 살아 있는 과정이다. 안토니오 그람시의 *Con passionalità*(열정을 담아)는 (이에 걸맞은) 적절한 표현이었다(아래 참조).

이전 장들에서 나는 다양한 관점에서 상호문화적 번역의 필요성을 정당화하는 정치적 및 지적 분위기를 기술했다. 대항헤게모니

방주의를 통한 타자 부정의 여러 형태 중 일부이다. Dallmayr(2006: 76)를 참조하라.

남의 인식론

적 세계화의 출현, 비서구의 문화적 전제들에 닻을 내린 다양한 사회 운동의 부상, 그에 따른 서구 비판 전통 및 정치적 상상력과의 거리, 20세기를 통틀어 노동계급을 역사적 주체로서 특권적 지위에 두었던 국제주의의 붕괴, 그리고 이와 관련된 추상적 보편주의와 일반 이론들의 위기, 이 모든 요인들이 상호문화적 번역을 요구하는 흐름으로 수렴되었다. 상호문화적 번역은 수많은 질문을 제기한다. 서로 다른 지식들 사이에는 어떤 유형의 관계가 가능한가? 통약불가능성(incommensurability), 양립불가능성(incompatibility), 모순(contradiction), 상호보완성(complementarity)을 어떻게 구별할 것인가? 번역하고자 하는 의지는 어디에서 오는가? 번역자는 누구인가? 번역의 파트너와 쟁점을 어떻게 선택할 것인가? 공유된 결정을 어떻게 형성하고 그것을 강요된 결정과 어떻게 구별할 것인가? 상호문화적 번역과 상호언어적 번역의 차이는 무엇이며, 이들은 서로 어떤 관계를 맺는가? 상호문화적 번역이 심연적 사고나 환유적 및 예견적 이성의 최신 형태, 즉 제국주의와 식민주의의 새로운 버전이 되지 않도록 어떻게 보장할 것인가? 우리는 어떻게 억압당하는 자들의 관점을 인지적 측면에서 식별할 수 있는가? 우리는 어떻게 이러한 관점을 다른 지식들과 언어들로 번역할 수 있는가? 지배와 억압에 대한 대안을 모색하는 과정에서 우리는 억압과 지배 체제 자체에 대한 대안들과 체제 내의 대안들을 어떻게 구별할 수 있는가? 더 구체적으로, 우리는 자본주의에 대한 대안들과 자본주의 내의 대안들을 어떻게 구별하는가? 요컨대, 심연적 선들을 재생산하지 않는 개념적·정치적 도구를 사용하여 어떻게 그러한 선들에 맞서 싸울 것인가? 포스트심연적 지식 개념이나 서발턴 세계시민주의적 이성이 사회적 투쟁과 교육기관 모두에 미치는 영향은 무엇일까?

나는 이 장에서 이러한 모든 질문들에 답할 생각은 없다. 여기서는 번역 작업이 실제로 이루어지는 몇 가지 사례를 제시하는 데 그치려고 한다. 이 사례들이 이러한 질문들 자체에 대한 어떤 통찰을 제공할 수 있을 것이기 때문이다. 하지만 그에 앞서, 내가 의도한 상호문화적 번역이 무엇을 의미하는지, 왜 그것이 사회적 해방과 반란적 정치적 상상력(insurgent political imagination)을 재발명하는 데 중요한지를 간략히 설명하는 것으로 시작하겠다. 남의 인식론의 관점에서 볼 때, 상호문화적 번역은 또한 상호정치적 번역이기도 한데, 이는 대항헤게모니적 세계화의 원천이 되는 상호운동의 정치학을 촉진하는 절차이다. 상호문화적 번역은 정치적 기획의 본질적인 부분이며, 정치적 기획의 성공을 극대화하는 방식으로 수행되어야 한다. 상호문화적 번역은, 사회 정의와 인간 존엄성을 위해 전 지구적으로 투쟁하는 서로 다른 사회 집단들과 운동들 간의 정치적 결집을 가로막는 장애물들이 문화적 차이와 상호 이해불가능성에서 비롯될 때, 그것들을 최소화하기 위한 도구이다. 이러한 집단과 운동들은 서로 다른 언어를 사용하고 서로 다른 역사적 궤적을 배경으로 하는 것 외에도, 자신들이 활동하는 특정 사회적, 정치적 맥락뿐만 아니라 각기 다른 문화적 전제와 상징적 우주를 기반으로 투쟁의 레퍼토리를 형성한다. 궁극적으로, 오직 공유된 문화적 의미들만이 요구들을 싸울 가치가 있는 목표들로 전환시킨다. 따라서 상호문화적 번역은 상호정치적 기획의 일부로서, 왜 번역하는 것이 중요한지와 번역 작업에 개입된 권력관계 모두에 관심을 기울인다. 이 장에서 내가 구상하는 상호문화적 번역은 지적 호기심이나 문화적 딜레탕티즘

(cultural dilettantism)[2]의 제스처가 아니다. 오히려 이는 특정 지역이나 문화의 한계를 넘어 정치적 결집의 폭을 넓혀야 할 필요성에 의해 지시되는 하나의 명령이다.[3] 이러한 필요성은 처음에는 특정 집단이나 운동에 의해 느껴지고 표명될 수 있지만, 구체적인 번역 작업으로 이어지기 위해서는 그 필요성이 다른 어떤 집단이나 운동과 공유되어야만 한다. 이상적으로는, 오직 동등한 권력관계들, 즉 권한이 공유된 관계들만이 상호문화적 번역의 목적에 부합하는데, 이는 그래야만 사회 집단들이나 운동들 간의 상호성(reciprocity)이 획득될 수 있기 때문이다.[4] 이 이상

....

2 (옮긴이) 예술이나 학문을 치열한 직업 의식 없이 취미 삼아 열렬히 즐기는 경향.

3 정치적 기획으로서의 번역 작업은, 리디아 류(Lydia Liu)에 따르면 상호문화적 번역의 핵심에 놓인 다음과 같은 종류의 정치적 질문들과 마주해야 한다. "누구의 용어로, 어떤 언어 공동체를 위해, 어떤 종류의 지식 혹은 어떤 지적 권위의 이름으로 문화들 간의 번역 행위를 수행하는가?"(1995: 1).

4 내가 여기서 초점을 두고 있는 상호운동의 정치의 종류와는 관련이 없지만, 츠베탕 토도로프(Tzvetan Todorov)의 문화횡단적 대화(cross-cultural dialogue) 개념은 내가 염두에 두고 있는 상호문화적 번역의 유형에 가깝다. 토도로프는 그러한 대화는 "어느 누구도 최종적인 발언권을 갖지 않는" 그리고 "어떤 목소리도 단순한 객체나" 한낱 희생자의 "지위로 격하되지 않는" 관계에 달려 있다고 말한다(1984: 247-251). 프레드 달마이어(2006: 79)는 문화횡단적 대화의 세 가지 기본 양식을 다음과 같이 구분한다. (1) 실용적-전략적 의사소통(pragmatic-strategic communication), (2) 도덕적-보편적 담론(moral-universal discourse), (3) 윤리적-해석학적 대화(ethical-hermeneutical dialogue), 그리고 이것의 하위 범주로서 투쟁적 대화(agonal dialogue) 또는 논쟁(contestation)이 그것이다. 윤리적-해석학적 대화는 나의 상호문화적 번역 개념에 가장 근접해 있다. 이 유형의 대화에서는 "대화 상대들이 서로의 삶의 이야기와 문화적 배경을 이해하고 그 가치를 인정하려고 노력하는데, 여기에는 문화적 · 종교적(또는 영적) 전통, 문학적 예술적 표현의 보고, 그리고 실존적 고뇌와 열망이 포함된다"(Dallmayr 2006: 79). 그러나 달마이어의 접근 방식과 나의 접근 방식에는 중대한 차이가 있다. 나의 관심은 윤리나 해석학 그 자체가 아니라 상호운동적 정치, 즉 더 두터

은 구체적 번역 실천들을 평가하는 데 있어 비추어 볼 규범적 기준으로 서 기능한다. 상호운동적 번역의 기저를 이루는 사회 관계들을 탐구하고 점점 덜 불평등한 권력관계를 위해 분투하는 것은 둘 다 여기서 이 해되는 번역 작업의 필수 구성 요소이다. 상호문화적 번역은 살아 있는 과정으로서, 원천 문화(source culture)와 목표 문화(target culture), 교차-원천화(cross-sourcing)과 교차-목표화(cross-targeting)에 대해 고민하는 대신 상호성을 목표로 삼는다. 이 장에서 내가 상호문화적 번역에 대한 보다 폭넓은 이해들을 다루는 것은 상호정치적 번역을 위한 조건들을 예시하고 그러한 조건들의 실현을 가로막는 장애물들을 부각하기 위해서이다.[5]

살아 있는 번역으로서의 상호문화적 번역에 관하여

나의 목적은 1980년대 이후 인문학과 사회과학 분야에서 폭발적으로 증가하여 번역학과 같은 완전히 새로운 연구 프로그램과 학문 분야들

....

운 동맹과 정치적 이해관계의 결집을 위한 조건들을 창출하는 데 있다. 이는 또한 내가 왜 대화라는 개념보다 번역이라는 개념을 선호하는지를 설명해 준다. 상호적 번역에서 초점은 동맹 구축의 범위와 한계를 파악하기 위하여 차이들을 통해 작업하는 것에 있다.

5 나의 책『인지적 제국의 종말: 남의 인식론 시대의 도래』(Santos 2018)에서 나는 미래의 상호운동적 정치를 촉진하고 강화할 수 있는 몇 가지 상호문화적 번역 실천 사례를 제시한다.

을 탄생시킨 번역, 문화적 번역, 번역가능성(translatability), 그리고 문화로서의 번역을 둘러싼 수많은 논쟁들에 참여하는 것이 아니다. 안토니우 소우자 히베이루(António Sousa Ribeiro)에 따르면,

> 만약 모든 시대마다, 특정 시점에 그 자체로 그 시대의 주요 결정 요인이라고 명명할 수 있을 것처럼 보일 정도로 광범위하게 유통되는 개념들이 있다면, 오늘날 그러한 개념 중 하나는 번역이라는 개념이다. 사실상, 번역이 우리 시대의 중심 은유이자 핵심어 중 하나가 되었다고 한 치의 주저함 없이 말할 수 있다. 잠재적으로, 우리가 차이와 의미 있게 관계를 맺으려 시도하는 모든 상황은 번역적 상황으로 기술될 수 있다(2004).

이와 유사하게, 미하엘라 볼프(Michaela Wolf)도 "번역은 이미 오래전에 문헌학적 번역 문화의 보호된 울타리를 벗어났으며, 점점 더 문화이론과 문화정치의 중심적 범주가 되어가고 있다(2008)"고 말한다.

그람시의 '살아 있는 문헌학(*filologia vivente*)'[6]이라는 개념에 기대어, 나는 상호문화적 번역을 언어적이고 비언어적인 이질적 인공물들 간의 복잡한 상호작용이 로고스 중심적(logocentric) 또는 담론 중심적(discourse-centric) 틀을 훨씬 뛰어넘는 교환들과 결합된 살아 있는 과정으로 이해한다. 조르조 바라타(Giorgio Baratta)에 따르면, 그람시의 살아 있는 문헌학은 텍스트를 넘어서서, 텍스트가 관계를 맺어야 한다고 여겨지고 영향을 미쳐야 할 구체적인 사회적·정치적 조건들에 초

---

6 Gramsci(1975)를 참조하라.

점을 맞춘다.[7] 나는 이 책에서 나의 논증 전개와 관련되는 한에서만 최근의 풍부한 번역 논쟁들을 참조할 것이다. 몇 가지 명확히 할 것이 있다. 내가 문화적 번역보다는 상호문화적 번역에 대해 말하는 이유는 대항헤게모니적 세계화에서 마주치게 되는 문화적 차이들이 문화내적 (intracultural)이라기보다는 상호문화적인 경우가 더 많기 때문이다. 하지만 나는 많은 경우에 이 두 상황을 구별하기가 쉽지 않을 수 있다는 점을 충분히 알고 있다. 게다가 때로는 문화내적 차이들이 상호문화적 차이들보다 더 다루기 힘든 갈등으로 이어질 수도 있다. 상호문화적 번역은 보통 은유[8]로 이해되는 반면, 언어적 번역은 한 언어에서 다른 언어로 번역하는 전통적이고 문자 그대로의 의미를 가리킨다. 그러나 우리는 은유가 광범위하고 반복적인 사용을 통해 문자 그대로의 의미를 갖게 된다는 것을 알고 있다. 다른 한편, 상호언어적 번역은 필연적으로 문화적 번역을 함축할 수밖에 없다. 그럼에도 불구하고 상호문화적 번역은 언어적 현상과 언어 외적 현상을 포함하기에 훨씬 더 포괄적이다. 이제 내가 여기서 다루는 번역적 접촉지대의 유형과 가장 관련 있는 문화적 번역 논쟁의 주요 주제들을 열거할 것이다.

물론 언어가 중심적인 주제이다. 나의 분석 목적상, 두 가지 주요 쟁점이 논의될 필요가 있다. 첫 번째는 언어적 차이, 불평등한 언어 능력,

....

7 "경험적인 것과 개별적인 것에서 보편적인 것과 총체적인 것으로, 그리고 그 반대 방향으로 움직이되, 결코 원을 완전히 닫거나 확정적 또는 독단적 결론에 도달하지 않는 순환적 움직임"(Baratta 2004: 18).

8 이러한 관점에 대해서는 비르기트 바그너(Birgit Wagner, 2011)가 그람시의 논의를 따라 제안한 바 있다.

그리고 이러한 요소들이 번역 작업에 미치는 영향에 관한 것이다. 두 번째 쟁점은 상호문화적 번역에서 언어가 차지하는 위치로, 이는 번역 작업이 비언어적 및 준언어적(paralinguistic) 소통 방식들, 즉 신체 언어, 몸짓, 웃음, 얼굴 표정, 침묵, 공간의 조직과 구조, 시간과 리듬의 관리 등에도 의존하기 때문이다. 두 번째 주제는 번역가능성과 관련된 것인데, 발터 벤야민(Benjamin 1999)은 그것을 "번역을 지배하는 법칙"으로 간주했고, 그람시는 마르크스주의 변증법에서 보편적인 모순으로 여겨지는 것을 흐리게 하거나 단순히 방해할 수 있는 차이로 보았다. 번역가능성은 차이를 인정하고 그 차이를 다루고자 하는 동기를 부여하는 것이다. 번역가능성을 간과하는 것은 헤게모니를 불가능하게 만드는 것과 같다. 헤게모니는 자신의 직접적 삶의 경험의 한계를 넘어서는 (그리고 실제로는 모순될 수도 있는) 사상들에 대한 동의에 기반한다. 그러나 이러한 동의는 사상과 삶의 경험을 더 가깝게 만들거나 그 가까움의 환상을 더 믿을 만하게 만드는 문화적, 존재론적 전유의 행위를 통해서만 가능하다. 전유란 낯섦에서 친숙함으로 나아가는 움직임 속에서 차이를 활성화하는 것이다. 이러한 활성화 과정이 바로 번역가능성이 실제로 작동하는 방식이다. 사르데냐에서 태어난 그람시는 자신의 나라에도 존재하는 언어적 · 문화적 차이를 모두 예리하게 인식하고 있었으며, 종종 학문적 지식과 마르크스주의와 같은 보편적 이론들에 의존하는 정치적 사고와 담론이 자신의 청중이나 독자들에게 제대로 이해되지 않을 수 있다는 점을 우려했다. 그람시는 『옥중수고(Prison Notebooks)』 전반에 걸쳐 학계의 난해한 담론들에 대해 여러 차례 신랄한 비판을 가하는데, 그는 이를 "철학적이고 과학적인 에스페란토"(1975)고 불렀다. 그는 이 에스페란토로 표현될 수 없는 것은 무엇이든 순전한 망상(*delírio*)이 아니라면 단지 편견이나 미신에 불과하다고 주장했다.

세 번째 주제는 번역 작업에 개입되는 비대칭성들, 그리고 번역 작업이 진행됨에 따라 어떻게 그것들이 축소되거나 심지어 제거될 수 있는지에 관한 것이다. 어떻게 비위계적 소통을 만들어내고 공유된 의미들을 달성할 수 있는가? 이 주제는 여기서 내가 관심을 가지는 종류의 번역들, 예컨대 상호적 권한 부여를 목표로 하는 정치적 기획으로서의 번역들에 특히 해당된다. 다중심성(polycentrality)은 좀처럼 출발점이 되지 못한다. 기껏해야 그것은 도착점이 될 것이다. 네 번째로, 번역 작업이 진행됨에 따라 번역 참여자들의 정체성이 겪는 변화들과 관련한 주제도 마찬가지로 중요하다. 의미를 공유한다는 것은 열정, 감정, 정서를 공유하는 것도 포함한다. 마찬가지로, 차이를 소통한다는 것, 또는 심지어 호미 바바(Homi Bhabha 1994)의 표현처럼 "차이를 무대에 올리는 것(staging a difference)"은 번역자들의 주체성 전체에 영향을 미치는 소통의 차원과 수행성(performativity)의 차원을 모두 갖는다. 차이를 부각하는 것과 희석하는 것 모두 상호주체화(intersubjectivation)와 상호동일시(interidentification)의 과정에 새겨진다. 번역의 주체들이 변화함에 따라 그들을 분리하는 양극성도 변화한다. 재공식화와 상호침투가 바로 번역이 작동하는 방식이다. 다섯 번째 주제는 번역학에서는 비교적 덜 논의되었지만 여기에서는 매우 중요한 것으로, 바로 번역의 이면에 있는 동기이다. 번역에 참여하고자 하는 충동을 불러일으키는 파토스(pathos)는 어디에서 오는가? 번역 작업의 끝에 이르면 낯선 자들이 서로에게 덜 낯설게 될지, 아니면 오히려 더 낯설어질지에 대한 확신도 없이 이들을 한데 결집하는 이성의 따뜻한 흐름은 얼마나 따뜻한가? 그람시의 '살아 있는 문헌학(*filologia vivente*)'은 "능동적이고 의식적인 공유하기"를 통해, 말하자면, 열정을 담아(*con passionalità*) 번역하는 집단적 노력을 함축한다.[9] 이 개념은 살아 있는 번역 과정이 진행됨에 따라 참여자들 간의 의미와 감정의 관여 및 공유를 가능하게 하는 정서의 역할을 강조한다는 점에서 대단히 중요하다.

번역은 부재의 사회학과 출현의 사회학에 따라, 문화적으로 다양한 세계의 사회적 경험, 즉 이미 사용 가능한 경험과 앞으로 가능한 경험을 모두 아우르는 경험들 사이의 상호 이해가능성을 열어 준다. 번역은 문화적 소통의 가능성을 강조함으로써 본래적이거나 순수한 문화라는 개념을 약화시키고 문화적 관계성(cultural relationality)이라는 개념을 강조한다. 애매성(equivocation), 양가성(ambivalence), *메스티사헤* 또는 혼종성(hybridity), 모방(mimicry)과 같은 개념들은 상호문화적 번역의 중심 요소이다. 여기에서는 상호문화적 번역이, 그것이 상호운동의 정치에 기여할 가능성이라는 측면에서 다뤄지고 평가되기 때문에, 상호문화적 번역에 관련된 서로 다른 문화들 간의 역사적 관계들은 물론 그 관계들이 만들어내는 문화적·정치적 불평등을 명확히 밝히고, 번역의 필요성이 상호적이고 동등하게 느껴질 때조차 그러한 불평등이 현재의 매우 큰 부분을 이루고 있다는 점을 명심하는 것이 절대적으로 필요하다.

....

9 Gramsci(1975). 비르기트 바그너(Birgit Wagner 2011)에 따르면, 『옥중수고』 미국판의 첫 두 권의 편집자인 조지프 부티지에그(Joseph Buttigieg)는 '*con passionalità*'를 'empathy(공감)'로 번역할 계획이다.

1장에서 나는 *메스티사헤*에 개입하는 권력 관계들을 다루면서, 식민적 *메스티사헤*와 탈식민적 *메스티사헤*를 구별했다. 모방의 양가성이란 모방이, 타자를 동일시하는 바로 그 과정에서 차이를 긍정한다는 것이다. 식민적 맥락에서 인종은 이러한 차이의 상징이며, 불완전한 현존 그 이상을 허용하지 않아 사실상 모방 실패의 원인이 된다. 바바가 인도를 염두에 두고 말하듯이, "영국화된다는 것은 *단언컨대* 영국인이 된다는 것을 의미하지 않는다"(1994: 87). 그리고 같은 논증이 여러 다른 식민적 맥락에서도 적용될 수 있다.[10] 바바와 달리, 나는 헤게모니적 재현을 불신하게 만들고 적대 관계를 해체하는 속성이 *메스티사헤* 자체에 내재한다거나 그것에 의해 열린 '제3의 공간(third space)'이 자동으로 힘을 부여한다고 생각하지 않는다. 그러한 제3의 공간은 실제로는 매우 무력화하는 곳일 수 있다. 다양한 원주민 운동들은 지난 수십 년간 이를 분명하게 보여주었다. 1장에서 바로크적 주체성을 분석하면서 나는 그것이 보여주는 지배의 전복이 가지는 한계들에 주목했다. 제3의 공간의 '미덕'은 그 공간을 구성하는 구체적인 사회적 관계들에 달려 있다. 제3의 공간은 상호문화적 번역을 구성하는 매개와 협상의 영역이다. 상호문화적 번역의 정치적 잠재력은 매개와 협상의 구체적 조건들에 달려 있다. 제3의 공간은 곧 비베이루스 지 카스트루(Viveiros de Castro)가 애매성의 공간(space of equivocation)이라고 부르는 것이다. 그에 따르면,

---

10 포르투갈의 맥락은 Santos(2011)를 참조하라.

남의 인식론

번역한다는 것은 애매성[11]의 공간에 자리 잡고 거기에 머무는 것이다. 그것은 애매성을 해체하는 것이 아니라(그렇게 하는 것은 애초에 애매성 이 존재하지 않았다고 가정하는 셈이 될 것이므로), 정확히 그 반대가 참이 다. 번역한다는 것은 애매성을 강조하거나 잠재화하는 것, 즉 접촉하는 개념적 언어들 사이에 존재하지 않는다고 상상되어 온 공간을, 바로 그 애매성이 감추고 있던 공간을 열고 넓히는 것이다. 애매성은 관계를 방 해하는 것이 아니라, 오히려 관계를 세우고 그 관계를 추동하는 것이다. 그것은 바로 관점의 차이다. 번역한다는 것은 애매성이 언제나 존재한다 고 전제하는 것이다. 그것은 타자와 우리가 말하고 있는 것 사이의 일의 성(univocality), 곧 본질적 유사성을 전제함으로써 타자를 침묵시키는 대 신, 차이들을 통해 소통하는 것이다(2004:10).

나는 번역을 가능하게 만드는 이 사이 공간(in-between space)을 접촉 지대(contact zone), 번역적 접촉지대(translational contact zone)로 개념화 하는 것을 선호한다. 일반적으로 접촉지대는 서로 다른 문화적 생활세

---

11 "애매성은 단지 '이해의 실패'가 아니라 이해가 필연적으로 서로 같을 수 없다는 것, 그리고 그러한 이해들은 '세계를 보는' 상상적 방식들에 관련된 것이 아니라 지금 보 여지고 있는 실제 세계들과 관련된 것이라는 것을 이해하는 데 실패한 것이다. (……) 타자들의 타자는 언제나 다른 타자로 남는다. 만약 애매성이 오류, 환상 또는 거짓이 아니라 차이의 관계적 긍정성의 형태 그 자체라면, 애매성의 반대는 진리가 아니라 유일하고 초월적인 의미의 존재에 대한 주장으로서의 일의성이다. 그 자체로 가장 완 벽한 오류 또는 환상은, 정확히 말해서, 애매성 저변에 일의성이 존재하며 인류학자가 그것의 복화술사라고 상상하는 데 있다"(Viveiros de Castro 2004: 12).

계들이 만나고, 매개하며, 협상하고, 충돌하는[12] 사회적 장이다. 따라서 접촉지대는 서로 경쟁하는 규범적 관념, 지식, 권력 형태, 상징적 우주, 행위주체성이 대개 불평등한 조건에서 만나 서로 저항하고 거부하고 동화하고 모방하고 번역하고 전복하며, 이를 통해 교환의 불평등이 강화되거나 감소될 수 있는 혼종적 문화의 성좌들이 생겨나게 하는 지대이다. 복잡성은 접촉지대 자체의 정의에 내재한다. 누가 혹은 무엇이 접촉지대에 속하고 속하지 않는지를 누가 정의하는가? 접촉지대의 범위를 획정하는 선을 어떻게 정의할 것인가? 다른 문화들 또는 규범적 생활세계들 간의 차이는 이들을 통약불가능하게 만들 정도로 큰가? 어떻게 이러한 문화적 및 규범적 우주들을, 말하자면 '시각적 접촉 내로 (within visual contact)' 들어오도록 근접시킬 것인가?

역설적으로, 현존하는 문화적 코드들의 다수성으로 인해 접촉지대는 상대적으로 코드화되지 않았거나 표준 이하인 지대로, 규범적이고 문화적인 실험과 혁신을 위한 영역이다. 더욱이, 접촉지대에서 교환의 평등성 또는 불평등성을 결정하는 것은 결코 단순한 일이 아닌데, 이는

....
12 프랫은 접촉지대를 "서로 전혀 다른 문화들이 종종 식민주의, 노예제 또는 오늘날 전 지구적으로 여전히 경험되고 있는 그것들의 후유증처럼 고도로 비대칭적인 지배와 종속의 관계 속에서 만나고 충돌하고 서로 씨름하는 사회적 공간들"로 정의한다(Pratt 1992: 4). 이 같은 정식화에서 접촉지대는 문화적 총체성들 간의 만남을 수반하는 것처럼 보인다. 하지만 반드시 그럴 필요는 없다. 접촉지대는 선별되고 부분적인 문화적 차이들, 즉 주어진 시공간 속에서 주어진 행동 방침을 위한 의미를 부여하기 위해 서로 경쟁하게 되는 그러한 차이들을 수반할 수 있다. 더욱이, 내가 이 책에서 주장해 왔듯이, 불평등한 교환은 오늘날 식민주의와 그 여파를 훨씬 넘어서 확장되어 있다. 비록 포스트식민 연구들이 그간 보여주었듯, 식민주의가 여전히 사람들이 인정하려 드는 것보다 훨씬 더 중요한 역할을 수행하고 있기는 하지만 말이다.

평등에 대한 대안적 개념들이 존재하며 종종 서로 갈등을 빚기 때문이다. 접촉지대에서 평등의 이상은 곧 차이들의 동등함이라는 이상이다. 여기에서 말하는 상호문화적 번역에 의해 생성되는 접촉지대들은 번역 관계의 불평등이 번역 작업을 조건 짓는 주된 요인으로 작용하는 매개와 협상의 시공간이다. 번역 작업은 그러한 불평등을 줄여 나감으로써 앞으로 나아간다. 상호문화적 번역으로부터 출현하는 문화적 성좌들은 다소 불안정하고 잠정적이며 가역적일 수 있다.

상호운동의 정치의 일환으로서 번역 작업은 지식과 실천 모두, 그리고 아울러 그것들의 행위주체들과도 관련된다. 번역 작업에는 다양한 유형이 있다. 어떤 번역 작업은 특히 개념과 세계관에 초점을 맞추는가 하면, 다른 작업은 집단적 실천과 행위주체들을 구성하는 대안적 방식들에 초점을 맞춘다. 그러나 모든 경우에 지식과 실천, 그리고 행위주체들은 함께 작동한다. 초점이 구체적으로 개념과 세계관에 있을 때, 나는 레이먼드 파니카르(Raymond Panikkar 1979: 9)를 따라 이러한 번역 작업을 교차문화적 해석학(diatopical hermeneutics)이라고 부른다. 이는 둘 혹은 그 이상의 문화들 간에 이루어지는 해석 작업으로 이루어지는데, 이들 간에 존재하는 동형적 관심사들과 그에 따라 각 문화가 제공하는 상이한 응답을 파악하기 위한 것이다. 이를테면, 인간 존엄성에 대한 관심과 열망은 각기 다른 방식이기는 하지만 다양한 문화들에 존재하는 것으로 보인다. 교차문화적 해석학은 개별 문화의 토포이(topoi, 핵심 관념, topos의 복수형)[13]가 아무리 강력하다 하더라도 그 문화 자체만

---

13 토포스(topos)는 아리스토텔레스 수사학의 핵심 개념이다. 이는 '공통 관념

큼이나 불완전하다는 생각에 기반한다. 그러한 불완전성은 그 문화 자체의 내부에서는 보이지 않는데, 이는 총체성을 향한 열망이 *부분을 전체로 여기도록*(*pars pro toto*) 만들기 때문이다. 그러므로 교차문화적 해석학은 완전성을 달성하는 것이 아니라——이는 달성 불가능한 목표이므로——, 오히려 그 반대로, 말하자면 한 발은 한 문화에, 다른 발은 다른 문화에 두고 대화에 참여함으로써 상호적 불완전성에 대한 의식을 가능한 최대치로 끌어올리는 것이다. 바로 여기에 그것의 교차문화적(*dia*(가로지르는)-*topical*(장소를))인 특성이 있다.

파니카르에 따르면, 교차문화적 해석학에서

> 극복되어야 할 거리는 단순히 하나의 광범위한 전통 내에서의 시간적 거리가 아니라, 두 개의 인간적 토포이, 즉 이해와 자기 이해의 '장소' 사이, 자신들의 이해가능성의 패턴을 발전시키지 못한 두 개의——혹은 그 이상의——문화들 사이에 존재하는 간극이다. (……) 교차문화적 해석학은 타자가 동일한 기본적 자기 이해를 가지고 있다고 가정하지 않고 타자를 이해하려는 주제적 고찰을 의미한다. 단지 상이한 맥락들뿐만이 아니라, 궁극적인 인간의 지평이 여기서 문제가 된다(1979: 9).

교차문화적 해석학은 무엇보다 단일문화의 한계로 인해 만들어진 해석학적 순환에서 벗어나고자 하면서, 문화적 차이를 염두에 둔 진정한

(commonplace)', 특정 문화적 맥락에서 자명한 것이기 때문에 논쟁의 대상이 되지 않는 관념이나 생각을 의미한다. 그것은 오히려 논증의 전제로 기능한다.

남의 인식론

대화를 이루어내기 위하여 '서로 근본적으로 다른 인간의 지평들', 전통들, 또는 문화적 위치들(토포이)을 '접촉하게 만들고자' 시도한다. 이는 '이러한 서로 다른 위치들을 거쳐감으로써(dia-topos)' 이해에 도달하는 예술이다.

내가 전에 언급했듯이, 문화의 상대성을 인정하는 것이 철학적 입장으로서 상대주의를 채택하는 것을 의미하지는 않는다. 그러나 그것은 추상적 보편주의를 서구의 특수성으로 이해하는 관점을 함축하는데, 이때 그 우월성은 그 자체에 있는 것이 아니라 그것을 지탱하는 이해관계들의 우월성에 있다. 보편주의에 대한 비판은 일반이론의 가능성에 대한 비판과 관련된다.[14] 교차문화적 해석학은 오히려 내가 *부정적 보편주의(negative universalism)*라고 지칭하는 것, 즉 문화적 완전성이 불가능하다는 생각을 전제한다. 우리가 처해 있는 전환기, 여전히 환유적 예견적 이성에 의해 지배되는 이 시기 동안, 부정적 보편주의는 아마도 잔여적 일반이론, 즉 일반이론의 불가능성에 대한 일반이론으로 가장 잘 공식화될 수 있을 것이다.

....

14 최근 보편주의의 변형이 횡단주의(transversalism)라는 형태로 제시되고 있다. 팔렌시아 로스(Palencia-Roth, 2006)는 보편적 가치들은 횡단적 가치들과 상충한다고 주장한다. 가치론적 관점에서 볼 때, 횡단적 가치들은 두 개 혹은 그 이상의 문화를 가로지르며 그 문화들에 공통되면서도 보편적 가치로 전환되지는 않는 가치들이다. 문화적 횡단성이 횡단성으로 남으려면 그것은 그 특수성을 유지해야 한다. 내가 보기에, 이것은 보편주의의 오래된 주장을 전달하는 더 우아한(그리고 또한 더 교묘한) 방식일 뿐이다. 그 자체로 서로 다른 문화에 공통된 가치는 없다. 그것들은 오직 세계시민주의적(cosmopolitan) 상호문화적 번역을 통해서만, 즉 상호적이고 수평적인 특성을 통해 하향식 부과를 막고 결국에는 인식론적 살해를 막아 내는 절차들을 통해서만 공통된 것이 될 수 있다.

결핍과 불완전성에 대한 관념과 감정은 번역 작업의 동기를 만들어낸다. 미하일 바흐친(Mikhail Bakhtin)의 문화횡단적 대화에 대한 설명이 떠오른다.

> 의미는 오로지 그것이 다른, 이질적 의미와 만나 접촉하게 될 때에만 그 깊이를 드러낸다. 그것들은 일종의 대화에 참여하게 되는 것이다. (……) 우리는 [이질적 문화] 속에서 우리 자신의 질문들에 대한 답을 모색하고, [그것은] 우리에게 그것의 새로운 측면들과 새로운 의미론적 깊이를 드러냄으로써 우리에게 답한다. (……) 이러한 두 문화의 대화적 만남은 융합이나 혼합으로 귀결되지 않는다. 각각은 그 자신의 통일성과 열린 총체성을 간직하면서도, 서로를 통해 풍요로워진다(1986: 7).

번역이 결실을 맺기 위해서는 서로 다른 문화에 자신의 기원을 둔 동기들이 수렴되는 교차가 되어야 한다. 동기는 어디에서 오는가? 지적 동기와 정치적 동기를 구별하는 것이 절대적으로 필요하다. 근대 시기 내내 글로벌 노스와 글로벌 사우스 모두에는 지식인, 현자, 철학자, 과학자들이 자신들의 문화가 제공하지 못하는 답을 찾아 다른 문화들에 손을 뻗으려 했던 수많은 사례가 있다. 때로 이는 특정 문화의 독특성이나 선례성에 관한 널리 받아들여진 진실을 반박하기 위한 지적 연습이다. 20세기의 가장 빛나는 사례는 분명 중국의 과학과 문명에 비해 근대 과학과 서구 문명이 후발적이고 파생적임을 증명하고자 한 조지프 니덤(Needham 1954-2008)의 방대한 상호문화적 번역 노력일 것이다. 더 흔하게는, 다른 문화들로부터 배운 것은 무엇이든 새로운 의미

남의 인식론

의 성좌들에 맞추기 위해 소화되고[15] 그 형체가 일그러지고 변형되어야 하기에, 탐색은 영혼을 탐색하는 행위이자 불안으로 가득찬 심오하고 존재론적인 자기성찰의 시도이다. 인도의 사회학자 시브 비스바나탄 (Shiv Visvanathan)은 내가 여기서 번역 작업이라 부르는 결핍과 동기의 개념을 웅변적으로 정식화한다. 비스바나탄은 이렇게 말한다. "나의 문제는, 어떻게 인도 문명의 가장 좋은 것들을 취하면서도, 동시에 나의 현대적이고 민주적인 상상력을 살아 있게 유지할 수 있느냐는 것이다" (2000: 12). 만약 우리가 비스바나탄과 유럽 또는 북미 과학자가 수행하는 교차문화적 해석학의 실천을 상상해 본다면, 후자의 대화 동기는 다음과 같이 정식화될 것이라고 생각해 볼 수 있을 것이다. "어떻게 하면 나는 서구 문화가 독단적으로 비문명적이고 무지하며 잔재적이고 열등하다고 혹은 비생산적이라고 규정한 세계의 가치를 인정하면서도, 동시에 내 안에 현대적이고 민주적인 서구 문화의 가장 좋은 것들을 살아 있게 유지할 수 있을까?"(2002: 12)

두 번째 유형의 결핍과 동기는 정치적인 것이며, 여기서 내가 관심을 두는 것이 바로 이것이다. 그것의 환원 불가능한 지적 요소는 정치적 의도나 기획에 봉사한다. 어떤 종류의 정치적 의도나 기획이 그 자체로 다른 문화에 손을 뻗으려는 동기를 생성하는 결핍을 만들어내는가? 실용적 측면에서, 지난 20년 동안 세계사회포럼은 이전에는 보편적이고 어디에서나 이해 가능하며 수용되는 형식과 타당성을 지닌다고 여겨졌던 정치적 기획들의 부분적이고 지역적인, 또는 편협한 성격을 보여주

---

15 여기서, 1장에서 묘사된 누에스트라 아메리카 지식인들의 식인주의 운동을 상기해 보라.

는 명백한 증거를 제공해 왔다. 세계사회포럼은 전 세계적으로 신자유주의적 세계화에 저항하는 사회 운동들이 지닌 극도의 (정치적, 문화적, 의미론적, 언어적) 다양성을 드러내면서 이 모든 운동과 조직들 간의 연계와 결집의 필요성을 강조해 왔다. 거대 이론이나 특권적 사회 행위자에 의해 강요되는 하향식 결집이 없다면 이는 엄청난 번역의 노력을 필요로 할 것이다. 라틴아메리카의 많은 도시에서 시행되는 참여예산제와 인도 케랄라주와 서벵골주의 *판차야트*(panchayats)에 기반한 참여민주주의 계획에는 어떤 공통점이 있는가? 그들은 서로에게서 무엇을 배울 수 있는가? 이들은 어떤 종류의 대항헤게모니적 세계적 활동에서 협력할 수 있는가? 같은 질문들이 평화 운동과 무정부주의 운동, 또는 원주민 운동과 *분노한 사람들*(indignados) 운동이나 점거 운동, 혹은 심지어 브라질의 무토지 농민 운동과 인도의 나르마다강(Rio Narmada) 살리기 운동 등에 대해서도 제기될 수 있다.

　실천과 행위주체를 보다 구체적으로 다룰 때, 번역 작업은 조직 형태와 행동 목표 간의 상호 이해가능성에 초점을 맞춘다. 하지만 내가 말했듯이, 모든 유형의 번역 작업에는 지식과 실천은 물론 행위주체도 포함된다.[16] 번역 작업은 무엇이 서로 다른 사회 집단이나 운동, 실천을 하나로 묶고 분리하는지를 명확히 하여, 그들 간의 연계와 결집의 가능성과 한계를 파악하는 것을 목표로 한다. 역사에 의미와 방향을 부여할 단일한 보편적 사회 실천이나 집단적 주체는 존재하지 않기 때문에,

---

16 현대 생물의학과 전통 의학 간의 번역 작업은 이것의 좋은 예시다. Meneses(2007, 2010)를 참조하라.

번역 작업은 각각의 구체적이고 역사적인 순간이나 맥락에서 어떤 실천의 성좌들이 더 큰 대항헤게모니적 잠재력을 지니고 있는지를 파악하기 위한 결정적 역할을 하게 된다. 세계사회포럼이 상호문화적 번역의 잠재력을 창출했다면, 멕시코의 사파티스타 원주민 운동은 상호문화적 번역의 매우 구체적인 사례를 연출해 냈다. 그것은 문화적 차이들을 가로질러 손을 뻗고 그것들 간의 번역을 수행한, 비록 스쳐 지나갔으나 그 의미를 분명히 보여준 사례였다. 2001년 3월, 수도를 향해 행진 중이던 사파티스타 운동은 그들의 목표와 실천을, 시민 운동과 노동 운동에서 여성 운동에 이르는 다른 멕시코 다른 사회 운동들과 연결하며 번역 작업을 수행할 수 있었기 때문에 잠시 동안 특권적인 대항헤게모니적 실천으로 자리 잡았다. 예를 들어, 이러한 번역 작업의 결과로 멕시코 의회에서 연설하도록 선택된 사파티스타 지도자는 에스테르 사령관(Comandante Esther)이었다. 그러한 선택을 통해 사파티스타들은 원주민 운동과 여성 해방 운동 간의 연계를 상징적으로 드러내고, 그렇게 함으로써 두 운동 모두의 대항헤게모니적 잠재력을 더욱 심화시키고자 했다.

상호문화적 번역을 통해 남으로부터 배우기

서론에서 나는 서구 유럽중심적 비판 전통에 대해 거리를 확보하려는 나의 탐구를 정당화하는 일련의 이유를 설명했다. 이러한 거리를 설정하는 것은 해체적 접근법과 재구성적 접근법 모두를 포함한다. 1장에서 5장까지는 해체적 접근법에 중점을 두었고, 6장과 7장에서는 재구성적 접근법에 중점을 두었다. 이 장에서는 더 심화된 수준, 즉 상호문화적 번역의 수준에서 재구성을 계속해서 다룬다. 번역 작업에 개입하는 파트너의 유형에 따라, 나는 상호문화적 번역을 크게 두 가지 종류로 구별한다. 첫 번째는 서구적/비서구적 관념 및 실천들 간의 번역이고, 두 번째는 서로 다른 비서구적 관념 및 실천들 간의 번역이다.[17] 여기에서 이해되는 바와 같이, 두 종류의 번역 모두 반제국주의적 남으로부터 배우는 것을 목표로 한다. 여기서 반제국주의적 남이란 자본주의, 식민주의, 가부장제가 초래한 전 지구적이고 체계적이며 부당한 인간의 고통과 그러한 고통의 원인들에 맞선 저항의 은유적 표현으로 이해된다. 앞서 언급했듯이, 반제국주의적 남은 전 지구적 남과 전 지구적 북, 즉 글로벌 사우스와 글로벌 노스 모두에 존재한다. 반제국주의적 남을 강화하는 것은 상호문화적 번역을 통해 배우고자 하는 추동력의 토대가 되는데, 이는 글로벌 사우스 전역에 걸친 서로 다른 지식과 실천들로부터의 배움과, 글로벌 노스와 글로벌 사우스 사이 접촉지대의 지식과 실천들로부터의 배움 모두에 해당한다. 이 두 배움의 유형은 서로 매우 다른데, 이는 부재의 사회학과 출현의 사회학이 이 두 유형 각각에서 매우 다르게 작동하기 때문이다. 글로벌 노스와 글로벌 사우스 간의 불평등한 관계는 근대사를 통해 깊이 뿌리내리고 고착화된 것이어서, 드

---

17 서로 다른 서구적 관념과 실천들 사이의 번역가능성도 있다. 그러한 번역이 어느 정도까지 상호문화적인지 혹은 문화내적인지에 대해서는 논쟁이 있을 수 있다. 그러나 여기서 이 논쟁은 내 관심사가 아니다.

남의 인식론

러나는 형태 그대로의 접촉지대에 의문을 제기하고 도전하는 것이 번역 작업의 첫 번째 과제가 되어야 한다. 바로 여기에 촉진되어야 할 만남들의 탈식민적 본성이 자리한다.

번역 작업은 매개와 협상의 작업이기 때문에, 번역 과정에 참여하는 이들에게는 각자 자신들의 문화적 배경에 대해 어느 정도 낯설어지는 것이 요구된다. 북/남 번역의 경우, 이는 대개 서구/비서구 번역이기도 한데, 제국주의적 북은 제국주의적인 것 이외의, 따라서 유일하고 보편적인 것 이외의 자신에 대한 기억이 없기에 낯설어짐의 과제는 특히 어렵다. 처음에는, 남/남 번역의 경우에는 이러한 어려움이 없을 것처럼 보일 수 있다. 하지만 이보다 더 진실과 동떨어진 말은 없을 것이다. 제국의 산물로서 남은, 남이 정작 자신이 편안히 머무르지 못하는 남의 집이다. 즉, 상호문화적 번역을 통한 남의 인식론의 구축은 제국주의적 북과 제국주의적 남 둘 다에 대해 낯설어지기의 과정을 거쳐야 한다. 제국주의적 남이란 남이, 제국주의적 북에 의한 억압을 촉진하고 갈망하는 것 이외의 방식으로 자신을 표현할 가능성을 포기하는 방식이다. 에드워드 사이드(Said 1978)가 올바르게 강조하듯이, 제국주의적 인식론은 타자를 자신을 대변할 수 있는 능력이 없는 존재로 재현해 왔다. 빈센트 터커(Vincent Tucker)도 "오리엔탈리즘 같은 학파들과 인류학 같은 학문 분야들은 '타자'를 대신해 말하며, 종종 자신들이 연구하는 사람들을 그들 자신이 아는 것보다 더 잘 안다고 주장한다"고 지적했다. 그는 "타자는 목소리 없는 객체로 환원된다"라고 덧붙인다(1992: 20). 오로지 제국주의적 북의 렌즈를 통해서만 봄으로써, 남은 자신을 제국주의적 남으로 인식할 수밖에 없었다. 그것이 오늘날 글로벌 사우스가 자신을 제국주의적 남의 희생자로서보다는 제국주의적 북의 희생자로 훨씬 더 쉽게 인식할 수 있는 이유이다.[18] 그러나 언급할 가치가 있는 차이점이 하나 있다. 글로벌 노스에서 반제국주의적 입장에 대한 열망은 오직 포스트 제국주의적(postimperial) 입장으로서만 상상될 수 있는데, 이는 근대 시기에 제국주의가 글로벌 노스의 원초적 조건이었기 때문이다. 글로벌 사우스의 경우에는 반대로, 실제의 혹은 발명된 식민지 이전의, 제국주의 이전의 조건을 상상함으로써 반제국주의적 입장을 구축하는 것이 가능하다. 여러 다른 맥락에서와 마찬가지로,[19] 라틴아메리카의 원주민 운동들은 식민지 이전의 기억을 소환함으로써 반식민적, 반제국주의적 잠재력을 보여준다. 이러한 재구성이 반드시 진보적일 필요는 없으나, 반드시 반동적일 필요도 없다. 이러한 재구성이 진보적이 되기 위해서는, 반제국주의에 대한 완전한 긍정이 곧 제국주의적 북과 제국주의적 남 모두의 제거를 의미한다는 점에서 재구성 그 자체를 잠정적인 것으로 여겨야 한다. 결국, 남이 자신에 대해 남 이외의 관점에서 사고할 수 있게 되는 만큼, 북 또한 자신에 대해 북 이외의 관

---

18 남의 소설가와 시인들은 비제국주의적 남을 위한 투쟁의 최전선에 서 왔다. 프레드릭 제임슨(Fredric Jameson)은 제3세계 소설에서는 알레고리가 (제1세계에서처럼) 개인적이라기보다는 국가적이라고 주장한다. "사적인 개인의 운명 이야기는 항상 제3세계라는 공적인 문화와 사회의 투쟁적 상황에 대한 알레고리이다"(1986: 79). 비록 '제3세계 문화와 사회'라는 용어가, 글로벌 사우스의 소설의 방대한 다양성을 단일한 이야기로 뭉뚱그리려는 환원주의적 의도를 포함하여 매우 문제의 소지가 많음에도 불구하고, 이러한 관찰에는 분명 일리가 있다.

19 아프리카의 경우는, 예를 들어, Dioup(1974, 1996), wa Thiong'o(1986), Mudimbe(1988, 1994), S. B. Diagne(2001), M. Diagne(2005)를 참조하라.

남의 인식론

점에서 사고할 수 있게 될 것이다.

그러므로 남으로부터 배운다는 것은 반제국주의적 남이 글로벌 노스와 글로벌 사우스 모두에서 구축되게 하는 상호문화적 번역의 과정이다. 내가 계속 강조해 왔듯이, 반제국주의적 남의 구축은 대항헤게모니적 세계화의 필수불가결한 부분이다. 따라서 번역 작업은 단순한 지적 활동이 아니라 오히려 매개와 협상을 위한 실용적 도구이다. 그 목적은 6장과 7장에서 강조된 다양한 (지식의) 생태계들이 드러낸, 세계의 사회적 경험이 지닌 극도의 다양성에 내재하는 파편화를 극복하는 것이다. 남의 인식론들의 전반적 목표는 굳건하고 일관되며 유능한 반제국주의적 남을 건설하는 것이다. 이 과정에서 반란(rebellion), 인간의 고통(human suffering), 피해자-가해자 연속성(victim-agressor continuity)이라는 세 가지 지점(moment)을 구별할 수 있다.[20] 각각의 지점에서 상호문화적 번역은 특정한 방식으로 개입할 것이다.

*반란의 지점*은 제국주의적 질서가 적어도 일시적으로나마 흔들리는 때이다. 억압당하는 자들의 반란의 지점은 제국주의적 지배의 취약한 고리를 의미한다. 이에 비추어 볼 때, 반란에 대한 분석 역시 제국주의적 관계 위에 자신을 구성하고 번성했던 기존의 식민화하는 사회과학에서 취약한 연결 고리라는 것은 놀라운 일이 아니다. 반란의 지점에 대한 설득력 있는 분석을 위해 우리는, 예를 들어, 라나지트 구하

---

20 이것들은 동시에 존재할 수도 있으므로, 국면, 단계, 혹은 절차가 아니다. 이것들은 억압과 지배에 맞선 저항을 바라보는 서로 다른 관점들을 나타낸다.

(Ranajit Guha)가 『서발턴 연구(*Subaltern Studies*)』시리즈[21]의 여러 권에 걸쳐 수집한 인도 사회에 관한 방대한 연구 모음으로 눈을 돌려야 한다. 역사학계에서 이 가공할 만한 업적에 대해 논평하면서, 비나 다스(Veena Das)는 『서발턴 연구』가 "서발턴을 그들 자신의 역사의 주체로 이해하는 데 있어 반란이라는 역사적 지점의 중심성을 확립하기 위한 중요한 논점을 짚어 낸다"고 정확히 언급하고 있다(1989: 312).[22] 여기서 우리는 재현적 질서가 출현하는 새로운 질서와 맞닥뜨리는 저항의 지점들에 관하여 이야기하고 있다. 재현적 질서에 대한 의문 제기는 남의 인식론을 향한 첫 번째 추동력이며, 이를 통해 해방의 에너지들이 자기 자신을 그러한 것으로(해방의 에너지로) 인식할 수 있게 해준다. 따라서 반란의 지점은 제국주의적 북을 소외시키는 권력으로, 제국주의적 남을 소외시키는 무력함으로 바꾸어 놓는 유예의 지점이다. 그러한 지점에, 억압자의 힘은 오직 피해자의 약함이 허용하는 한도 내에서만 존재하기 시작한다. 즉, 억압자의 능력은 피해자의 무능력의 함수이고, 억압하려는 의지는 억압당하려는 의지의 함수이다. 억압자와 피해자 사이의 이 같은 일시적 상호성은 반란적 주체성을 가능하게 한다. 이는 후자가, 적어도 순간적으로나마, 자신의 재현에 대한 통제권을 가지기 때문이다. 이러한 주체성은 간디가 다음과 같은 말로 영국인들을 향해 연설하

....

21 1980년대에 라나지트 구하의 편집하에 출간된 남아시아의 역사와 사회에 관한 논문집 시리즈. 많은 연구 중에서도 인도의 식민주의적 역사 서술에 관한 구하(1989) 자신의 연구를 참조하라.

22 서발턴 연구 집단에 속했던 사람의 다른 관점을 보려면 Chakrabarty(1992)를 참조하라.

남의 인식론

는 자신을 상상한 것에서 기억에 남을 만하게 정식화된 바 있다. "우리가 당신들이 원하는 대로 해야 하는 것이 아니라, 당신들이 우리가 원하는 대로 해야 하는 것입니다"(1956: 118).

*인간 고통의 지점*은 억압당하는 자들의 삶의 경험과 인간다운 삶이라는 개념 사이의 모순이 드러나는 지점이다. 이는 또한 인간의 고통이 인간에 의해 만들어진 고통으로 번역되는 지점이기도 하다. 이는 결정적인 지점인데, 헤게모니적 지배는 인간의 고통을 숙명 또는 필연인 양 자연화하는 데 있기 때문이다. 따라서 인간의 고통을 인간에 의해 만들어진, 부당한 고통으로 전환하는 것은 대항적 재현과 상상력에 대한 막대한 투자를 필요로 한다. 아쉬스 난디(Ashis Nandy)가 말하듯이, "우리의 제한된 윤리적 감수성은 인간의 위선의 증거가 아니다. 그것은 대부분 인간 상황에 대한 우리의 제한된 인지의 산물이다"(1987: 22). 남의 인식론의 토대를 이루는 관점은 부당한 인간의 고통과 그것에 맞서고자 하는 의지에서 비롯된 파토스이다.

*피해자-가해자 연속성의 지점*과 관련하여, 식민 담론은 분명 식민자와 피식민자 사이의 양극성에 기반으로 형성되었지만, 피해자와 가해자는 서로 독립적이지 않으며 각각은 다른 하나 없이는 생각할 수도 없기에 이 둘 간의 연속성과 양가성을 강조하는 것이 중요하다. 간디는 아마도, 모든 지배 체제가 피해자와 억압자 모두를 야만화하며 억압자 또한 해방될 필요가 있다고 명확히 강조함으로써 이 연속성의 지점을 최초로 정식화한 사람일 것이다. "간디는 그의 전 생애에 걸쳐 인도인들만큼이나 영국인들을 제국주의의 손아귀로부터, 불가촉천민만큼이나 카스트 힌두교를 불가촉성으로부터 해방시키고자 했다"라고 난디는

말한다(Nandy 1987: 35). 간디는 지배 체제가 피해자로 하여금 그 체제의 규칙들을 내면화하도록 강요하여, 그 결과 일단 억압자가 패배하고 나면 이전의 피해자에 의해서 설령 다른 형태일지라도, 지배가 계속해서 행사되지 않으리라는 보장이 없다고 믿었다. 피해자는 억압자와의 동일시 또는 차이들과 관련하여 고도로 분열된 존재이다. 난디의 말을 다시 인용하자면, "피억압자는 결코 순수한 피해자가 아니다. 그의 일부는 협력하고 타협하고 적응하는 반면, 또 다른 일부는 저항하고 '비-협력하고' 전복하거나 파괴한다. 그것은 종종 협력의 이름으로, 그리고 아첨의 가면 아래에서"(1987: 43) 이루어진다.[23]

좀 더 최근에 이와 관련하여 가장 명쾌하고 강력한 정식화를 제시한 것은 프란츠 파농과 알베르 멤미(Albert Memmi)다. 파농과 멤미에 따르면, 식민자와 피식민자 사이의 연결은 변증법적으로 파괴적이면서도 창조적이다. 그것은 식민화의 두 당사자를 파괴하고 재창조한다. 식민자와 피식민자를 잇는 사슬은 인종주의이다. 그러나 이 사슬은 식민자에게는 공격의 형태이고, 피식민자에게는 방어의 형태이다(Memmi 1965: 131).[24] 피식민자를 야만적 존재로 보는 고정관념의 가장 악명 높

---

23 루돌프(Lloyd I. Rudolph 1996: 42)는 간디를 언급하며, 식민적 조우가 실제로 피식민자에게 무력화시키는 것임에도 불구하고, 그것이 어떻게 피식민자에 의해 전복될 수도 있는지를 보여준다. 그는 식민적 주체가 종종 제국주의적 범주들로 속이 채워진 정신성들을 만들어내기 위해 제국주의적 쿠키 커터가 작동하는 반죽 이상의 것임을 입증한다고 논평한다. 그 만남이 식민적 주체로 하여금 자신이 속한 맥락의 문화적 가능성들을 재구성하도록 자극하는 곳에서는, 그것이 문화적 창조성과 혁신에 자극제로, 심지어는 채찍질로 작동할 수 있다.

24 이에 관해서는, 파농(1967c)의 흥미로운 논문집을 참조하라. 또한 Maldonado-

은 양가성은, 그 고정관념이 또한 그 부정적 요소들의 정반대 요소들로도 구성된다는 사실이다. 예컨대 흑인은 야만인이면서 동시에 가장 위엄 있고 순종적인 하인이며, 통제되지 않은 성욕의 화신이면서도 어린 아이처럼 순결하고, 신비롭고 원시적이며 순박한 동시에 영리하고 거짓말쟁이이며 사회적 힘들을 조종하는 자로 그려진다(Bhabha 1994: 82).

억압에 맞선 저항의 비밀들을 발견함으로써, 상호적 야만화를 낳지 않는 대안적 세계를 위해 투쟁하는 것이 가능해진다. 다른 말로 하자면, 비인간화로부터의 억압자의 해방은 억압에 맞선 피해자의 해방적 투쟁의 결과로서만 상상 가능하다. 저명한 해방신학 이론가인 구스타보 구티에레스(Gustavo Gutiérrez)는 이 겉보기의 비대칭성과 역설을 대단히 설득력 있게 표현한다. "억압자들을 사랑하는 것은 그들을 그들 자신으로부터 해방시키는 것으로 나타난다. 하지만 이는 단호히 피억압자들의 편에 서지 않고서는, 즉 억압적인 계급들에 맞서 싸우지 않고서는 달성될 수 없다. 그것은 증오가 아닌, 실제적이고 효과적인 투쟁이어야 한다(1991: 276).

『인지적 제국의 종말: 남의 인식론 시대의 도래』[25]에서 나는, 역량을 강화하는 방식으로, 즉 심연적 사고에 의해 선의 저편에 놓였던 비서구의 지식과 실천들을 가시적이고 신뢰할 만한 것으로 만듦으로써 남으로부터 배우기 위한 상호문화적 번역의 잠재력을 탐구한다. 이러한 방

....

Torres(2010), Lewis Gordon(1995)을 참조하라.

25 2018년에 출간된 『인지적 제국의 종말: 남의 인식론 시대의 도래(*The end of the cognitive empire: the coming of age of epistemologies of the South*)』(Santos 2018)를 말한다.

식으로 반제국주의적 남이 출현할 수 있게 된다. 앞서 언급했듯이, 나는 북/남 간의 번역과 남/남 간의 번역을 구별하며, 각각의 경우에서 가능한 번역의 몇 가지 사례를 분석할 것이다. 이러한 사례들 중 어느 것도, 심지어 그것이 서구의 보편성에 의문을 제기할 때조차도 서구의 개념들을 단순히 폐기하지 않으며, 그럼으로써 다른 비서구 문화들에 존재하는 다른 개념들이 자리할 공간을 마련한다. 오히려 그 개념들을 매개, 대립, 협상이 가능하게 되고 실제로 실행되는 접촉지대로 끌어들이는 것이다. 그 목적은 더 풍부한 의미의 성좌들을 발전시키는 것으로, 이를 통해 반제국주의적 남은 글로벌 자본주의와 식민주의, 가부장제에 맞선 자신의 투쟁에서 힘을 부여받게 된다.

번역 작업에 착수하기 전에, 나는 간략하게나마 상호문화적 번역의 조건과 절차 문제를 다루고자 한다.

번역의 조건과 절차

번역 작업은 집단적인 지적·정치적 작업이다. 그것은 또한 파토스, 즉 감정적 차원을 가지는데, 이는 그것이 자신의 지식과 실천의 한계에 대한 비순응적 태도와, 상호 이익이 되는 협력적 행동들을 구축하기 위해 타자의 지식과 실천에 놀라움을 느끼고 그것으로부터 배우고자 하는 준비된 자세 모두를 전제하기 때문이다. 지식의 생태계와 상호문화적 번역은 포스트심연적 사고의 두 가지 핵심적인 특징이다. 이 둘은 함께 심연적 선들을 넘어선 공존을 창출하고자 한다. 그러므로 이 둘은

남의 인식론

심연적 사고에 의해 만들어진 접촉지대에 의존할 수 없다. 이는 심연적 사고가 전유/폭력의 논리에 기반을 두고 있기 때문이다. 지식의 생태학과 상호문화적 번역은 오직 서발턴 세계시민주의적 접촉지대, 즉 탈식민적 접촉지대에서만 진행되고 변성할 수 있다. 그러한 지대를 만들고자 하는 추동력은, 대항헤게모니적 세계화의 맥락에서 자본주의와 식민주의, 가부장제에 맞선 투쟁을 강화하기 위한 목적으로 상호운동의 정치, 즉 다양한 지식과 실천, 행위주체를 넘나드는 정치적 연계에 참여하는 사회 운동 및 조직들로부터 온다.

이미 말했듯이, 번역 작업은 일반이론의 불가능성이라는 생각에 기반한다. 이러한 부정적 보편주의가 없다면 번역은 그것이 얼마나 포스트식민적이라고 주장하든 결국 식민적 종류의 작업이다. 핵심적인 질문들은 다음과 같다. 무엇을 번역할 것인가? 무엇에서 무엇으로 번역할 것인가? 누가 번역하는가? 어떻게 번역할 것인가? 언제 번역이 이루어져야 하는가? 왜 번역하는가?

무엇을 번역할 것인가?

세계시민주의적 접촉지대는, 무엇이 누구와의 접촉에 놓여질 것인지를 결정하는 것은 지식과 실천의 담지자로서의 각 파트너에게 달려 있다는 전제로부터 출발한다. 번역적 접촉지대는 항상 선별적이다. 이는 여러 운동과 기타 사회 집단들이 동원하는 실천과 지식들이 접촉지대로 들어오는 것들을 훨씬 능가하기 때문이다. 실제로, 접촉되는 것이 반드시 가장 관련성 있거나 핵심적인 것은 아니다. 오히려 반대로, 접촉지대는 변경지대, 국경지대, 또는 무인지대로, 지식과 실천의 주변부나 변두리가 가장 먼저 나타나는 곳이다. 번역 작업이 진전되고 상호문화적 역량이 깊어짐에 따라, 더 관련성 있다고 여겨지는 앎과 행함의 차원을 접촉지대로 들여오는 것이 가능해진다.

상호문화적 접촉지대에서 어떠한 측면들이 상호문화적 대결을 위해 선별되어야 할 것인지를 결정하는 것은 각각의 문화적 실천에 달려 있다. 모든 문화에는 너무나 핵심적이어서 대결을 통해 노출되고 취약해지기에는 부적절하다고 여겨지는 특징들, 혹은 본질적으로 다른 문화로의 번역이 불가능하다고 여겨지는 측면들이 있다. 이러한 일련의 결정은 번역 작업 자체의 빼놓을 수 없는 부분으로 작업이 진행됨에 따라 수정될 수 있다. 번역 작업이 진전되면 더 많은 특징들이 접촉지대로 들어올 것으로 예상되며, 이는 다시 번역의 진전에 기여하게 될 것이다. 라틴아메리카의 많은 국가들에서, 특히 헌법이 국가의 상호문화적 또는 복수국민적(plurinational)[26] 특성을 인정한 국가들에서는 원주민들이 자신들의 지식과 실천들 가운데 무엇이 *주류 사회*(sociedad mayor)와의 관계에서 번역의 대상이 되어야 하고 되어서는 안 되는지를 통제할 권리에 투쟁의 초점을 맞춰 왔다.[27]

....

26 이에 관해서는 Santos and Exeni(2012), Santos and Grijalva(2012)를 참조하라.

27 번역 가능한 쟁점들의 목록 범위에 대한 합의가 일단 이루어지고 나면 교차 번역하고자 하는 의지가 투명한 상호작용과 다른 문화(들)의 완전히 정확한 재현으로 이어질 것이라고 가정하는 것은 잘못된 것이다. 이와 관련해서는 다음과 같은 테오 헤르만스(Theo Hermans)의 권고를 따르는 것이 신중한 결정일 것이다. 나는 완전한 기술이 불가능함을 실용적으로 인정하고, 완전한 이해라는 불가능한 희망(chimera)을, 교차문화적 해석학적 작업을 수행하기 위해 우리가 사용하는 어휘들에 대한 비판적 검토로 대체할 것을 권한다(2003: 385).

남의 인식론

번역가능성이라는 문제는 번역학에서 가정하는 것보다 덜 복잡하기도 하고 더 복잡하기도 하다. 번역가능성이 번역되어야 할 대상의 본질적 특성이 아니라는 점에서는 덜 복잡하다. 그것은 무엇보다도, 무엇이 번역 가능하고 무엇이 그렇지 않은지 사이에 선을 긋는 의지의 행위, 곧 선언이다. 반대로, 더 복잡한 것은, 번역하고자 하는 의지가 이성으로는 파악되지 않는 이유들에 따라 변화하기에 만남의 토대가 본질적으로 불안정하고 위태로우며 가역적이기 때문이다. 무엇이 번역 가능한가의 문제는 접촉지대에서 각 실천이나 지식에 의해 채택된 선별 기준에만 국한되지 않는다. 능동적 선별성을 넘어서, 우리가 수동적 선별성이라고 부를 수 있는 것이 있다. 이는 특정 문화에서 오랜 기간 극심한 억압으로 인해 발화할 수 없게 된 것들로 구성된다. 이것들은 채울 수 없는 공허함으로 이루어진 깊은 부재들이다. 오랜 시간에 걸친 부재들의 경우에는, 부재의 사회학조차도 그러한 부재들을 현존으로 불러오는 것이 불가능할 수 있다. 그것들이 만들어내는 침묵은 너무나도 측량할 수 없어 번역 작업의 대상이 될 수 없다.

무엇을 번역할 것인가의 문제는 서로 다른 문화적 우주들 간의 번역적 접촉지대에서 특히 중요한 또 하나의 질문을 불러일으킨다. 문화는 오직 외부에서 혹은 멀리서 볼 때만 단일체적이다. 내부에서 혹은 가까운 거리에서 보게 되면, 문화라는 것이 동일한 문화의 다양한, 그리고 종종 상충하는 여러 형식으로 구성되어 있음을 쉽게 볼 수 있다. 예를 들어, 내가 인간 존엄성이라는 개념에 관하여 나눌 수 있는 상호문화적 대화에 대해 말할 때, 우리는 서구 문화에는 인권에 대한 단 하나의 개념만이 있는 것이 아님을 쉽게 알 수 있다. 최소한 두 가지를 확인할 수 있다. 하나는 사회적 · 경제적 권리를 희생하면서 정치적 · 시민적 권리를 우선시하는 자유주의적 개념과 다른 모든 권리들의 조건으로서의 사회적 · 경제적 권리를 강조하는 마르크스주의적 또는 사회주의적 개념이 그것이다. 나는 또한 마찬가지로, 이슬람에서는 움마(*umma*)의 여러 개념들을 확인할 수 있음을 보여준다. 어떤 것들은 더 포용적인 개념으로, 예언자가 메카에 살았던 시대로 거슬러 올라간다. 다른 것들은 덜 포용적인 개념으로, 메디나에 이슬람 국가가 건설된 이후에 발전했다. 이와 유사하게, 힌두교에도 *다르마*(*dharma*)의 여러 개념이 존재한다.[28] 이러한 개념들은, 예를 들어, 카스트마다 다르다. 더 넓은 상호성의 원을 가진 더 포용적인 개념들이 더 유망한 접촉지대를 만들어낸다. 즉, 이러한 개념들이야말로 번역 작업과 교차문화적 해석학을 심화하는 데 가장 적합하다.

무엇에서 무엇으로 번역할 것인가?

어떤 지식과 실천들 사이에서 번역 작업이 일어날 것인가의 선택은 언제나 사회적 행위자들에 의해 경험과 열망이 수렴된 결과이다. 그것은 식민적 또는 제국주의적 접촉지대에 대한 반응으로 출현할 수 있다. 예를 들어, 생물 다양성과 민족식물학은 오늘날 생명공학 지식과 라틴 아메리카, 아프리카, 아시아의 원주민 또는 농촌 공동체의 샤먼, 전통 치유사, 또는 주술사들의 지식 사이의 제국주의적 접촉지대를 구성한

---

28 *움마* 개념에 관해서는 무엇보다도 Faruki(1979), An-Na'im(1995, 2000), Hassan(1996)을, *다르마* 개념에 관해서는 Gandhi(1929/1932), Zaehner(1982)를 참조하라.

다. 원주민 운동들과 이를 지지하는 국제 옹호 단체들은 이러한 접촉지
대와 이를 구성하는 권력들에 이의를 제기하며, 서로 다른 지식들 간
의 관계가 더 수평적일 수 있는 다른, 비제국주의적인 접촉지대의 창출
을 위해 투쟁한다. 이러한 투쟁은 생물의학과 전통 지식들 간의 번역에
새로운 첨예함을 가져왔다. 완전히 다른 분야에서의 예를 들자면, 전례
없는 위기에 직면한 노동 운동은 다른 사회 운동들, 즉 시민 운동, 페미
니즘 운동, 생태 운동, 이주노동자 운동과의 접촉지대에 자신을 개방해
왔다. 이 접촉지대에서는 노동 관행, 요구 및 열망, 시민권, 환경 보호,
여성과 민족적 또는 이주민 소수자들에 대한 차별 반대라는 목표들 간
의 번역 작업이 진행 중이다. 번역은 서서히 노동 운동과 다른 사회 운
동들을 변화시켜 왔고, 그럼으로써 불과 몇 년 전까지만 해도 상상할
수 없었을 투쟁의 성좌들을 가능하게 만들었다.

세계시민주의적 번역의 접촉지대를 창출하고자 하는 상호적 의지가,
문화들이 원천이자 대상으로 작용하는 방식에서 '자연스럽게' 수평성
과 상호성으로 이어진다고 가정하는 것은 신중하지 못한 생각일 수 있
다. 여기서 제안된 번역 작업이 탈식민화 작업임에도 불구하고, 이는
중심부와 식민지 문화들 간의 잔혹하리만치 불평등했던 관계로 점철된
오랜 과거를 그 어깨에 짊어지고 있다. 마이클 팔렌시아-로스(Michael
Palencia 2006: 38)가 말하듯이, 문명의 비교사는 종종 착취, 정복, 식민
화, 권력 행사의 역사에 지나지 않으며, 거기서 '대화적' 요소, 즉 단일
한 목소리의 독백적 헤게모니를 향하지도 않고 그것으로 끝나지도 않
는 문화횡단적 대화가 있을 확률은 상대적으로 희박하다. 이러한 과거
를 되돌리는 것은 여러 세대에 걸친 과제이며, 주어진 어느 순간에든

우리가 할 수 있는 최선은 그러한 과거를 온전히 인식하고, 탈식민적 의지를 무력화하고 해방적 기획을 좌절시키는 과거의 교묘한 작동 방식을 철저히 경계하는 것이다. 이런 점에 비추어, 리샤르 자크몽(Richard Jacquemond)의 "권력의 격차를 가로지르는 번역하기의 문제"(2004: 125)에 대한 다음의 네 가지 가설을 염두에 두는 것이 유용하다. 첫째, 피지배 문화는 예외 없이 헤게모니 문화의 것들을, 헤게모니 문화가 피지배 문화의 것들을 번역하는 것보다 훨씬 더 많이 번역할 것이다. 둘째, 헤게모니 문화가 피지배 문화가 생산한 작품들을 번역할 때, 그 작품들은 어렵고 신비롭고 불가해하고 난해하며 그것들을 해석해 줄 소수의 지식인 집단이 필요한 것으로 인식되고 제시되는 반면, 피지배 문화는 헤게모니 문화의 작품들을 대중이 접근 가능한 것으로 만들기 위해 시도하며 번역할 것이다. 셋째, 헤게모니 문화는 피지배 문화의 작품 중 오직 전자가 후자에 대해 가진 선입견에 부합하는 저자들의 작품들만을 번역할 것이다. 넷째, 넓은 독자층에 다가가기를 꿈꾸는 피지배 문화의 저자들은 자신의 작품이 헤게모니 언어로 번역될 가능성을 염두에 두고 집필하는 경향이 있을 것이며, 이는 어느 정도 고정관념들에 대한 순응을 요구할 것이다.[29] 비록 자크몽이 문자화된 텍스트에 초점을 맞추고 있기는 하지만, 그의 가설들은 다른 종류의 번역적 관계에서도 인식론적 경계를 나타내는 표시로 볼 수 있을 것이다.[30]

....

29 Aveling(2006)도 함께 참조하라.

30 자크몽은 지배 문화를 "수입된 텍스트들에 자국의 관습을 부과함으로써 그것을 통합하려는 경향이 있는" 안정된 문화로 설명한다(2004: 118). 이러한 문화는 앙투안 베르

남의 인식론

언제 번역할 것인가?

이 경우에도 역시 세계시민주의적 접촉지대는 시간, 리듬, 기회들의 적절한 결합의 결과여야 한다. 그러한 결합이 없다면 접촉지대는 제국 주의적이 되고 번역 작업은 식인화의 한 형태가 되어 버린다. 지난 40년 간 서구 근대성은 다문화주의의 가능성과 미덕을 발견했다. 서구 근대 성은 그 자신의 헤게모니의 일상에 익숙해져서, 만약 자신이 이전에 억 압했던 문화들과의 대화에 자신을 개방하게 한다면 이 문화들이 *자연 스럽게* 이러한 대화에 참여할 준비가 되어 있고 가능할 것이라고, 그 리고 실제로는 그저 그렇게 하기를 열렬히 바랄 것이라고 가정했다. 그 같은 전제는 새로운 형태의 문화적 제국주의를 초래했고, 이는 종종 다 문화주의 또는 관용의 가면 아래 행해졌다. 나는 이것을 *반동적 다문화 주의*(reactionary multiculturalism)라고 부른다. 이와 대조적으로, 나는 사회 운동들 사이에서 대항헤게모니의 진전이 실천과 지식들을 전 지구적으 로 그리고 문화횡단적으로 공유할 가능성을 전제로 한다는 상호적으로 경험되고 널리 퍼진 감각이 출현하고 있음을 알리고자 한다. 이러한 공 유된 경험들 위에서 서로 다른 시간들의 수평적 결합을 구축하는 것이 가능해지며, 이로부터 세계시민주의적 접촉지대와 해방적 번역 작업이

....

만(Antoine Berman)이 다음의 두 가지 공리에 근거하여 민족중심적 번역(ethnocentric translation)이라고 부르는 것으로 이어진다. "우리는 외국 작품을 그 번역을 '느끼지' 않도록 번역해야 하며, 만약 저자가 이 번역 언어로 썼다면 바로 이렇게 썼을 것이라 는 인상을 주는 방식으로 번역해야 한다"(1985: 53). 이것은 다른 문화를 비가시적으 로, 또는 정적으로 만드는, 요컨대 그것의 행위주체성을 박탈하는 또 다른 방식이다. 이러한 경우 문화적 번역은 대화라기보다 독백이며, 번역이라기보다 정복이다.

출현할 수 있다.

다문화적 접촉지대와 관련하여, 그곳에서 나타나는 서로 다른 시간성들 또한 반드시 고려해야 한다. 내가 이전에 말했듯이, 부재의 사회학의 원리 중 하나는 선형적 시간에 의해 자신을 지배한 적이 없는 실천과 지식들을 잔재라는 지위에서 해방시키기 위하여 선형적 시간의 단일문화 논리에 맞서 다원적 시간과 지속의 성좌로 대항하는 것이다. 목표는 접촉지대에 의해 제공된 동시성을 가능한 한 동시대성으로 전환하는 것이다. 이는 동시대성이 역사를 무효화한다는 것이 아니라 역사가 서로 다른 동시대성들로 이루어진다는 것을 의미한다. 이는 극도로 불평등한 권력관계가 방대한 부재의 양산으로 이어진 지식과 실천의 접촉지대와 관련하여 특히 중요한 경고이다. 그러한 상황에서는, 이전에는 부재했던 특정 지식이나 실천이 일단 현존하게 되면, 마치 그 지식이나 실천의 역사가 접촉지대에서 그것이 현존하게 된 시점부터 시작된다고 믿게 될 위험이 있다. 이러한 위험은 많은 상호문화적 대화에, 주로 1980년대 이후 원주민들이 그들의 주장과 권리가 인정되기 시작한 후 참여해 온 여러 대화에 존재해 왔다. 접촉지대는 접촉의 동시성이 곧 역사의 붕괴를 의미하지 않도록 모든 참여자들에 의해 감시되어야 한다.

누가 번역하는가

지식과 실천은 오직 특정한 사회적 행위자들에 의해 동원되는 한에서만 존재한다. 따라서 번역 작업은 항상 이 행위자들에 의해, 그들의 대표자들 및 그들과 함께 일하는 후위 지식인들을 통하여 수행된다. 번

남의 인식론

역자들은 H. 오데라 오루카(H. Odera Oruka 1990b)가 아프리카의 지혜를 탐구하면서 파악한 *철학적 현자*와 유사한 면모를 지녀야 한다(7장 참조). 그들은 그들이 대표하는 실천과 지식을 깊이 체화하고 있어야 하며, 그 둘 다에 대한 심오하고도 비판적인 이해를 갖추고 있어야 한다. 이 비판적 차원은 오데라 오루카가 *교화적 현자다움*(didactical sageness)이라고 명명한 것으로, 이는 주어진 지식과 실천의 한계 내에서는 찾을 수 없는 답을 다른 지식과 실천들에서 발견하고자 하는 결핍감, 불완전하다는 느낌, 그리고 동기의 근거가 된다. 문화의 번역자들은 훌륭한 서발턴 세계시민주의적 지식인이어야 한다. 이들이 반드시 사회 운동의 지도자들 사이에서 발견되어야 하는 것은 아니다. 그저 평범한 행동가일 수도 있다. 후위 지식인들, 즉 학문적 지식으로 훈련받았지만 사회적 행위자들과 연대적으로 관여하는 이들의 경우, 그들의 과제는 끊임없이 학문적 지식을 비학문적 지식으로, 그리고 그 반대로도 번역할 수 있도록, 또 그러한 번역을, 그람시가 표현한 것처럼 열정을 담아 할 수 있도록 자신을 재훈련하는 것이다. 가까운 미래에는, 누가 번역하는가에 대한 결정이 대항헤게모니적 세계화의 구축에 있어 가장 핵심적인 민주적 심의 중 하나가 될 가능성이 높다.

어떻게 번역할 것인가?

번역 작업은 기본적으로 논증적 작업으로, 우리의 지식이나 경험을 공유하지 않는 이들과 세계를 공유한다는 세계시민주의적 정서를 바탕으로 한다. 번역 작업은 여러 가지 어려움에 부딪친다. 첫 번째 어려움은 논증의 전제들에 관한 것이다. 논증은 논증의 원환에 참여하는 이들 모두가 당연하게 받아들이기에 논증의 대상이 되지 않는 공준, 공리, 규칙, 관념에 기초한다. 일반적으로 이것들은 토포이 또는 공통의 장이라 불리며, 논증적 이견을 가능하게 하는 기본적 합의를 구성한다.[31] 번역 작업은 처음에는 이러한 토포이를 가지고 있지 않은데, 이는 그 시점에 가용한 토포이들이 특정 지식이나 문화에 적합한 것들이어서 다른 지식이나 문화에 의해서는 자명한 것으로 받아들여지지 않기 때문이다. 달리 말해, 각각의 지식이나 실천이 접촉지대로 들어오는 토포이는 논증의 전제가 되기를 멈추고 논증 자체가 된다. 번역 작업이 진행됨에 따라, 그것은 접촉지대와 번역 상황에 적합한 토포이를 구축한다. 이는 안전망도 없이 늘 실패의 위기에 놓여 있는 까다로운 작업이다. 토포이를 구축하는 능력은 서발턴 세계시민주의적 지식인, 혹은 현자의 자질 중 가장 두드러지는 특징 중 하나이다.

두 번째 어려움은 논증을 진행하는 데 사용되는 언어에 관한 것이다. 접촉지대에 현존하는 지식과 실천들이 공통의 언어를 갖거나, 공통의 언어에 똑같이 잘 숙달한 경우는 흔치 않다. 더욱이, 세계시민주의적 접촉지대가 다문화적일 때는, 문제의 언어들 중 하나가 식민적 또는 제국주의적 접촉지대를 지배했던 언어인 경우가 종종 있다.[32] 따라서 후

---

31 토포이와 수사학 일반에 대해서는 Santos(1995: 7-55)를 참조하라.

32 "전 세계의 그토록 많은 국제회의에서 그렇듯, 영어를 국제 공통어(*lingua franca*)로 사용하는 것은 사실 우리 시대의 에스페란토어로서의 영어라는 진부한 관용구에서 공명하는 도구적 목적에 부응하는 '중립적' 의사소통 공간의 창출 그 이상의 의미를 갖지 않을 수 있다. (······) 그러나 영어가 세계화의 공통어인 이유는 바로 그것이 제국의 언어이기 때문이다. (······) 그리고 제국의 논리, 즉 완전한 동화라는 목표에 의해

450 남의 인식론

자를 세계시민주의적 접촉지대로 대체하려는 시도가 이처럼 이전의 지배 언어를 사용함으로써 좌절될 수 있다. 문제는 단지 논증적 담론의 각 참여자들이 이 언어에 대한 숙달도가 서로 다를 수 있다는 것만이 아니다. 문제는 이 언어가 식민적 접촉지대에서 억압되었던 지식과 실천들의 중심적 열망들 중 일부를 발화 불가능하게 만들었다는 바로 그 사실에 책임이 있다는 것이다. 이러한 언어적 우위에 대해 명시적으로 의문이 제기되지 않는다면, 그것은 개념적, 규범적 우위까지 수반하여 번역 작업을 좌절시킬 수 있다.[33]

세 번째 어려움은 침묵과 관련된 것이다. 이는 발화할 수 없는 것이라기보다는 서로 다른 지식과 사회적 실천들이 말을 침묵과 엮어내는 서로 다른 리듬, 그리고 각 문화가 침묵에 부여하는 서로 다른 웅변성 (또는 의미)과 관련된다. 침묵을 다루고 번역하는 것은 번역 작업의 가장 까다로운 과제 중 하나이다.

왜 번역하는가?

이 마지막 질문은 다른 모든 질문들을 아우른다. 지식의 생태학과 상

지배되는 포괄적인 중심의 논리는 본질적으로 단일언어적이며 독백적이다. 차이가 인정되지 않거나 단순히 존재하지 않는 것으로 간주되는 그러한 통합적 관점에서 볼 때, 번역은 사실상 무의미하다"(Ribeiro 2004).

33 이를 염두에 두고, D. A. 마솔로(Dismas A. Masolo 2003)는 서발턴 언어와 문화에 뿌리를 둔 지식인들이 그가 '다중합리성(polyrationalities)'이라고 부르는 것, 즉 동일한 기본 개념과 논증을 각기 다른 방식과 언어로, 그리고 각기 다른 문화적 맥락에서 공식화할 수 있는 능력에 의존할 수밖에 없게 될 수 있다고 말한다.

호문화적 번역은 모두 이 책에서 자세히 설명된 남의 인식론의 핵심 개념, 즉 전 지구적 사회적 정의는 전 지구적 인지적 정의 없이는 가능하지 않다는 생각을 실현하기 위해 설계된 도구들이다.

번역 작업은 서구 근대성이 역사를 선형적인 것으로 규정하고, 사회를 계획하며, 자연을 통제함으로써 세계에 부여해 왔다고 주장한 자동적 의미와 방향을 세계가 상실한 이후에, 세계에 의미를 주기 위해 우리에게 남겨진 절차이다. 더 나은 세계가 가능한지 우리가 알지 못한다면, 무엇이 그것을 알고 있는 것처럼 행동할 정당성이나 동기를 부여하는가? 번역의 필요성은 서구 근대성이 해결하겠다고 주장한 문제들(자유, 평등, 박애)이 여전히 해결되지 않은 채로 남아 있고, 서구 근대성의 문화적, 정치적 경계 내에서는 해결될 수 없다는 사실에 있다. 달리 말하면, 지금 우리가 처한 전환기에, 우리는 우리가 어떤 근대적인 해결 방안도 갖고 있지 못한 근대적 문제들에 직면해 있다.

부재의 사회학과 출현의 사회학을 토대로 수행되는 번역 작업은 근대주의 기획의 사회적 해방의 폐허 위에 새롭고 다원적인 사회적 해방의 개념들을 구축하는 것을 목표로 하는 인식론적이고 민주적인 상상력의 작업이다. 더 나은 세계가 가능할 수도 있다는, 혹은 그것을 위해 투쟁하는 것을 포기하지 않은 모든 이들이 같은 방식으로 그것을 구상하고 있다는 어떠한 보장도 없다. 막스 호르크하이머와 테오도르 아도르노(Horkheimer and Adorno 1969)를 그토록 사로잡았던 평범성과 공포 사이의 진동은 이제 공포의 평범성으로 바뀌었다. 오늘날 재앙의 가능성은 우리에게 자명한 사실로 다가오기 시작한다.

일리야 프리고진(Prigogine 1997)과 이매뉴얼 월러스틴(Wallerstein

1999)이 언급한 분기의 상황은 번역 작업이 일어나는 구조적 상황이다. 번역 작업의 목표는, 자연의 회복 주기를 전례 없는 규모로 위협하고 갈수록 더 넓어지는 사회적 상호작용의 영역을 상업 논리에 종속시키는 것으로 특징지어지는 글로벌 자본주의의 현 국면에 대하여, 신뢰할 만한 대안들을 제공할 수 있을 만큼 강력한 지식과 실천의 성좌들을 창출하는 것이다. 번역 작업은 부재의 사회학에 의해 확장되어 온 현재와 출현의 사회학에 의해 수축되어 온 미래를 바탕으로 이루어진다. 향상된 상호지식과 매개, 협상을 통해, 헤아리고 행동의 기반으로 삼을 정치적 및 사회적 경험의 장이 확장되며, 이는 오늘날 이용 가능하고 실현 가능한 대안들에 대한 더 폭넓은 시야와 더 현실적인 평가를 가능하게 한다. 따라서 더 나은 미래의 가능성은 먼 미래가 아니라, 오히려 부재의 사회학과 출현의 사회학에 의해 확장되고 번역 작업에 의해 일관성을 갖추게 된 현재의 재발명에 있다. 번역을 통해, 경험과 기대 사이의 긴장은 비근대주의적 방식으로 재창조되는데, 이는 확장된 현재가 이미 수축된 미래를 포함하고 있기 때문이다. 우리는 미래 지향적 현재 대신에, 현재 지향적 미래를 갖게 된다. 새로운 비순응은 오늘날 우리가 훨씬 더 나은 세계에서 사는 것이 가능할 수 있다는 검증에서 비롯된다. 자본주의적이고 식민주의적인 현재는 억압된 출현들과 능동적이고 비가시적으로 생산된 부재들로 이루어진다. 이로써 미래는 해방되어 더 나은 사회에 대한 카타르시스적 상상력이 펼쳐질 수 있는 장이 된다. 심연적 인식론과 심연적 법은 현재로부터 미래를 몰아내기 위하여 제도뿐만 아니라 정신도 감시한다. 이 근대주의적 인공물의 부조리함은 번역 작업을 통해 명백히 드러난다. 번역 작업에 관여하는 이들은

에른스트 블로흐와 함께, 만약 우리가 오직 현재에만 산다면 왜 그것이 그토록 덧없는지를 궁금해한다. 상호문화적 접촉지대에서는 다양한 사회적 행위자들이 경험하는 서로 다른 종류의 현재와 시각적이고 실존적으로 접촉하는 것이 가능하다. 어떤 이들에게는 과거인 것이 다른 이들에게는 미래이며, 그 반대도 성립한다. 그리고 이들 모두는 현재 속에서 힘을 부여하고 상호문화적인 새로운 현재를 건설하는 작업을 하고 있다. 현재에 개입하도록 요구되는 시급한 변화들은 문명적 변화들이기도 하다. 번역 작업은 포스트심연적 사고를 통해 작동함으로써 접촉지대에 있는 이들이 유능한 불안정한 주체성과 탈제도적 행위자가 되도록 훈련시키고 힘을 부여한다.

번역 작업은 위태롭지만 구체적이고, 단기적이지만 그 목표에 있어서는 급진적이며, 불확실하지만 공유된 의미와 방향을 창출할 수 있게 한다. 지식 간 번역의 목표는 인지적 정의를 창출하는 것이다. 실천과 그 행위주체 간 번역이 목표하는 것은 민주적 상상력의 관점에서 전 지구적 사회 정의를 위한 조건들을 창출하는 것이다. 번역 작업은 막대한 경험의 소외를 바탕으로 그 부정의가 정당화되는 현재에서, 구체적인 사회 집단들의 구체적인 사회적 해방을 위한 조건들을 창출한다. 번역 작업이 진행되고 확장됨에 따라, 그러한 소외의 방대함은 더욱 가시적이 되고 더욱 불합리해지며 더욱 혐오스러운 것이 된다.

번역 작업을 통해 가능하게 된 의미의 새로운 성좌들은, 만약 그것들이 변혁적 실천의 새로운 성과들로 전환되지 않는다면 그 자체로 경험의 소외가 될 것이다. 번역의 실천은 선언의 실천으로 이어져야 한다. 내가 말하는 것은 집단적 행동을 위한 동맹의 명확하고도 모호함 없는

남의 인식론

청사진이다. 상호지식, 매개, 그리고 협상을 통해 향상된 공통분모들은, 더욱 *메스티사혜적*이지만 결코 덜 진정성 있지는 않은 정체성을 토대로 공유된 위험과 공유된 가능성에 대한 더 나은 감각으로부터 도출되는 새로운 동원의 에너지로 전환된다. 바로 여기에 일반이론이나 특권적 사회적 행위자에 의해 부과되는 하향식 결집에 대한 대안인, 상향식 정치적 결집의 가능성이 자리한다.

결론

나의 책 『새로운 상식을 향하여: 패러다임 전환기의 법, 과학, 정치(*Toward a New Common Sense: Law, Science and Politics in the Paradigmatic Transition*)』(1995)에서 나는, 내가 다루고 있는 패러다임의 전환, 즉 사회문화적 헤게모니 패러다임으로서의 서구 근대성으로부터 또 다른 패러다임을 향한, 또는 적절하게 명명하는 것이 불가능한 다른 패러다임들을 향한 전환이 인식론적 수준과 사회적, 정치적, 법적 수준 모두에서 일어날 것이라고 주장했다. 지금 마무리하고 있는 이 책에서 나는 이러한 전환이 가진 인식론적 차원의 일반적 윤곽을 제시한다. 『인지적 제국의 종말: 남의 인식론 시대의 도래』[1]에서는 같은 전환의 사회적, 정치

---

1 2018년에 출간된 『인지적 제국의 종말: 남의 인식론 시대의 도래(*The end of the cognitive empire: the coming of age of epistemologies of the South*)』(Santos 2018)를 말한다.

적, 법적 차원의 주요 윤곽을 제시할 것이다.

패러다임 전환이라는 개념에 대하여 의문이 제기될 수도 있다. 심지어는 불의와 차별 앞에서 우리의 비순응주의는, 그것이 아무리 진정한 것일지라도, 너무나도 오래 지속되는 사회적 과정들을 마주하고 있어서, 오직 거기에 종지부를 찍으려는 급진적 열망만이 우리로 하여금 실제로는 결코 일어나지 않는 전환들에 대해 이야기하도록 부추긴다는 지적도 제기될 수 있다. 다음의 인용문을 생각해 보자.

> 만일 어떤 사람이 우리 기독교 세계의 사람들의 삶에 대해 아무것도 모르고 있는데 그에게 이렇게 말해 준다고 해보자. "어떤 사람들이 있는데, 그들은 삶의 방식을 이렇게 설정해 놓았다. 그들의 대부분, 즉 99퍼센트, 또는 대략 그 정도가 쉼 없는 육체노동과 억압 속에 살고 있고, 나머지 1퍼센트는 게으름과 사치 속에 살고 있다. 이제, 만일 그 백분의 일이 자신들만의 종교, 과학, 예술을 가지고 있다면, 그 종교, 과학, 예술은 어떤 것일까?" 내가 생각하기에 여기에는 오직 하나의 답만 있을 수 있다. 바로 "왜곡되고 나쁜 종교, 과학, 예술"이다.

이것이 지난 13년간의 점거 운동의 여파로 쓰여진 것일까? 아니다. 이 글은 레오 톨스토이가 1910년 3월 17일 자신의 일기에 쓴 것이다 (1960: 66). 해방적 사회 변혁의 가능성에 대해 그보다 훨씬 더 큰 비관주의를 자아내는 어조로, 알베르 카뮈는 1951년에 이렇게 불쑥 내뱉었다. "20세기가 지난 후에도 세상의 악의 총량은 조금도 줄어들지 않았다. 신적인 것이든 혁명적인 것이든, 파루시아(parousia, 강림)는 없었다"(1951 : 379).

하지만 나는 패러다임의 전환이라는 개념이 절대적으로 주장되거나 부정될 필요는 없다고 생각한다. 그것이 주어진 역사적 시기에 매우 심오한 것으로 경험된 변혁들을 설명하기 위한 방식이라는 것을 염두에 두는 것으로 충분하다. 설령 나중에 가서 결국 그러한 변혁들이 의도했던 만큼 현상을 바꾸지 못했다고 단언할 수 있을지라도 말이다. 그 변화가 패러다임적일 것이냐 혹은 하위 패러다임적일 것이냐 하는 것은 그다지 중요하지 않다. 중요한 것은 그것들이 어떤 조건들하에서 경험되는가이다. 오늘날 우리 시대의 가장 의미 있는 변화 중 하나가, 수세기 동안 유럽 식민주의와 북미 제국주의에 종속되어 왔고 그간 글로벌 노스에 의해 일방적으로 규정되어 온 전 지구적 의제들의 조건과 우선순위에 대해 처음으로 권리를 주장하게 된 국가들, 민족들, 그리고 지역들이 글로벌 정치 무대에 부상하게 된 것과 관련된다는 점에는 의심의 여지가 없다. 이 글로벌 사우스가 결국에는 새로운 형태와 다른 종류의 담론들로, 수세기 동안 글로벌 노스에 의해 구현되어 온 동일한 사회적 과정을 재생산하게 될 수도 있다. 그러나 다른 한편으로, 글로벌 사우스 내부에서는 뿌리 깊은 반식민주의적, 반제국주의적 사회 운동들이 출현하고 있다. 이들은 억압에 맞선 저항의 담론과 실천에 의지하고, 윤리적(가치를 평가하고 판단하는 방식), 정치적(심의하고 통치하며 통치를 받는 방식), 문화적(의미를 부여하는 방식), 인식론적(앎의 방식), 존재론적(존재의 방식) 측면에서 비서구적 전제들로부터 출발하는 대안들을 제시하고 있다. 이러한 사회 운동들은 내가 이 책에서 재시하는 핵심 주장, 즉 전 지구적 인지적 정의 없이는 전 지구적 사회적 정의도 없다

는 것, 다시 말해 서로 다른 앎의 방식과 서로 다른 지식의 종류 사이에
는 형평성이 있어야만 한다는 나의 주장을 실질적으로 뒷받침해 준다.
나는 이 주장을 다른 두 개의 주장과 함께 제시했다. 첫째는 세계의 이
해는 서구가 세계를 이해하는 것을 훨씬 뛰어넘는다는 것이고, 둘째는
세계의 해방적 변혁은 서구중심적 비판이론이 발전시켜 온 것들과 다
른 문법과 각본들을 따를 수 있으며 그러한 다양성이 가치 있게 여겨져
야 한다는 것이다.

　인지적 정의라는 개념은 사회적 정의에 대한 급진적 요구, 즉 우리가
사회적 정의를 규정하고 사회적 부정의에 맞서 싸우는 데 적용하는 지
배적 기준들을 근본적으로 재고하자는 것까지 포함하는 요구이다. 따
라서, 이는 그러한 기준들의 뿌리로 거슬러 내려가서 그것들의 사회정
치적 결정 요인뿐 아니라 문화적, 인식론적, 그리고 심지어는 존재론적
전제들에 대해서까지도 의문을 제기하는 것을 함축한다. 이러한 요구
들은 오늘날 반제국주의적 글로벌 사우스 전역에 걸쳐 저항과 대안적
정치의 의제들 속으로 강력하게 진입하고 있으며, 그 울림은 글로벌 노
스에서도 점점 더 크게 들리고 있다. 이 책은 현재 제기되고 있는 인식
론적 요구들의 다양한 차원을 탐구함으로써 이러한 울림의 강도를 증
폭시키는 것을 목표로 한다.[2] 물론 이러한 요구들은 아주 오랫동안 존

2　장 코마로프(Jean Comaroff)와 존 L. 코마로프(John L. Comaroff)(2012)의 연구는 내
　원고가 출간을 앞두고 있을 때 접하게 되었다. 비록 그들은 글로벌 사우스의 전형으
　로 아프리카에 초점을 맞추고 있지만 우리 각자의 작업의 목적은 어느 정도 수렴한
　다. 코린 쿠마르(Corine Kumar)(2007a, 2007b, 2012, 2013)가 주도하고 나 역시 참여
　한 매우 야심 찬 출판 프로젝트에서도 이 같은 방향성의 일치를 확인할 수 있다.

재해 왔으며, 그중 많은 요구들은 심지어 식민 정복 이전부터 제기되어 왔다. 남의 인식론적 관점에서 볼 때, 이러한 요구들은 오로지, 최근 들어, 그리고 글로벌 사우스의 저항과 대안 정치의 결과로 서구중심의 심연적 선들이 초래한 인식론적 살해의 만연함이 더욱 효과적으로 드러나게 되었고, 그것이 만들어낸 부재들이 더욱 강력하게 현존하게 되었으며, 이를 통해 열린 새로운 가능성들이 더욱 신뢰할 만하고 유망해졌다는 의미에서만 새롭게 출현한 것으로 이해될 수 있다. 이 책에서 이러한 가능성들의 탐구는 두 가지 갈래로 이루어졌다. 한편으로는, 글로벌 노스의 지배적 인식론들, 즉 내가 북반구의 인식론들(Northern epistemologies)이라 불렀던 것을 엄정한 비판대에 올렸다. 이 작업은 나로 하여금 전통적으로 서구 근대성이라 일컬어지는 것의 복잡성과 내적 다양성을 부각시키게끔 이끌었는데, 서구 근대성은 최선의 경우 지배적 개념들을 총체적인 것으로 간주하고, 최악의 경우에는 서구 근대성을 지나치게 손쉽게 비판할 수 있는 희화화된 형태로 바꿔버린다. 나는 다양한 각도와 관점에서 지배적 인식론들이 어떻게 막대한 사회적 경험의 소외를 초래했는지, 특히 어떻게 지배적인 인식론적 정전에 맞지 않는 앎의 방식들을 대량으로 파괴하는 결과를 초래했는지를 보여주려 노력했다. 나는 이러한 파괴를 바로 *인식론적 살해*라고 부른다. 다른 한편으로, 나는 남의 인식론들의 주요 특징을 자본주의, 식민주의, 가부장제에 맞선 투쟁 속에서 태어난 앎의 방식들로 정의했다. 부재의 사회학, 출현의 사회학, 지식의 생태학, 상호문화적 번역과 같은 개념들은 이러한 노력의 핵심이었다.

결코 사소하지 않은 이유로 이 책은 좋은 삶/*부엔 비비르*를 위한 상상의 매니페스토로 시작했다. 남의 인식론의 관점에서 볼 때, 앎의 방식들에 대한 탐구는 글로벌 자본주의, 식민주의, 가부장제가 초래하는 억압, 지배, 차별을 완화하거나 거할 목적으로 세계에 개입하는 방식들에 대한 탐구와 떼어놓을 수 없다. 이론과 실천을 분리하는 것의 불가능성에 대한 이론서를 쓴다는 것, 그것도 그러한 많은 앎의 방식들이 식민적 언어로는 제대로 발화되는 것조차 불가능할 수 있음을 인정하면서도 그것을 식민적 언어로 쓴다는 것은, 형용 모순(contradictio in adjecto)에 가까워 보인다. 이런 이유로 미니페스토는 매니페스토와 나란히 손을 잡고 나아간다. 모순의 비옥함은 모순으로부터 도망칠 방법을 상상하는 데 있는 것이 아니라 모순을 끌어안고 그것을 헤쳐 나가는 방식들에 있다. 만일 패러다임적 전환의 시대를 지칭하는 이름이 있다면, 그것은 분명 가능케 하는 모순(enabling contradictions)이라는 이름일 것이다. 가능케 하는 모순이란 주어진 시대 또는 맥락에서 사고나 행동의 한계를 인정하되, 마치 순응주의적 사고와 행동에서 전형적으로 나타나듯 그 한계들을 멀리서 경외심을 가지고 바라보기를 거부하는 모순이다. 가능케 하는 모순은 한계들에 대하여 유연하지 않으며, 오히려 그 한계들에 최대한 가깝게 다가가 그것들 자체가 지닌 모순들을 최대한 탐색한다.

이 책에서 요청된 가능케 하는 모순은 두 가지 종류였다. 한편으로, 서로 다른 앎의 방식은 서로 다른 형태의 사회적 행위주체성뿐만 아니라 사회적 변혁을 위한 새로운 문법과 목표들을 요구한다. 하지만 초지역적 의제들과 총체적 투쟁들 및 동맹 탐색에 개입할 필요성은, 누구와 무엇을 해야 할 것인가와 그것을 어떻게 명명할 것인가 모두와 관련해 일종의 문화적, 인식론적 혼종성을 요구할 수 있다. 이 책에서 나는 관련된 서로 다른 사회적 행위자들의 문화적, 정치적 정체성을 훼손하지 않으면서 이를 달성하는 방식으로서 상호문화적 번역을 다루고 있다. 다른 한편으로, 현재에 대한 전면적 투자는 또한 투쟁 속에서 태어난 지식들이 서구중심적 개념들과 정치적 도구들——그것이 민주주의든, 인권이든, 또는 사회주의든——과 관계를 맺을 것을 요구할 수도 있는데, 이는 그러한 개념들이나 도구들의 대항헤게모니적이고 상호문화적인 사용을 설계하고 실행하기 위해서이다. 그러한 개념들은 낯선 것들이지만 완전히 낯선 것들은 아니다. 이는 그것들에 대한 투쟁은 동시에 그것들과 함께하는 투쟁이기도 하기 때문이다. 말하자면, 그것들은 낯섦과 친숙함의 혼종들이다. 이 가능케 하는 모순들의 구체적 작동방식과 그것이 지닌 정치적 생산성이 『인지적 제국의 종말: 남의 인식론 시대의 도래』의 분석적 과제가 될 것이다.

모순들을 끌어안고 그것들을 헤쳐 나간다는 것은 부재의 사회학과 출현의 사회학에 의해 확장된 것으로서 인식되는 현재에 치열하게 투자하는 것의 또 다른 측면이다. 현재에 대한 치열한 투자는 또 다른 세계가 가능하다는 생각을 배제하지 않는다. 오히려 반대로, 그러한 생각을 전제하되, 현재 속에서 실행되어야 할 부정의한 현재에 대한 비순응의 척도이자 존재 이유로 그것을 인식한다. 이 같은 비순응주의의 성격은 혁명의 개념보다는 오히려 반란의 개념에 더 들어맞는다. 신이나 역사의 법칙에서 그 어떤 위안도 찾지 않는 그러한 반란은 구체적인 인간 존재들이 살고 있는, 그리고 존엄한 삶을 박탈당한 현재와 구체적 조건들에 대한 전면적 투자이다. 이 전면적 투자는 있는 그대로의 현재를 거부하는 것과 그것으로부터 도망치지 않겠다는 의지를 모두 포함한다. 현재 속에서 존엄하게 살 수 없는 이들, 즉 좋은 삶/*부엔 비비르*를 위한 매니페스토에 그 상상의 목소리들이 담긴 굴욕당하고 억압당하는 이들은 상상의 미래를 기다릴 여유가 없다. 그들은 현재 속에서 치유되어야 할 현재의 상처들을 대변한다. 다시 한번 알베르 카뮈를 인용하자면, "미래를 향한 진정한 관대함은 현재에 모든 것을 바치는 데 있다"(1951: 380).

그야말로 모순적이게도, 유일하게 가치 있는 유토피아는 바로 여기에서 지금 실행되어야 할 것이다. 그럼에도 불구하고, 우리가 우리의 비순응주의의 거울을 들여다볼 때면, 우리는 마치 아무것도 성취되지 않은 것처럼, 혹은 아주 적은 것만이 성취된 것처럼 우리의 현재가 지닌 미래의 기만적 유토피아를 보는 경향이 있다. 만일 우리가 오직 현재 속에서만 일하고 살아가는 것을 증명하기가 그토록 쉽다면, 우리의 구체적 현재 너머에는 아무것도 없다고 생각하기가 왜 그토록 어려운가? 왜 현재의 내재성은 미래의 초월성보다 덜 찬란한가? 나는 이 책에서 북반구의 인식론들이 여전히 지배적인 한 이 문제들은 다루기 힘든 채로 남을 것임을 보여주려 했다. 미래는 오직 다소간 안전한 현재를 확보하고 있는 이들만이 누릴 수 있는 사치다. 현재의 사소화는 언제나 그토록 많은 부당한 고통이 초래한 공포의 사소화와 거기에 맞선 투쟁들의 사소화, 이 둘 모두의 다른 면이다. 남의 인식론들과 그것들이 정당성을 부여하고자 하는 투쟁 속에서 태어난 지식들에게 있어 현재란, 과거와 미래가 돌연히 출현하거나 무의미한 말잔치로 전락하는 터전이며, 과거와 미래가 선형적 시간의 우리에서 풀려나 자유로워지는 공간이다. 그리고 미래의 기억은 도둑맞거나 중단된 과거가 본래부

남의 인식론

터 정당했음을 증명하고, 그것을 실현하는 힘에 다름 아니다.

동시대성에 대한 이 같은 밀도 높은 개념, 즉 그것이 요청하는 부재의 사회학과 출현의 사회학에 의해 확장된 현재의 개념은 세계를 자신의 것으로서 근본적으로 더욱 폭넓게 경험할 수 있게 해준다. 세계를 자신의 것으로 경험한다는 것은 그 해결에 자신이 의미 있게 참여할 수 있는 일련의 문제들로서 세계를 경험하는 것이다. 서구중심의 심연적 선은 역사적으로 방대한 인구층과 관념들이 세계를 자신의 것으로 경험하는 것을, 그리하여 능동적으로 세계의 변혁에 참여하는 것을 배제해 왔다. 이들은 결코 문제 해결자가 될 수 없었다. 왜냐하면 이들 자신이 곧 문제였기 때문이다. 20세기 초에 W. E. B. 듀보이스(W. E. B. Du Bois)는 그의 책 『흑인의 영혼(*The Souls of Black Folk*)』(2008)의 처음 몇 페이지에서 '흑인 문제(negro problem)'를 다루며, 문제를 갖는 것이 아니라 문제가 된다는 것이 어떤 느낌인지를 물음으로써 이 문제를 눈부신 통찰력으로 고발했다. 1952년에 프란츠 파농은 『북아프리카 신드롬(*North African Syndrome*)』을 출판했는데, 여기서 그는 북아프리카인은 질병을 앓는다기보다는 식민지적 상황과 유럽의 인종주의로 인해 그 자신이 하나의 증후군이 되어 버린다는 비슷한 지적을 한다. "의사를 찾아가는 북아프리카인은 그의 모든 동포들이 드리운 무겁게 짓누르는 짐을 짊어지고 있다. (……) 자신의 감정이 위협을 받고, 자신의 사회적 활동이 위협받으며, 공동체 구성원으로서의 지위도 위협을 받는 북아프리카인은 병든 사람을 만드는 모든 조건들을 갖추고 있다"(1967b: 8, 13).[3]

....
3 『북아프리카 신드롬』은 잡지 《마음(*L'Esprit*)》 1952년 2월 호, 237-251쪽에 처음 게재

이른바 보편적이라는 그토록 많은 사회 변혁 이론들을 도출해 낸 이 같은 식민주의적 존재론들에 대한 고발에서 영감을 받아, 이 책에서 제안된 남의 인식론들은 세계를 자기 자신의 것으로 훨씬 더 폭넓게 경험하자는, 그렇게 세계를 더 평등하고 더 다양한 세계로, 네오사파티스타의 부사령관 마르코스의 슬로건대로 "서로 다른 세계들이 편안하게 들어맞는 세계"로 변혁하는 과업에서 훨씬 더 폭넓은 동행을 하자는 초대이다. 이 과업의 성공이 남의 인식론들의 운명을 결정할 것이다. 남의 인식론들은 북과 남 사이, 동과 서 사이의 불평등한 관계가 세계를 계속 지배하는 한 그 자리에 있을 것이다. 남의 인식론들의 유토피아는 곧 그 자신의 소멸이다.

되었다.

참고문헌

Abeele, Georges van der. 1992. *Travel as Metaphor*. Minneapolis: University of Minnesota Press.

Afzal-Khan, Fawzia, and Kalpana Sheshadri-Crooks. 2000. *The Pre-occupation of Post-colonial Studies*. Durham, NC: Duke University Press.

Agamben, Giorgio. 2004. *State of Exception*. Chicago: University of Chicago Press.

Ahmad, Ibn Majid Al-Najdi. 1971. *Arab Navigation in the Indian Ocean before the Coming of the Portuguese: Being a Translation of Kitab al-Fawa' id fi usul al-bahr wa'l-qawa' id of Ahmad b. Majid Al-Najdi, Together with an Introduction on the History of Arab Navigation, Notes on the Navigational Techniques and the Topography of Indian Ocean, and a Glossary of Navigational Terms by G. R. Tibbetts*. London: Royal Asiatic Society of Great Britain and Ireland.

Akerman, James, and Robert Karrow Jr., eds. 2007. *Maps: Finding Our Place in the World*. Chicago: University of Chicago Press for the Field Museum and the Newberry Library.

Akram, Susan Musarrat. 1999. "Scheherezade Meets Kafka: Two Dozen Sordid Tales of Ideological Exclusion." *Georgetown Immigration Law Journal* 14 (fall): 51–150.

——. 2000. "Orientalism Revisited in Aslum and Refugee Claims." *International Journal of Refugee Law* 12, no. 1: 7–40.

Akram, Susan Musarrat, and Maritza Karmely. 2005. "Immigration and Constitutional

Consequences of Post-9/11 Policies Involving Arabs and Muslims in the United States: Is Alienage a Distinction without a Difference?" *U.C. Davis Law Review* 38, no. 3: 609–699.

Alberro, Solange. 1992. *Del gachupin al criollo.* Mexico City: El Colégio de Mexico.

Alexander, Jeffrey. 1982a. *Theoretical Logic in Sociology. Vol. 1: Positivism, Presuppositions and Current Controversies.* Berkeley: University of California Press.

_____. 1982b. *Theoretical Logic in Sociology. Vol. 2: The Autonomies of Classical Thought: Marx and Durkheim.* Berkeley: University of California Press.

_____. 1987. *Twenty Lectures.* New York: Columbia University Press.

_____. 1995. *Fin de Siècle Social Theory.* London: Verso.

Alexander, Jeffrey C., and Kenneth Thompson. 2008. *A Contemporary Introduction to Sociology: Culture and Society in Transition.* Boulder, CO: Paradigm Publishers.

Alvares, Claude. 1992. *Science, Development, and Violence: The Revolt against Modernity.* New Delhi: Oxford University Press.

Amann, Diane Marie. 2004a. "Abu Ghraib." *University of Pennsylvania Law Review* 153, no. 6: 2085–2141.

Amann, Diane Marie. 2004b. "Guantánamo." *Columbia Journal of Transnational Law* 42, no. 2: 263–348.

An-Na'im, Abdullahi A., ed. 1992. *Human Rights in Cross-cultural Perspectives: A Quest for Consensus.* Philadelphia: University of Pennsylvania Press.

_____, ed. 1995. *Human Rights and Religious Values: An Uneasy Relationship?* Amsterdam: Rodopi.

_____, ed. 2000. "Human Rights and Islamic Identity in France and Uzbekistan: Mediation of the Local and Global." *Human Rights Quarterly* 22, no. 4: 906–941.

Anderson, Benedict. 1983. *Imagined Communities: Reflections on the Origin and Spread of Nationalism.* London: Verso.

Andrade, Oswald de. 1990 [1928]. *A Utopia Antropofágica.* São Paulo: Globo.

André, J. M. 1997. *Sentido, simbolismo e interpretação no discurso filosófico de Nicolau de Cusa.* Coimbra: Fundação Calouste Gulbenkian/JNICT.

Andrews, Lew. 1995. *Story and Space in Renaissance Art: The Rebirth of Continuous Narrative.* Cambridge: Cambridge University Press.

Anghie, Anthony. 2005. *Imperialism, Sovereignty and the Making of International Law.* Cambridge: Cambridge University Press.

Appiah, Kwame Anthony. 1998. "Cosmopolitan Patriots." In *Cosmopolitics: Thinking and Feeling beyond the Nation,* edited by P. Cheah and B. Robbins, 91–116. Minneapolis: University of Minnesota Press.

Arendt, Hannah. 1951. *The Origins of Totalitarianism.* New York: Harcourt.

Atkinson, Rowland, and Sarah Blandy. 2005. "International Perspectives on the New Enclavism and the Rise of Gated Communities." *Housing Studies* 20, no. 2: 177–186.

Aveling, Harry. 2006. "The Coloniser and the Colonised: Reflections on Translation as Contested Space." *Wacana: Jurnal Ilmu Pengetahuan Budaya* 8, no. 2: 162.

Avery, T. A., and G. L. Berlin. 1992. *Fundamentals of Remote Sensing and Airphoto Interpretation.* New York: Macmillan.

Ávila, Affonso. 1994. *O lúdico e as projecções do mundo barroco—II.* São Paulo: Perspectiva.

Ayres, Ian, and John Braithwaite. 1992. *Responsive Regulation: Transcending the Deregulation Debate.* New York: Oxford University Press.

Bachelard, Gaston. 1969. *The Poetics of Space.* Boston: Beacon.

_____. 1971[1934]. *Le nouvel ésprit scientifique.* Paris: Presses Universitaires de France.

_____. 1972[1938]. *La formation de l' éprit scientifique.* Paris: J. Verin.

_____. 1975[1949]. *Le rationalisme appliqué.* Paris: Presses Universitaires de France.

_____. 1981. *A epistemología.* Lisbon: Edições 70.

Bakhtin, Mikhail. 1986. *Speech Genres and Other Late Essays.* Translated by V. W. McGee. Austin: University of Texas Press.

Balanyá, Belén, Brid Brennan, Olivier Hoedeman, Satoko Kishimoto, and Philipp Terhorst, eds. 2005. *Reclaiming Public Water: Achievements, Struggles and Visions from Around the World.* Amsterdam: Transnational Institute and Corporate Europe Observatory. Available at www.tni.org/books/publicwater.htm (accessed on October 11, 2012).

Bambirra, Vania. 1978. *Teoría de la dependencia: Una anticrítica.* Mexico City: Era.

Banuri, T. 1990. "Development and the Politics of Knowledge: A Critical Interpretation of the Social Role of Modernization Theories in the Development of the Third World." In *Dominating Knowledge: Development, Culture, and Resistance,* edited by F. Apfel Marglin and S. A. Marglin, 29–72. Oxford, UK: Clarendon Press.

Baratta, Giorgio. 2004. *As rosas e os cadernos.* Rio de Janeiro: DP&A Editora.

Barr, Bob. 2004. "USA Patriot Act and Progeny Threaten the Very Foundation of Freedom." *Georgetown Journal of Law and Public Policy* 2, no. 2: 385–392.

Baslar, Kemal. 1998. *The Concept of the Common Heritage of Mankind in International Law.* Dordrecht: Martinus Nijhoff.

Bauer, Carl J. 1998. *Against the Current: Privatization, Water Markets, and the State in Chile.* London: Kluwer.

Bauer, Laura Isabel. 2004. "They Beg Our Protection and We Refuse: U.S. Asylum Law's

Failure to Protect Many of Today 's Refugees." *Notre Dame Law Review* 79, no. 3: 1081–1116.

Beck, Ulrich. 1992. *The Risk Society: Towards a New Modernity.* London: Sage.

Becker, Marc. 2006. "Mariátegui, the Comintern, and the Indigenous Question in Latin America." *Science and Society* 70, no. 4: 450–479.

Benjamin, Walter. 1968. "Thesis on the Philosophy of History." In *Illuminations.* New York: Schocken.

———. 1972. "Erfahrung und Armut." In *Gesammelte Schriften (II.1)*, edited by Rolf Tiedemann and Hermann Schweppenhäuser, 213–219. Frankfurt: Suhrkamp.

———. 1999. "The Task of the Translator: An Introduction to the Translation of Baudelaire's Tableaux Parisiens," translated by Harry Zohn. In *Translation Studies Reader*, edited by Lawrence Venuti, 75–82. New York: Routledge.

Berman, Antoine. 1985. "La traduction et la lettre ou l'auberge du lointain." In *Les tours de Babel: Essais sur la traduction*, edited by A. Berman, 33–150. Mauvezin, France: Trans-Europ-Repress.

Bernal, Martin. 1987. *Black Athena: The Afroasiatic Roots of Classical Civilization.* Vol. 1. New Brunswick, NJ: Rutgers University Press.

Bhabha, Homi K. 1994. *The Location of Culture.* London: Routledge.

———. 1996. "Unsatisfied: Notes on Vernacular Cosmopolitanism." In *Text and Nation*, edited by L. Garcia-Morena and P. C. Pfeifer, 191–207. London: Camden House.

Bilgrami, A. 2006. "Occidentalism, the Very Idea: An Essay on Enlightenment and Enchantment." *Critical Inquiry* 32, no. 3: 381–411.

Binford, L. R. 1981. "Behavioral Archaeology and the 'Pompeii Premise'." *Journal of Anthropological Research* 37, no. 3: 195–208.

Blakely, Edward J., and Mary Gail Snyder. 1999. *Fortress America: Gated Communities in the United States.* Cambridge, MA: Brookings Institution, Lincoln Institute of Land Policy.

Blaser, Arthur. 1990. "The Common Heritage in Its Infinite Variety: Space Law and the Moon in the 1990s." *Journal of Law and Technology* 5: 79–99.

Bloch, Ernst. 1995. *The Principle of Hope.* Cambridge, MA: MIT Press.

Bloom, Harold. 1973. *The Anxiety of Influence.* New York: Oxford University Press.

———. 1994. *The Western Canon: The Books and School of the Ages.* New York: Harcourt.

Bond, Patrick. 2000. *Elite Transition: From Apartheid to Neoliberalism in South Africa.* London: Pluto.

Borelli, Silvia. 2005. "Casting Light on the Legal Black Hole: International Law and

남의 인식론

Detentions Abroad in the 'War on Terror'." *International Review of the Red Cross* 87, no. 857: 39–68.

Borges, Jorge Luis. 1974. *Obras completas*. Buenos Aires: Emecé.

Bowles, Samuel. 1998. "Endogenous Preferences: The Cultural Consequences of Markets and Other Economic Institutions." *Journal of Economic Literature* 36: 75–111.

Boyne, Shawn. 2004. "Law, Terrorism, and Social Movements: The Tension between Politics and Security in Germany's Anti-terrorism Legislation." *Cardozo Journal of International and Comparative Law* 12, no. 1: 41–82.

Breckenridge, Carol, Sheldon Pollock, Homi Bhabha, and Dipesh Chakrabarty, eds. 2002. *Cosmopolitanism*. Durham, NC: Duke University Press.

Brockman, John. 1995. *The Third Culture*. New York: Simon and Schuster.

Brown, Lee M., ed. 2004. *African Philosophy: New and Traditional Perspectives*. New York: Oxford University Press.

Brown, Michelle. 2005. "'Setting the Conditions' for Abu Ghraib: The Prison Nation Abroad." *American Quarterly* 57, no. 3: 973–997.

Brunkhorst, Hauke. 1987. "Romanticism and Cultural Criticism." *Praxis International* 6: 397–415.

Buchanan, Patrick J. 2006. *State of Emergency: The Third World Invasion and Conquest of America*. New York: St. Martin's.

Buhlungu, Sakhela, John Daniel, Roger Southall, and Jessica Lutchman. 2006. *State of the Nation, 2005–2006*. Cape Town: HSRC Press.

Burnett, D. Graham. 2002. "'It Is Impossible to Make a Step without the Indians': Nineteenth-Century Geographical Exploration and the Amerindians of British Guiana." *Ethnohistory* 49, no. 1: 3–40.

Buruma, I., and A. Margalit. 2004. *Occidentalism: The West in the Eyes of Its Enemies*. New York: Penguin.

Cabral, Amílcar. 1979. *Unity and Struggle: Speeches and Writings of Amilcar Cabral*. New York: Monthly Review.

Caldeira, Teresa. 2000. *City of Walls: Crime, Segregation and Citizenship in São Paulo*. Berkeley : University of California Press.

Callicott, J. Baird. 2001. "Multicultural Environmental Ethics." *Daedalus* 130, no. 4: 77–97.

Callinicos, Alex. 1995. *Theories and Narratives: Refections on the Philosophy of History*. Cambridge, UK: Polity.

Campbell, John. 1993. *Map Use and Analysis*. Dubuque, IA: Wm. C. Brown Publishers.

Camus, Albert. 1951. *L'homme révolté*. Paris: Gallimard.

Canguilhem, Georges. 1988. *Ideology and Rationality in the History of the Life Sciences*.

Cambridge, MA: MIT Press.

Cardoso, Fernando Henrique, and Enzo Faletto. 1969. *Dependencia y desarrollo en América Latina*. Mexico City : Siglo XXI.

Carrier, J. G. 1992. "Occidentalism: The World Turned Upside-Down." *American Ethnologist* 19, no. 2: 195–212.

Cassirer, Ernst. 1960. *The Philosophy of the Enlightenment*. Boston: Beacon.

Cassirer, Ernst. 1963. *The Individual and the Cosmos in Renaissance Philosophy*. Oxford, UK: Blackwell.

Castro, José Esteban. 2006. *Water, Power, and Citizenship: Social Struggle in the Basin of Mexico*. Basingstoke, UK; New York: Palgrave Macmillan.

Césaire, Aimé. 1955. *Discours sur le colonialisme*. Paris: Présence Africaine.

_____. 1997. *Une tempête [d'après La tempête de Shakespeare, adaptation pour un théâtre nègre]*. Paris: Seuil.

_____. 2000. *Discourse on Colonialism*. New York: New York University Press.

Chakrabarty, Dipesh. 1992. "Postcoloniality and the Artifice of History : Who Speaks for 'Indian' Pasts?" *Representations* 37, no. 1: 1–26.

_____. 2000. *Provincializing Europe: Postcolonial Thought and Historical Difference*. Princeton, NJ: Princeton University Press.

Chambers, R. 1992. "Rural Appraisal: Rapid, Relaxed and Participatory," *IDS Discussion Papers* 311: 1–90.

Chang, Nancy. 2001. "The USA Patriot Act: What's So Patriotic about Trampling on the Bill of Rights?" *Guild Practitioner* 58, no. 3: 142–158.

Chen, X. 1992. "Occidentalism as Counterdiscourse: 'He Shang' in Post-Mao China." *Critical Inquiry* 18, no. 4: 686–712.

Chew, Sing, and Robert A. Denemark, eds. 1996. *The Underdevelopment of Development: Essays in Honor of Andre Gunder Frank*. Thousand Oaks, CA: Sage.

Cianciarulo, Marisa Silenzi. 2005. "The W Visa: A Legislative Proposal for Female and Child Refugees Trapped in a Post– September 11 World." *Yale Journal of Law and Feminism* 17 , no. 2 : 459–500.

Coetzee, Pieter Hendrik, and A. P. J. Roux, eds. 2003. *The African Philosophy Reader: A Text with Readings*. New York: Routledge.

Cohen, Mitchell. 1992. "Rooted Cosmopolitanism: Thoughts on the Left, Nationalism, and Multiculturalism." *Dissent* 39, no. 4: 478–483.

Collins, Randall. 1994. *Four Sociological Traditions*. Oxford: Oxford University Press.

_____. 2008. *Violence: A Micro-sociological Theory*. Princeton, NJ: Princeton University Press.

Comaroff, Jean, and John L. Comaroff. 2012. *Theory from the South: Or, How Euro-America Is Evolving toward Africa.* Boulder, CO: Paradigm Publishers.

Conca, Ken. 2005. *Governing Water: Contentious Transnational Politics and Global Institution Building.* Cambridge, MA: MIT Press.

Condillac, Etienne Bonnor de. 1984[1754–1755]. Extrait raisonné du traité des sensations. In *Traité des sensations: Traité des animaux.* Paris: Fayard.

Coronil, F. 1996. "Beyond Occidentalism: Toward Nonimperial Geohistorical Categories." *Cultural Anthropology* 11, no. 1: 51–87.

Coutinho, Afrânio. 1990. "O barroco e o maneirismo." *Claro Escuro* 4, no. 5: 15–16.

Coy, Martin. 2006. "Gated Communities and Urban Fragmentation in Latin America: The Brazilian Experience." *GeoJournal* 66, nos. 1–2: 121–132.

Cuin, C.-H., and F. Gresle. 1992. *Histoire de la sociologie.* Paris: La Découverte.

Dallmayr, Fred. 2006. "Modalities of Intercultural Dialogue." *Cultural Diversity and Transversal Values: East-West Dialogue on Spiritual and Secular Dialogues.* Paris: UNESCO.

Das, Veena. 1989. "Discussion: Subaltern as Perspective." In *Subaltern Studies VI: Writings on South Asian History and Society,* edited by Ranajit Guha, 310–324. Delhi: Oxford University Press.

David, C. W. A. 1924. "The Fugitive Slave Law of 1793 and Its Antecedents." *Journal of Negro History* 9, no. 1: 18–25.

De Genova, Nicholas P. 2002. "Migrant 'Illegality' and Deportability in Every day Life." *Annual Review of Anthropology* 31: 419–447.

Deagan, Kathleen. 1989. "Tracing the Waste Makers." *Archeology,* special issue, 42, no. 1: 56–61.

Dean, Bartholomew, and Jerome M. Levi, eds. 2003. *At the Risk of Being Heard: Identity, Indigenous Rights, and Postcolonial States.* Ann Arbor: University of Michigan Press.

Deleuze, Gilles. 1968. *Différence et répétition.* Paris: Presses Universitaires de France.

Dershowitz, Alan. 2002. *Why Terrorism Works: Understanding the Threat, Responding to the Challenge.* New Haven, CT: Yale University Press.

_____. 2003a. "Reply : Torture without Visibility and Accountability Is Worse Than with It." *University of Pennsylvania Journal of Constitutional Law* 6, no. 2: 326.

_____. 2003b. "The Torture Warrant: A Response to Professor Strauss." *New York Law School Law Review* 48, nos. 1–2: 275–294.

Desroche, Henri. 1975. *La société festive: Du fouriérisme aux fouriérismes pratiqués.* Paris: Seuil.

Diagne, Mamoussé. 2005. *Critique de la raison orale: Les pratiques discursives en*

Afrique Noire. Niamey /Paris/Dakar: CELHTO/Karthala/IFAN.

Diagne, Souley mane Bachir. 2001. *Reconstruire le sens: Textes et enjeux de prospectives africaines.* Dakar: CODESRIA.

Dickinson, Laura. 2005. "Torture and Contract." *Case Western Reserve Journal of International Law* 37, no. 5–3: 267–275.

Diouf, Mamadou. 2000. "The Senegalese Murid Trade Diaspora and the Making of a Vernacular Cosmopolitanism." *Public Culture* 12, no. 3: 679–702.

Dioup, Cheik Anta. 1967. *Antériorité des civilisations nègres: Mythe ou vérité historique.* Paris: Présence Africaine.

_____. 1974. *African Origins of Civilization—Myth or Reality.* Chicago: Lawrence Hill.

_____. 1996. *Towards the African Renaissance: Essays in Culture and Development, 1946–1960.* London: The Estate of Cheikh Anta Diop and Karnak House.

Donahue, John, and Barbara Johnston, eds. 1998. *Water, Culture, and Power: Local Struggles in a Global Context.* Washington, DC: Island.

Dorf, Michael, and Charles Sabel. 1998. "A Construction of Democratic Experimentalism." *Columbia Law Review* 98, no. 2: 267–473.

Dörmann, Knut. 2003. "The Legal Situation of Unlawful/Unprivileged Combatants." *International Review of the Red Cross* 85, no. 849: 45–74.

Dos Santos, 1971 Theotonio. *El nuevo carácter de la dependencia.* Buenos Aires: S. Ediciones.

Du Bois, W. E. B. 2008. *The Souls of Black Folk.* New York: Oxford University Press.

Dumoulin, Michel. 2005. *Léopold II: Un roi génocidaire?* Bruxelles: Académie Royale de Belgique, Classe des Lettres.

Dunnell, Robert. 1989. "Hope for an Endangered Science." *Archeology,* special issue, 42, no. 1: 63–66.

Dupré, John. 1993. *The Disorder of Things: Metaphysical Foundations of the Disunity of Science.* Cambridge, MA: Harvard University Press.

_____. 2003. *Darwin's Legacy: What Evolution Means Today.* Oxford: Oxford University Press.

Dupuy, René-Jean. 1974. *The Law of the Sea.* Dobbs Ferry, NY: Oceana.

Dussel, Enrique. 1992. *1492: El encubrimiento del otro: Hacia el origen del "mito de la modernidad."* Bogotá: Anthropos.

_____. 1995. *The Invention of the Americas: Eclipse of "the Other" and the Myth of Modernity.* New York: Continuum.

_____. 2000. *Ética de la liberación en la edad de la globalización y de la exclusión.* Madrid: Trotta.

_____. 2001. *Hacia una filosofía política crítica*. Bilbao: Desclee de Brouwer.

Echeverría, Bolívar. 1994. *Modernidad, mestizaje, cultura, ethos barroco*. Mexico City: UNAM, El Equilibrista.

_____. 1996. *Benjamin: Messianism y utopia*. Mexico City: UNAM.

_____. 2011. *Antología: Crítica de la modernidad capitalista*. La Paz: Vicepresidencia del Estado Plurinacional de Bolivia.

Emerson, Barbara. 1979. *Leopold II of the Belgians: King of Colonialism*. London: Weidenfeld and Nicolson.

Emerton, Patrick. 2004. "Paving the Way for Conviction without Evidence— Disturbing Trend in Australia's Anti-terrorism Laws." *Queensland University of Technology Law and Justice Journal* 4, no. 92: 1–38.

Epicurus. 1926. *Epicurus' Morals. Collected and faithfully englished by Walter Charleton*. London: Peter Davies.

ERDAS. 1997. *ERDAS Field Guide*. Atlanta: Erdas International.

Escobar, Arturo. 1995. *Encountering Development: The Making and Unmaking of the Third World*. Princeton, NJ: Princeton University Press.

_____. 1999. "After Nature: Steps to an Anti-essentialist Political Ecology." *Current Anthropology* 40, no. 1: 1–30.

Eze, Emmanuel Chukwudi, ed. 1997. *Postcolonial African Philosophy: A Critical Reader*. Oxford, UK: Blackwell.

Falk, Richard. 1995. *On Humane Governance: Toward a New Global Politics*. University Park: Pennsylvania State University Press.

Fanon, Frantz. 1961. *Les damnés de la terre. Preface by Jean Paul Sartre*. Paris: Maspero.

_____. 1963. *The Wretched of the Earth. Preface by Jean-Paul Sartre*. New York: Grove.

_____. 1967a. *Black Skin, White Masks*. New York: Grove.

_____. 1967b. "The 'North African Syndrome'." In *Toward the African Revolution*. Translated by Haakon Chevalier. New York: Grove.

_____. 1967c. *Toward the African Revolution*. New York: Grove.

Faruki, Kemal A. 1979. *The Constitutional and Legal Role of the Umma*. Karachi: Ma'aref.

Federici, Silvia. 1994. "Journey to the Native Land: Violence and the Concept of the Self in Fanon and Gandhi." *Quest* 8, no. 2: 47–69.

Findlen, Paula. 1995. "Translating the New Science: Women and the Circulation of Knowledge in Enlightenment Italy." *Configurations* 2: 167–206.

Flores, Carlos Crespo. 2005. La guerra del agua de Cochabamba: Cinco lecciones para las luchas anti neoliberales en Bolivia. Available at www.aguabolivia.org (accessed on October 11, 2012).

Foucault, Michel. 1980. *Power and Knowledge*. New York: Pantheon.

Fourier, Charles. 1967. *Théorie des quatre mouvements et des destinées générales*. Paris: Jean-Jacques Pauvert, Editeur.

Frank, Andre Gunder. 1969. *Latin America: Underdevelopment or Revolution*. New York: Monthly Review.

Freeman, Jody. 1997. "Collaborative Governance in the Administrative State." *UCLA Law Review* 45, no. 1: 1–98.

Freyre, Gilberto. 1946. *The Masters and the Slaves*. New York: Alfred A. Knopf.

Fukuyama, F. 1992. *The End of History and the Last Man*. London: Penguin.

Furnivall, John Sydenham. 1948. *Colonial Policy and Practice: A Comparative Study of Burma and Netherlands India*. Cambridge: Cambridge University Press.

Galison, Peter. 1997. *Image and Logic: A Material Culture of Microphysics*. Chicago: University of Chicago Press.

Galison, Peter, and David J. Stump, eds. 1996. *The Disunity of Science: Boundaries, Contexts, and Power*. Stanford, CA: Stanford University Press.

Gamble, C. 1989. *The Paleolithic Settlement of Europe*. Cambridge: Cambridge University Press.

Gandhi, Mahatma. 1929/1932. *The Story of My Experiments with Truth*. Vols. 1 and 2. Ahmedabad: Navajivan.

_____. 1938. *Hind Swaraj*. Ahmedabad: Navajivan.

_____. 1951. *Selected Writings of Mahatma Gandhi*. Boston: Beacon.

_____. 1956. *The Gandhi Reader*. Bloomington: Indiana University Press.

_____. 1960. *Discourses on the Gita*. Ahmedabad: Navajivan.

_____. 1972. *Satyagraha in South Africa*. Ahmedabad: Navajivan.

_____. 2010. "The Concept of History in Walter Benjamin's Critical Theory." *Radical Philosophy Review* 13, no. 1: 19–42.

García Linera, Álvaro. 2009. *La potencia plebeya: Acción colectiva y identidades indígenas obreras y populares en Bolivia*. Bogotá: Siglo del Hombre.

Gibbon, Edward. 1928. *The Decline and Fall of the Roman Empire*. London: J. M. Dent and Sons.

Giddens, Anthony. 1993. *New Rules of Sociological Method*. Cambridge: Polity.

_____. 1995. *Politics, Sociology and Social Theory*. Cambridge: Polity.

Gieryn, Thomas F. 1999. *Cultural Boundaries of Science: Credibility on the Line*. Chicago: University of Chicago Press.

Gill, Terry, and Elies van Sliedgret. 2005. "A Reflection on the Legal Status and Rights of 'Unlawful Enemy Combatant.'" *Utrecht Law Review* 1, no. 1: 28–54.

Gilman, E. B. 1978. *The Curious Perspective: Literary and Pictorial Wit in the Seventeenth Century.* New York: Yale University Press.

Gilroy, Paul. 1993. *The Black Atlantic: Modernity and Double Consciousness.* Cambridge, MA: Cambridge University Press.

Glon, Justin C. 2005. "Good Fences Make Good Neighbors: National Security and Terrorism—Time to Fence in Our Southern Border." *Indiana International and Comparative Law Review* 15, no. 2: 349–388.

Goody, J. 2006. *The Theft of History.* Cambridge: Cambridge University Press.

Gordon, Lewis. 1995. *Fanon and the Crisis of European Man: An Essay on Philosophy and the Human Sciences.* London: Routledge.

Gordon, Linda, ed. 1991. *Women, the State and Welfare.* Madison: University of Wisconsin Press.

_____. 2007. *The Moral Property of Women: A History of Birth Control Politics in America.* Champaign-Urbana: University of Illinois Press.

Gouldner, Alvin Ward. 1970. *The Coming Crisis of Western Sociology.* New York: Avon.

Graham, Chadwick M. 2005. "Defeating an Invisible Enemy : The Western Superpowers' Efforts to Combat Terrorism by Fighting Illegal Immigration." *Transnational Law and Contemporary Problems* 14, no. 1: 281–310.

Graham, Nora. 2005. "Patriot Act II and Denationalization: An Unconstitutional Attempt to Revive Stripping Americans of Their Citizenship." *Cleveland State Law Review* 52, no. 4: 593–621.

Gramsci, Antonio. 1975. *Quaderni del carcere.* Edited by Valentino Gerratana. 4 vols. Torino: Einaudi.

Gregory, D. 2006. *Violent Geographies: Fear, Terror, and Political Violence.* London: Routledge.

Grosfoguel, Ramón. 2000. "Developmentalism, Modernity, and Dependency Theory in Latin America." *Nepantla: Views from the South* 1, no. 2: 347–374.

_____. 2005. "The Implications of Subaltern Epistemologies for Global Capitalism: Transmodernity, Border Thinking and Global Coloniality." In *Critical Globalization Studies,* edited by William Robinson and Richard Applebaum, 283–292. London: Routledge.

_____. 2007. "The Epistemic Decolonial Turn: Beyond Political Economy Paradigms." *Cultural Studies* 21, nos. 2–3: 211–223.

Grotius, Hugo. 1964. *De jure belli ac pacis libri tres.* Vol. 2. New York: Oceana.

Guha, Ranajit. 1989. "Dominance without Hegemony and Its Historiography." In *Subaltern Studies VI: Writings on South Asian History and Society,* edited by Ranajit

Guha, 210–309. Delhi: Oxford University Press.

Guiora, Amos N. 2005. "Legislative and Policy Responses to Terrorism: A Global Perspective." *San Diego International Law Journal* 7, no. 1: 125–172.

Gurvitch, Georges. 1969. "La multiplicitédes temps sociaux." In *La vocation actuelle de la sociologie. Vol. 2: Antécédents et perspective.* Paris: Presses Universitaires de France.

Gutiérrez, Gustavo. 1991. *A Theology of Liberation.* New York: Orbis.

Gutiérrez Sanín, Francisco, and Ana María Jaramillo. 2003. "Pactos paradoxais." In *Reconhecer para libertar: Os caminhos do cosmopolitismo multicultural,* edited by Boaventura de Sousa Santos, 249–287. Rio de Janeiro: Civilização Brasileira.

Hall, David, Emanuele Lobina, and Robin de la Motte. 2005. "Public Resistance to Privatization in Water and Energy." *Development in Practice* 15, nos. 3–4: 286–301.

Hall, Stuart. 1996. "Who Needs Identity ?" In *Questions of Cultural Identity,* edited by S. Hall and P. du Gay, 1–17. London: Sage.

Hansen, Thomas, and Finn Stepputat. 2004. *Sovereign Bodies: Citizens, Migrants, and States in the Postcolonial World.* Princeton, NJ: Princeton University Press.

Haraway, Donna. 1989. *Primate Visions.* New York: Routledge.

Hardin, Garrett. 1968. "The Tragedy of the Commons." *Science* 162: 1243–1248.

Harding, Sandra. 1998. *Is Science Multicultural? Postcolonialisms, Feminisms, and Epistemologies.* Bloomington: Indiana University Press.

_____. 2006. *Science and Social Inequality: Feminist and Postcolonial Issues.* Urbana: University of Illinois Press.

Harris, George C. 2003. "Terrorism, War and Justice: The Concept of the Unlawful Enemy Combatant." *Loyola of Los Angeles International and Comparative Law Review* 26, no. 1: 31–36.

Hasian, Marouf Arif. 2002. *Colonial Legacies in Postcolonial Contexts.* New York: Peter Lang.

Hassan, Riffat. 1996. "Religious Human Rights and the Qur'an." In *Religious Human Rights in Global Perspective: Religious Perspectives,* edited by J. Witte Jr. and J. D. van der Vyver, 361–386. The Hague: Martinus Nijhoff Publishers.

Hedström, Peter. 2005. *Dissecting the Social: On the Principles of Analytical Sociology.* Cambridge: Cambridge University Press.

Hegel, Georg Wilhelm Friedrich. 1970. *Vorlesungen über die Philosophie der Geschichte.* Edited by Eva Moldenhauer and Karl Markus Michel. Frankfurt am Main: Suhrkamp.

Hermans, Theo. 2003. "Cross-cultural Translation Studies as Thick Translation." *Bulletin of the School of Oriental and African Studies* 66, no. 3: 385–386.

Hirschman, Albert. 1977. *The Passions and the Interests.* Princeton, NJ: Princeton

남의 인식론

University Press.

Hobbes, Thomas. 1985[1651]. *Leviathan*. London: Penguin.

Hochschild, Adam. 1999. *King Leopold's Ghost: A Story of Greed, Terror, and Heroism in Colonial Africa*. Boston: Houghton Mifflin.

Holloway, John. 2002. *Change the World without Taking the Power: The Meaning of Revolution Today*. London: Pluto.

Homans, Peter. 1993. *Jung in Context*. 2nd ed. Chicago: University of Chicago Press.

Horkheimer, Max, and Theodor Adorno. 1969. *Dialektik der Aufklärung: Philosophische Fragmente*. Frankfurt: S. Fischer Verlag.

_____. 1972. *Dialectic of Enlightenment*. New York: Herder and Herder.

Hountondji, Paulin J., ed. 1983. *African Philosophy: Myth and Reality*. Bloomington: Indiana University Press.

_____. 2002. *Struggle for Meaning: Reflections on Philosophy, Culture, and Democracy in Africa*. Athens: Ohio University Press.

Human Rights Watch. 2004. *The United States' "Disappeared": The CIA's Long-Term "Ghost Detainees."* A Human Rights Watch Briefing Paper, October 2004. New York: Human Rights Watch.

Huntington, Samuel. 1993. "The Clash of Civilizations?" *Foreign Affairs* 72, no. 3: 22–49.

_____. 1997. *The Clash of Civilizations and the Remaking of World Order*. New York: Touchstone.

Immigrant Rights Clinic(NYU). 2001. "Indefinite Detention without Probable Cause: A Comment on INS Interim Rule 8 C.F.R. 287.3." *New York University Review of Law and Social Change* 26, no. 3: 397–430.

International Court of Justice. 2004. "Legal Consequences of the Construction of a Wall in the Occupied Palestinian Territory —Advisory Opinion." *The Hague*, July 9. Available at cij.org/docket/index.php?pr=71&code=mwp&p1=3&p2=4&p3=6 (accessed on October 11, 2012).

Jacquemond, Richard. 2004. "Towards an Economy and Poetics of Translation." In *Cultural Encounters in Translation from Arabic*, edited by Said Faiq, 117–127. Bristol, UK: Multilingual Matters.

Jameson, Fredric. 1986. "Third World Literature in the Era of Multinational Capitalism." *Social Text* 15: 65–88.

Jasanoff, Sheila, Gerald E. Markley, James Peterson, and Trevor Pinch, eds. 1995. *Handbook of Science and Technology Studies*. Thousand Oaks, CA: Sage.

Jaspers, Karl. 1951. *Way to Wisdom: An Introduction to Philosophy*. New Haven, CT: Yale University Press.

_____. 1952. *Reason and Anti-reason in Our Time*. New Haven, CT: Yale University Press.

_____. 1976. *The Origin and Goal of History*. Westport, CT: Greenwood.

_____. 1986. *Basic Philosophical Writings*. Athens: Ohio University Press.

_____. 1995. *The Great Philosophers*. New York: Harcourt Brace.

Joas, Hans, and Wolfgang Knöbl. 2009. *Social Theory: Twenty Introductory Lectures*. Cambridge: Cambridge University Press.

Jones, C. P. 1986. *Culture and Society in Lucian*. Cambridge, MA: Harvard University Press.

Joyner, Christopher. 1986. "Legal Implications of the Concept of the Common Heritage of Humankind." *International and Comparative Law Quarterly* 35: 190–199.

Kafka, Franz. 1960. "He." In *Description of a Struggle and the Great Wall of China*. Translated by Tania and James Stern, 290–299. London: Secker and Warburg.

Kanstroom, Daniel. 2003. "Unlawful Combatants in the United States—drawing the Fine Line between Law and War." *American Bar Association's Human Right Magazine (Winter)*. Available at www.abanet.org/irr/hr/winter03/unlawful.html (accessed on October 11, 2012).

_____. 2004. "Criminalizing the Undocumented: Ironic Boundaries of the Post–September 11th Pale of Law." *North Carolina Journal of International Law and Commercial Regulation* 29, no. 4: 639–670.

Karp, Ivan, and Dismas Masolo, eds. 2000. *African Philosophy as Cultural Inquiry*. Bloomington: Indiana University Press.

Karsenti, Bruno. 2005. *La société en personnes: Etudes durkheimiennes*. Paris: Economica.

Keates, J. S. 1982. *Understanding Maps*. London: Longman.

Keating, P., and A. Cambrosio. 2003. *Biomedical Platforms: Realigning the Normal and the Pathological in Late-Twentieth-Century Medicine*. Cambridge, MA: MIT Press.

Kebede, Messay. 2001. "The Rehabilitation of Violence and the Violence of Rehabilitation." *Journal of Black Studies* 31, no. 5: 539–562.

Keller, Evelyn Fox. 1985. *Reflections on Gender and Science*. New Haven, CT: Yale University Press.

_____. 2000. *The Century of the Gene*. Cambridge, MA: Harvard University Press.

Kiss, Alexandra. 1985. "The Common Heritage of Mankind: Utopia or Reality?" *International Journal* 40: 423–441.

Klare, Michael. 2001. *Resource Wars: The New Landscape of Global Conflict*. New York: Metropolitan Books.

남의 인식론

Kleinman, Daniel L., ed. 2000. *Science, Technology and Democracy.* New York: SUNY Press.

Kohler, Robert E. 2002. *Landscapes and Labscapes: Exploring the Lab-Field Border in Biology.* Chicago: University of Chicago Press.

Koselleck, Reinhart. 1985. *Futures Past: On the Semantics of Historical Time.* Translated by Keith Tribe. Cambridge, MA: MIT Press.

Koskenniemi, Martti. 2002. *The Gentle Civilizer of Nations: The Rise and Fall of International Law, 1870–1960.* Cambridge: Cambridge University Press.

Kreimer, Seth. 2003. "Too Close to the Rack and the Screw: Constitutional Constraints on Torture in the War on Terror." *University of Pennsylvania Journal of Constitutional Law* 6, no. 2: 278–374.

Krishnan, Jay anth K. 2004. "Indias Patriot Act: POTA and the Impact on Civil Liberties in the World's Largest Democracy." *Law and Inequality: A Journal of Theory and Practice* 22, no. 2: 265–300.

Kuhn, Thomas S. 1970. *The Structure of Scientific Revolutions.* Chicago: University of Chicago Press.

———. 1977. *The Essential Tension.* Chicago: University of Chicago Press.

Kumar, Corinne, ed. 2007a. *Asking We Walk: The South as New Political Imaginary.* Vol. 1. Bangalore: Streelekha Publications.

———. 2007b. *Asking We Walk: The South as New Political Imaginary.* Vol. 2. Bangalore: Streelekha Publications.

———. 2012. *Asking We Walk: The South as New Political Imaginary.* Vol. 3. Bangalore: Streelekha Publications.

———. 2013. *Asking We Walk: The South as New Political Imaginary.* Vol. 4. Bangalore: Streelekha Publications.

Lacey, H. 2002. "Alternatives to Technoscience and the Values of Forum Social Mundial." Paper delivered at the Second World Social Forum(Workshop on Technoscience, Ecology and Capitalism), Porto Alegre, Brazil, January –February.

Lapouge, M. G. de, and Carlos Closson. 1897. "The Fundamental Laws of Anthroposociology." *Journal of Political Economy* 6, no. 1: 54–92.

Lash, Scott. 1999. *Another Modernity, a Different Rationality.* Oxford, UK: Blackwell.

Latour, Bruno. 1987. *Science in Action.* Cambridge, MA: Harvard University Press.

———. 1999. *Pandora's Hope: Essays on the Reality of Science Studies.* Cambridge, MA: Harvard University Press.

Leibniz, Gottfried Wilhelm. 1985[1710]. *Theodicy: Essays on the Goodness of God, the Freedom of Man, and the Origin of Evil.* La Salle, IL: Open Court.

León, Antonio García de. 1993. "Contrapunto entre lo barroco y lo popular en el Vera Cruz colonial." Paper presented at International Colloquium Modernidad Europea, Mestizaje Cultural y Ethos Barroco, Universidad Nacional Autónoma de Méjico, Mexico City, May 17–20.

Lepenies, Wolf. 1988. *Between Literature and Science: The Rise of Sociology.* Translated by R. J. Hollingdale. Cambridge: Cambridge University Press.

Lewontin, Richard. 2000. *It Ain't Necessarily So: The Dream of the Human Genome and Other Illusions.* New York: New York Review of Books.

Liu, Lydia H. 1995. *Translingual Practice: Literature, National Culture, and Translated Modernity—China, 1900–1937.* Stanford, CA: Stanford University Press.

Lobel, Jules. 2002. "The War on Terrorism and Civil Liberties." *University of Pittsburgh Law Review* 63, no. 4: 767–790.

Locke, John. 1946[1690]. *The Second Treatise of Civil Government and a Letter Concerning Toleration.* Introduction by J. W. Gough. Oxford, UK: B. Blackwell.

_____. 1956. *An Essay Concerning Human Understanding.* Oxford, UK: Clarendon.

Lopes, Paula Duarte. 2005. *"Water with Borders: Social Goods, the Market and Mobilization."* PhD diss., Johns Hopkins University.

Low, Setha. 2003. *Behind the Gates: Life, Security, and the Pursuit of Happiness in Fortress America.* New York: Routledge.

Löwy, Michael. 2005a. *Fire Alarm: Reading Walter Benjamin's "On the Concept of History."* London and New York: Verso.

_____. 2005b. "Introduçã: Nem decalque nem cóia: O marxismo româtico de José Carlos Mariátegui." In *Por um socialismo indo-americano: Ensaios escolhidos,* edited by J. C. Mariáte-gui, 7–24. Rio de Janeiro: UFRJ.

Lucian of Samosata. 1905. *The Works of Lucian of Samosata.* Translated by H. W. Fowler and F. G. Fowler. 4 vols. Oxford, UK: Clarendon.

Lucretius. 1950. *Lucretius on the Nature of Things.* New Brunswick, NJ: Rutgers University Press.

Lugard, Frederick D. 1929. *The Dual Mandate in British Tropical Africa.* London: W. Blackwood.

Lynch, Michael. 1993. *Scientific Practice and Ordinary Action: Ethnomethodology and Social Studies of Science.* Cambridge: Cambridge University Press.

MacNeil, Michael, Neil Sargent, and Peter Swan, eds. 2000. *Law, Regulation and Governance.* Ontario: Oxford University Press.

MacEachren, Alan. 1994. *Some Truth with Maps: A Primer on Symbolization and Design.* Washington, DC: Association of American Geographers.

_____. 2004. *How Maps Work, Representation, Visualization and Design.* New York: Guilford.

Maier, Charles. 1993. "A Surfeit of Memory? Reflections on History, Melancholy and Denial." *History and Memory* 5, no. 2: 136–152.

Maldonado-Torres, Nelson. 2004. "The Topology of Being and the Geopolitics of Knowledge: Modernity, Empire, Coloniality." *City* 8, no. 1: 29–56.

_____. 2007. "On the Coloniality of Being: Contributions to the Development of a Concept." *Cultural Studies* 21, nos. 2–3: 240–270.

_____. 2010. "The Time and Space of Race: Reflections on David Theo Goldberg's Inter-relational and Comparative Methodology : A Review of the Threat of Race: Reflections on Racial Neoliberalism." *Patterns of Prejudice* 44, no. 1: 77–88.

Malinowski, Bronislaw. 1945. "Indirect Rule and Its Scientific Planning." In *The Dynamics of Culture Change: An Inquiry into Race Relations in Africa*, edited by Phyllis M. Kaberry, 138–150. New Haven, CT: Yale University Press.

Mamdani, Mahmood. 1996. *Citizen and Subject: Contemporary Africa and the Legacy of Late Colonialism.* Princeton, NJ: Princeton University Press.

_____. 1999. "Historicizing Power and Responses to Power: Indirect Rule and Its Reform." *Social Research* 66, no. 3: 859–886.

Mandell, B. R. 2007. "Adoption." *New Politics* 11, no. 2, whole no. 42.

Maravall, José Antonio. 1990. *La cultura del barroco: Análisis de una estructura histórica.* Barcelona: Ariel.

Mariátegui, José Carlos. 1974a[1925]. *Ensayos escogidos.* Lima: Universo.

_____. 1974b[1925–1927]. *La novela y la vida.* Lima: Amanta.

Marramao, Giacomo. 1995. *Poder e secularização: As categorias do tempo.* São Paulo: Editora da Universidade Estadual Paulista.

Martí, José. 1963–1966. *Obras completas.* 25 vols. La Habana: Editorial Nacional de Cuba.

Masolo, Dismas A. 2003. "Philosophy and Indigenous Knowledge: An African Perspective." *Africa Today* 50, no. 2: 21–38.

Mbembe, Achille. 2001. *On the Postcolony.* Berkeley : University of California Press.

McCormack, Wayne. 2004. "Military Detention and the Judiciary : Al Qaeda, the KKK and Supra-state Law." *San Diego International Law Journal* 5: 7–72.

Memmi, Albert. 1965. *The Colonizer and the Colonized.* New York: Orion.

Menefee, Samuel Pyeatt. 2003–2004. "The Smuggling of Refugees by Sea: A Modern Day Maritime Slave Trade." *Regent Journal of International Law* 2: 1–28.

Meneses, Maria Paula. 2000. *New Methodological Approaches to the Study of the Acheulean from Southern Mozambique.* Rutgers University, UMI Dissertation

Services.

_____. 2007. "'When There Are No Problems, We Are Healthy, No Bad Luck': For an Emancipatory Conception of Health and Medicines." In *Another Knowledge Is Possible: Beyond Northern Epistemologies*, edited by Boaventura de Sousa Santos, 352–379. London: Verso.

_____. 2010. "Traditional Doctors, Leaders of the Association of Traditional Doctors of Mozambique." In *Voices of the World*, edited by Boaventura de Sousa Santos, 257–300. London: Verso.

Merleau-Ponty, Maurice. 1968. *Résumés de Cours: Collège de France, 1952–1960.* Paris: Gallimard.

Mignolo, Walter. 1995. *The Darker Side of Renaissance: Literacy, Territoriality, and Colonization.* Ann Arbor: University of Michigan Press.

_____. 2000. *Local Histories/Global Designs: Coloniality, Subaltern Knowledges, and Border Thinking.* Princeton, NJ: Princeton University Press.

_____. 2003. *Histórias locales/diseños globales.* Madrid: Akal.

Miller, C. L. 2003. *"Reading Cusanus: Metaphor and Dialectic in a Conjectural Universe." Studies in Philosophy and the History of Philosophy 37.* Washington, DC: Catholic University of America Press.

Miller, Marc L. 2002. "Immigration Law: Assessing New Immigration Enforcement Strategies and the Criminalization of Migration." *Emory Law Journal* 51, no. 3: 963–976.

Mol, Annemarie. 2002. *The Body Multiple: Ontology in Medical Practice.* Durham, NC: Duke University Press.

Monmonier, Mark. 1981. *Maps: Distortion and Meaning.* Washington, DC: Association of American Geographers.

_____. 1985. *Technological Transition in Cartography.* Madison: University of Wisconsin Press.

_____. 1991. *How to Lie with Maps.* Chicago: University of Chicago Press.

_____. 1993. *Mapping It Out: Expository Cartography for the Humanities and Social Sciences.* Chicago: University of Chicago Press.

_____. 2010. *No Dig, No Fly, No Go: How Maps Restrict and Control.* Chicago: University of Chicago Press.

_____. 2012. *Lake Effect: Tales of Large Lakes, Arctic Winds, and Recurrent Snows.* New York: Syracuse University Press.

Montaigne, Michel de. 1958. *Essays.* Harmondsworth, UK: Penguin.

Morris, H. F., and James S. Read. 1972. *Indirect Rule and the Search for Justice: Essays in*

East African Legal History. Oxford, UK: Clarendon.

Mörth, Ulrika, ed. 2004. *Soft Law in Governance and Regulation: An Interdisciplinary Analysis.* Cheltenham, UK: E. Elgar.

Mudimbe, Valentin Y. 1988. *The Invention of Africa: Gnosis, Philosophy, and the Order of Knowledge.* Bloomington: Indiana University Press.

_____. 1994. *The Idea of Africa.* Bloomington: Indiana University Press.

Muehrcke, P. C. 1986. *Map Use.* Madison, WI: JP Publications.

Nandy, Ashis. 1987. *Traditions, Tyranny, and Utopias: Essays in the Politics of Awareness.* Oxford: Oxford University Press.

Nasr, Seyyed Hossein. 1976. *Western Science and Asian Cultures.* New Delhi: Indian Council for Cultural Relations.

Needham, Joseph. 1954–2008. *Science and Civilization in China.* 6 vols. Cambridge: Cambridge University Press.

Nicholas of Cusa. 1985. *On Learned Ignorance (De docta ignorantia).* Minneapolis: Arthur J. Banning Press. Available at http://cla.umn.edu/sites/jhopkins/DI-I-12-2000.pdf (accessed on October 11, 2012).

Nietzsche, Friedrich. 1971. "Rhéorique et langage." Edited and translated by Jean-Luc Nancy and Philippe Lacoue-Labarthe. *Poétique* 5 (March): 99–144.

_____. 1973. The Portable Nietzsche. *Edited by Walter Kaufmann.* New York: Viking.

Nkrumah, Kwame. 1965a. *Consciencism: Philosophy and Ideology for Decolonization and Development with Particular Reference to the African Revolution.* New York: Monthly Review.

_____. 1965b. *Neo-colonialism: The Last Stage of Imperialism.* New York: International Publishers.

Nunes, João Arriscado. 1998/1999. "Para alé das 'duas culturas': Tecnociêcias, tecnoculturas e teoría crítica." *Revista Crítica de Ciências Sociais* 52/53: 15–59.

_____. 2001. "A sídrome do Parque Jurásico: Históia(s) edificante(s) da genéica num mundo 'sem garantias'." *Revista Crítica de Ciências Sociais* 61: 29–62.

Nunes, João Arriscado, and Maria E. Gonçalves, eds. 2001. *Enteados de Galileu? A semiperiferia no sistema mundial da ciência. Porto,* Portugal: Afrontamento.

Nye, Joseph, and John Donahue, eds. 2000. *Governance in a Globalizing World.* Washington, DC: Brookings Institution.

O'Rourke, Dara. 2003. "Outsourcing Regulation: Analyzing Non-governmental Systems of Labor Standards Monitoring." *Policy Studies Journal* 31: 1–29.

Odera Oruka, H. 1990a. "Cultural Fundamentals in Philosophy." *Quest* 4, no. 2: 21–37.

_____. 1990b. "Sage-Philosophy: The Basic Questions and Methodology." In *Sage*

Philosophy: Indigenous Thinkers and Modern Debate on African Philosophy, edited by H. Odera Oruka, 27–40. Leiden: Brill.

_____. 1998. "Grundlegende Fragen der Afrikanischen 'Sage-Philosophy '." In *Vier Fragen zur Philosophie in Afrika, Asien und Lateinamerika,* edited by F. Wimmer, 35–53. Wien: Passagen.

Oliveira Filho, Abelardo. 2002. *Brasil: Luta e resistência contra a privatização da água.* Report to PSI InterAmerican Water Conference, San José, July 8–10, 2002. Available at www.psiru.org/Others/BrasilLuta-port.doc (accessed on October 11, 2012).

Olivera, Oscar. 2005. Cochabamba! *Water War in Bolivia.* Cambridge, MA: South End.

Ortega y Gasset, J. 1942. *?Ideas y creencias.* Madrid: Revista de Occidente.

_____. 1987. El tema de nuestro tempo. Madrid: Alianza.

Ortiz, Fernando. 1973. *Contrapunteo cubano del tabaco y el azucar.* Barcelona: Ariel.

Oseghare, Antony S. 1992. "Sagacity and African Philosophy." *International Philosophical Quarterly* 32, no. 1: 95–104.

Osha, Sanya. 1999. "Kwasi Wiredu and the Problems of Conceptual Decolonization." *Quest* 13, nos. 1–2: 157–164.

Osler, Margeret, ed. 2000. *Rethinking the Scientific Revolution.* Cambridge: Cambridge University Press.

Oyama, Susan. 2000. *Evolution's Eye: A Systems View of the Biology-Culture Divide.* Durham, NC: Duke University Press.

Oyama, Susan, Paul E. Griffiths, and Russell D. Gray, eds. 2001. *Cycles of Contingency: Developmental Systems and Evolution.* Cambridge, MA: MIT Press.

Pacem in Maribus XX. 1992. *Ocean Governance: A Model for Global Governance in the 21st Century.* Malta: International Ocean Institute.

Pagden, Anthony. 1990. *Spanish Imperialism and the Political Imagination.* New Haven, CT: Yale University Press.

Palencia-Roth, Michael. 2006. "Universalism and Transversalism: Dialogue and Dialogics in a global Perspective." In *Cultural Diversity and Transversal Values: The East-West Dialogue on Spiritual and Secular Dynamics,* edited by UNESCO, 38. Paris: UNESCO.

Panikkar, Raymond. 1979. *Myth, Faith, and Hermeneutics.* New York: Paulist.

Pardo, Arvid. 1968. "Whose Is the Bed of the Sea?" *American Society, International Law Proceedings* 62: 216–229.

Pascal, B. 1966. *Pensées.* London: Penguin.

Passel, Jeffrey S. 2005. *Estimates of the Size and Characteristics of the Undocumented Population (US).* Washington, DC: Pew Hispanic Center.

Pastor, Alba, Eduardo Pen Aloza, and Victor Valerio Ulloa. 1993. *?Aproximaciones al* *mundo barroco latinoamericano*. Mexico City: Universidad Nacional Autonoma de Mexico.

Payoyo, Peter. 1997. *Cries of the Sea: World Inequality, Sustainable Development and the Common Heritage of Humanity*. Dordrecht: Martinus Nijhoff.

Perham, Margery. 1934. "A Re-statement of Indirect Rule." *Africa: Journal of the International African Institute* 7, no. 3: 321–334.

Pickering, Andrew, ed. 1992. *Science as Practice and Culture*. Chicago: University of Chicago Press.

Polanyi, Karl. 1957[1944]. *The Great Transformation*. Boston: Beacon.

Posner, Richard. 2002. "The Best Offense." *New Republic*, September 2.

Pratt, Mary Louise. 1992. *Imperial Eyes: Travel Writing and Transculturation*. London: Routledge.

Pratt, Scott L. 2002. *Native Pragmatism: Rethinking the Roots of American Philosophy*. Bloomington: Indiana University Press.

Presbey, Gail M. 1997. "Who Counts as a Sage? Problems in the Further Implementation of Sage Philosophy." *Quest: Philosophical Discussions* 11, nos. 1–2: 53–65.

Prigogine, Ilya. 1980. *From Being to Becoming*. San Francisco: Freeman.

_____. 1997. *The End of Certainty: Time, Chaos, and the New Laws of Nature*. New York: Free Press.

Prigogine Ilya, and Isabelle Stengers. 1979. *La nouvelle alliance: Metamorphose de la science*. Paris: Gallimard.

Pureza, José Manuel. 1998. *O património comum da humanidade: Rumo a um direito internacional da solidariedade?* Porto, Portugal: Afrontamento.

_____. 2005. "Defensive and Oppositional Counter-hegemonic Uses of International Law: From the International Criminal Court to the Common Heritage of Humankind." In *Law and Globalization from Below: Towards a Cosmopolitan Legality*, edited by Boaventura Santos and C. Rodríguez-Garavito, 267–280. Cambridge: Cambridge University Press.

_____. 2009. "Democracia limitada y paz liberal: Anotaciones al 'totus orbis' en tiempo de globalización neoliberal." In *La calidad de la democracia: Las democracias del siglo XXI*, edited by A. Guerra and J. F. Tezanos, 431. Madrid: Sistema.

Quijano, Anibal. 2000. "Colonialidad del poder y classificacion social." *Journal of World-Systems Research* 6, no. 2: 342–386.

Racine, J. B., C. Raffestin, and V. Ruffy. 1982. "Escala e açã: Contribuiçõs para uma interpretação de mecanismo de escala prática da geografia." *Revista Brasileira de Geografia* 45, no. 1: 123–135.

Ramalho-Santos, João. 2007. "Science on the Edge: Some Reproductive Biology Paradigms." In *Cognitive Justice in a Global World: Prudent Knowledge for a Decent Life*, edited by Boaventura de Sousa Santos, 251–269. Lanham, MD: Lexington.

Ramalho-Santos, Miguel. 2003. "Céulas estaminais como densidades autopoiéicas." In *Conhecimento prudente para uma vida decente: Um discurso sobre as ciências revisitado*, edited by Boaventura de Sousa Santos, 471–480. Porto, Portugal: Afrontamento.

Rawls, Anne Warfield. 2004. *Epistemology and Practice*: Durkheim's "The Elementary Forms of Religious Life." Cambridge: Cambridge University Press.

Renner, Karl. 1965. *Die Rechtsinstitute des Privatrechts und ihre soziale Funktion: ein Beitrag zur Kritik des Burgerlichen Rechts*. Stuttgart: Gustav Fischer.

Retamar, Roberto Fernández. 1989. *Caliban and Other Essays*. Minneapolis: University of Minnesota Press.

Ribeiro, António Sousa. 1995. "Walter Benjamin, pensador da modernidade." *Oficinas do CES 41*. Available at www.ces.uc.pt/publicacoes/oficina/ficheiros/41.pdf (accessed on June 27, 2013).

_____. 2004. "The Reason of Borders or a Border Reason?" *Eurozine*. Available at www.eurozine.com/articles/article_2004-10-05-ribeiro-bs.html (accessed on October 11, 2012).

Ribeiro, Darcy. 1996. *Mestiço é que é bom. Edited by Oscar Niemeyer, Antônio Callado, Antonio Houaiss, Eric Nepomuceno, Ferreira Gullar, Zelito Vianna, and Zuenir Ventura*. Rio de Janeiro: Revan.

Richards, P. 1995. "Participatory Rural Appraisal: A Quick and Dirty Critique." *PLA Notes* 24: 13–16.

Rifkin, Jeremy. 1987. *Time Wars: The Primary Conflict in Human History*. New York: Simon and Schuster.

Ritzer, George, ed. 1990. *Frontiers of Social Theory*. New York: Columbia University Press.

_____, ed. 1992. *Metatheorizing*. Newbury Park: Sage.

Ritzer, George. 2010. *Globalization: A Basic Text*. Malden, MA: Wiley-Blackwell.

Roach, Kent. 2002. "Did September 11 Change Everything? Struggling to Preserve Canadian Values in the Face of Terrorism." *McGill Law Journal* 47, no. 4: 893–847.

Robbins, B. 2007. "Not without Reason: A Response to Akeel Bilgrami." *Critical Inquiry* 33: 632–640.

Robert, Jason Scott. 2004. *Embryology, Epigenesis, and Evolution: Taking Development Seriously*. Cambridge: Cambridge University Press.

Rodney, Walter. 1972. *How Europe Underdeveloped Africa*. London: Bogle-L'Ouverture.

Rodríguez-Garavito, César A. 2005. "Nike's Law: The Anti-sweatshop Movement, Transnational Corporations, and the Struggle over International Labor Rights in the Americas." In *Law and Globalization from Below: Towards a Cosmopolitan Legality*, edited by Boaventura de Sousa Santos and C. Rodríguez-Garavito, 64–91. Cambridge: Cambridge University Press.

Rousseau, Jean-Jacques. 1973[1762]. *The Social Contract and Discourses*. London: J. M. Dent and Sons.

Rudolph, Lloyd I. 1996. "Contesting Civilizations: Gandhi and the Counter-culture." In *Facets of Mahatma Gandhi. Vol. 4: Ethics, Religion and Culture*, edited by Subrata Mukherjee and Sushila Ramswamy, 41–93. New Delhi: Deep and Deep Publications.

Ruskin, John. 1913. Proserpina; also, Ariadne Florentina; The Opening of the Crystal Palace; St. *Mark's Rest; Lectures on Art; The Elements of Perspective*. Boston: D. Estes.

Sadat, Leila Nadya. 2005. "Ghost Prisoners and Black Sites: Extraordinary Rendition under International Law." *Case Western Reserve Journal of International Law* 37, no. 5–3: 309–342.

Said, Edward. 1978. *Orientalism*. New York: Vintage.

_____. 1980. *The Question of Palestine*. New York: Vintage.

Sales, Sally. 2012. Adoption, *Family and the Paradox of Origins: A Foucauldian History*. Basingstoke, UK: Palgrave Macmillan.

Santos, Boaventura de Sousa. 1989. Introdução a uma ciência pós-moderna. *Porto*, Portugal: Afrontamento.

_____. 1992. "A Discourse on the Sciences." *Review* XV, no. 1: 9–47.

_____. 1995. *Toward a New Common Sense: Law, Science and Politics in the Paradigmatic Transition*. New York: Routledge.

_____. 1998. "Why Is It So Difficult to Construct a Critical Theory?" *Zona Abiert*. 82–83: 219–229.

_____. 2000. *A crítica da razão indolente: Contra o desperdício da experiênci*. Porto, Portugal: Afrontamento.

_____. 2002a. "The Processes of Globalisation." *Eurozin*. Available at www.eurozine. com/articles/2002-08-22-santos-en.html (accessed on October 11, 2012).

_____. 2002b. *Toward a New Legal Common Sense: Law, Globalization, and Emancipation*. London: Butterworths, 2002.

_____. 2004. "A Critique of Lazy Reason: Against the Waste of Experience." In *The Modern World-System in the Longue Durée*, edited by Immanuel Wallerstein, 157–

197. London: Paradigm Publishers.

_____, ed. 2005. *Democratizing Democracy: Beyond the Liberal Democratic Cano*. London: Verso.

_____. 2006a. *A gramática do tempo*. Porto, Portugal: Afrontamento.

_____. 2006b. *The Rise of the Global Left: The World Social Forum and Beyond*. London: Zed.

_____, ed. 2007a. *Another Knowledge Is Possible: Beyond Northern Epistemologies*. London: Verso.

_____, ed. 2007b. *Cognitive Justice in a Global World: Prudent Knowledge for a Decent Life*. Lanham, MD: Lexington.

_____. 2008. "The World Social Forum and the Global Left." *Politics and Society*. 36, no. 2: 247–270.

_____. 2009. "If God Were a Human Rights Activist: Human Rights and the Challenge of Political Theologies." *Law, Social Justice and Global Development*. 1. Festschrift for Upendra Baxi.

_____. 2010. "From the Postmodern to the Postcolonial and Beyond Both." In *Decolonizing European Sociology: Transdisciplinary Approaches.*, edited by Encarnación Gutiérrez Rodríguez, Manuela Boatca, and Sérgio Costa, 225–242. Farnham, UK: Ashgate.

_____. 2011. "Portugal: Tales of Being and Not Being." *Portuguese Literary and Cultural Studies*. 19/20: 399–443.

Santos, Boaventura de Sousa, and Flávia Carlet. 2010. "The Movement of Landless Rural Workers in Brazil and Their Struggles for Access to Law and Justice." In *Marginalized Communities and Access to Justice.*, edited by Yash Ghai and Jill Cottrell, 60–82. Abingdon, UK: Routledge.

Santos, Boaventura de Sousa, and José Luis Exeni, eds. 2012. *Justicia indígena, plurinacionalidad e interculturalidad en Bolivia*. Quito: Ediciones Aby a Yala y Fundación Rosa Luxemburg.

Santos, Boaventura de Sousa, and Mauricio García Villegas. 2001. *El caleidoscopio de las justicias en Colombia*. Bogotá: Ediciones Uniandes y Siglo del Hombre.

Santos, Boaventura de Sousa, and Agustin Grijalva, eds. 2012. *Justicia indígena, plurinacionalidad e interculturalidad en Ecuador*. Quito: Ediciones Aby a Yala y Fundación Rosa Luxemburg.

Santos, Boaventura de Sousa, Maria Paula Meneses, and João Arriscado Nunes. 2007. "Opening Up the Canon of Knowledge and Recognition of Difference." In *Another Knowledge Is Possible: Beyond Northern Epistemologies*, edited by Boaventura de

Sousa Santos, xvix–lxii. London: Verso.

Santos, Boaventura de Sousa, and César Rodríguez-Garavito. 2005. *Law and Globalization from Below: Towards a Cosmopolitan Legality*. Cambridge: Cambridge University Press.

Santos, Leonel Ribeiro dos. 2002. "A sabedoria do idiota." In *Coincidência dos opostos e concórdia: Caminhos do pensamento em Nicolau de Cusa*., edited by João Maria André and Mariano Alvarez Gómez, 67–98. Coimbra, Portugal: Faculdade de Letras.

Sapsford, D., and H. Singer. 1998. "The IMF, the World Bank and Commodity Prices: A Case of Shifting Sands?" *World Development* 26, no. 9: 1653–1660.

Sarmiento, Domingo. 1966. *Facundo, civilización y barbarie*. Mexico City: Porrúa.

Sassen, Saskia. 1999. *Guests and Aliens*. New York: New Press.

Saul, Ben. 2005. "'Defnition of Terrorism in the UN Security Council: 1985–2004.'" *Chinese Journal of International Law* 4, no. 1: 141–166.

Scheppele, Kim Lane. 2004a. "Law in a Time of Emergency: States of Exception and the Temptations of 9/11." *University of Pennsylvania Journal of Constitutional Law* 6, no. 5: 1001–1083.

_____. 2004b. "Other Peoples Patriot Acts: Europe's Response to September 11." *Loyola Law Review* 50, no. 1: 89–148.

_____. 2006. "North American Emergencies: The Use of Emergency Powers in Canada and the United States." *International Journal of Constitutional Law* 4, no. 2: 213–243.

Schiebinger, Londa. 1989. *The Mind Has No Sex: Women in the Origins of Modern Science*. Cambridge, MA: Harvard University Press.

Schluchter, Wolfgang. 1979. *Die Entwicklung des okzidentalen Rationalismus: Analyse von Max Webers Gesellschaftsgeschicht*. Tübingen: Mohr.

Schmitt, Carl. 2003. *The Nomos of the Earth in the International Law of the Jus Publicum Euro-paeum*. New York: Telos Press.

Schopenhauer, Arthur. 2007[1851]. *Parerga and Paralipomena: A Collection of Philosophical Essays*. New York: Cosimo Classics.

Schumpeter, Joseph. 1962[1942]. *Capitalism, Socialism and Democracy*. New York: Harper and Row.

Sekhon, Vijay. 2003. "Civil Rights of Others: Antiterrorism, the Patriot Act, and Arab and South Asian American Rights in Post-9/11 American Society." *Texas Forum on Civil Liberties and Civil Liberties* 8, no. 1: 117–148.

Serequeberhan, Tsenay. 1991. "Introduction." In *African Philosophy: The Essential Reading*., edited by T. Serequeberhan, xvii–xxii. New York: Paragon.

Shapin, Steven. 1996. *The Scientific Revolution*. Chicago: University of Chicago Press.

Sharer, R. J., and W. Ashmore. 1987. *Archaeology: Discovering Our Past.* Palo Alto, CA: Mayfeld.

Silverstein, Paul A. 2005. "Immigrant Racialization and the New Savage Slot: Race, Migration, and Immigration in the New Europe." *Annual Review of Anthropology* 34: 363–384.

Singh, R. S., C. B. Krimbas, D. B. Paul, and J. Beatty, eds. 2001. *Thinking about Evolution: Historical, Philosophical, and Political Perspectives.* Cambridge: Cambridge University Press.

Sloterdijk, P. 1987. *Critique of Cynical Reason.* Minneapolis: University of Minnesota Press.

Snow, C. P. 1959. *The Two Cultures and the Scientifc Revolution.* New York: Cambridge University Press.

_____. 1964. *The Two Cultures and a Second Look.* Cambridge: Cambridge University Press.

Snyder, Francis. 1993. *Soft Law and Institutional Practice in the European Community. EUI Working Papers Law, 93/95.* Florence: European University Institute.

_____. 2002. "Governing Globalization." In *Transnational Legal Processes: Globalization and Power Disparities.*, edited by M. Likosky, 65–97. London: Butterworths.

Soper, Kate. 1995. *What Is Nature? Culture, Politics and the Non-human.* Cambridge: Cambridge University Press.

Spivak, Gayatri Chakravorty. 1999. *A Critique of Postcolonial Reason: Toward a History of the Vanishing Present.* Cambridge, MA: Harvard University Press.

Steinberg, Michael, ed. 1996. *Walter Benjamin and the Demands of History.* Ithaca, NY: Cornell University Press.

Stengers, Isabelle. 1996/1997. *Cosmopolitique.* 7 vols. Paris: La Découverte.

_____. 1997. *Sciences et pouvoirs: La démocratie face à la technoscience.* Paris: La Découverte.

_____. 2007. "Becoming Civilized: Beyond the Great Divide." In *Cognitive Justice in a Global World: Prudent Knowledge for a Decent Life.*, edited by Boaventura de Sousa Santos, 135–152. Lanham, MD: Lexington.

Steyn, Johan. 2004. "Guantanamo Bay: The Legal Black Hole." *International and Comparative Law Quarterly* 53: 1–15.

Stone, G. D. 1981. "The Interpretation of Negative Evidence in Archaeology." Atlal (University of Arizona, Department of Anthropology) *Occasional Paper* 2: 41–53.

Strauss, Marcy. 2004. "Torture." *New York Law School Law Review* 48: 201–274.

Tapié, Victor. 1988. *Barroco e classicism.* Lisbon: Presença.

Taylor, Margaret H. 2004. "Dangerous by Decree: Detention without Bond in Immigration Proceedings." *Loyola Law Review* 50, no. 1: 149–172.

Taylor, Mark, and Esa Saarinen. 1994. *Imagologies: Media Philosophy.* New York: Routledge.

Taylor, Peter J. 1995. "Building on Construction: An Exploration of Heterogeneous Constructionism, Using an Analogy from Psychology and a Sketch from Socioeconomic Modeling." *Perspectives on Science* 3, no. 1: 66–98.

Teubner, Gunther. 1986. "Transnational Politics: Contention and Institutions in International Politics." *Annual Review of Political Science* 4: 1–20.

Todorov, Tzvetan. 1984. *The Conquest of America: The Question of the Other.* Translated by Richard Howard. New York: Harper and Row.

Tolstoy, Leo. 1960. *Last Diaries.* New York: G. P. Putnam's Sons.

Toulmin, Stephen. 1990. *Cosmopolis: The Hidden Agenda of Modernity.* New York: Free Press.

_____. 2001. *Return to Reason.* Cambridge, MA: Harvard University Press.

_____. 2007. "How Reason Lost Its Balance." In *Cognitive Justice in a Global World: Prudent Knowledge for a Decent Life.*, edited by Boaventura de Sousa Santos, ix–xv. Lanham, MD: Lexington.

Trawick, Paul B. 2003. *The Struggle for Water in Peru: Comedy and Tragedy in the Andean Common.* Stanford, CA: Stanford University Press.

Trubek, David, and James Mosher. 2003. "New Governance, Employment Policy, and the European Social Model." In *Governing Work and Welfare in a New Economy.*, edited by G. Teubner, 33–58. Berlin: De Gruyter.

Trubek, David, and Louise G. Trubek. 2005. "Hard and Soft Law in the Construction of Social Europe: The Role of the Open Method of Co-ordination." *European Law Journal* 11, no. 3: 343–364.

Tuck, Richard. 1979. *Natural Rights Theories: Their Origin and Development.* Cambridge: Cambridge University Press.

Tucker, Vincent. 1992. "The Myth of Development." *Occasional Papers Series* 6, Department of Sociology, University College, Cork.

Tully, James. 2007. "The Imperialism of Modern Constitutional Democracy." In *Constituent Power and Constitutional Form.*, edited by M. Loughlin and N. Walker, 315–338. Oxford: Oxford University Press.

Turner, Charles. 2010. *Investigating Sociological Theory.* London: Sage.

Turner, Jonathan. 2010a. *Theoretical Principles of Sociology Vol. 1: Macrodynamic.* New

York: Springer.

_____. 2010b. *Theoretical Principles of Sociology Vol. 2: Microdynamic.* New York: Springer.

Tushnet, Mark. 1981. *The American Law of Slavery, 1810–1860.* Princeton, NJ: Princeton University Press.

Unger, Roberto. 1998. *Democracy Realized.* London: Verso.

Van Bergen, Jennifer, and Douglas Valentine. 2006. "The Dangerous World of Indefinite Detentions: Vietnam to Abu Ghraib." *Case Western Reserve Journal of International Law* 37, no. 5–3: 449–508.

Van de Linde, Erik, Kevin O'Brien, Gustav Lindstrom, Stephan de Spiegeleire, Mikko Väyrynen, and Han de Vries. 2002. *Quick Scan of Post 9/11 National Counterterrorism Policymaking and Implementation in Selected European Countries. Research project for the Netherlands Ministry of Justice.* Leiden: RAND Europe.

Veblen, T. 1898. "Why Is Economics Not an Evolutionary Science?" *Quarterly Journal of Economics* 12: 56–81.

Venn, Couze. 2001. *Occidentalism: Modernity and Subjectivity.* London and Thousand Oaks, CA: Sage.

Vico, Giambattista. 1961[1725]. *The New Science of Giambattista Vico.* Garden City, NY: Anchor.

Visvanathan, Shiv. 1997. *A Carnival for Science: Essays on Science, Technology and Development.* Oxford: Oxford University Press.

_____. 2000. "Environmental Values, Policy, and Conflict in India." Paper presented at the seminar "Understanding Values: A Comparative Study on Environmental Values in China, India and the United States," Carnegie Council, New York, April 14. Available at www.carnegiecouncil.org/publications/articles_papers_reports/709.html/_res/id=sa_File1/709_(accessed on October 11, 2012).

_____. 2007. "The Heuristics of a Dissenting Imaginations." In *Another Knowledge Is Possible: Beyond Northern Epistemologies,* edited by Boaventura de Sousa Santos, 182–218. London: Verso.

Viveiros de Castro, E. 2004. "Perspectival Anthropology and the Method of Controlled Equivocation." *Tipití* 2, no. 1: 3–22.

Voltaire. 1950. *Voltaire's England.* London: Folio Society.

_____. 2002[1752]. *Philosophical Dictionary.* Edited by Theodore Besterman. London: Penguin Books.

wa Thiong'o, Ngugi. 1986. *Decolonising the Mind: The Politics of Language in African*

남의 인식론

Literature. London: James Currey.

Wagner, Birgit. 2011. *Cultural Translation: A Value or a Tool? Let's Start with Gramsci!* FORUM: Postkoloniale Arbeiten/Postcolonial Studies. Available at www.goethezeitportal.de/fileadmin/PDF/kk/df/postkoloniale_studien/wagner_culturaltranslation-gramsci.pdf (accessed on October 11, 2012).

Wagner, Peter. 2007. "On Wars and Revolutions." In *Cognitive Justice in a Global World: Prudent Knowledge for a Decent Life,* edited by Boaventura de Sousa Santos, 87–104. Lanham, MD: Lexington.

_____. 2012. *Modernity: Understanding the Present.* Cambridge, UK: Polity.

Wagner, Seidman, ed. 1992. *Post-modernism and Social Theory.* Cambridge, UK: Blackwell.

Wallerstein, Immanuel M. 1974. *The Modern World-System.* New York: Academic Press.

_____. 1999. *The End of the World as We Know It: Social Science for the Twenty-First Century.* Minneapolis: University of Minnesota Press.

_____. 2004. *World-Systems Analysis: An Introduction.* Durham, NC: Duke University Press.

_____. 2007. "The Structures of Knowledge, or How Many Ways May We Know." In *Cognitive Justice in a Global World: Prudent Knowledge for a Decent Life,* edited by Boaventura de Sousa Santos, 129–134. Lanham, MD: Lexington.

Wallerstein, Immanuel, and Etienne Balibar. 1991. *Race, Nation, Class: Ambiguous Identities.* New York: Verso.

Warde, Alan. 1997. *Consumption, Food and Taste: Culinary Antinomies and Commodity Culture.* London and Thousand Oaks, CA: Sage.

Wardell, M. L., and S. P. Turner, eds. 1986. *Sociological Theory in Transition.* London: Allen and Unwin.

Weber, Max. 1958. *The Protestant Ethic and the Spirit of Capitalism.* New York: Scribner.

_____. 1963. *The Sociology of Religion.* Boston: Beacon.

_____. 1968. *Economy and Society: An Outline of Interpretive Sociology.* New York: Bedminster Press.

Weinstein, Fred, and Gerald Platt. 1969. *The Wish to Be Free: Society, Psyche, and Value Change.* Berkeley: University of California Press.

Weiss, Edith. 1989. *Natural Law and Justice.* Cambridge, MA: Harvard University Press.

Werbner, Richard. 2002. "Cosmopolitan Ethnicity, Entrepreneurship and the Nation: Minority Elites in Botswana." *Journal of Southern African Studies* 28, no. 4: 731–753.

White, Mary V. 1982. "The Common Heritage of Mankind: An Assessment." *Case Western Reserve Journal of International Law* 14: 509–542.

Whitehead, John W., and Steven H. Aden. 2002. "Forfeiting Enduring Freedom for Homeland Security: A Constitutional Analysis of the USA Patriot Act and the Justice Department's Anti-terrorism Initiatives." *American University Law Review* 51, no. 6: 1081–1133.

Williams, Eric. 1994[1944]. *Capitalism and Slavery*. Chapel Hill: University of North Carolina Press.

Wilson, William Justus. 1987. *The Truly Disadvantaged: The Inner City, the Underclass and Public Policy*. Chicago: University of Chicago Press.

Wiredu, Kwasi. 1990. "Are There Cultural Universals?" *Quest* 4, no. 2: 5–19.

_____. 1996. *Cultural Universals and Particulars: An African Perspective*. Bloomington: Indiana University Press.

_____. 1997. "African Philosophy and Inter-cultural Dialogue." *Quest* 11, nos. 1–2: 29–41.

Wishnie, Michael J. 2004. "State and Local Police Enforcement of Immigration Laws." *University of Pennsylvania Journal of Constitutional Law* 6, no. 5: 1084–1115.

Wittgenstein, L. 1973. *Tractatus Logico-Philosophicus*. Frankfurt: Suhrkamp.

Wolf, Michaela. 2008. *"Translation—ransculturation: Measuring the Perspectives of Transcultural Political Action,"* translated by Kate Sturge. Europäsches Institut für Progressive Kulturpolitik. April. Available at http://eipcp.net/transversal/0608/wolf/en (accessed on October 11, 2012).

Wölfflin, Heinrich. 1979. *Renaissance and Baroque*. Ithaca, NY: Cornell University Press.

Wrebner, Pnina. 1999. "Global Pathways: Working Class Cosmopolitans and the Creation of Transnational Ethnic Worlds." *Social Anthropology* 7, no. 1: 17–37.

Xaba, Thokozani. 2007. "Marginalized Medical Practice: The Marginalization and Transformation of Indigenous Medicines in South Africa." In *Another Knowledge Is Possible: Beyond Northern Epistemologies*, edited by Boaventura de Sousa Santos, 317–351. London: Verso.

Yngvesson, Barbara. 1996. "Negotiating Motherhood: Identity and Difference in 'Open Adoptions.'" *Law and Society Review* 31, no. 1: 31–80.

Zaehner, R. C. 1982. *Hinduism*. Oxford: Oxford University Press.

Zappala, M. O. 1990. *Lucian of Samosata in the Two Hesperias: An Essay in Literary and Cultural Translation*. Potomac, MD: Scripta Humanistica.

Zelman, Joshua D. 2002. "Recent Developments in International Law: Anti-terrorism Legislation—Part One: An Overview." *Journal of Transnational Law and Policy* 11, no. 1: 183–200.

Zieck, Margoleine. 1992. "Reference to Extraterrestrial Realms." *Verfassung und Recht in Übersee* 25: 161–198.

옮긴이 후기

우리가 살고 있는 시대는 혼란스러운 패러다임의 과도기이다. 이미 많은 사람들이 지적하고 있듯이, 지배적 패러다임(예를 들어 신자유주의)은 가고 없지만 그렇다고 새로운 패러다임은 출현하지 않고 있는 '아직 아님'의 '인테르레그눔(interregnum, 공위 기간)'의 시대이다. 그 이유는 여러 가지가 있겠지만 기존의 서구에서 생산된 이론이 실천을 특히 비서구권의 실천을 설명하지 못하기 때문이다. "유럽중심적 비판이론과 좌파 정치가 역사적으로 주로 글로벌 노스에서, 특히 북반구의 오직 5-6개 국가(영국, 독일, 프랑스, 러시아, 이탈리아, 그리고 어느 정도 미국)에서 발전된 반면에, 최근 수십 년 동안 가장 혁신적이고 효과적인 변혁을 가져온 좌파의 실천은 글로벌 사우스에서 이루어지고 있기"(이 책, 91쪽) 때문이다. "지금은 인간과 어머니 대지를 포함하는 전 지구적 차원의 판가름의 시대이다. 아직까지는 어떤 규칙도 없는 판가름의 시대이다"(매니페스토, 36쪽). 현재로서는 다만 막연히 다양성이 인정되는 단계에 있다.

책 전반에 걸친 핵심 논의의 중요한 전제로, 산투스는 지리적 위치가 아닌 정치적 위치로서의 글로벌 노스와 글로벌 사우스 사이에 눈에 안 보이는 아득한 심연이 존재함을 상정한다. 아득한 심연을 만든 근거는 바로 근대적 이성과 과학이다. 특히 산투스는 환유적 이성과 예견적 이성이 심연을 만든 주범임을 폭로하고 있다. 그러나 우리의 시대는 산투스의 표현대로 "모욕당하고 천대받은 자들의 귀환의 시대"(매니페스토, 38쪽)이며, 그는 이것을 글로벌 사우스라 칭한다. 전자가 후자를 "무지하고 열등하고 지역적이고 특수하며 후진적이고 비생산적이거나 게으르다고"(매니페스토, 28쪽) 경멸하고 무시하는 전통은 매우 뿌리 깊은 것이다. 이런 인식론적 위계와 차별을 라틴아메리카 지식인들은 1990년대 초반부터 '식민성'이라 불러왔으며, 이로부터의 전환과 단절을 통해 새로운 지식 체계와 해방적 실천을 모색해야 한다고 주장해 왔다.

산투스의 이 책도 마찬가지다. 유럽인들은 이러한 식민성을 기반으로 인식론적 살해를 저지르면서도 죄책감이나 부끄러움을 느끼기는커녕 오히려 그것을 문명적 사명감으로 여기기까지 했다. 이제는 글로벌 노스가 글로벌 사우스로부터 배워야 할 때다. 산투스가 바라보듯, 글로벌 사우스가 단순히 억압받는 공간이 아니라, 대안적 인식론과 사회적 실천이 생성되고 조직되는 장소이기 때문이다. 동시에, 우리가 글로벌 사우스에 주목해야 하는 또 다른 이유는 서구 근대성 비판 담론들(예를 들어, 프랑크푸르트학파 이론 등)이 명백히 실패했기 때문이다. 산투스는 우리 시대에 진정한 급진주의가 글로벌 노스에서 더 이상 실현되기

　　　　　　　　　남의 인식론

어려워졌다고 판단한다. 그 이유 중 하나로, 서구에서 급진주의가 대학이라는 제도 안에 갇힌 현실을 지적한다. 그의 표현을 그대로 가져오자면, 급진주의를 주장하는 사람들 대부분은,

현실을 다루기 위해 보호모와 장갑을 필요로 하는 대학과 같은 기관에서 일한다. 서구 근대성이 지식인들에게 부리는 속임수 중 하나는 그들이 오직 반동적 제도들 안에서만 혁명적 사상을 생산하도록 허용하는 것이다. 다른 한편, 급진적으로 행동하는 이들은 침묵하는 것처럼 보인다(미니페스토, 23쪽).

산투스는 대학이라는 제도에 대해 근본적으로 회의적인 태도를 보인다. 그는 세계를 이해하는 방식이 서구의 세계 이해보다 훨씬 더 넓고 다양하다고 본다(매니페스토, 44쪽). 예를 들어, 라틴아메리카와 서구는 죽은 자들에 대한 태도에서 큰 차이를 보인다. 라틴아메리카에서는 죽은 자들이 단순히 사라지는 존재가 아니라, 비록 눈에는 보이지 않지만 엄연히 살아 있으며, 중요한 결정 과정에서 산 자들이 자문을 구하는 대상으로 여겨진다(산투스 2022, 280). 이에 비해 서구에서는 죽은 자들과의 이 관계 맺음이 전혀 존재하지 않는다. 따라서 서구의 관점에서는 라틴아메리카의 이러한 태도는 도무지 이해할 수 없는 것이다. 산투스는 과학을 내세우며 보편성을 주장해 온 서구 근대성이 결코 보편적이지 않다는 점을 강하게 비판한다. 서구는 자신들의 세계 이해와 맞지 않는 것들이 엄연히 존재함에도 불구하고, 그것들을 존재하지 않는 것처럼 만들어 왔다.

산투스는 이러한 문제를 비판하며 부재의 사회학과 출현의 사회학, 그리고 지식의 생태학이라는 개념을 제안한다. 부재의 사회학은 서구 근대성이 지식과 실천을 분류하고 관련성의 정도에 따라 위계를 매기면서, 비서구의 가치관과 문화를 억압하여 마치 존재하지 않는 것처럼 만든 과정을 분석한다. 반면, 출현의 사회학은 이미 존재하지만 보이지 않는 대안적 가능성을 인식하고 강화하는 과정이다. 즉, 서구 근대성이 지나치게 미래를 강조하며 현재의 다양한 가능성을 배제해 온 것에 반대하며, 현재를 확장하고 미래를 수축하여 현재에 보다 가깝게 만듦으로써 보다 현실적인 전망 속에서 미래를 구성하자는 것이다. 지식의 생태학을 제안하는 것도 바로 이러한 맥락에서다. 이는 단일하고 위계적인 지식 체계가 아니라, 다양한 지식이 상호번역될 수 있는 다원적이고 상호연결적인 방식을 강조한다. 이를 통해 억압된 지식과 실천들을 재발견하고, 탈식민적 대안을 모색하는 것이 핵심이다. 이는 서구의 일직선적 진보의 관점에 대한 비판이며, 그에 대한 비서구적 대안의 제시다. 바로 이것이 산투스가 글로벌 노스보다 글로벌 사우스에 주목하는 이유이다.

현재 우리는 낭떠러지 앞에 서 있는 매우 절박한 상황에 처해 있다. 기후위기를 비롯한 전 지구적 생태적 위기, 그리고 그것과 얽혀 있는 사회적·경제적·정치적 위기가 맞물려, 문명적 전환의 필요성을 더욱 절실하고 미룰 수 없는 것으로 만들고 있다. 이러한 맥락에서 산투스는 기존의 급진적 사상과 실천이 단절된 현실 속에서 새로운 형태의 전환을 모색해야 한다고 본다. 그는 "우리 시대의 글로벌 노스에서는 급진적 사상들이 곧 급진적 실천으로 번역되지 않으며, 그 반대도 마찬가

남의 인식론

지"라고 지적한다(미니페스토, 21쪽). 즉, 급진적 실천이 현존하는 급진적 사상들 속에서 자신을 인식하지 못하는 이중적 불투명성이 존재하며, 이는 단순한 이론적 문제를 넘어 기성 권력이 의도적으로 이러한 단절을 유지하는 구조적 메커니즘과도 연결된다. 즉, 이러한 단절을 극복하고 새로운 전환을 모색하는 것이 무엇보다 중요한 과제가 된다. 산투스는 이에 대해 오늘날 급진주의의 불가능성이라는 관점에서 글을 쓰는 것은 '도그마 게임의 종말, 좋은 삶을 위해 집결한 이들이 지식인들에게 맡긴 후위 이론의 임무, 세계의 고갈되지 않는 다양성이라는 관점'이라는 세 가지 요인으로 인해 과거보다 더 희망적이라고 전망한다(미니페스토, 31쪽). 다시 말해, 기존의 급진적 담론이 한계에 부딪힌 상황에서도, 새로운 가능성을 찾을 수 있는 조건들이 우리 시대에 조성되고 있다는 것이다.

산투스가 오늘날 우리가 살고 있는 시대를 글로벌 사우스와 관련하여 어떻게 인식하는가를 이해하려면, 바로 다음의 인용이 중요하다.

오늘날 우리 시대의 가장 의미 있는 변화 중 하나가, 수세기 동안 유럽 식민주의와 북미 제국주의에 종속되어 왔고 그간 글로벌 노스에 의해 일방적으로 규정되어 온 전 지구적 의제들의 조건과 우선순위에 대해 처음으로 권리를 주장하게 된 국가들, 민족들, 그리고 지역들이 글로벌 정치 무대에 부상하게 된 것과 관련된다는 점에는 의심의 여지가 없다(결론, 459쪽).

그러므로 반식민주의적 저항과 투쟁의 대안적 사회 운동이 더욱 중요한 의미를 갖게 된다. 이러한 대안적 사회 운동이 지향하는 바는, 그 동안 가난과 억압, 배제에 시달려 온 사람들 역시 존엄한 삶을 영위할 권리를 가지는 것이다. 그러나 1980년대부터 시작된 신자유주의는 이 러한 가능성을 부정하는 논리를 구축해 왔다. 따라서 같은 시기 라틴아 메리카에서 가난한 대중이 대안적 사회 운동을 조직하기 시작한 것은 결코 우연이 아니다. 더 나아가, 1990년 에콰도르를 비롯한 라틴아메리 카에서 원주민 운동이 본격화되고 탈식민성 담론이 출현한 것 역시 이 러한 흐름과 맞닿아 있다.

산투스는 글로벌 사우스의 관점에서 세계사회포럼(World Social Forum, WSF)에 실천적으로 참여해 온 지식인이다. 세계사회포럼은 2000년 브 라질 포르투 알레그리에서 시작되었으며, 신자유주의에 대한 대안적 담론과 실천을 모색하는 공간으로 자리 잡았다. 특히 산투스는 최근 라 틴아메리카 사회운동이 제시하고 있는 좋은 삶/*부엔 비비르* 철학을 중 요한 개념으로 다룬다. *부엔 비비르* 철학은 2008년 에콰도르, 2009년 볼리비아에서 각각 개헌을 통해 '복수국민국가(Estado Plurinacioinal)'의 개념 안에 포함되었다. 이 개념은 매우 단순한 것으로, 근대성과 원주 민 철학 사이에 위계적 서열을 두지 말고 수평적 대화를 가능하게 하자 는 유토피아적 전망을 담은 개념이다. 하지만 중요한 것은 *부엔 비비르* 역시 특정 개념적 틀, 즉 획일적 이데올로기나 고정된 이론적 틀에 갇 히지 않는 것이다.

산투스의 비판은 매우 예리하다. 스피노자의 항복, 즉 1677년, 당시 유럽의 권력 계급이 스피노자가 말년에 '범신론적 무신론'을 포기하고 기독교 신앙으로 전향했다고 주장했던 사건(미니페스토, 23쪽) 이후, 유

남의 인식론

럽 비판이론의 전통이 왜곡되기 시작했다는 그의 분석은 이를 보여주는 대표적인 사례다. 사실 그가 인용, 분석하는 지식인들의 논의는 그냥 따라가기만 해도 벅찰 정도로 방대하다. 그러나 여기서 두 가지 측면을 지적하지 않을 수 없다. 하나는 글로벌 노스 내부에서도 이미 근대성과 서구중심주의의 불편한 진실을 직시했던 지식인들(예를 들어 사모사타의 루키아노스, 니콜라우스 쿠자누스, 블레즈 파스칼 등)이 있었음에도 불구하고 이들의 사상이 소외되거나 배제되었다는 점이고, 다른 하나는 산투스가 이러한 전통을 고려하면서도 엘리트보다는 대중을 중시한다는 점이다. 그는 엘리트보다는 대중에게서 끊임없이 배우려는 태도를 가진다. 여기서 산투스의 독특한 창의성이 드러난다. 그 예들 중 하나로 후위 이론을 들 수 있다. 후위 이론은 라틴아메리카의 원주민 운동에서 얻은 영감을 바탕으로 한 개념이다. 서구 근대성의 핵심적 특징 중 하나는, 아무리 과격한 비판이론이라 할지라도 결국 엘리트 지식인이 대중을 이끈다는 전제를 버리지 못한다는 사실이다. 그러나 후위 이론은 이와 정반대다. 예를 들어, 라틴아메리카의 경우,

라틴아메리카의 역사적 궤적을 훑어 보면, 그 문화적 의식은 사회적 연대성과 사회적 주체성을 재구성하게 만들고 있고 이에 따라 대항헤게모니 세계화의 도전을 감당할 능력이 있음을 알 수 있다. 그 정치적 문화의 힘은 대중의 경험에 뿌리내리고 있다. 이 같은 새로운 싹의 출현은 새로운 "자연법"——기층 대중을 포용하는 복합문화적, 탈식민적 맥락을 가진 '세계시민주의적(cosmopolitan) 법'——의 출현을 향하고 있다(산투스 2008, 34).

라틴아메리카 대중이 그런 연대의 능력을 가지게 된 이유는, 이들이 원주민 철학에 연원한 관계성을 중시하기 때문이다. 이 관계성은 위계적 구조를 거부하고 상호연결성을 강조하는 특징을 갖는다. 한편, 산투스의 사상이 독특한 이유는 그것이 이분법적 사고에 갇히지 않기 때문이다. 그는 성장, 발전, 그리고 품위 있게 잘살려는 인간의 보편적 욕망을 부정하지 않으며, 동시에 고통을 끌어안고 그저 아름다움만을 강조하지도 않는다. 그의 이러한 특징은 그가 글로벌 사우스의 대중이 맞서 싸우는 억압의 구조를 해석하는 방식에서도 드러난다. 그는 인간들 사이뿐만 아니라 "인간과 자연 사이에 존재하는 자본주의, 식민주의, 가부장제, 상품물신주의, 지식의 단일문화, 진보의 선형적 시간관, 자연화된 불평등, 지배적인 척도, 경제 성장과 자본주의적 발전의 생산주의"(매니페스토, 26쪽)를 여러 장애물 중 일부로 지적하면서, 그것들이 서로 '가족적 유사성'을 지니고, 이러한 요소들이 결합해 억압의 구조를 형성한다고 본다.

글로벌 노스 안에서도 모든 사람이 존엄 있게 살아야 한다는 주장에 동의하는 이들이 적지 않다. 이러한 가능성을 포착했기에, 산투스가, 결코 녹록지 않은 현실 속에서도 낙관적 전망을 버리지 못하는 것이 아닐까? 그렇기에 우리 한국 사회 또한 산투스의 주장과 통찰에 주목할 필요가 있다. 한국은 몇 년 전에 UN에 의해 글로벌 사우스에서 글로벌 노스로 편입한 유일한 국가로 인정받았지만, 이 변화가 의미하는 바는 결코 단순하지 않다. 왜냐하면 이 변화를 온전히 받아들이기 위해서는 한국 사회가 익숙한 민족주의의 틀을 벗어나 반란적 서발턴 세계시민주의를 수용할 수 있어야 하기 때문이다. 반란적 세계시민주의는 기

남의 인식론

존의 주류적, 자유주의 비판이론이 주장하는 칸트식의 세계시민주의가 아닌, 서로 다른 보편성, 즉 단일 보편성에 반대하는 복수 보편성(미뇰로 2010, 7)을 주장하는 비주류적 접근과 상응한다.

이러한 관점에서, 이 책이 제안하는 대안적 실천들은 다양한 층위에서 전개된다. 다시 한번 산투스의 말을 그대로 소환하자면,

> 이러한 활동들의 스케일은 매우 다양하다. 글로벌 사우스와 글로벌 노스 모두에서 소외된 사회 집단들이 자신의 삶과 공동체에 대한 어느 정도의 통제를 얻기 위해 실행하는 미시적 활동이 있는가 하면, 양질의 일자리와 환경 보호의 기본적인 기준을 보장하기 위해 국제적 차원에서 법적 · 경제적 조정을 제안하는 경우도 있다. 글로벌 금융 자본을 통제하기 위한 시도부터 협력과 연대의 원칙에 기반한 지역 경제를 구축하려는 노력에 이르기까지 다양한 규모와 형태의 노력이 이루어지고 있다.
>
> 이러한 대안적 생산과 생산성에 대한 개념과 실천들은 두 가지 주요 특징을 공유한다. 첫째, 이들은 글로벌 자본주의의 대안이 되는 체계적 경제 시스템을 구현하기보다는, 주로 지역 사회와 노동자들이 연대하여 생산적 공간을 창출하려는 지역적인 노력이라는 점이다. (……) 두 번째 특징은 이러한 활동들이 민주적 참여, 환경적 지속가능성, 사회적 · 성적 · 인종적 · 민족적 · 문화적 형평성, 그리고 초국적 연대와 같은 목표들을 포함하는 포괄적인 '경제' 개념을 공유한다는 점이다(6장, 354-355쪽).

마지막으로, 산투스가 아무리 비관적인 상황에서도 낙관적 의지와

비전을 버리지 않는 태도가 사뭇 인상적이다. 그가 인용한 스피노자의 "모든 고귀한 것은 어려운 만큼이나 드물다(*Sed omnia praeclara tam difficilia quam rara*)"라는 말처럼, 진정한 변화와 그것을 위한 실천은 필연적으로 어렵고 희귀하다(미니페스토, 51쪽). 아울러, 우리의 특별한 적, 즉 우리가 맞서야 할 가장 강력한 적이 우리 안에 자리한 나태함과 무기력이라는 그의 지적이 주는 울림 또한 어느 때보다도 크게 다가온다.[1]

옮긴이를 대표하여

안태환 씀

---

1 (옮긴이) 다음 글을 참조했다. 미뇰로, 월터 D.(Mignolo, Walter D.)(2010), "Cosmopolitan Localism: A De-Colonial Shifting of the Kantian's Legacies," 부산대학교 한국민족문화연구소, 제6회 해외학자 초청세미나 자료집; 보아벤투라 드 소우자 산투스(2022), 『사회해방과 국가의 재발명』, 안태환 옮김, 갈무리; Santos, Boaventura de Sousa(2008), "Nuestra América. Hegemonía y Contrahegemonía en el siglo XXI", *Tareas*, 128, 5-52. https://biblioteca.clacso.edu.ar/Panama/cela/20120717112115/nuestra.pdf#page=1.00

찾아보기

100, 102, 111, 115, 124, 128-129, 134, 137, 140, 150-151, 179-180, 196, 205-206, 218-219, 223, 227, 231, 235, 241, 251, 262, 264, 267-268, 274-275, 303, 307-308, 314, 323, 325-327, 335-340, 344-350, 356, 361-365, 373-374, 380, 388, 391-392, 397, 406, 408-410, 418-419, 421, 424, 435, 437, 444, 447, 450, 453-455, 459, 461, 465-466

계급투쟁(class struggle) 66, 79, 86-87

계몽주의(Enlightenment) 59, 135, 141, 150, 162-164, 174, 195

계약적 파시즘(contractual fascism) 258-259

고고학(archaeology) 127, 196, 278, 291-292, 297-298, 300-301, 305-306, 404

고대(antiquity) 76, 201, 205-207, 212, 321, 327, 347

고든, 린다(Gordon, Linda) 174

고속 개입(fast-speed interventions) 297-299, 301

고전 경제학(classical economics) 271

고정관념(stereotypes) 204, 252, 438-439, 446

고통(suffering) 22, 28, 36, 38, 40, 44, 50, 67, 83, 100, 101, 129, 135, 137, 156, 182, 183, 184, 185, 190, 268, 299, 432, 435, 437, 464

공동체적 사회주의(communitarian socialism) 64

과거(past) 15, 18, 32, 36, 49, 68, 73, 74, 76-78, 86-88, 95, 112, 118-119, 132, 142, 148, 151-159, 167-168, 175, 178-183, 188, 197, 199, 202-203, 206, 208, 231, 244-245, 253-254, 260, 273, 296-300, 326, 333, 337, 347, 357, 364, 380, 389, 405, 445-446, 454, 464

과공간화 297-298

과라니(Guaraní) 92

과테말라(Guatemala) 136

과학(science) 16, 27, 44-45, 47, 86, 94-95, 117, 123, 141, 147-152, 156, 162, 166-168, 174-176, 188, 191, 194, 196, 198-199, 201, 203, 205, 207-208, 212-214, 223, 239-242, 247, 264, 268, 272-275, 278-279, 284-285, 287, 289-290, 293, 295-296, 299, 301-316, 318-323, 328-329, 331-333, 339, 341, 344-346, 356, 360, 367, 369-374, 376, 377-390, 393-394, 398-405, 407, 412, 416, 419, 428-429, 435, 457-458

과학성(scientificity) 213, 380

과학적 지식(scientific knowledge) 47, 94-95, 151, 196, 278, 303-305, 313, 315, 331-332, 346, 367, 369-371, 373, 376-377, 381, 385-401, 404-406, 412

관련성(relevance, degrees of) 16, 271, 279, 285, 287, 289, 291, 295-297, 305, 308, 310, 319-321, 356, 368, 409, 412, 441-442

관습법(customary law) 246

관찰자(spectators) 288-290, 295-297, 302-304, 308

관타나모(Guantánamo) 248-249

교차문화적 해석학(diatopical hermeneutics) 186-189, 425-427, 429, 442, 444

구디, 잭(Goody, Jack) 202-208, 230

구조적 다양성(structural diversity) 45, 75

니덤, 조지프(Needham, Joseph) 202, 207-208, 333, 393, 428

니체, 프리드리히(Nietzsche, Friedrich) 151, 167, 177, 197, 239, 315, 331, 334

니카라과(Nicaragua) 136

니콜라우스 쿠자누스(Nicholas of Cusa) 9, 201, 208-209, 219-226, 232, 368, 408-410

(ㄷ)

다국적 기업(multinational corporations) 7, 63, 252, 265, 285

다르마(dharma) 187, 444

다문화주의(multiculturalism) 26, 145, 329, 447

다스, 비나(Das, Veena) 436

다양성(diversity) 4-5, 8, 16, 22, 31, 36, 43, 45, 47, 74, 95, 100, 102, 141, 172, 193, 203, 205, 218-219, 223-224, 231, 246, 316, 327, 341, 346, 349-350, 355, 365, 373-375, 377, 379-381, 385-387, 389-391, 393, 399, 403, 412, 430, 434-435, 444, 460-461

다원성(plurality) 16, 273, 374, 379, 386-387, 392-395, 397

다자간 신탁기금(Multi-Donor Trust Fund) 75

다중 대비 해상도(multicontrasted resolution) 321, 323

단기적 전략(short-term strategy) 70

단일문화(monoculture) 26, 43, 47, 340-343, 346-347, 356, 367, 370, 388, 401, 426, 448

단일문화적 다양성(monocultural diversity) 43

달마이어, 프레드(Dallmayr, Fred) 415

대비의 원칙(principle of precaution) 398, 403

대안 사회(alternative societies) 61-62, 83, 219, 375

대의 민주주의(representative democracy) 90

대중 운동(popular mobilization) 65, 94

대학(들)(universities) 2, 7, 12-13, 20, 23, 44, 109, 115, 139, 145, 229, 247, 333, 410

대항인식론(counterepistemology) 375

대항헤게모니(counterhegemony) 6, 14, 65, 80-81, 93, 106, 111, 135-137, 140, 142-143, 146, 184-185, 189, 194, 269, 351-352, 369-370, 375-376, 386-387, 401-402, 412, 414, 418, 430-431, 435, 441, 447, 449, 463

대항헤게모니적 세계화(counterhegemonic globalization) 65, 106, 111, 140, 142-143, 146, 185, 269, 351-352, 375-376, 387, 412, 414, 418, 435, 441, 449

던넬, 로버트(Dunnell, Robert) 300

데카르트, 르네(Descartes, René) 60-61, 133-134, 162-163, 219, 316, 395

데카르트적 관념(Cartesian epistemology) 60

도그마(dogmas) 31, 35, 37, 45, 87

도시 분리(urban segregation) 257

도시 폭력(urban violence) 169

독립운동가들(independentistas) 112

독일(Germany) 75, 91-92, 107-108, 132, 168, 182, 220, 252, 260, 351

남의 인식론

반란적 세계시민주의(insurgent cosmopolitanism) 14, 106, 111, 120, 135, 142, 185, 268, 270

반복(repetition) 25, 49, 57, 114, 124, 143, 149, 151-155, 167, 178-180, 198, 215, 226, 231, 245, 271, 273, 317, 321, 326, 418

반성적 사고(reflexivity) 125

반제국주의(anti-imperialism) 65, 118, 367, 432, 434-435, 440, 459-460

반테러리즘법(antiterrorism laws) 252

발굴의 딜레마(excavation dilemma) 300

발리바르, 에티엔(Balibar, Etienne) 342

발전 모델(들)(development models) 45

발전(development) 4, 8, 10, 26, 32, 37, 39, 45, 53, 60, 63, 68, 75-76, 80, 82, 86, 91, 94, 101, 106, 114, 135, 141-142, 149, 151, 153, 160, 167, 187, 190, 194, 196, 205, 207, 209, 214, 224, 230, 251, 258, 275, 279, 289, 293-294, 315, 318, 328, 335, 340-341, 348-349, 352, 365, 370, 376-378, 380, 385, 388-389, 391, 393-394, 396, 403, 405, 407, 412, 426, 440, 444, 460

발효(ferment) 7, 118, 407

방법 논쟁(Methodenstreit) 329

방법론(methodology) 186-187, 219, 293-294, 301, 339, 378

방해(interruption) 30, 33, 86, 125, 133, 179, 185, 297, 381, 390, 394, 402, 419, 423, 445

방향, 방향 제시(orientation) 145, 280, 283-285, 290, 296-298, 302, 320

배제(exclusion) 10, 21, 27, 30, 32, 55-57, 68, 85, 101-102, 108-109, 148, 162, 165, 172-173, 186, 189, 215, 227, 229, 238-239, 241, 247-248, 250, 252, 257, 262, 266-270, 304, 316, 344, 349, 352, 372, 384, 404, 463, 465

버널, 마틴(Bernal, Martin) 174

번역(translation), 상호문화적 번역을 참고하라.

범미회의(Pan-American Congress) 118

범위(range) 4, 6, 56, 67-68, 72, 87, 102, 158, 160, 162, 165, 172-174, 183, 186, 189, 201, 211-214, 218, 254, 256, 258, 275, 283, 285-286, 297, 303, 331, 343-344, 363, 365, 373, 379, 383, 395, 401, 405, 416-418, 424, 426, 442

법치(rule of law) 5, 6, 80, 206, 248, 256-257, 265, 334-335

베네수엘라(Venezuela) 64-65, 70, 82, 136

베라크루스(Vera Cruz) 130, 132, 134

베르그송, 앙리(Bergson, Henri) 34, 36, 166, 407

베르니니, 지안 로렌조(Bernini, Gian Lorenzo) 126

베를린 장벽(Berlin Wall) 62, 71

베버, 막스(Weber, Max) 131, 275, 334

베블런, 소스타인(Veblen, Thorstein) 271-273

벤야민, 발터(Benjamin, Walter) 9, 108, 155-157, 168, 180-183, 193-194, 199, 335-336, 356, 419

변혁의 사회학(transgressive sociology) 102

남의 인식론

불법적 적군 전투원(unlawful enemy combatants) 253

불안정(insecurity) 15, 126, 169-172, 174, 183-190, 193, 195-197, 199-200, 225, 227, 231-232, 259, 305, 316-317, 320, 329, 337-338, 360, 379, 407, 425, 443, 454

불안정한 주체성들(destabilizing subjectivities) 15, 195, 407

브라질(Brazil) 30, 63, 65, 67, 71-72, 82, 92, 109, 113-114, 117, 128, 130, 136, 258, 392, 430

브루넬레스키, 필리포(Brunelleschi, Fillipo) 287

블로흐, 에른스트(Bloch, Ernst) 183, 326, 358-361, 454

블룸, 해럴드(Bloom, Harold) 175, 198-199

비국가 행위자들(nonstate actors) 59, 99, 256, 264

비동시대성(noncontemporaneity) 244, 296, 322, 341

비동시대적(noncontemporaneous) 43, 303, 308, 322, 336

비서구중심적 서구(non-Occidentalist West) 15, 201-202, 230-231

비순응-(성)(nonconformity) 33, 156-157, 180-181, 183, 186, 361-362, 368, 440, 453, 458, 463-464

비식민 언어(noncolonial languages) 92

비존재(nonexistence) 10, 224, 237-238, 244, 252, 304, 339-344, 346, 355, 364

비코, 지암바티스타(Vico, Giambattista) 162

비토리아, 프란시스코 데(Vitoria, Francisco de) 185, 194, 242

비트겐슈타인, 루트비히(Wittgenstein, Ludwig) 47, 315

비판이론(critical theory) 4, 7-8, 14, 39, 53-58, 61, 70, 73, 79-81, 86, 91, 93, 167, 205, 317-318, 460

비판적 명사, 비판적 명사의 상실(critical nouns, loss of) 14, 68, 79

비판적 인종 이론(critical race theory) 174

뿌리/선택의 등식(roots/options equation) 15, 147, 159, 163, 165-169, 174, 177, 187

(ㅅ)

사르미엔토, 도밍고(Sarmiento, Domingo) 117, 138

사리넨, 이사(Saarinen, Esa) 177, 179

사모사타의 루키아노스(Lucian of Samosata) 201, 207, 209-212, 216

사실(facts) 9, 23, 26, 37-39, 44-46, 56-57, 60-62, 70, 80, 82, 85, 91, 93, 102, 106, 109, 118-119, 122, 129, 138-139, 148-149, 152, 154, 159, 164-166, 171-175, 177-190, 194, 207-208, 212, 216, 221-225, 227, 230-231, 233, 238-239, 241-242, 245, 247, 261-263, 267, 271, 273, 279, 285-287, 293, 296, 298, 308, 314, 332, 335-337, 339, 344-350, 356-357, 372-373, 375, 379, 383, 390, 399, 406, 408, 417, 422, 439, 451-453

사이드, 에드워드(Said, Edward) 12, 202, 252, 433

사진, 사진술, 사진학(photography) 143, 278, 291-293, 321, 455

사파티스타 민족해방군(Zapatista Army of National Liberation, EZLN) 82

사파티스타 운동(Zapatista movement) 89, 136, 431

사회 변화(social transformation) 178, 180, 362

사회 운동(social movements) 7-8, 31, 60, 80-81, 96-98, 131, 194, 218, 229, 336, 339, 345, 347, 365, 374, 394, 405, 412-413, 430-431, 441, 445, 447, 449, 459

사회 정의(social justice) 56, 352, 412, 414, 454

사회(적) 규제(social regulation) 149, 215, 350

사회계약(social contracts) 108-110, 162-163, 171-173, 190, 244, 256-258, 262

사회과학(social sciences) 147-152, 166-167, 198-199, 264, 272, 278, 284, 290, 293, 296, 299, 302, 305, 307, 316, 319, 322, 329, 339, 345, 384, 394, 416, 435

사회성(sociability) 100, 106, 111, 121-125, 129, 131-133, 135, 143, 151, 170, 199, 257, 260, 294, 317

사회적 경험(social experiences) 10, 21, 150-151, 218, 268, 274, 326-327, 336, 340, 344, 348, 350, 362, 365, 406, 421, 435, 453, 461

사회적 규제 5, 31, 148-150, 238, 256, 258-259, 274-277, 306-307, 309, 316

사회적 기대(social expectations) 274, 362

사회적 분류(social classification) 342, 350

사회적 아파르트헤이트(social apartheid) 110, 257

사회적 위계(social hierarchy) 342

사회적 지식(social knowledge) 401

사회적 파시즘(societal fascism) 5, 14, 69, 106, 108-110, 256, 259-260, 262-263, 265

사회적 항의(social protest) 71

사회적 행동(social actions) 282, 291

사회주의(socialism) 6, 24, 26, 64, 79, 83, 85-86, 90, 93, 174, 354, 444, 463

사회학(sociology) 10, 16, 98, 102, 120, 149, 166-167, 175, 197, 202, 205, 224, 279, 285, 305-306, 311, 325, 327, 339-340, 344-346, 348, 350-358, 360-365, 380, 401, 406-407, 421, 429, 432, 443, 448, 452-453, 461, 463, 465

산디니스타 운동(Sandinista movement) 136

산사하우리 족(Sansahauris) 74

산업혁명(Industrial Revolution) 328

산토스, 레오넬(Santos, Leonel) 408

살아 있는 문헌학(living philology) 417, 421

살아진 삶(lived life) 29

상대주의(relativism) 151, 164, 209, 371, 382, 427

상식(common sense) 37, 48, 131, 149, 195, 303, 312-316, 330, 356, 396, 457

상태(state) 11, 21, 23, 50, 54-55, 66, 79, 83, 88, 109-110, 121, 125-126, 155, 162, 170-172, 179-180, 190, 207, 210, 215-216, 219, 227-228, 230, 244, 254-255, 257, 262, 264-265, 272, 275-276, 300, 302, 308, 313, 335, 338-339, 348, 358-359, 364, 374, 397

상호문화성(interculturality) 26, 206, 232, 389

상호문화적 번역(intercultural translation) 10, 17, 65, 91, 95, 186, 326, 351, 367, 394, 395, 400, 411-419, 421-422, 425, 427-428, 431-433, 435, 439-441, 452, 461, 463

상호성(reciprocity) 45, 187, 192, 204, 350-351, 389, 415-416, 436, 444-445

　　　　　　　　　남의 인식론

오리엔탈리즘(Orientalism) 202, 204, 206, 208, 252, 433

오만한 이성(arrogant reason) 327-328, 330

오만함(arrogance) 116, 208, 333, 337

오이코스(oikos) 164

옥시덴탈리즘(Occidentalism) 9, 202, 204, 208-209

외국인 혐오(xenophobia) 45, 145

외생성의 오류(fallacy of exogeneity) 294, 308-309

외적 다원성(external plurality) 16, 387, 392-395, 397

외주(outsourcing) 47, 53, 202, 264-265

우르두어(Urdu) 92

우르바노 II세(Urban II) 107

우연성(contingency) 27, 151, 158, 178

우호의 선(amity lines) 243

움마(umma) 24, 187, 444

웃음(laughter) 130-132, 419

원격탐사(remote sensing) 291-292, 321

원근법, 관점(perspective) 5, 8-10, 12, 25, 31, 36, 39, 43, 47, 49, 53, 57, 59-61, 84, 88, 91, 115, 117, 128, 135, 143-145, 152, 157-158, 160, 181-182, 187, 196, 202, 204, 210, 218, 253, 264, 267-268, 274, 276, 278, 280, 286-288, 290, 292-296, 302, 305, 308-309, 313, 319-323, 339, 341, 352, 356, 368-371, 375-378, 382-383, 385-386, 388, 394-395, 397, 400, 405-406, 412-414, 418, 423, 427, 434-437, 451, 454, 461-462

원자론(atomism) 328

원주민(Amerindian peoples) 7-9, 20, 26, 29, 36, 39, 57, 64-66, 68, 71-72, 75-76, 81-84, 89, 92, 94, 100, 109-110, 112-114, 116-117, 119, 129, 132, 136, 138, 141, 172, 178, 182, 185, 218, 240, 242, 245-246, 347, 350-351, 353, 365-366, 376, 390, 392, 399, 406-407, 412, 422, 430-431, 434, 442, 444-445, 448

원칙들(principles) 48, 56, 59, 243, 245, 248, 254-255, 272, 319, 380

월러스틴, 이매뉴얼(Wallerstein, Immanuel) 12, 327, 342, 453

위계(hierarchy) 5, 16, 26, 69, 133, 161, 210, 219, 254, 279, 320, 322, 331, 336, 342, 348, 350, 371-372, 377, 388, 397-398, 402-403, 406, 420

위레두, 와시(Wiredu, Kwasi) 395

위험 사회(risk society) 121

윌리엄, 제임스(James, William) 319, 388, 407

유럽(Europe, Americanization of) 6, 13-14, 21, 23, 38, 53-64, 66, 68, 70-73, 78-79, 81, 83-84, 91, 93, 96-102, 105-108, 110-112, 114-115, 117-120, 122-123, 128-129, 135, 137-139, 144, 146, 148, 163-164, 173-174, 187-190, 201-203, 207-208, 242-243, 252, 255-256, 259, 269, 328, 350, 353, 373-374, 376, 385, 406, 429, 431, 459, 465

유럽적 아메리카의 세기(European American century) 14, 106-107, 120

유럽중심주의(Eurocentrism) 190, 201-203

남의 인식론

남의 인식론

남의 인식론

(ㅎ)

하딘, 개럿(Hardin, Garrett) 193

하딩, 샌드라(Harding, Sandra) 384

하위인간성(subhumanity) 5, 247

하이데거, 마르틴(Heidegger, Martin) 322

하트, 마이클(Hardt, Michael) 88

학제 간 연구(interdisciplinarity) 381

할러웨이, 존(Holloway, John) 89

합리성(rationality) 133, 149, 215, 222, 226, 229, 232, 275, 315, 325-326, 328, 332-333, 335, 404, 451

해러웨이, 도나(Haraway, Donna) 174

해방(emancipation) 4-7, 10, 15-18, 23-24, 31, 33, 37, 46, 55, 59, 65-68, 82, 88, 93, 95-98, 106, 111, 118, 126-128, 130-131, 133-134, 136-137, 140-142, 144-146, 148-155, 166, 180, 182, 195, 197, 199, 207, 215, 218, 222, 227-229, 231-232, 238, 245-246, 249-250, 254-255, 257, 264, 267-271, 274-277, 306-310, 313-316, 319, 338, 344, 348-350, 352, 364, 367, 371, 389, 414, 431, 436-437, 439, 446, 448, 452-454, 458, 460

해방신학(liberation theology) 46, 82, 218, 439

해상도(resolution) 278, 291-295, 298, 302, 305, 308, 321, 323

해석(interpretation) 16, 40, 67, 70, 77, 89, 91, 99, 102, 117, 143-144, 153-154, 166, 174-175, 180, 186-189, 223, 225, 231, 254, 291, 301-302, 304-306, 311, 319, 323, 359, 383, 415, 425-427, 429, 442, 444, 446

행동 패키지(action packages) 283-284

행위주체(agent(s)) 241, 245, 302-304, 306-307, 309-311, 316, 317-319, 323, 424-425, 430, 441, 447, 454, 462

행위주체성(agency) 241, 302, 316-317, 424, 447, 462

허시먼, 앨버트(Hirschman, Albert) 133-134

헌팅턴, 새무얼(Huntington, Samuel) 154

헤게모니(hegemony) 6, 14, 65, 80-81, 93, 95, 106-108, 111, 126, 134-137, 140-143, 146, 151, 163, 173, 175, 184-186, 189, 194, 201-202, 204-205, 213, 222, 224, 237, 244, 248, 257, 268-269, 277, 310, 318, 324-325, 328, 330, 338, 340, 344, 351-352, 355, 363, 369-370, 373, 375-376, 386-387, 401-402, 405-406, 413-414, 418-419, 422, 430-431, 435, 437, 441, 445-447, 449, 457, 463

헤게모니적 세계화(hegemonic globalization) 65, 106, 107-108, 111, 140-143, 146, 185-186, 269, 351-352, 375-376, 386-387, 412, 414, 418, 435, 441, 449

헤겔, G. W. F.(Hegel, G. W. F.) 106-107, 333, 360, 373

헤르만스, 테오(Hermans, Theo) 442

혁명(revolution) 8, 20, 23, 26, 32, 36, 70-71, 78-79, 82, 84, 86, 93, 99, 112, 120, 132-133, 136, 153, 163, 166, 172, 174, 198, 207, 272, 299, 328, 334, 341, 379, 398, 458, 463

혁신(innovation) 54, 73, 76, 81, 87, 91, 96, 111, 190, 205, 221, 380-381, 389, 396, 424, 438

저자 및 옮긴이 소개

보아벤투라 드 소우자 산투스

보아벤투라 드 소우자 산투스는 코임브라대학교(포르투갈)의 사회학과 명예교수이자 위스콘신대학교 매디슨캠퍼스의 저명한 법학자이다. 또한 코임브라대학교의 사회연구센터(Center for social Studies) 소장이며 세계화, 법사회학과 국가사회학, 인식론, 사회운동, 세계사회포럼(WSF)과 같은 주제에 관해 광범위한 집필 및 출판 활동을 해 왔다. 지금까지 여러 상을 수상했으며, 가장 최근에는 2010년 멕시코 과학기술상, 2011년 법과사회학회의 칼벤 주니어 상을 받았다. 영어로 출간된 그의 수많은 저서들 중에는 *The Rise of the Global Left: the World Social Forum and Beyond*(Zed Books 2006)와 *Law and Globalization from below: Towards a Cosmopolitan Legality*(공동편자: 케임브리지대학교 출판부 2005), *Law and the Epistemologies of the South*(케임브리지대학교 출판부 2023)가 있다.

안태환

한국외대 스페인어과와 동대학원 졸업, 스페인의 마드리드 콤플루텐세 대학교 사회학과 수학, 콜롬비아 하베리아나 대학교에서 중남미문학 박사학위를 취득했다. 한국외대, 경희대 등에서 강의했고 인천시청에서 문화정책연구 공무원을 역임했다. 2009년부터 부산외대 중남미지역원 HK연구교수, 2013년부터 HK교수, 2017년 정년퇴직 이후 현재 성공회대학교 민주주의 연구소의 연구원으로 있다. 저서 『차베스와 베네수엘라 혁명』, 공동 저서 『베네수엘라, 혁명의 역사를 다시 쓰다』, 『라틴아메리카 원주민의 어제와 오늘』 등과 다수의 논문이 있다.

남의 인식론

양은미

한국외국어대학교 국제지역대학원에서 중남미지역학으로 석사학위를, 브라질 상파울루대학교(USP)에서 교육학 박사학위를 받았다. 주한브라질문화원 부원장을 지냈으며, 현재 한국외국어대학교 중남미연구소 HK 연구교수로 재직 중이다. 저서로는 『파울루 프레이리, 삶을 바꿔야 진짜 교육이야』, 『아마존의 길』(공저), 『라틴아메리카 생태를 읽다』(공저), 『젠더와 불평등: 라틴아메리카 성차별에 대한 정치사회적 고찰』(공저), 『생태와 불평등: 라틴아메리카 생태에 대한 다학제적 접근과 성찰』(공저)이 있으며, 역서로는 *História de Dokdo:Uma Leitura Ecologista*(공역)가 있다.

박경은

고려대학교 서어서문학과를 졸업하고, 서울대학교 서어서문학과에서 석사학위를 받은 후, 워싱턴대학교(Washington University in St. Louis)에서 히스패닉 연구(Hispanic Studies)로 박사학위를 받았다. 현재는 한국외국어대학교 중남미연구소의 HK 연구교수로 재직 중이다. 역서로는 스페인어로 번역한 *Hotel de gérmenes* (『여기는 세균호텔』)이 있으며, 저서로는 『라틴아메리카 생태 위기와 부엔비비르』(공저)가 있다.

남의 인식론:
인식론 살해에 맞서는 정의

1판 1쇄 발행 2025년 2월 25일

지은이 | 보아벤투라 드 소우자 산투스
옮긴이 | 안태환, 양은미, 박경은
펴낸이 | 조영남
펴낸곳 | 알렙

출판등록 | 2009년 11월 19일 제313-2010-132호
주소 | 경기도 고양시 일산서구 중앙로 1455 대우시티프라자715호
전자우편 | alephbook@naver.com
전화 | 031-913-2018, 팩스 | 02-913-2019

ISBN 979-11-89333-90-4 (93300)

* 이 책은 2019년 대한민국 교육부와 한국연구재단의 지원을 받아 수행된 연구입니다.
  (NRF-2019S1A6A3A02058027).

* This work was supported by the Ministry of Education of the Republic of Korea
  and the National Research Foundation of Korea(NRF-2019S1A6A3A02058027)